家族・民族・国家

東アジアの人類学的アプローチ

韓　敏 編

風響社

序文　中国文化における家族・民族・国家のパラダイム

韓　敏

本書は国立民族学博物館（以下民博）の機関研究「中国における家族・民族・国家のディスコース」（代表：韓敏、二〇一二年四月―二〇一五年三月）の研究成果である。本書の目的は、日本、中国、台湾、香港、韓国、アメリカの人類学者による国際共同研究を通して、中国社会における家族のディスコースとその実態、「民族」構築の理論的系譜、および国家・社会関係のパラダイムを明らかにすることである。家族・民族・国家は人類の普遍的現象であり、人間社会を構成する基本的な仕組みである。中国の場合、これらの概念は、中国の社会と文化の連続性と非連続性を作りだす重要な要素でもあり、複合的社会関係を生み出す仕組みとして機能してきた。本書は家族・民族・国家のディスコースを考察し、中国社会の構造と動態を明らかにするための有効な理論的枠組みを提示しようとする［韓二〇一二a、二〇一二b、二〇一三、二〇一四］。

「中国における家族・民族・国家のディスコース」の研究プロジェクトは、二〇一二年四月にスタートした。国際共同研究を推進するという当時の須藤健一館長と国際交流室担当の佐々木史郎副館長の方針の下に、民博と中国社会科学院民族学・人類学研究所が、二〇一二年八月に平等互恵と相互尊重の理念のもとに学術協定を締結し、研究プロジェクトの展開と研究者の交流を推進していくことを約束した。三年間にわたって、中国社会科学院民族学・

国際シンポジウム参加者（国立民族学博物館、2014 年 11 月 23 日）

人類学研究所と連携して、中国、香港、台湾、韓国、アメリカの研究者を招き、広範な国際共同研究を進めてきた。二〇一二年[1]（民博）、二〇一三年[2]（北京）、二〇一四年[3]（民博）合計三回の国際シンポジウムを実施した。その間、六四本の研究発表が行われ、三三四名の研究者が参加した。私たちは三年間の研究成果の一部をすでに中国語論文集二冊と英語論文集一冊として刊行している［韓・末成　二〇一四、HAN, KAWAI and WONG 2017、韓・色音　二〇一八］。このような海外の研究者及び研究機関との共同研究を通して、東アジア研究者の連携を強化するとともにアジアからの発信に努めた。

中国の歴史のなかで育まれてきた家・家族・国・民族・国家などの概念および制度は、複合的社会関係を生み出す仕組みとして機能してきた。また、中国の歴史を貫き、社会構造の連続性と非連続性を作りだす重要な要素でもある。近代の国民国家の成立、社会主義的近代化の実施、及びグローバル化が進む近年、これらの概念および制度は移動、市場経済、教育、文化遺産などにおいて、人びとの関係や行動パターンを規制するディスコースとして再編される局面をむかえている。その意味で、本書は日本、中国、台湾、香港、韓国、アメリカの人類学者による国際共同研究を通して、中国の家族・民族・国家の概念及びその動態を明らかにした最新研究成果であるといえる。

本書は、一六名の人類学、歴史学と社会学の研究者によって執筆され、三部から構成されている。第一部は、歴史学と人類学からみる東アジアの家族、第二部は民族のディスコースと文化のフロー、第三部は、国家と社会のパラダイムという構成である。

一　人類学と歴史学の視点からみる東アジアの家族

家族は、人類学にとってもっとも重要な課題の一つであり、また、東アジアにおいてもっとも蓄積のある研究分野である。本書は、東アジアにおける家族の概念、機能の比較、宋代における宗族の成り立ち、漢族の婚姻パターン、家族の視点からみる漢族と少数民族の関連性を、歴史学と人類学の視点から考察し、いくつかの挑戦的な理論的枠組みを提示した。

1　概念、実態と階層性

東アジアの漢字文化圏にある日本、中国、韓国、ベトナム、この四つの社会はそれぞれ「家」という同じ漢字を用いているが、国によって、「家」の機能やそこに住む人びとの関係性などが違ってくる。また、「家」という言葉により抽象的な意味をもたせている場合も少なくない。さらに、屋敷は、単独あるいは複数の家を配置した物理的空間を示し、時には社会的な意味をもつ場合もある。末成道男は、高度経済成長の直前にある四つの社会にあるローカルな概念である「家」について、人類学的な調査をもとに、中国の「家（ジャー）」と、日本の「家（イエ）」、韓国の「家（チプ）」、ベトナムの「家（ニャー）」を比較し、「家」という同じ漢字を使うそれぞれの社会組織の概念、実態と機能を分析した。日本のイエが、居住だけでなく、生計、家産、家業、子どもの生育、老人扶養、祖先祭祀を共にする多機能集団であるのに対し、漢族のジャーはそれぞれの機能ごとに範囲を異にする多層性をもった集団ないし関係の総称であると言える。ベトナムの場合は、ニャーのうちに中国を上回る多層性をかかえる。また、中部地域においては、一九七五年まで、村が定期的に行う公田の割換えはニャー単位でなされていたが、その基礎は人丁（成年男子の人数）であってニャーが自律的永続性をもった社会単位とは言えない。韓国のチプは、中国やベトナムと比べれば、家名をもち長男継承に伴う永続性と独立性が顕著であるが、それらは、居住にもとづくものと言うよりは、父系血縁関係を基盤としている。したがって、日本以外の事例は、部分的な類似要素はあっても、日本的な家社会とは認められないと末成は指摘した。社会を構成する基本的要素である家を比較し、モデル化する場合、エミックとエティック双方の視点への配慮や、家のあり方とその社会や文化のあり方の関連性、ミクロの視点から普遍性を抽出する工夫などの重要性が議論された。

上述の東アジアの家族を比較した巨視的、構造的機能主義的な枠組みに対し、荘英章は、一九〇六年から一九四五年の間に作成された民間古文書、族譜および戸籍資料などを手かかりに台湾北埔姜氏一族の男女婚姻のケースを分析し、婚姻圏と祭祀圏との関係性を解明した。漢人社会の婚姻パターンに関して、岡田謙［一九三八］による信仰圏は、婚姻圏と市場圏と重なる部分が多いという学説が有名である。荘は、文人宗族である北埔姜氏一族の婚姻圏は岡田謙の仮説を実証したものであり、祭祀圏と婚姻圏もまた相互に重なりあうと指摘した一方、文人宗族は、基本的に儒家倫理に適合する「エリートモデル」をとり、その婚姻圏は、決して祭祀圏と一致するのではなく、彼らの商業的と官僚的システムとのつながりにより、一般の人々の祭祀ネットワークに比べ、婚姻相手に対する選択を重視していると結論した。

一方、麻国慶は、中国文化の持続性における家族の果たした役割、漢族と少数民族の家族の関連性を取り上げた。

彼は、費孝通〔一九八三〕の扶養関係の「フィードバック論」や、マックス・ウェーバーが『儒教と道教』〔一九七二〕の中で触れた祖先崇拝の役割をふまえたうえで、父子関係を中心とする「家」は中国の文化と社会の継続性を担う重要な媒体の一つであると指摘した。また、これまでに、漢族と少数民族の、それぞれのカテゴリーの中で研究されがちであった家族について、「中華民族多元一体」の枠組みを生かし、家族の制度をめぐる民族間の影響を見直すべきという新しい研究視点が提示された。漢族との親縁関係及び融合を通して、少数民族社会は、漢族の社会や文化的要素を蓄積している。中には漢族社会にすでに見られなくなった要素さえ見出すことができる。筆者の調査したトゥメトモンゴル族や、「南嶺民族走廊」のミャオ族、ヤオ族、チワン族、トン族、シェ族等に見られる父系宗族がこれに該当する。少数民族地域の家族研究は、単なるエスニシティの理論とその分析にこだわることなく、漢族との交流から発生した歴史的過程や地理上のつながりから総合的に把握する必要がある。

2　歴史の過程からみる家族と宗族

歴史学者や人類学者たちは、宗族を南部中国に特有の制度であるとみなしてきた〔Freedman 1958, 1966〕。デビッド・フォールは広東省珠江デルタ地域の調査を通して、宗族の制度が一六世紀にこの地域に流入し、そして一七世紀から一八世紀ころ地域全体へ普及したことを明らかにした〔Faure 2007〕。歴史学者は、一〇世紀、北宋時代の宗族実践に対する初期の証明を議論しているが〔Ebrey 1984, 1989; Bol 2003a, 2003b〕、宗族がどの場所でどのように広がり、そこからどのように他の場所に移植されたのかという疑問を残した。その意味で本書において、賀喜とデビッド・フォールの論文は、北宋から清末まで、江西省と広東省の事例にもとづき、宗族の形成及びその移植について、石碑、族譜などの文字資料と現地調査を通して、検討した意欲的な研究である。

早期の宗族が発展した場所は江西省、とりわけ宋王朝の学者で官僚でもある欧陽脩〔一〇〇七―一〇七二〕の故郷である吉安周辺であり、広東省、特に珠江デルタ地域の宗族の多くはその後現れた。欧陽脩は族譜編纂のフォーマット〔「欧陽式図譜」〕を考案した。宗族の制度は、宋朝において族譜が存在していたという前提をもとに思想として現れ、のちに清朝によって財産を保持する確固たる形として具体化し、多くの宗族が設立された。族譜は帝国期の法規として規定されるだけではなく、儀礼の変化という文脈において理解しなければならない。宗族は、亡くなった祖先が存在しそれを供養するという前提のもとで、書かれた族譜、墓、祖先の肖像、位牌、祠堂と廟といった形式により支えられていた。モーリス・フリードマン〔一九五八、一九六六〕などの中国研究者たちは、財産を保有する際の手段として宗族をみなす傾向にあるが、賀喜とフォールは、帝国の歴史における最後の千年の宗族は、本質的には儀礼的・法的な概念であったことを提示してくれた。

二　民族のディスコースと文化のフロー

ユーラシア大陸の東端に位置し、太平洋に面している中国は、古代から多数のエスニック・グループの移動と融合の過程において、複雑な多民族の社会が形成され、「人」「族類」「蛮」「夷」「戎」「狄」「種人」「夏」「夏華」などの分類と概念が存在していた。よって、近代の国民国家における民族を語る場合、歴史的な視点が不可欠である。

1　近代以前における異民族に対する分類

民族の「生／熟」分類は先秦にまで遡ることができ、当時の華夏文化では「生食」と「熟食」すなわち「火の使用」をするかどうかが「文明」を持っているかどうかの指標になるという観念がすでに形成されていた。周星は、レヴィ＝ストロースの構造主義人類学の「生のもの／火を通したもの」の枠組みと中国の民族学および民族史研究の研究成果をふまえ、漢文化の異民族「生／熟」分類の仕組みを解明した。民族の「生／熟」分類はおよそ魏晋南北朝時期に出現し、唐・宋・遼・夏・金・元などの王朝を経て、中原の王朝が周辺の異民族の分類や描写をおこなう際の、基本のカテゴリーとして発展した。明清時期には、周辺の異民族の「生／熟」分類はさらに普及し、かつ帝国の民族政策と辺境政治を支える重要な理論の根拠として維持された。民族の「生／熟」分類は、主に二つの意味と文脈の中で使用されていた。まず、「文明」を持っているか否かで「生」と「熟」を判断することである。その場合、異民族である他者を「生」と称したり、あるいはある異民族の一部を「生」と称し、異民族の内部の差異性を表象したりする朝廷との関係に応じ、役所に管理されているかどうかも「生」と「熟」を判断する基準である。興味深いことに、遼国のような少数民族が建立した局地的な政権や、元朝や清朝のように統一された王朝も、同じように「生／熟」の分類を踏襲した。

2　民族文化の越境

一九四九年以降、中国西南地域雲南省より北タイのゴールデントライアングルに定住した中国国民政府部隊に関する論文の中で、黄樹民は二〇〇二年から二〇〇八年までの北タイにある華人の村、メーホン村での現地調査にもとづき、雲南華人における家族関係、教育の環境とエスニック・グループアイデンティティの維持と選択を検討した。

雲南華人が変化しつつある現地社会、およびグローバル社会の条件に適応するために祖国に忠実ではなくなっている。北タイにやってきた雲南華人の民族主義的軍隊にとって、国民国家は非常に疎遠な概念であり、華人文化圏の中の広い政治範疇にすぎず、彼らが大切にしている儒教の大同思想とちょうど一致している。雲南華人がタイのような近代の国民国家に直面した時、彼らは自文化の遺産をにわかに保護し維持しようという意識を育んだ。このような状況において、華人は象徴資本となり、彼らの社会資源と文化的慣習を利用することで、タイ社会で有利な地位を獲得している。高齢の退役軍人らは中国共産主義政体を固く拒み、タイの腐敗官僚を蔑視することで、自己実現と民族的アイデンティティの脱地域的概念を求めざるを得なくなった。一方、雲南移民第一世代の子孫が新たなエスニック・グループのアイデンティティを構築している。彼らは、タイの国民国家統合を促進した公的教育システムを受けいれており、タイ人主導の世界に向きあっている。彼らは、両親がタイ人やほかの民族に持っている偏見と誤解についてよく理解しているが、彼らが背負っている儒教的価値至上主義は両親よりもずっと柔軟である。若い世代にとって、タイの主流社会に溶け込むことは実行可能であり、有利な選択である。多くの若い世代の村人は、両親や華文教育システムから獲得した文化的特質よりも多くの選択肢を得ており、タイのライバルたちをはるかに超えている。彼らは台湾で大学教育を受け、就職し、教育を通して社会的地位を向上させることができた。彼らはタイで消極的に具体的身分を構築し、中華民族の文化的マーカーを維持しようとする両親とは異なって、中華民族を象徴資本と見做している。若い世代は積極的な参与者であり、貿易、移民、あるいは婚姻といった特定の目標達成のための、国際ネットワークに入るための許可証として、中華民族という文化的マーカーを積極的に利用使用している。国籍に対する柔軟的、現実的な観点を有する彼らこそポストモダン社会における真の越境者と言えるかも知れない。

上記のタイの華人に見られる家族、トランスナショナルな教育・就職の環境とアイデンティティの維持と選択に対して、河合洋尚と呉雲霞は、「五帮」系のベトナム客家に焦点を当て、客家の聖地である観音閣を建設してきた過程や意味について考察。またンガイ人との比較を通して「五帮」系客家の移住、社会組織、アイデンティティを説明し、ホーチミン市における観音閣の建設およびその景観に込められた文化的意味を解読した。客家文化を資源として特色ある景観を建設する動きは、一九九〇年代より「客家の故郷」として知られる広東省・福建省・江西省の境界地区でも生じている。ベトナムにおいても「客家の故郷」の動きに呼応するかのように、一九九〇年代末から客家としてのアイデンティティや特色を主張し、それを景観というモノとして表現し始めた。実際、観音閣の牌坊と客家百姓位牌の建設においては、福建省の客家祖地のデザインが模倣されている。ホーチミン市における観音閣の建設は、こうした中国―ベトナムを結ぶ国を超えた文化的ネットワークにより促進されてきた側面があり、ベトナムにおける漢族文化の資源化と景観形成において重要な役割を果たしている。こうした脱地域的な現象は、ベトナムを起点とするマルチサイトワークをおこなうことにより初めて可能になる。

他方で、観音閣の景観建設においては、ローカル化の現象もみられた。「五帮」系客家が母体であるベトナム崇正会は、客家の精神と文化を継承すべく観音閣を建設し、そこに客家の文化的記号を埋め込んだ。それにより、観音閣へ参拝に来る客家に対して、客家としてのアイデンティティと文化を伝えようとしている。だが同時に、ベトナム崇正会は、客家以外の参拝客を積極的に受け入れており、また、付近に住むキン族住民への福祉活動も実施している。この背景には、華人排斥の意識が強いベトナムにおいて、漢族的特色だけでなく民族や国を超えた要素を強調することで、民族共和をめぐるベトナム政府への貢献をアピールする意図もみられる。

3　現代社会における民族文化の保護と伝承

「伝統」は歴史の過程において形成され、また変化の過程において蓄積されてきたものである。色音論文はモンゴル民族のシャーマン文化の伝承と保護について、次の措置をとる必要があると述べた。まず、モンゴル民族シャーマン文化博物館を建て、シャーマン専用の太鼓、服装、法器、偶像及びシャーマン文化と関連する民間の民俗文化財を収集し、モノ及びその製作技術を含むシャーマン文化を保護することである。次は、シャーマン文化を伝承するメカニズムに対する保護である。すなわち、血縁関係を持つ家族内部における伝承する方式、同じ業界内部において、主として師弟関係によって伝承する方式と、学校や育成機関を通して研修生を募集し、系統的に関連する知識を体系的に伝承する仕組みである。また、民俗文化の精神を維持することを前提に、新しい時代の審美的感覚と文化理念に基づき、伝統的民俗の形式と内容を若干改造しながら、保護することも必要である。近年、中国の人類学界では、伝統的文字記録のほかに、録音記録、映像記録等の方法も導入している。一九五〇年代、中国国内においては大規模な少数民族に対する社会歴史調査が行われた際に、雲南のトールン族、ヌー族、ワ族、リス族などの民族について、ドキュメンタリーフィルムを撮影した実績があるが、現在、中国社会科学院民族研究所の映像人類学室、雲南大学の東アジア映像人類学研究所等の研究機関のように、映像により民族文化を保存するプロジェクトが多く実施され、さまざまな民族の生きている状態の文化遺産を記録し、保護の役割を果たしている。

色音論文によりモンゴル族のシャーマン文化の伝承と教育の関連性が取り上げられたのに対し、彭雪芳論文は、社会制度、歴史、文化的背景、民族の構成やその主要民族との関係などの違いをふまえたうえで、多民族国家である中国とカナダにおける少数民族／先住民教育の類似点と相違点を分析した。彼女は両国での現地調査と文献研究に基づき、民族教育の政策とその変遷、とりわけ多元的文化を背景とした民族文化知識の伝承方法を重点的に検討した。また、少数民族／先住民の若い年世代が通文化的な学校教育モデルを通じて現代社会の要求に適応していることも考察し、民族の価値観、アイデンティティ、言語や伝統文化がいかに保留され伝承されてきたかを実証した。共通点として、両国は、いずれも民族間には相互的な交流や融合があり、多様性を尊重し、差異を認めるような、豊富で多彩な民族文化がふたつの国家が繁栄するための貴重な資源となっている。一方、カナダの先住民は先進国のなかでも、最も不利な立場におかれている集団である。彼らは貧困、低い教育レベル、劣悪な健康状態、高い犯罪率という社会問題を抱えている。教育こそ先住民が苦境から抜け出す最良の道である。近年、先住民の教育レベルは上昇しているものの、さまざまな要因によって依然として問題が多い。カナダのインディアン寄宿学校の興亡は、植民地同化教育の失敗の経験と教訓を提示している。一方、中国の場合、少数民族はカナダのような厳しい同化を受けていないものの、社会の変遷に伴い、結果的に多くの貴重な少数民族伝統文化が消滅の危機に瀕している。また、社会変遷の過程において、民族の伝統文化の伝承、民族アイデンティティと国家アイデンティティの関係に関する向き合い方、学校教育における言語の使用、自民族教師の育成、科目や教材の改編などの問題を常に探索していかなければならない。

三　国家と社会のパラダイム

中国において、あらゆる現実が国家という巨大な理念と権力体系に複雑に絡み合っている。そのため、中国研究において国家と社会の関係性は、避けて通れない存在なのである。一方、前国家（pre-state）段階の非西欧社会、特にアフリカ、中南米、オセアニア、アジアの山岳地帯などの部族や民族集団を主な研究対象のモデルとして発展してきた人類学の理論的枠組みは、中国のような、長い歴史を有する国家と文明を持つ複合的な社会を研究する際には限界があり、新たな枠組みを試みる必要がある。

1　国家と社会の複合関係

韓国の人類学者である金光億は、国家により定義された世界と、国家を構成する人々が創造し実践している世界との間で生み出される文化実践（cultural practice）に着目している。文化実践が国家の力と社会の力との間に生じた政治プロセスである。人類学では一九八〇年代より国家—社会の関係性を問う議論が台頭しているが、欧米の議論では、抵抗論に見るように、しばしば国家と社会の対立関係を前提に議論が進められてきた。

しかし、国家の構成要素である一社会は国家に帰属するが、それと同時に国家を構成する主要な要素でもある。

従って、国家と社会の目指す方向は一致せず、双方向的な影響力を形成し、互いに競合すると同時に妥協、ひいては共謀もする複合的な関係になりうる。中国研究から見るならば、国家と社会の関係性において鍵になるのは、両者の結託（conspiracy）、競合と妥協（compromise）である。たとえば、宗族は中国という国家領域を超えてネットワークが形成されるため、その祖先崇拝や族譜編集などの復興は、国家と対置される市民空間の形成活動のように見える。しかし、実際、国家は、宗族を華僑の国際的ネットワークを構築する有効的な手段として捉えているので、その復興は必ずしも国家政策と対立するわけではない。

近年の歴史人類学の研究成果によれば、華南中国の宗族が北方より発達した原因は、フリードマンが提起したように東南中国の辺境性、すなわち治安の不安定さによる防衛の必要性によるものではなく、逆に王朝と地域社会とが結託して、宗族を社会秩序形成の基盤とした結果によるものである［Faure 2007］。また、マイロン・コーエン（M. Cohen）論文も、清末の台湾における孔子廟をめぐる客家と福佬の集団間の競合を通して、清朝の役人が中国大陸の地域的なアイデンティティを基盤とするエスニシティの対立や社会的連帯を利用した仕組みを提示した。一八〇三年の孔子廟再建をめぐって地元の客家と福佬のグループの間に、対立と競合がみられた。広東の客家側の石碑に示された寄付金の総計は八九六元であり、福建側の最も多い個人の寄付金である一〇〇〇元にも及ばないが、客家の石碑には、台湾在住者のみならず、過去の王朝で過去の皇帝により科挙合格の称号を与えられた大陸の祖先たちの名前も寄付者として記載されている。あらゆる面で福佬より見劣りしていた客家は、祖先を含むあらゆる資源を稼働させて、福佬の脅威に対抗しようとしたのである。台湾に駐在する清朝の役人は、福建省、広東省という大陸のルーツにもとづき、孔子廟再建に関する寄付碑を立てることで、台湾社会における差異と緊張を調節し、それを中国の帝国地図に位置づけることで中立化しようと試みた。

2　中国社会の公共性

国家と社会関係のパラダイムを考える際に、欠かせないのは公共性（パブリシティ）の問題である。公的（public）、公式的（official）、合法的（legitimate）制度と文化権利が私的（the private）、個人的／個別的（individual）、地方の慣行と民間伝統とどう相互作用しているのかますます重要になってくる。本書では金光億論文において、個人を重視する欧米社会の公共性と、政府を重視する中国や東アジアの公・私の関係の相違点について、文化や歴史の視点から議論された。

また、韓敏論文は文字と権威に焦点をあてて、中国の公共的社会空間における毛沢東題字の可視化の実態とプロセスを明らかにした。毛沢東時代の中国において、津々浦々の駅、学校、病院、工場、民家、職場、新華書店、郵便局などの公共空間に毛沢東の塑像、ポスター、毛字体の題字が遍在していた。現在、かつてのプロパガンダの光景は廃れたが、毛の字体がまだ多くの公共空間に残っていて、独特の社会景観を形成している。韓論文は、毛沢東が一九三六〜七六年までにおこなった題字の種類を整理し、その中で特に中国一般社会に深く浸透し、公共空間においてよく可視化されているものを取り上げ、題字、権力と公共空間との関連性について考察した。その題字のかかわる範囲は、英雄の顕彰、工業、農業、軍事・国防、科学技術、郵便、教育、マスメディア、民族関係、革命根拠地、医療、体育、文芸などの分野に及んでいる。また、毛の題字は、自ら揮毫したものもあるが、全体的にみて個人や団体に依頼されたものの方が多い。一方、中国の王朝歴史の中では、為政者による題字の事例が少なくない。清朝は比較的皇帝による揮毫が多い王朝である。康熙、雍正、乾隆などの皇帝及び后たちが、人物表彰、景勝聖地のために、多くの題字を揮毫した。その題字はいまでも中国の各地に残っている。しかし、毛沢東のように、一人の為政者が中国社会のさまざまな分野に関連する題字を揮毫したことは、中国の歴史の中では類を見ない。毛沢東の題字は、共産党内及びその政権における彼の権力の確立とともに公共的空間に現れるようになり、しかもその権力の影響力の増大にともない、揮毫した題字の量も増え、題字の内容及びそのかかわる分野と範囲も広がっていったのである。

3　自己と他者の関係性を構築するロジック

本書において佐々木衞は、費孝通「差序格局」〔費　一九八五〕の英文訳、日本語訳と中国語の意味を照らしながら、中国社会の構造的特徴を説明する重要な概念である「差序格局」を考察した。「差序格局」のルールによって、中国の社会関係は「己」と他者との二者間の上に結ばれ、近代西洋社会の組織原理とは異なる文化社会構造をもつことになる。

費孝通の「差序格局」の概念は、個人を核とした「自家人」（ミウチ）の範囲は状況的に伸縮し、ミウチ内とミウチ外との二元的な構造が波状的に出現すると説明している。費孝通が指摘した状況的よって分断される「内／外」という構造は、フリードマン〔Freedman 1958, 1966〕などの社会人類学者が提起した命題に近似している。リニージの豊かな男系成員は自分たち自身の祠堂を建設し、新しい分節を形成する。新しい分節はリニージの統合力を更新し、リニージ全体の社会的展開を可能とする。費孝通の「差序格局」と社会人類学者のリニージ・モデルの「内／外」の分限が、佐々木のいう「共有する者の間の均分、部外者に対する格差」の論理と関連するものであり、漢人社会における自他の関係性を構築するロジックを検討するのに重要な分析枠組みを提供した。

上記の個人を核としたミウチ内とミウチ外との二元的な構造のほかに、張継焦は、中国の経済と社会の構造転換時期における農村出稼ぎ労働者に焦点をあてて、都市部における出稼ぎ労働者の社会を「蜂の巣型社会」という新しい概念で説明した。すなわち、農村からの出稼ぎ労働者を「蜂」に、かれらの暮らしのなかにあるネットワークと交際グループのことを「蜂の巣」に喩えている。蜂の巣型社会には、それぞれ家庭、バリューチェーン、自民族を中心とする三つの類型がある。また、中国の経済社会の構造において、政府主導の「傘型社会」(4)〔張　二〇一四：

五四―六二］と民間の「蜂の巣型社会」という二元的構造が見られる。民間の「蜂の巣型社会」は、政治的権力とはほど遠く、政治的権威性が弱いが、自らの努力により市場の空間と発展の機会を得ることができる。「蜂の巣」が一旦集団や民族のネットワークを形成すると、経済的、社会的、政治的機能も持つようになり、資源配分の機能をもつようになる可能性がうまれ、さらに市場化システムを動かす力になりうる。

結論

上記のように日本、中国、台湾、香港、韓国、アメリカの研究者たちが、機関研究「中国における家族・民族・国家のディスコース」の趣旨にもとづいて、人類学、社会学と歴史学の視点から東アジアの家族モデルと宗族の成り立ち、民族構築の論理と文化のフロー、国家と社会のパラダイムについて議論してきた。二〇一二年四月から二〇一五年三月の三年間にわたる本プロジェクトの実施と本書の編集を通して、各国と地域の研究者たちの問題意識や方法論を分かち合い、ある程度共有することができたと同時に、中国を含む東アジア研究に対し、歴史学・人類学の結合による有効性、国家と社会の関係性、比較とグローバルな視点の有効性という三つの側面から新たな分析の枠組みを提示することができた。

まず、歴史学と人類学の結合の有効性を、東アジアの家族、民族と国家に関する具体的な研究を通して発信することができたといえる。東アジアは、同じ漢字、儒教、仏教などを共有する文化圏であり、また、文字による文献記録が多く蓄積されている地域でもある。本書の執筆者が、現地調査を通して、石碑、族譜、戸籍資料、エッセイなどの豊富な文字資料を収集し、史料研究を通して、宋の時代における宗族の生成（賀・フォール）、清朝の台湾社会におけるエスニック・グループ間の対立とその統治（コーエン）、日本統治時代における台湾の漢人社会の婚姻パターンと、信仰圏・市場圏との関連性（荘英章）を明らかにすることができた。また、レヴィ＝ストロースの構造主義人類学、中国の民族学、民族史学の複合的視点からテクスト分析を通して、漢文化、あるいは中華文明における「生／熟」という分類の仕組みを異民族集団に対する基本的な認識のロジックとして解明したのも大きな成果である（周星）。魏晋南北朝に出現した民族分類のパラダイムは、漢人の王朝のみならず、異民族の支配者にも共有され、唐代から近代の国民国家の形成まで、途絶えることなく継承されてきた。

本書を通底するもう一つの視座は、王朝・国家と社会との関係性である。

世界史からみて、二〇世紀は諸民族が独立し、国民国家が形成される時代であり、また、国家権力が社会へ浸透する世紀でもある。アメリカの社会学者のチャールズ・ティリーは、国民国家の形成を考える場合、ネーション形成（nation-building）と国家政権の建設（state-making）の二つの過程があることに注目し、ネーション形成は国民国家に対する国民のアイデンティティ、参与、義務と忠誠などのような、国家に対する国民の意識的および心理的な帰属認識を含む。それに対して、国家政権の建設は国家権力の拡大、政権の官僚化、社会への政権の浸透性を意味すると指摘した［Tilly 1975］。本書は、国民国家形成のプロセスにおいて展開された国家と社会の関係に注目し、公共空間における指導者の題字の可視化（韓敏）、カナダと中国における少数民族の近代教育（彭雪芳）の問題を取り上げた。これらの分析は、国家政権の建設の過程において、国家権力の拡大と社会への政権の浸透性を考える上で重要な切口を示した。

韓国の人類学者金光億は、人類学における国家―社会関係のパラダイムと文化実践政を考察する場合、異なる階層の個々の人びとの文化実践を見る必要性を指摘した。「蜂の巣型社会」（張継焦）は社会主義市場経済システムのもとに出稼ぎ労働者の間で形成された新たな社会関係を表す新しい概念である。一九八〇年代から始まった国家―社会の関係性に関する欧米の人類学では、両者の対立関係を前提に議論が進められてきたのに対して、本書の中国社会の研究成果から、国家と社会の関係性が、対立というより、両者の結託、競合と妥協の諸相が顕著に伺われる。例えば、王朝と地域社会の結託の特徴は、清朝台湾のエスニック・グループ間の対立及び、王朝の役人の介入（コーエン論文）に現れている。また、宗族は中国という国家領域を超えてネットワークが形成されるため、その祖先崇拝や族譜編集などの復興は、国家と対置される市民空間の形成活動のように見える。しかし、実際、国家は、宗族を華僑の国際的ネットワークを構築する有効的な手段として捉えているので、その復興は必ずしも国家政策と対立するものではない（金論文）。また、為政者による題字が最初に国家権力を象徴し、メッセージを伝達する目的で公共空間において可視化されたとしても、のちに公共空間におけるその題字が継続的に可視化され、さらに観光や商売などの新たな文脈で活用されることは、為政者と社会の間にある種の親和性がみられるといえるだろう（韓論文）。人類学は、文字としての題字のポリティックスのみならず、文字のもつメディア性、喚起性と芸術性も考察する必要がある。このように為政者による題字の可視化の考察は、国家と社会の関係性を解明するのに新たな分析の枠組みを提供したといえる。

家族や少数民族の教育に関する民族間、あるいは国家間の比較とグローバルな視点もこれまでの中国研究に新たな視座を提供した重要な部分である。

アジアにおける家族の構造に関する人類学的比較研究が、一九八〇年代から現れた［中根　一九八一、一九八七］が、長期的フィールド調査に基づいたアジアの家族に関する比較研究がまだ見当たらない。日本、韓国、ベトナム、台湾、中国大陸で五〇年近くのフィールド調査の経験をもつ末成は、父系血縁、儒礼遵守の程度、場の原理（家屋など）という三つの基準を用いて、東アジアの家族を分析し、その集大成として、「中華モデル」と「周辺モデル」という理論的枠組みを提出した。興味深いことに、中華モデルにもっとも近いのは、韓国の家であるチプであり、その次は順に中華漢族のジャーとベトナムのキン族のニャーであり、周辺モデルにもっとも近いのは日本のイエである。

また、家族を取り込む社会構造、宗教、近代化の過程という要素も比較の共通項として取り入れ、斬新でかつダイナミックな理論的枠組みを提示することができた。また、本書で提示された「共有する者の間の均分、部外者に対する格差」の論理（佐々木衛）も、費孝通の「差序格局」とフリードマンのリニージ・モデルの「内／外」の分限論理を発展させたものであり、都市化されつつある中国社会の構造的特徴と東アジアのグローバル化の多様性を解明する重要な概念といえる。

一方、タイ華人の事例（黄樹民）とベトナム客家の事例（河合洋尚・呉雲霞）から、競争が激化するグローバル社会において、中華民族、あるいはエスニック文化のマーカーを、グローバルな生存と経営の戦略の一つとして利用されていることがわかる。彼らは、ポストモダン社会の越境者として、国籍に対する柔軟的、現実的な考えをとっている。ベトナムの客家の聖地である観音閣が、華僑・華人の廟、ベトナムの廟、タイの廟などさまざまな要素を持っていることは、グローバルとローカルの力学の交差により成り立っていることを示すものである。

上記の要点は、人類学と歴史学の結合の有効性、国家・社会のパラダイム、比較とグローバル化の視点を示した最新の研究成果である。これらは、いずれも今後のさらなる国際共同研究の基礎となろう。

欧米の人類学者と比べて、日本の人類学者の顕著な特徴は、長期かつ継続的なフィールドワークにもとづく実証的研究を重視すると同時に、中国を単に学問の対象とせず、常にその歴史と社会に強い関心と深い理解をもつ点である。日本人にとって、中国は他人ごととして距離を置いて眺めることのできない、宿命的な「隣国」なのである［西澤　二〇〇六：一六二］。また、個人研究のほかに、大学、研究対象と地域を越えた異なる年齢層の研究者が定期的に集まり、切磋琢磨して研究成果を共有し、積み重ねていくことも特徴である。一九八一年に結成され、現在もつづいている中国関係の研究者サークルの「仙人の会」や、一九八二年から現在まで三二年の間、民博で実施されてきた一五本の中国に関する共同研究は、その良い例である。

日本と比べて、中国の人類学、特に中華人民共和国建国後の人類学は、社会主義的体制のもとに、理論的構築と現実社会に対する学問の責任を重視し、少数民族の教育、民族文化の保護、出稼ぎ労働者の構造的特徴を研究する傾向が見られる。それに対し、韓国の人類学は、国家と社会に対する巨視的研究、香港と台湾の人類学は、家族と宗族が一貫して重要なテーマであり、また歴史学と人類学の結合も特徴である。この二点は日本についても言える。

二〇世紀以来、日本、中国大陸、台湾、香港、韓国は、欧米の人類学界との接触の中で成長し、それぞれに欧米との強いパイプをもっている。二〇世紀後半から、改革開放の推進により、東アジアの人類学の交流が新たな局面を迎えた。費孝通、中根千枝、梅棹忠夫、佐々木高明、林耀華、石毛直道、末成道男、楊廷智、呉澤霖、宋蜀華などの上の世代の学者たちが人類学の交流、博物館の建設及び若手研究者の育成に貢献してきた。その意味で、今回の東アジアの国際共同研究は、温故知新、承前啓後の場を提供し、今後の研究連携とネットワークの強化のために、一定の基礎を築いたといえる。

費孝通が一九九〇年、彼の八〇歳の祝賀会で「各美其美、美人之美、美美与共、天下大同（人びとはそれぞれの美しさ〈文化〉を有しており、お互いの美しさを認め合い、共有できれば、天下は一つになる）」という名言を残した。これは人と人の関係、民族間の関係に対する最良な解釈でもあり、異なる学問のスタイルや学術の伝統についてもいえる。すなわち、他者の学術の伝統を尊重し、お互いに学び合うのである。人類学者として、研究対象としての異文化や、他者の学術成果に接するときに、柔軟な姿勢でお互いに尊重しあわなければならない。このように自他の研究成果とスタイルを共有することができれば、初めて本当の複数の人類学を実現することができる。

注

（1）二〇一二年一一月二四日～一一月二五日、日本文化人類学会の後援を得て、中国社会科学院民族学・人類学研究所と韓国のソウル大学から研究者を招き、「中国の社会と民族――人類学的枠組みと事例研究」というタイトルの国際シンポジウムを本館で開催した。両日、合計九四名が参加し、一一本の発表が行われた。

（2）二〇一三年一一月一八日～一九日、北京、中国社会科学院民族学・人類学研究所の第一会議室で、「中日の人類学・民族学の理論的刷新とフィールドワークの展開」の国際シンポを共催した。民博からは、塚田誠之、横山廣子、佐々木史郎、韓敏、河合洋尚の五名、東北大学、国学院大学、東京理科大学、東洋大学、神戸市外国語大学、日本大学、福岡大学、愛知大学、神戸大学から九名の研究者が出席し、全員発表した。中国側は、社会科学院のほかに、一〇の大学、中央民族大学、清華大学、北京大学、中国人民大学、中山大学、雲南財経大学、四川大学、貴州民族大学、蘭州大学、南開大学から中堅の研究者と若手との交流ができた。両日、三三本発表があり、合計一〇九名が参加した。

（3）二〇一四年一一月二二日～二三日、国際シンポジウム「中国の文化の持続と変化――グローバル化の下の家族・民族・国家」。中国社会科学院民族学・人類学研究所などと連携して、中国、台湾、香港、韓国、アメリカ海外から一三名の研究者を招き、最後の国際シンポジウムを開催した。両日、二〇本の発表がおこなわれ、合計一三一名が参加した。

（4）「傘型社会」は張継焦が二〇一四年に提出した概念で、「政府」主導の資源配分の仕組みを指す。具体的に下級の企業に対しての「父愛型庇護」、合資企業に対しての「親戚型庇護」、私営企業に対しての「友人型庇護」の三つがある［張　二〇一四：五四―六一］。

参考文献

（日本語）

M・ウェーバー著、木全徳雄訳

　一九七一　『儒教と道教』東京：創文社。

岡田謙

　一九三八　「台湾北部村落に於ける祭祀圏」『民族學研究』四（一）：一―二一。

韓　敏

　二〇一二a　「家族・民族・国家のディスコース――社会の連続性と非連続性を作りだす仕組み」『民博通信』一三七：〇八―〇九。

　二〇一二b　「国際シンポジウム　中国の社会と民族――人類学的枠組みと事例研究」『民博通信』一三九：三一。

二〇一三　「中国における社会と民族のパラダイム——人類学的枠組みと事例研究」『民博通信』一四一：八—九。
二〇一四　「日中の人類学の交流と今後の展開」『民博通信』一四六：八—九。

中根千枝
一九八一　『社会構造の比較——アジアを中心として』東京：旺文社。
一九八七　『社会人類学——アジア諸社会の考察』東京：東京大学出版会。

西澤治彦
二〇〇六　「日本の中国人類学をめぐる思索」『武蔵大学総合研究所紀要』一五三—一六六頁。

（中国語）

費孝通
一九八三　「家庭結構変動中的老年贍養問題」『北京大学哲学学報』（三）：六—一五。
一九八五　『郷土中国』上海：生活・読書・新知三聯書店（鶴間和之・上田信他訳注『郷土中国』（学習院大学東洋文化研究所『調査研究報告』四九号、二〇〇一年三月）、および、蕭紅燕訳（『土佐地域文化』三—五号、二〇〇一—〇二年、『高知論叢』第七六号、二〇〇三年）。

韓敏、末成道男
二〇一四　『中国社会的家族・民族・国家的話語及其動態——東亜人類学者的理論探索』Senri Ethnological Studies 90. 大阪：国立民族学博物館。

韓敏、色音
二〇一八　『人類学視野下的歴史、文化与博物館——当代日本和中国人類学者的理論実践』Senri Ethnological Studies 97. 大阪：国立民族学博物館。

張継焦
二〇一四　「〝傘式社会〞——観察中国経済社会結構転型的一个新概念」『思想戦線』第四期、五四—六一頁。

（英語）

Bol, Peter K.
2003a　Neo-Confucianism and local society, twelfth to sixteenth century: a case Study. In Paul Jakov Smith and Richard von Glahn, eds. *The*

Song-Yuan-Ming Transition in Chinese History, Camb. Mass.: Harvard University Asia Centre, pp. 241-283.

2003b The 'localist turn' and 'local identity' in later imperial China. *Late Imperial China* 24 (2): 1-50.

Ebrey, Patricia

1984 Conceptions of the family in the Sung dynasty. *The Journal of Asian Studies* 43: 219-245.

1989 Education through ritual: efforts to formulate family rituals during the Sung dynasty. In Wm. Theodore de Bary and John W. Chaffee, eds. *Neo-Confucian Education: The Formative Stage.* Berkeley: University of California Press.

Faure, David

2007 *Emperor and Ancestor: State and Lineage in South China.* Stanford, CA.

Freedman, Maurice

1958 *Lineage Organization in Southeastern China.* London: Athlone Press.

1966 *Chinese Lineage and Society: Fukien and Kwangtung.* London: Athlone Press.

Han Min, Kawai Hironao and Wong Heung Wah

2017 *Family, Ethnicity and State in Chinese Culture Under the Impact of Globalization.* New York: Bridge 21 and Routledge.

Tilly, Charls

1975 *The Formation of national States in Western Europe.* Princeton, N. J.; Princeton University Press.

●目次　家族・民族・国家——東アジアの人類学的アプローチ

●第三部　国家と社会のパラダイム

装丁＝オーバードライブ・前田幸江

●第一部　人類学と歴史学の視点からみる東アジアの家族

第一章　中華漢族の家族と家——東アジアの人類学的調査から見えるもの

末成道男

はじめに

東アジアにおいて家を以って、そこに住む人々に社会単位あるいはより抽象的な意味を持たせている場合が少なくない。さらに、屋敷は、家を単独あるいは複数を配置した地域的範囲を示し、時には社会的な意味を持つ。本論では、家族のうちでも、この地元概念である「家」について、これまで日本、台湾、韓国、ベトナムでの社会人類学的な調査（表3）体験をもとに比較を試みる。

一九六五年、初めて台湾原住民の調査地に向かう車窓から流れる赤煉瓦の漢族聚落の風景を目にして、その家屋の配置や住んでいる人々の生活、とくに社会組織がどのようなものか何時か知りたいという思いを抱いた。このねがいは、その後の周辺社会でも続き、調査の進行と共にかなえられていった。

これらの五十年余りの東アジア社会の調査経験をもとに、それぞれの家族と家の関係について記すと共に、人類学の方法についても考えてみたい。[1]

一　東アジア四社会の家

1　中国の家《ジャー》

中国の家族が多層的であることは、日本の家族と対比させるとわかりやすい。中国の家《ジャー》は、日本の家《イエ》のように一軒の家の居住者といった形で一義的に示されるとは限らない。たとえば、一つ屋敷に居住している人々が、一つの大家族を形成しているとは限らない。むしろ、ふつうは食事、生計、生育、扶養、財産、祖先祭祀、神明祭祀等の機能ごとに、範囲の異なる社会単位に分かれている。これらの機能のうちには、たとえば財産でも新婚夫婦が管理する持参金などの私房銭から、全体の屋敷地の権利に至るまでいくつかの層に細分されているものもある。日本の家《イエ》が、居住だけでなく、生計、家産、家業、子どもの生育、老人扶養、祖先、神明祭祀をひとまとめに備えている多機能集団であるのに対し、中国漢族の家《ジャー》はそれぞれの機能ごとに範囲を異にする多層性をもった集団ないし関係の総称であると言える。

そのなかでも、生計の共同、つまり竈を共にしている層が、生活単位の「世帯」として重要である。世帯において収入は原則として家長に渡され、消費もこの共同の会計から支出され、剰余は蓄えておいて共有家産に投資される。ただし、嫁入り財産や個人の内職で稼いだ金銭は私房銭として房単位で保管される。家計を共同にしていても、男子は結婚すると、独立の部屋（房）を与えられ、共有財産や親の扶養、祭祀の負担に関しては、平等の権利と義務を持っている。

家長の権威や親への孝養、兄弟の和と言った儒教規範が強調され、経済的利害関係などに応じて、世帯が直ちに分裂することはないが、息子の嫁を迎え世帯の人数の増加と共に生ずる軋轢や、家長の衰えや死亡を契機に分財が行われる。分財に当たっては、男子均分の原則が厳密に守られ、息子たちの母の兄弟、族親の長老などの立ち会いの下、くじ引きで決められることも稀ではない。

分財後は、日本のように新たな分家を建てずに、炊事場を新設するだけのことも珍しくない。分財により生じた新世帯どうしは、平等な単位であり日本のような本支や分家間の序列は存在しない。

こうした世帯の分裂後も、祖先祭祀においては共同したり、あるいは村の祭りへの寄付に老親の名義で出しあったりすることもある。また、分財の際に祭祀用の建物、田畑などを共有のままに残しておくこともあり、この場合の権利関係は、厳密に記憶され必要に応じて主張される。

2　日本の家《イエ》

家《イエ》は、家族的機能と考えられる殆どすべてを一括して備え、同族や村落やその下位の組組織や近隣関係の構成単位となる。その成員は、非親族をも含みうる、場の共有に基づく、明確な境界をもった社会単位である。家《イエ》は、個人を超えた社会単位として永続性を持つとされ、屋号も代々変わることは無い。家長と主婦の地位は、代々その家で生まれた一子とその配偶者により受け継がれるが、家督（家産など家に付随する権利）は家つき成員により継承される。なお、血縁が途絶え、家の存続に問題がある場合、養子として実子と同じ権利を相続継承することが認められている。

その内容の詳細については、中国、韓国とベトナムの家との比較考察の記述と重複するので省略する。また、上記の特徴は、下記44―45頁で述べるように親族関係を基盤とする〈family〉には収まらず、〈house〉社会の典型とみなせるであろう。

３　韓国の家《チプ》

家《チプ》は、日本のイエと同様、建物だけではなく、そこに住む人々の集団の意味を持っている。建物としてのチプは、基本的にはさまざまな要素からなっている。門《テームン》を入ると、男の空間である舎廊房《サランバン》、板間《マル》があり、その奥に女性の空間として、内庭に面して内房《アンバン》、炊事場、大庁板間《テーチョンマル》などがある。未婚の子女は内房、成長すると越房に移り、長男夫婦の部屋もこの内側に置かれる。家長は、ふつう父親がなり、家族《チプ》を代表し、家族を統率する強い権限をもつ。家長はチプの主人であるが、時に外主人《バカットチュイン》と称されるように、チプの内側での権限は主婦である内主人《アンチュイン》が掌握していることを留意すべきである。父親と息子の関係は、父系制の下で最も重要な関係とされ、幼児期は甘やかされるが、物心がつきはじめると、長上への恭敬や親への孝を厳しくしつける。息子の方では、窮屈な雰囲気から父の面前で長居を避けるようになる。これに対し、母親と息子の関係は厳しい父子関係を補完する密接なものであり、特に長男は他家から夫の家族に嫁いできた母親にとって、最大の拠り所として大切に育てられる。チプの屋号は、主婦の出身地に宅をつけるもので宅号と称され、主婦の家内における重要性を示している。

嫁姑関係は、上記のような儒教教理を背景にし、内すなわち女性の空間において絶対的な権限をもつ姑と、幼時より自己の意志を表現することに日本のように抑制されていない嫁とが合わない場合激しい対立になることが少なくない。

分出した息子のチプは小家として、大家と称される本のチプと区別されるが、形式的な序列感覚は強くなく、生家の感覚で気軽に出入りして道具などを借りてゆく。分れたチプ同士のあいだで 序列をつけることはない。親族集団は、宗孫が継承する宗家を中心にまとまった祖先祭祀集団であり、日本の本支の序列関係で結ばれた親族集団と異なる。こうした父系親族の出自関係は、家《チプ》やチバン、村の境界を越えて結ばれる。

チプは、永続性をもった社会単位である点で、日本の家《イエ》と共通性を持つが強調されるのは、とくに長男系の宗家の場合であって、次三男系のチプはそれほど重視されない。これは、例えば宗家に男子が生まれず絶えそうになると、次三男が一人息子であり、自らのチプが絶えても、宗家の養子として差し出す。つまり、チプ一般の永続よりも、親族集団（そのサブグループも含む）自体の永続性が優先される証左であると言える。(2)

4　ベトナムの家《ニャー》

ベトナムの家《ニャー》は、建物と同時に家族の意味にも用いられるが、日本のイエはもちろん、中国のジャー、韓国のチプと比べてもいっそう多義的である。建物、居住者の他、うち（ニャー）の田というような抽象的意味、職業集団、国家、配偶者（「うちの人」）などの意味にも用いられる。

その多層性は、家分化の過程においては中国のそれを上回る。竈分けも一度で済まず、結婚して親と同居し共食していた息子夫婦が数ヶ月後、家長に〝鍋を分ける〟ことを申し出て同じ竈で別炊する。しばらくして自分たちの竈を作って生計を親と別にし、さらに塀などで住居を仕切って別の生活空間とする。条件が整うと自分たちの家を新築して完全に自律的な一戸の社会単位になるという多段階の過程をたどる。財産の分配も、関係者一同が会し三者立ち会いの下に一度で済ませるというよりは、親元から離れときに資力に応じて親元から資材、人力の援助を受け、最終的には親と同居した息子が老後の面倒を見て残された財産を相続するという形を取ることが多い。祖先祭祀などで、長男が中心となるという規範はあるが、韓国の場合のように明確なものではなく、財産分与に関しても、その割合はさほど明確ではない。家にしても、韓国のような宗家という中心的な存在や、その永続性を一族がはかるという意識も薄い。

父系血縁以外のものが養子となる例外的現象も存在し、また出嫁者が実家に戻って余生を送り、その霊が生家で祀られるといった例も見られることから、純粋の父系社会というよりは、未完成ないし崩れた姿を呈していて、日本と同様父系とは見なせないのではないかという立論も可能である。しかしながら、こうした事例の存在にも関わらず、父系と非父系の区別に関しては、「内外」という表現で　紛れるところが無いので、表層とはうらはらに韓国に劣らず父系原則は貫徹していると解される。

5　四社会家族の比較表

以上の説明に若干補足を加え、東アジア四社会の一覧表にしてまとめた（表1）。

二　家に関する中華モデルと周辺モデル

多層性を特徴とする中華漢族の家は、境界の明確な多機能包括性を特徴とする日本大和《ヤマト》族の家と対比させることで明らかになった。それを同じく中華文明の強い影響を受けてきた韓、越と比較してみると、下図のような位置関係で示される（表2）。すなわち、中華起源の中華モデルは、父系血縁の組織化や儒礼の遵守度において韓国は本家本元の中国以上に厳密に実施されているのに対し、日本において父系血縁は天皇家など一部の例を除いて、明確な組織原理とならず、儒教も儀礼行為規範としては殆ど受容されておらず、場の原理が家や村において優越している。ベトナムは、父系血縁集団が村を超えないなど部分的に場の原理も働いているが、村内社会では父系結合が重要であり、儒教もイデオロギーよりは、儀礼などの行為レベルで深く浸透している。

以上、中華と東アジア周辺社会の家族と家について、人類学的調査事例をもとにモデル化して概観した。そこでは中華モデルが波及し周辺モデルが生成したという単純な説明では収まらないような多様性が、表層だけでなく、深層においても認められることが明らかになった。しかし、中華文明は、それぞれの社会に、時には決定的とも言

1　中華漢族の家族と家

表1　東アジア四社会家族の比較

	中華漢族	日本大和族	韓国	ベトナム
語義（辞書的）	jia	ie	Chip	nha
建物	◎	◎	◎	◎
居住者集団	我家是大家庭	◎	◎	◎
職業	作家	作家	chak ka（作家）	nha bao（報家）
家名		家号（永続的）	宅号（1代ごと）	
傍系拡大家族	◎	△（一時的）	△（一時的）	△（一時的）
直系拡大家族	△（一時的）	◎	◎	○
夫婦家族	△（一時的）	△（一時的）	△（一時的）	△（一時的）
屋敷	内底	屋敷		土居
屋敷共有大集団	◎	×	×	×（一時的）
出自	父系	選系	父系（厳密）	父系
家の継承	選定	残留子	長男（厳密）	選定
相続	男子均分	長子（初生子あり）	長男優待分割	男子分割
本支の区別	×	◎	◎	△
分家間の序列	×	◎	×	×
家父長権（家長権）	△	◎	○	○
家父長権（父権）	◎	△	○	○
男女の分離（住）	△	△	◎	△
社会所属単位となる	△	◎	○	△
流動性	△	×	◎	△

表2　東アジアの家族モデル

	中華モデル	周辺モデル
血縁原理	強	弱
儒礼遵守程度	強	弱
場の原理	弱	強
	韓国の家《チプ》　中華漢族の家《ジャー》	ベトナムキン族の家《ニャー》　日本大和族の家《イエ》

える影響力を及ぼし続けていることも事実であり、そのメカニズムの実証的な解明は興味ある今後の課題として残されている。

三　方法論についての考察

上記の人類学的資料の提示と比較につき、方法論として問題になる点を思いつくままに挙げ若干の感想を記しておく。

1　研究者の視点

本報告は、日本以外の視点をもった論文をも参照しているが、基本的には日本人研究者である筆者の視点に基づいた調査、考察であるので、視点を変えて、中国、韓国、ベトナムそれぞれの研究者が見ると異なった結果が出てくる可能性がある。

例えば、四〇年ほど前になるが、東京で日韓の人類学者が相まみえ、「家族と祭儀[3]」というテーマのもとにフォーラムが開かれた際、韓国側から祭儀を扱うのに、なぜ家族のみに限るのかという疑問が出されたのが印象的であった。イエを前提にした日本研究者にとっては自明であっても、チプで同様な日常的祭儀を行っているとしても、それが上位の親族集団の祭儀に連なってゆき家で完結しない、韓国社会の常識からは、特異に感じられての指摘であった。

例えば、韓国の研究者なら、ベトナムの家族、親族、村での祭儀形式が、儒礼に則り行われていることは、一見して解るであろう。しかし、祖先祭祀が家族レベルではそれなりに行われているのに、氏族レベルになると始祖を除き、端折っているように感じ、ベトナムでの儒礼の遵守度は、辛めの点がつく印象をいだくようである。ある韓国研究者の調査旅行に同行したベトナム研究者は、「ベトナムにはきちんとした祖先祭祀儀礼は無い」と言われたのが納得できないと語っていた。韓国での儒礼基準から旅行中の見聞を判断したためだろうが、実際に長期の住込み調査を行い、ベトナム村の葬礼で、春秋／戦国時代の古礼に基づき、死者の魂を呼び戻す復魂礼を屋根に儀礼的はしごを差し掛けて今でも行っているのを見れば、儒礼の定着度が並のものではないことに気づく筈である。

2　人類学的〝時間〟

人類学の方法を現在学的と捉える向きもあったが、長期調査が標準となった一九二二年以降は、最初の調査で一年、その後の調査地との関わり具合によっては五〇年の幅をもつに至っては、「現在」という表現は綻びが目立ちすぎる。もっとも、この「現在学」という表現に「史学」的方法との対照を強調する意図が含まれていたとすれば、あながち全く無意味だったとは言えない。「現在」という言葉を引っ込めるにしても、人類学の時間と史学の時間との異同をしっかり確認しておく必要があろう。常識的、物理的な時間概念のみでは、両専門分野の「歴史」の理解は皮相な段階で止まって、人類学的特徴の意義が十分理解されないままに終わってしまうからである。

3　比較法

世界化の渦中にあって、このような「古典」的手法を使ったモデル化の妥当性への疑問が提出されるのはむしろ当然であろう。「伝統」の崩壊と習俗の多様化、外来文化の混入に伴い、比較そのものが無意味になっているという考えは、人類学においても現在常識となっているかも知れない。

特に、本論文のように異なった時点の調査結果を比較することへの疑義に対しては、ある社会制度の比較に当たって、同時点のものを取り上げ比較することだけが、より適当とは言えない。とくに社会の変化が大きい時は、機械的な一時点で揃えるよりは、同一段階の相を比較する方が適当な場合もある。例えば、高度経済成長以前あるいは開始期の家族の比較というのも、それなりの意味があろう。

４　儒教、仏教の影響

家族の特徴の差異が宗教的要因にもたらされているか否かは検討する価値がある。例えば、日韓の祖先祭祀の対照を、儒仏という宗教的要因と関連させる説が出されている。両社会の儀礼において認められる諸要素や、地元の時間観念の対照を見ると説得力があるが、家についての特徴の差が儒仏の影響によりもたらされたとどの程度言えるだろうか。

とくに韓国の事例は、新儒教の影響が祖先祭祀儀礼や倫理規範を通して家族に強く及んでいたという説明には説得力がある。しかし、ベトナムとくに中部の場合は、儒仏双方の影響が濃厚であるので、家族のあり方を決める主因とは言えない。つまり、宗教的要因は、家族のあり方に普遍的に影響を及ぼす説明にはなりえない。

５　家社会（house society）論

これは、日本の家と関連して出てきた問題であるが、家族を家で表現する中、韓、越の家がどの程度該当するものであろうか。

家社会（house society）論というのは、レヴィ＝ストロースにより一九七〇年代に提唱された概念で、家が法人格を持っていて財産、名前、名誉などを持ち、居住者の交替を超越した永続性を有している社会構成単位であり、擬制親族を取り込むことが認められているような社会である。(4)

日本の家《イエ》は、上記の特徴にいずれも該当し、典型的と認められる。これに対し、中国の家《ジャー》は、象徴的な社会単位として表現される場合はあっても、家族自体が多層性をもち、その存続は、居住とは関係なく、父系血縁によるものであるので含まれない。ベトナムの場合も、家《ニャー》のうちに中国を上回る多層性をかかえ、また、中部においては、一九七五年まで、村が定期的に行っていた公田の割換えは家《ニャー》単位でなされていた。しかし、その基礎は人丁（成年男子の人数）であって家《ニャー》が自律的永続性を持った社会単位とは言えない。韓国の家《チプ》は、中、越と比べれば、家名をもち長男継承に伴う永続性と独立性が顕著であるが、それらは居住に基づくものと言うよりは、父系血縁関係を基盤としたものである。したがって、日本以外の事例は、部分的な類似要素はあっても、家社会とは認められない。(5)

なお、台湾原住民のうち、パイワン族は、厳密な初生子相続制に基づく家社会であって、日本のイエ社会と共通点を最も多くもっている。(6) これに対し、アミ族も家の概念が明確であるが、妻方居住と相続継承が結びついて一見母系社会に類する家社会を構成し、出自集団を展開している点で、父系ではあるが出自集団をもつ中国漢族、韓国、ベトナム社会とも共通点をもっていると言えよう（［末成　一九八三］参照）。

注

（1）プロジェクトの総題目にある家族は、親族をも含む広義の概念と解釈した方が、全体の趣旨に沿うと考えるものである。ただし、今回はシンポの題目社会に合わせ、狭義の家族にしぼってまとめる。

（2）韓国のチプと日本のイエとの比較については、仲川［二〇〇二］が、本論と同様日本のイエと対比という視点から文献資料にも目配りをしながら詳しく検討している。

（3）このフォーラムの成果は、中根千枝編『韓国農村の家族と祭儀』（東京大学出版会、一九七三年）として刊行されている。

（4）仲川［二〇〇二］は、人類学の親族論を打開する可能性に注目しながら詳論である。

（5）レヴィ＝ストロースの挙げている事例にも、仲川［二〇〇二］が指摘しているように、その定義を完全に満たしていないものが含まれている。

（6）末成［一九七三］参照。

参考文献

仲川裕里
二〇〇一　On the concept of the Jip (House) in Korea. 『人文科学年報』（専修大学）三一：一〇五―一三五。
二〇〇二　「レヴィ＝ストロースの〈イエ〉(maison/house) 概念普遍化の有効性について」『哲学』慶應義塾大学三田哲学会、第一〇七集、二一一―五九。
中根千枝編
一九七三　『韓国農村の家族と祭儀』東京：東京大学出版会。
末成道男
一九七三　「台湾パイワン族の〈家族〉――M村における長子への贈与慣行 pasadan を中心として」『東洋文化研究所紀要』（東京大学）五九：一―八七。
一九八三　『台湾アミ族の社会組織と変化』東京：東京大学出版会。

表3　末成道男の調査文献リスト

地域	刊行年	論文、著書名
日本	1966.06	「分家の分出について――岩手県水沢市近郊農村の事例より」(K.Brown と共著)『民族学研究』31-1: 38-48。
台湾	1971.03	『台湾アミ族の社会組織――変動過程にある一村落の分析』(東京大学博士論文)。
台湾	1973.02	「台湾パイワン族の〈家族〉――M 村における長子への贈与慣行 *pasadan* を中心として」『東洋文化研究所紀要』59: 1-87。
韓国	1973.10.31	「慶尚北道百忍・中埔両部落調査予報――とくに家族・親族について」『韓国農村の家族と祭儀』(中根千枝編、東京大学出版会) 41-78 (61-78 を分担執筆)。
台湾	1978.12	「漢人の祖先祭祀――中部台湾の事例より (その 2)」『聖心女子大学論叢』52: 5-55。
日本・アミ・韓・漢	1979.01	「同族」『仲間』(原忠彦・清水昭俊と共著) 弘文堂、99-252 。
日本	1981.12	「対馬西浜の盆踊りと年齢階梯制 (2)」『聖心女子大学論叢』59:135-191。
韓国	1982.06	「東浦の村と祭――韓国漁村調査報告」『聖心女子大学論叢』59: 123-218。
台湾・日本	1983.12.24	「社会結合の特質」橋本萬太郎編『漢民族と中国社会』山川出版社、267-323 。
台湾	1983.12.25	『台湾アミ族の社会組織と変化』東京大学出版会。
台湾	1984	"The Religious Family among the Chinese of Central Taiwan." *Religion and Family in East Asia* (Eds.George DeVos & Takao Sofue), Univ. of California Press. National Museum of Ethnology)
韓国・日本	1985.03	「人間関係」『もっと知りたい韓国』伊藤亜人編、弘文堂、99-132 。
韓国	1985.06	「東浦の祖先祭祀――韓国漁村調査報告」『聖心女子大學論叢』65: 5-96。
	1986	「家族の社会組織――そのヴァリエーションをめぐって」『日本民俗社会の形成と発展――イエ、ムラ、ウヂの源流を探る』竹村卓編、山川出版社、101-123 。
台湾	1988.02	「〈家祠〉と〈宗祠〉――二つのレベルの祖先祭祀空間」『文化人類学』アカデミア出版、5: 35-49 。
ベトナム	1998.03	『ベトナムの祖先祭祀――潮極の社会生活』風響社。
ベトナム・韓国・日本	2002.02	「ベトナム鏡を通してみた韓日の社会組織」『韓日社会組織の比較』伊藤亜人・韓敬九編、275-309 。
ベトナム	2007.03	「ベトナム中部における祖先祭祀――フエ郊外清福村の家庭祭壇の事例より」『東洋大学学術フロンティア報告書 2006 年度』69-100 。
ベトナム	2012.06	「清福における系譜認識と村の関係」(東南アジア学会発表)。

第二章　中国の宗族と家族千年史――江西省と広東省の事例から[1]

賀　喜、デビッド・フォール（横田浩一訳）

はじめに

歴史学者や人類学者たちは、祠堂とそこに並んだ供物の地域的傾向を手がかりにして、宗族を南部中国に特有の制度であると長期にわたってみなしてきた［Freedman 1958, 1966］。筆者の一人であるフォール（Faure）による広東省珠江デルタ地域の調査により、一六世紀にこの地域にこれらの制度が流入したこと、そして地域全体への普及は一七世紀から一八世紀であることが現在では明らかになっている［Faure 2007］。さらに中国歴史研究者は、一〇世紀つまり、北宋時代の宗族実践に対する初期の証明を議論している［Ebrey 1984, 1989; Bol 2003a, 2003b］。これは歴史地理学に宗族がどの場所でどのように広がり、そこからどのように他の場所に移植されたのかという疑問を残した。早期の宗族が発展した場所は江西省、とりわけ吉安周辺であり、一方で広東省、特に珠江デルタ地域の宗族の多くはその後にひろがった。本稿は、江西と広東の二つの地域をみることで、その宗族が発展する際の特徴を検討し、地域的、制度的な比較を通して、制度としての宗族に関する研究に貢献するものである。

一　江西省吉安

吉安県は宋王朝の学者で官僚でもある欧陽脩（一〇〇七―七二）の故郷として知られている。欧陽脩は族譜編纂のフォーマット（「欧陽式図譜」）を創始したことでも歴史学者によく知られており、彼が自身の族譜に利用したという石に彫刻された家族の図譜は、故郷の村である永豊県沙渓の西陽宮の道観で今も見ることができる。その石碑は、一〇五二年に欧陽脩が母の遺体を故郷へと戻して父とともに埋葬し、自分の宗族の家系図を作り、世話人のいる墓を建てたという彼に関するエピソードを裏付けるものとなった。

この背景として、父が故郷から離れた土地で仕官していた間に、欧陽脩は生まれたということを知らなければならないだろう。彼が四歳の時に、父は亡くなり、その後、母は彼を連れて異郷同然の父方の叔父のところに行って暮らしたのだった。一〇五二年に行った故郷への短い訪問は、彼が村に足を踏み入れた唯一の機会であった。

村に彼の親族がいることは確かであった。沙渓に到着する前と出発した後の、彼が故郷の人々に墓の世話を依頼する手紙のやりとりがある［欧陽脩　一九六七：一二三九―一二四〇］。その後の三年の間に、彼は毎年「一四番目のいとこ」に手紙を出し、寒食節に自分の代わりに墓に供物を捧げてくれるよう頼んでいる。さらに欧陽脩は、墓の近くに家を建て世話をすることができるように、皇帝に江西の知事に任命してくれるよう一〇五七年から嘆願書を七度も提出した［欧陽脩　一九六七：六七七―六八三］。しかし彼の要求は認められず、一〇五五年以降のいとこたちへの手紙はのちに出版された本にも残されていない。一〇七二年、彼は河南で亡くなり、開封に埋葬された。その時以来、西陽宮の道士たちがその墓の世話をしている。

筆者たちは一〇八六年に代欧陽考功撰西陽宮紀脩の息子に頼まれて道士について書かれた解説「代欧陽考功撰西

陽宮記」〔畢　一九七四：六／二五a—b〕、楊万里（一一二六—一二〇六）による祠堂について語った記述資料（「沙渓六一先生祠堂記」）を入手している〔楊万里　一九七五：六／六一四〕。楊は、欧陽脩の祠堂は西陽宮という道教寺院に隣接し、その正面には欧陽脩の父の墓があると述べている。彼はある陳氏の男性がその修築費用を支払ったとも記している。楊万里は陳氏が一一九一年に亡くなったときにこの男のために墓碑銘を書いた。その碑文の中で陳氏は息子と甥とともに大きな邸宅に住み、彼らが互いに離れて暮らすことを許さなかったと述べている。

一二六六年、宗族の村の近くに住む欧陽守道（一二〇九—？）は、陳氏があたかも欧陽家の一員のように祠堂と墓の管理をし続けていることを記している。欧陽守道は欧陽脩とその息子たちへの不満も記している。「脩はそこに母を埋葬してから戻ってきたことはない。祠堂は陳氏が修築する時まで放置されていた」（「重修文忠公祠堂記」）〔『同治永豊県志』　一八七四：三三／一四a—一六a〕。一三二九年になり、祠堂のそばの寺院の道士からの要請で著名な詩人である呉澄（一二四九—一三三三）が寺院の歴史を記した。呉は欧陽脩とその父への供物と墓碑銘の存在を記している。その寺院は土地を保有しており、毎年三〇〇石のコメが収穫できる（西陽宮記）〔呉　一九七一：四八／三a—五b〕。一八七四年の県志には二つの建物を描いた図が記載されている。その頃には、寺の近くに学校も建設されていて、その碑は寺院の中にあった（西陽宮瀧岡阡壑図）〔『同治永豊県志』　一八七四：図二一a—b〕。

供犠は祠堂で行われ続けたが、欧陽脩の子孫や親戚によって行われたのではなかった。彼の親戚とより関係があるのは、彼が編纂した族譜である。しかし直接的な影響があったのは、沙渓が欧陽脩のことで有名になり、近くに住んでいる宗族が欧陽脩との関係があることがわかったため、きまりの悪い思いをしたことであった。

欧陽脩の子孫が祠堂を放置していることを不満に思った欧陽守道は、当時吉州（現在の江西省吉安市）副知事である江万里との会話を記録している。江万里は多くの人が欧陽氏の郷（欧郷）は吉州であると言ったことを彼に述べた。それゆえ、欧陽脩はきっと多くの子孫をそこに残したと江氏は考え、守道に欧陽脩から何世代目に当たるのかと尋ねたのであった。守道はおそらくいくぶん憤慨し、彼らは関係がないと返答した。欧陽守道自身の家族は二百年から三百年も管理された墓を持っており、墓石に記録された細部のどれも、欧陽脩の祖先墓碑とは一致しなかった。

欧陽守道は欧陽脩の家系図を高く評価したわけではなかった。二六〇年も続いた唐王朝は、皇帝の家系が一六代も続いたが、実際、わずか四世代の祖先しか族譜に記載されていないと彼は指摘した。そして、四〇年しか続かなかった南唐なのに、一四世代と記録されているのである。欧陽脩が族譜を編纂するときに、一族の者に相談しなかったことは問題だと欧陽守道は述べた。こういった理由から、普段の生活の記憶によって思い出される名前を欧陽脩は見落としてしまった。守道は、一族の系譜を調査したという欧陽脩の主張を無視したわけではない。守道は欧陽家の人々に保存していた複数の系譜（なかにはかなりの量の族譜もあった）を見て、互いの記述と主張が一致していないことを確認した。欧陽脩が評判の高い歴史学者・呂夏卿（一〇一五—一〇六八）に相談したことが問題だった。欧陽守道は、呂夏卿は、学識があったとしても、「他人の宗族の詳細を知らなかった」と『述欧陽氏族譜』の中に残している［欧陽守道　一九八七：一九／九a—一一b］。

欧陽脩の族譜に対する欧陽守道の意見は、宋代において系譜的な知識がいかに保持されていたかの説明として非常に興味深い。また欧陽守道による反応は、初期の族譜の大衆版がコピーされ、模倣され、利用されるときにまさに何が起こったのかも示しているのである。もちろん最近の世代の族譜は、それが書き記してあるかどうかにかかわらず記憶されている。宋代末期へと向かっていた守道の時代には、族譜を持っている家族の中には、非常に規模の大きなものがあった。彼は廬陵（現在の吉安）だけでも六から七の系譜を確認した。彼が言うには、彼らは初期の歴史について同意しなかったという。言い換えるなら、系譜をまとめる「通譜」(2)として知られる作業を行っていなかったのであった。

湖南省瀏陽で生まれた欧陽玄（一二七三—一三五八）の手記は、元王朝における通譜の過程について非常に興味深いいくつかの事例を残している。欧陽玄は宮廷の歴史学者であり、遼、金、宋の歴史の編纂に携わった。彼が宮廷に仕えていた時、江西分宜県防里村の欧陽氏の人々から序文を書いて欲しいと働きかけを受けたと記録している。防里の人々は、自分たちが元の時代に廬陵郡から設立された安福県出身であると、自分のルーツを説明している。廬陵郡はちょうど沙渓村のある吉水県に隣接している。欧陽玄は序文を依頼されるまで防里宗族について知らなかったようであるが、その族譜に明らかに興味を示し、そして欧陽脩が編纂した族譜の資料に基づいて、自分の祖先たちは防里から枝分かれしたと考えるようになった。一三四二年に欧陽玄は実際に防里に赴き、祖先の墓で始遷祖への敬意を表明した。祖先への説明を記した彼の文章から、彼は、そのとき「帰宗（本流への回帰）」の儀礼を行ったことが明らかになった。通譜と帰宗によって、宗族の族譜は拡張されたのであった（防里祭祖祝文、二）［欧陽玄　一九八七：一五／二〇b］。

欧陽玄が、祖先の墓で本流への忠誠を宣言したことも注目すべきである。その場を記念するために書いた詩で、墓は村の中心（村心）にあるべきだと述べている（至正壬午一一月一三日、祭始遷祖墓於防里村心。是日、春洲先生有古律四首記其事，玄用韻奉答）［欧陽玄　一九八七：二／五b］。祖先の墓が村の中に位置しているのは、現在でも吉安できわめてよく見られる。一一月一三日に儀礼を執り行ったことも記し、また、儒教的実践においては、冬至の際に始祖へ供物を捧げる儀式を行うことを述べた。元代には、祖先の墓を管理するために家族が建てた仏殿は徐々に祠堂へと代わっていった。一方で欧陽脩が父の祠堂の世話をする際に仏教僧よりも道士の手配をするのは、初期のやりかたと一致しており、彼が道士を好むのは、仏教に対する新儒教的な意思表明であろう。欧陽玄の文章には、仏殿に代わって祠堂を建てた吉安の家族に向けて書いた多くの記念文が含まれている。姻族に当たる廬陵にある羅氏のために彼が書いた文章には、三百年にわたり宗族は散居していたが、祖先の墓を維持し、共同祭祀を行い、族産と系譜を保有していたことが記してある。しかし欧陽玄がこれを書いたときには、彼らは祠堂を持っていなかった。祠堂は最終的に「家礼」に基づいて建設され、寝室の東に位置していた。ここでの「家礼」は当時流行し始めた新儒教主義の教えに従っていた（「秀川羅氏祠堂記」）［欧陽玄　一九八七：五／一七ａ―一九ａ］。

似たような過程は、同じ吉安、泰和県蜀江村の欧陽氏の記録にもありうる。筆者がそこで出会った宗族の成員は、復亨堂として知られる祠堂と関連する族譜のコピーを見せてくれた。それは二つあり、一つは一七八六年に編纂され一八〇〇年の加筆を含んだ復亨堂の供物の記録（復亨堂祭譜）であり、もう一つはおそらく一八一四年に編纂された蜀江欧陽氏族譜である。復亨堂が供物を捧げている重要な祖先は、孚先としても知られる劉後峰である。

彼は、元朝のまさに終わろうとする至正時代（一三四一―一三六八）に亡くなった。彼の孫が墓の土地を探すときに書いた扶乩の文書が村の記録に含まれている。興味深いのは、墓石を見ると、初代、二代目、それに四代目の祖先の三つの墓が、筆者が訪れたときに村落内で見られた点である。墓石に刻まれた始祖は後峰ではなく、その供物の記録が復亨堂に残されていない徳祖であった。儀礼の記録によると、後峰から六世代目の子孫に当たる一三世の子孫が一四七八年に建てたと墓碑に記してある。なぜ村に二つの祖先の起源があり、一人は祠堂でまつられ重要だとみなされ、もう一人は村の墓に埋められているのだろうか？

宗族の成員のために書かれたさまざまな記念文のおかげで、この宗族の歴史についていくぶんかわかる。重要な祖先である劉後峰には三人の息子がおり、彼らは元から明への移行期に、勝利した軍隊に協力して、明の初期に徴税の請負を行った［復亨堂祭譜(3)：内編二ａ―ｂ］。彼らはまた科挙に必要な儒教的教育の援助も行ったので、後峰の曾孫の数人は科挙に及第し官僚となった。三人の息子たちは吉安出身の他の官僚も助けていた。その中には欧陽脩の宗族の一部であることを示した文を書いた老年の楊士奇（一三六六―一四四四）も含まれていた［蜀江欧陽氏族譜序　楊士奇　一九九七：五／一四ｂ］。一五〇八年に進士となった彼らの子孫でもある欧陽鐸（一四八一―一五四四）は、「読書楼」と彼が呼んだ建物の周囲に、一五二三年に共同祭祀を行ったという記録を残している。その建物が祖先祭祀のために建てられたのは明白であり、その費用は宗族の分枝である各房が分担した。費用を捻出するために寄付が行われ、会計簿が作られ、それぞれの房は管理業務を行う者を任命した［記費　欧陽鐸　一九九七：後編／一〇／一a―二a］。おそらく、それは復亨堂であろう。文書の複写の中にそのときの供物の記録が含まれていた。祖先の後峰の肖像もここに納められている。この時期の祖先への供犠が、位牌の前か、それとも肖像の前で行われたのか、位牌がいつ設置されたのか、本当のところは分からない。上記の年代日時を組み合わせることで、われわれは、次のように解釈することができる。村の人々の積極的な参加によって一四七八年に墓が、一五二三年には祠堂が建てられた。構造としては、墓と祠堂は宗族の系統を示すものである。そうすることによって、供犠を行う権利を保有するとみなされた。墓は徳祖の子孫すべてが権利を持ち、祠堂は後峰の子孫のみが権利を持っていた。系譜的な関係はそのような行動に暗示されていたが、最終的に儀礼への参加、経済・政治的権利および責任につながることになる。

復亨堂の設立は非常に成功した祖先祭祀事業となった。その宗族の房に認められた位牌ついての、われわれが入手した最も早期の記録は、一七一四年のものである。祠堂に位牌を設置するには、一枚の位牌に一〇両銀を支払うという決まりがあった。二二の寄付の申し出があり、二二〇両が族産に加えられた［歐陽秀、復亨堂入主修祠興祭序、復亨堂祭譜序　nd：序文／五八a―六〇b］。その後、復亨堂は非常に豊かな信託財産となった。一七六四年の会計簿では、欧陽氏の宗族は一一の房があり、各房に八〇〇〇両の銀が割り当てられていたことが記録されている。その割り当ては利益の分配というより、支払いの要求のように見えるが、供物の提供と建物の修築へ使用されたものを除くと、受け取った金は利子付きで貸し出されていた。現存している供犠の記録によると、総計一一三の位牌が加えられている［欧陽柱　交出修祠底数小引　復亨堂祭譜：外編／一二a―一三a］。

上記の欧陽氏の三つの事例から宗族の創成された歴史が説明されている。欧陽脩の時代には、族譜は古くから貴族や有力な家族のために編纂されていた。平民には族譜は広く受け入れられておらず、もちろん欧陽氏の族譜もなかった。欧陽脩が両親のために設けた供犠は一つの家族のためのものに過ぎなかった。欧陽脩は沙渓に供犠を行い続ける子孫がいなかった。欧陽脩が編纂した族譜は元朝と明朝の時代を通して欧陽氏の人々に受け入れられていった。共通の族譜を受け入れた人々は一つの宗族になったのだろうか。彼らは確かにそうだが、ただ、概念的な宗族のみであり、共同体意識に寄与するような財産権と、定期的に行う共通の祖先への供犠を含む地域的な意味はなかった。多くの場所で、特に江西省のような宋代の文字化の伝統が豊かな地域では、族譜の方が共有の財産権を統合する地域の宗族より先行して存在していた。フィールドワークでの観察を強調する歴史人類学は、当然であるが、多くの地域の宗族について記録している。概念的な宗族は文字化されたものと、知的な歴史家の領域、特に新儒教主義の下での儀礼の作法をめぐる議論を含む長期にわたる知的伝統との間において橋渡しをしている。

二　広東省広州

我々が収集した宗族についての広州の事例の中には、順徳逢簡村劉氏の族譜がある[4]（『逢簡南郷劉追遠堂族譜』）。その家族は宋代に広州府順徳県に移住したと主張しているが、宗族設立の明確な記録は、一四四九年の黄蕭養の反乱のあった一五世紀中葉からであると言える。祖先である劉松渓（一三七七—一四五〇）は反乱を鎮圧する軍の手によって殺された。族譜によると、松渓は最初に移住してきた応莘（一二五一—一三三四）という名で呼ばれる祖先から五世代目の唯一の息子であった。明代初期の祖先と関連する里甲の記録も含まれており、松渓から三世代目、劉瑛（一四四六—一五三四）として知られる祖先の遺言で土地を所有しているという多数の記録がある。祠堂は一六二一年になって宗族のために建てられた。松渓の曾孫である瑛は、県主催の宴会（「冠帯郷賓」）に出席した際帽子と冊子を授与されており、宗族の中で公的な認証を得た初めての人物であった。彼の遺言が示しているように、富と栄誉はおおよそ彼の時代から始まった。後の記録によると、松渓への供犠のために影堂という肖像画を置く部屋を建設した。彼の死後まもなく、南海と順徳県の多くの有力な宗族が起源にしているとされる広東北部珠玑巷の劉応莘の由来に関する物語が族譜の文章に記録された。われわれの調査を通して位牌はおよそ劉瑛の時代から、位牌は祖先の供犠と結びついて使用されるようになることが分かった。一五六六年に劉松渓の子孫は彼のために新たな墓石を建てた。その石碑のうえには三五人の名前が刻まれている。一六二一年には門楼を含んだ祠堂が供犠のために建設された。まさにそれゆえ、祠堂は追遠堂として知られているのである。(5)

それゆえ、逢簡村の劉氏宗族における儀礼の特徴は明確である。この宗族は一四四九年の黄簫養による反乱以前は、たった一つの系譜の出自のみしか知られていなかったため、とりたててどうと言うほどのものではなかった。一七世紀や、せいぜい一六世紀の生活の記憶では、祖先の供犠は肖像画の前で行われ、それゆえ影堂がそこにあったのだと考えられる。木製の位牌は一六世紀頃に流入し、一六二一年に祠堂が建てられた。「門楼」については、「家廟」の形態を取っており、祖先への供犠の特徴は正統化を行うだけでなく、一六世紀から一般的になったことを示している。この漸次的に宗族へと向かう過程はすべて、族譜、族産、墓だけでなく祠堂での供犠の場によって完成したことが分かる。

吉安の欧陽氏のように、ある特定の時点で、逢簡の劉氏は宗族になるという認識の中心的部分である族譜を作成した。それはどのように起こったのだろうか。宗族の最初の数世代の伝記が含まれた里甲の記録によると、明代初期に少なくとも一回以上、劉氏広州が軍に誰かを派遣していたことが書かれている。この義務の最初の記録は一三八一年であり、第三の兄の房（応莘には二人の息子がいた）が軍に「養取した孫」を送ったとある。しかしその孫である三奴（三人目の使用人）は、族譜の中で劉氏の子孫としての記録がなかった。二番目の記録は一三九四年のものであり、弟の房の三代目の子孫が、彼の孫である太奴（古い使用人）を里甲の登録単位である土に簡姓の個人として加えた時、広東軍で仕えるよう彼を派遣した。太奴は二人の息子をもうけ、そのうち一人は息子がおらず、もう一人は若くして亡くなった息子がいたと族譜は記録している。その息子の嫁は息子が亡くなった後、再婚した。言い換えるなら、太奴は宗族に子孫を残していないのである。族譜には、三世代目から、弟の房は課税査定という目的のため独立した世帯として登録されたと記録してある［逢簡南郷劉追遠堂族譜 nd：二〇a—b］。

宗族にとって、子孫を残していない宗族成員を駐屯地に派遣することにより軍の義務を免除されることは便利に違いなかった。明代初期に、軍務は一般的な義務ではなかった。軍の身分を割り当てられた世帯への要求であったのである。登録された「世帯（実際には宗族の房の意味）」の一人を含めた、二人の子孫を送ることは、疑いなく宗族の外へ軍務の義務を負わせるためのものであった。それゆえ、宗族の成員にとってその共有された構造を通して享受される最初の利益とは、税金の管理であった。

軍務を務めた二つの宗族の代行者は、政府を十分に満足させることはできなかったようである。松渓はこの義務を免れるために一六〇ムーの土地を残しておかなければならず、同時に一〇年に一度の賦役である「排年」のために、すべての登録された世帯の要求に基づいて、五〇ムー残しておいた［逢簡南郷劉追遠堂族譜 nd：二四a］。賦役の義務を免除されるように土地を残しておくことは、世帯登録（土地の登録ではない）のために納税を管理する際の宗族の役割をさらに強調することになる。

この税の管理に関する観察から、族譜に含まれた契約文書をさらに検討することで議論を進められるが、宗族の土地の保有に関する議論を同時に取り上げなければならないだろう。四つの文書がこれらの問題に関わっている。一五二四年の瑛の遺言、一五七四年の土地購入の文書、一六九五年の雲鶴（一六二四—一六九〇）の妻である何婦人によって作成された遺言、そして一七二一年から一七二六年まで続いた論争の記録と一七四六年から一七四八年までの論争の再開である。

一五二四年に、劉瑛は遺言を書き、彼の父から三六六ムーの土地を相続したが、一四七二年以降の五〇数年の間、一五四七ムーに増やしたと記録している。この多くの土地以外に、県の衙門へ税金を支払うために二九一ムーを売り払った。残りの財産は、一四五六ムーの灌漑された土地と一九ムーの灌漑されていない土地、三ムーの池から成る計一六二二ムーであった。彼は毎年秋に計七二・五石の穀物を支払っていた［逢簡南郷劉氏追遠堂族譜　nd：四〇b—五三b］。

遺言で瑛は、穀物一〇六石の土地賃料の一部について毎年集め、墓祭祀の信託財産として残すよう指示したが、他の一部の毎年集められている穀物三六石の賃料の土地は、租税と賦役を支払うために毎年輪番で彼の六名の息子によって管理されていた。

瑛が売り買いしたであろう土地は、個人が所有する土地として考えられる明らかな事例であるが、所有権は個人ではなく集団に依拠していたのであろう。さらに、祖先の名前で集団の所有権を保有するために小さな部分に分け、土地を区分するのはよくある実践のようであり、目的を言明している保有財産でもあった（しかし、押しつけられたものではなく、罰則が科せられるわけではない）。土地は、宗族全体というよりも、宗族の内部の集団によって共通の目的のもとで残しておくものである。外部の者にとっては宗族の財産は集団の財産の集合から成り立っているようにみえるが、内部の者にとっては宗族のすべての成員が最も古い共通の祖先の名の下にのみ共有財産を設置すると主張をしているのである。これらの財産に宗族の成員が負わなければならない納税義務の継続を読み取ることができるが、何年にもわたって収入が他の目的に転用されているのは明白である。

墓地の購入に関する一五七四年文書は、県の知事に小さな肩書を授与された瑛のように、飢餓の発生した年に穀物を寄付したことが評価された瑛の一七番目の孫の一人である棠（一五〇七—一五八四）と関わりがある［逢簡南郷劉氏追遠堂族譜　nd：一〇五a—一〇八b］。彼は高明県（逢簡からおよそ四八キロ）で土地を購入し、徴税目的としてそこで世帯の登録をすることができるか尋ねた。その要求は、高明の里甲（里排）を管理する責任者となる世帯者によって審査され、初めは受け入れられた。しかし、棠は彼の故郷の県に税金のために土地を登録するつもりであり、高明県ではなく逢簡で、徴税を要求するつもりであることが判明した。里排はこれに異議を唱え、訴訟は高明の知事に委ねられた。知事は、高明で登録を行わず、彼が購入した資産の売り手の世帯に所属するべきであり、彼の主人の税金割り当てを支援すべきであると裁定した。言い換えるなら、里甲というよりは売り手が不履行に対する責任を負っていたのである。

一六九五年に妻が遺書を書いた雲鶴は、棠の玄孫である。本質的には、二つの取り決めが土地分割文書によってなされた［逢簡南郷劉氏追遠堂族譜　nd：一一七a―一一九b］。二八〇ムーの遺産は四人の息子のあいだで平等に分けられ、三〇ムーの割当てが「税、供犠の組織、埋葬と娘の結婚」といった目的として祖先の財産として残しておかれた。税の取り決めとして、文書は明確にこう述べている。「祖先の財産（族産）と地税以外に、（税は）それぞれを支払うために四つの部分に分けられ、面積に従って評価されるのではない。なぜなら土地は高、中、低の三段階に分けられ、登録の終わっていない土地と税を含んでいた」。言い換えるなら、一五七四年の土地文書とともに、土地税は面積の正確な記録に従って評価されず、世帯に付着した割当てとして評価されたことが明白であった。財産が譲渡されるであろうことを考えると、それらの税の義務は同様であり、この財産の分割と税は明朝の歴史家が長く慣れ親しんだ税の評価の不均衡を引き起こすことになる。これらの割当てを何年にもわたって変化しないままであるとみなし、税の調停をすることは明らかに非現実的である。一五二四年の瑛の遺書にあるこの文書でなされたことは、いくつかの財産を分割せずに残しておき、何が起こっても、収入の源泉は税とその他の義務への寄付と奉仕となるものに利用できるようにすることであった。逢簡の劉氏のような繁栄した宗族は、一定の収入源を供給できる数多くの共有地を保有しており、それぞれの子孫の集団間で共有されていた。土地は宗族全体で所有されたのでなく、個人で所有されたのでもない。それぞれの成員がいかなる時でも、有限で明確に定義された団体によって所有されたのであった。

このような調停は乱用される余地が十分に残っており、しばしば衝突の原因となっていることが推測されるべきである。族譜に添付された「養取の文書」（一六九六年）からも読みとることができる［逢簡南郷劉追遠堂族譜 nd：一一九b—一二〇b］。養取文書は四人の息子たちによって財産が相続されたため必要とされた。長男は息子をもうけず娘だけを残して亡くなり、末子は子どもを残さずに亡くなった。二番目の息子は、自分の長男を亡くなった兄の養子にすることに同意し、三番目の息子は自分の二番目の息子を亡くなった末子の養子にすることに同意した。外見上、これは死者への供犠が継続している取り決めのように見えるが、実際は、未亡人の扱いと長男の娘への扱いに見られるように、当然財産の分割は問題の中心である。なぜなら養取された息子は個人的に財産を保有するには若すぎると思われ、契約に署名された年から効力のある取り決めでは、彼が世帯の問題を管理するのに十分な年齢である時まで、長男の遺産は二番目の息子によって保有されたのであった。妥協の結果であろうか、長男の妻、未亡人と彼女の娘に毎年払われる固定額の条項と、八〇両に一〇ムーが追加された額を娘が最終的に結婚する時の持参財として割当てられることが規定された。さらに、養子を通じて遺産の一部を相続した息子を持つ四番目の息子は同様の支払いをする義務がないため、長男はさらに二〇ムーの土地を銀三・二両のごくわずかの支払いのために補償された。この文書から、その母は、存命の息子たちとではなく、長男の（亡くなった）嫁と一緒に住んでいたことがわかった。

土地紛争は一七二一年に起こったが、驚くべきことではなく、一六九五年の養取とそこに関わった家族がそそのかされた結果であり、その年に亡くなった長男に養取された息子劉可奮（生没年不詳）が引き起こした。訴訟で作成された文書によると、祖先の劉棠が一一〇ムーの土地を残し、そのうち一〇ムーは学田として寄付することと指定したためにこの紛争が起こった。言い換えるなら、この土地は官位を得ることに成功した棠の子孫たちが管理するべきであると主張したのだった。そのため、土地は劉棠の子孫の中で別の支系の子孫である劉俶修（生没年不詳）によって管理された。劉俶修は、劉可奮とその他の人々が土地に対する権利を所持していると主張し、法の手続きを踏まずに勝手に裁く準備を始めたため、知事の下へ行った。訴訟が明らかになるにつれて、この紛争一〇ムーをはるかに越えた祖先の土地全体にまでおよび、名目上は一一〇ムーであるとされた土地に関するものであることが明らかになった。評決は劉俶修に全面的に反対するものではなかったが、当該の土地への管理を放棄することを妨げなかった。問題は一七四八年に官位を得た彼の息子によって再度提起された。そのころ、祖先の土地の規模は二〇〇ムーと言われ、原告が監生の称号よりも高位の官位を得たという理由で、財産に対する優先権を保持しているか否かが明らかに紛争の中心となっていた。そして、彼は再び敗訴した［逢簡南郷劉追遠堂族譜　nd：一六三a―一八〇a］。

訴訟のようなことに直面したときに、宗族が集団連帯の源泉となると誤解されたのは皮肉なことである。要点は集団連帯が不可能だと言うことではない。もし宗族内に感情的な愛着、外部の人に対する共通の領域的な利益、ある程度の儀礼的な教化があったならば可能であっただろう。しかし同様に、共通の資源に対する競争と衝突は、すべての宗族において見られる不平等な相続の構造の中に組み込まれているということを認識しなければならない。

相続に関するどのような議論でも、女性は財産を保持すべきかどうかという疑問を提起している。この点において、逢簡とその周辺では、少数の女性は結婚したときに土地を持参財として与えられていた。初代の祖先の妻は三〇〇ムーの土地を持参し劉氏にやって来た［逢簡南郷劉追遠堂族譜　nd：一二b］。黄蕭養の反乱のあおりを受けて亡くなった息子の嫁は結婚した時に一五〇ムーを持参してきたが、夫の忠誠に対する敬意から、彼女の父は他の娘が結婚する時に四〇ムーの持参財をさらに与えた［逢簡南郷劉追遠堂族譜　nd：二八a―b］。劉瑛の妻の持参財は五〇ムーであった。ある事例では、義理の父が息子の嫁に新居のそばに小さな区画の土地を池とともに買い与えた。そのため、「彼女は瓜や野菜を当てにするような何かをもっているのかもしれない」［逢簡南郷劉追遠堂族譜　nd：八四a］。宗族に婚入してくる女性の持参財としての土地に関するその他の事例はかなりあったが、劉氏の女性が婚出する際に土地を分配した例はなかった。婚出する女性に原則的に土地を与えることであり、少なくともその原則は、後の時代の劉氏に受け入れられていたのである。劉雲鶴の妻の土地の分配に関する文書の中には、二人の娘の持参財としてそれぞれ五〇両の銀が準備され、そのため「彼女たち自身は婚礼に装飾品を買うことができたようであった」。ここで重要なことは、金は「持参金、土地、銀（奩田銀）」として言及され、そのようなものが全部供給されない場合、持参財としての土地は好ましいとされていた。実際には提供されていないとしても、結婚する女性は原則的に地銀（奩田銀 liantianyin）をもらえることが大いに言及された。また息子のあいだでの財産の分配後に、父系の周縁に位置する女性（未亡人や未婚の娘）への扶養が同様に問題として関わってくる。

問題の一つは村の屋敷の居住部分であり、男性も同様に影響を受けることである。この問題について考える時には、父系内の未婚女性の数が非常に多いことに注意すべきである。劉瑛の三人の娘はすべて結婚したが、一六人の孫娘のうち六人は未婚を選択し、彼が遺書を書くまでに彼女たちに対する扶養は形式的なものであった。瑛の妻は彼よりも早く亡くなり、また孫娘たちに対しては、彼女らの父親が責任を負っていたため、劉瑛は遺書の中で孫娘たちの生活扶持を用意する必要はまったくなかった。しかし、標準的な実践は、一五一三年に三八歳で亡くなった二番目の息子のために、一五二四年に計画された移住から明らかになる。劉瑛は息子の嫁と三人の孫息子たちを支援するために、毎年の収入の一部を残し、三軒の屋敷を建て、一六四ムーの土地を購入し、孫息子たちの名前で登録した。彼が育った集落では、彼の亡くなった息子が以前に買った土地と、彼自身の遺書で支払われるべき土地の一部が総計に追加され、わずかの額が祖先祭祀にまわされ、残りは三人の息子たちのあいだで平等に分配された［逢簡南郷劉追遠堂族譜　nd：五四a—b］。劉瑛の財産が分配されるまで、存命の息子の嫁は旦那の父系の一員として正当に分与されていたが、それから先、彼女は分与されるべき権利を持たなくなったのである。

要約すると、宗族の分支が高位の身分を熱望または獲得し、族譜を執筆し、家廟を祭祀のために建設するという明代から清代の珠江デルタで何度も繰り返し目撃された物語を、逢簡劉氏の族譜は記録していたと言えるだろう。これらの供養儀式は、これらの変更の出現以前に使用されていた慣行に則っていたが、法律が貴族だけでなく庶民もそれに従うことを可能にしたので、新しい意味が与えられた。この重大な変化は、階級の出現と考えることができる。ただし、劉氏一族の祖先の祠堂には、貧しい崇拝者のための崇拝する祖先も含まれていた。劉氏の祖先もまた、貧しい人々を崇拝するためのものであるという厄介な事実を除いて、この重大な変化を階級の出現として考えることができる。法律も儀式も経済的地位と関係していない。重要なのは出自と公的な地位である。

結論

モーリス・フリードマンに続いた中国研究者たちは、財産を保有する際の手段として宗族をみなす傾向にある。ここで取り上げた事例は、宗族の制度の歴史は次のようなプロセスを経て設立されたものであることを示した。すなわち、宋朝において族譜が存在していたという前提をもとに思想として現れ、のちに清朝の時代に財産を保持する確固たる形として具体化し、多くの宗族が設立された。族譜は出自を遡る目的を公言し編纂され、自伝や法的文書、墓や祠堂の記録、族譜の編纂の主題となる集団に関係するとされる無数の項目がしばしば含まれている。こういった意味で、書かれた族譜は生きている公文書として役立つ。明代には、世帯の登録はそのような公文書が重要な源泉となった。土地を保有する大宗族は必ず宋から明にかけて記録された歴史を持っているとは推定できないが、多くの宗族はそのように自己主張を行っている。われわれは、ある時点のある目的で作られた文書が、共通の出自を主張する別の時代の人々の書いた族譜に保持され、組み込まれる可能性を受け入れなければならない。たしかに歴史的文書は、当然のことだが、口頭の記憶より記録に特権を与えているが、宗族が読み書きのできる文人のイデオロギーによってのみ支配されていると推定すべきではない。歴史家は文盲の人々よりは修辞をよく知っているが、そういった理由で、族譜というものは、保証されたものというよりも、契約上の文書の集合として見なすことが必要かもしれない。

言うまでもなく、書かれた族譜を利用して宗族の歴史を書くときに、歴史家は、文書がある推定や仮説に基づいて編纂されたことをきちんと把握せねばならない。これらの仮説は、文書の編纂者と彼らの意図のある読者にとって意味のあるものにする。要約すると、学者たちは宗族の言葉を理解しなければならず、それは観察できる意味での用語だけでなく、世界の現実と考えられているものを具体的に表現している彼らの理論を理解するということである。こういった意味で、書かれた族譜は儀礼の変化という文脈において理解しなければならない。書かれた族譜は帝国期の法規として規定されるだけではなく、実践として理解せねばならない。帝国の歴史における最後の千年の宗族は、本質的には儀礼的・法的な概念であった。それは亡くなった祖先が存在しそれを供養するという前提のもとで、書かれた族譜、墓、祖先の肖像、位牌、祠堂と廟といった形式により支えられていた。信仰という束の間の世界と、土地開発の物質的な現実との交差点で財産権は主張されたのであった。

注

（1）著者らはGRF44541l「元朝から明朝における江西省吉安県の地域社会」、「中国社会の歴史人類学」the Fifth Round of Areas of Excellence (AoE) Scheme, The University Grants Committee, HKSAR の調査費の支援を受けたことを感謝してここに記す。本論文の一部は、すでに「歐陽氏譜圖的流變與地方宗族的實體化」『新史學』（台北）において発表した［賀　二〇一六：一―五六］。

（2）同姓の人々が互いに同じ一族として認め合い、族譜を作ること（編者）。

（3）一八世紀に編纂されたものである。
（4）この文書はデビッド・フォールが香港の古書店で発見し、現在は彼が所持している。
（5）『逢簡南郷劉氏追遠堂族譜』の編纂年代は不明であるが、その中の一二ｂは劉応莘の伝記であり、二五ａ―二五ｂは劉松渓の一五六六年の墓碑銘で、三八ｂ―四〇ａは劉瑛の伝記と一五三七年の墓碑銘で、四ａ―ｂは日付のない文章であるが、一五一五年から一五七一年まで存命した男の孫で、一二世代目の子孫である劉克孝によって建設された祠堂に関するものであり、松渓によって「影堂」として建てられた建物についても言及している。五ａ―ｂは一六二一年にその祠堂に祖先の位牌を設置したことを記念する文章である。黄蕭養の反乱については［Faure 2007: 79-85］を、珠璣巷の起源神話については［Faure 1989: 4-36］を参照のこと。

参考文献

（中国語）
畢仲游（宋）
　一九七四　『西台集・四庫全書』台北：台湾商務印書館。
『逢簡南郷劉追遠堂族譜』
　手抄本編撰年代不詳。
『復亨堂祭簿』
　木刻本編撰年代不詳。
『同治永豊県志』
　一八七四　南京：江蘇古籍出版社。
欧陽鐸
　一九九七　『欧陽恭簡公文集・四庫全書存目叢書』済南：斉魯書社。
欧陽守道
　一九八七　『巽斎文集・四庫全書』上海：上海古籍出版社。
欧陽脩
　一九六七　『欧陽文忠公文集・四部叢刊初編縮本』台北市：台湾商務印書館。

欧陽玄
　一九八七　『圭斎文集・四庫全書』上海：上海古籍出版社。
楊士奇
　一九九七　『東里文集・四庫全書存目叢書』済南：斉魯書社。
楊万里
　一九七五　『誠斎集・四部叢刊初編縮本』台北市：台湾商務印書館。
呉　澄
　一九七一　『呉文正集・四庫全書珍本二集』台北：台湾商務印書館。

（英語）

Bol, Peter K.
2003a　Neo-Confucianism and local society, twelfth to sixteenth century: A case study. In Paul Jakov Smith and Richard von Glahn, eds. *The Song-Yuan-Ming Transition in Chinese History,* Camb. Mass.: Harvard University Asia Centre, pp. 241-283.
2003b　The "Localist Turn" and "Local Identity" in Later Imperial China. *Late Imperial China* 24(2): 1-50.

Ebrey, Patricia
1984　Conceptions of the family in the Sung dynasty. *Journal of Asian Studies* 43: 219-245.
1989　Education through ritual: efforts to formulate family rituals during the Sung dynasty. In Wm. Theodore de Bary and John W. Chaffee, eds. *Neo-Confucian Education: The Formative Stage.* Berkeley: University of California Press.

Faure, David
1989　The lineage as a cultural invention: the case of the Pearl River delta. *Modern China,* 15(1): 4-36.
2007　*Emperor and Ancestor: State and Lineage in South China.* Stanford Calif.: Stanford University Press.

Freedman, Maurice
1958　*Lineage Organization in Southeastern China.* London: Athlone Press.
1966　*Chinese Lineage and Society: Fukien and Kwangtung.* London: Athlone Press.

第三章　日本統治時代における台湾郷紳宗族の婚姻モデルと婚姻圏
——新竹北埔の姜氏宗族を事例に

荘英章（星野麗子訳）

はじめに

日本の研究者岡田謙〔一九三八〕はかつて台北士林の研究において、信仰圏を地方社会の再生産の概念として提出した。岡田謙はさらに信仰圏は、婚姻圏と市場圏と重なる部分が多いことを指摘した。一九七〇年代には、台湾中央研究院張光直教授を代表とする「台湾省濁水渓与肚渓流域自然史与文化史科技研究プロジェクト（以下、濁大計画と略す）」に参加した現地の学者が、上記の仮説に基づいて、さらに具体的な祭祀圏の概念を提出した〔施振民一九七五〕。しかし当時はまだ豊富な民族誌資料に基づき、岡田謙が論じた仮説を立証することはできなかった。

国立清華大学人類学の教授ジェームズ・ウィルカーソン（魏捷茲 James Wilkerson）は、清代の竹塹における呉氏と鄭氏という二つの文人宗族の族譜資料を手掛かりに、かつての岡田謙の祭祀圏理論との対話を試みた〔魏捷茲二〇一四〕。彼は日本植民地時代以前の婚姻圏においては岡田謙の仮説はあてはまらないことを発見した。呉氏と鄭氏の両家の婚姻対象は福州と泉州等の地域を中心に三九・一％を占め、新竹街と竹北一堡には其々二〇％と二一・三％を占めている。その他、苗栗と台北等地域に分散している。言いかえれば、新竹における呉氏と鄭氏の

図1　台湾における新竹地区

文人宗族の婚姻圏は、決して祭祀圏と一致するのではなく、彼らの商業的と官僚的システムとのつながりは、一般の人々の祭祀ネットワークに比べ、婚姻相手に対する選択を重視していると言うことができよう。

本論文は北埔地域の姜氏一族のもつ民間古文書、族譜および戸籍資料などを手がかりに姜氏一族の婚姻モデルを分析し、特に婚姻圏と祭祀圏との関係性を浮かび上がらせようと試みたものである。北埔の姜氏一族はウィルカーソン［二〇一〇］の論じる文人一族には属さないものの、北埔、竹塹の地域社会において豪紳として重要な役割を果たしてきた。また、その父系宗族あるいは宗族組織の下に運営されてきた寺廟組織も重要な役名を果たし、家庭の中における父母の権威を支えてきたと言えよう。

姜氏一族の婚姻モデルは、竹塹地域の文人宗族と同じように、基本的には儒家倫理に適合する「エリートモデル」をとっているが、北埔、竹北（図1）、峨眉、閩西等の客家地域の婚姻モデルとは大きな違いが見られるのである。

また北埔姜一族は、一九〇六年から一九四五年の間の初婚の男女婚姻の領域において、北埔慈天宮祭祀圏または枋寮義民廟 祭祀圏内に集中しており、その他新竹以外の婚姻が占める比率も五％にも満たない。ここから言えるのは、北埔姜一族の婚姻圏は岡田謙の仮説を実証したものであり、祭祀圏と婚姻圏もまた相互に重なりあう現象であったということである。

一　北埔姜氏宗族の台湾移住とその発展

北埔姜氏宗族は広東省恵州府陸豊県監墩郷を原籍地とし、一一世代目の姜朝鳳（一六九三―一七七七）が、乾隆二（一七三七）年に初めて台湾に移住してきた（図2）。最初は、樹林仔（現在の新竹県新豊郷）一帯を開墾した後、その息子である姜勝智が九芎林平埔宗族の保留地に移住して新たに開拓をおこなった。その際、姜勝智の甥の息子である姜秀鑾も一緒に行って土地の開拓をおこなった。なお、姜秀鑾が九芎林で開墾したことは、重要な意義があると考えられている。それは新たに開拓した地域が往々にして危険を伴う故に、土地開発は技術上の問題のみならず、新たに開拓地域の治安維持に対しても普通の人の指導力をはるかに超えるリーダシップが問われるからである［莊・連　一九九八］。

この時期に姜秀鑾のおこなったことは、この地域における彼の名声を打ち立てたのみならず、彼の公共事業の処理能力が官僚たちの注目を集め始めた。例えば⑴姜秀鑾は清の嘉慶年間（一七九六―一八二〇）においては五股林村の小作主となり、五股林や石壁潭における関所や開墾の仕事を担当している。⑵また道光四（一八二四）年には五股林村の総理に選ばれ、地方行政と原住民への盗難事件を受け持ち、新たな開発地区の重要な中心人物になっている。⑶さらに道光一〇（一八三〇）年には、台湾鎮の総兵である劉廷斌が褒美として姜秀鑾に頂戴(1)という帽子の飾りを授けた。道光一三年、張丙事件のために廳憲（行政名）が姜秀鑾に南北路で生じた様々な放火強盗事件を担当させた。そののちに、淡防庁の同知(2)（官職の名）である李慎彜もまた姜秀鑾に対し、褒美として一対の対聯を贈呈している。その対聯には、「相友相助勤捍禦、爾宅爾田奠身家（友人と協力して暴乱を防ぎ、自からの家を建て農業を開拓し自らの基礎を作りあげる）」と記されている。その後、李同知から注目され義首（民兵団の団長）に任命されて、民兵たちの訓練と新開拓地域の治安維持の巡回に務めている。そして、欽差大臣福州将軍の瑚松額と閩浙総督の程祖洛が姜秀鑾に軍の功績である七品の軍人階級の称号を授け、その公文書も発行している［荘・陳　一九八六：一五］。以上の経歴は、姜秀鑾がいかにして地方で活躍し、政府から重視されるようになったのかを物語っている。

道光一四（一八三四）年、政府は、竹塹平原地区の土地利用が不足していることと、原住民の山地に近い竹塹東南一帯が未開発の地であることを考慮し、漢人にこの地域一帯の開拓を鼓舞するために、竹塹の周邦正を中心とする福建人商人と、開拓地にいる姜秀鑾を中心とする広東人に共同出資と東南山地の開拓を呼びかけ、金広福総墾戸(3)を成立した。姜秀鑾は実際に隘墾地域に進駐した責任者となったのである［荘・連　一九九八：八二―八三］。

金廣福開拓プロジェクトは、姜氏一族が経済発展を維持する上で重要な事業であった。この開発プロジェクトのおかげで、後の姜氏一族の子孫が絶えず土地を獲得でき、地域の重要な大地主へとなったと同時に、政治行政への参加を通して、台湾北部における一族の地位が高まった。それは道光二二（一八四二）年、イギリスの台湾への侵略を防ぐため、姜秀鑾は清朝政府の命令に従い、地方の壮丁を訓練し政府軍を補助したため、軍功五品の役目と肩書を獲得したことからも伺える。同治三（一八六四）年には、戴萬生が反乱を起こし、淡防廳丞という役職の人物が被害に遭った。地域の紳士たちに推挙された姜殿邦と劉維翰は、人々を集めて軍隊を作り、大甲という場所に直接おもむき、反乱を鎮めた。このような功績により、二人には五品候補の肩書きが与えられ、藍翎(4)という装飾品を皇帝から賜った［荘・連　一九九八：八三］。

殿邦の長男である姜榮華（一八三二―一八七七）は、咸豐七（一八五七）年に命令に従って、軍隊に必要な物質を集め、寄付をしたことで、九品の頂戴が与えられた。その後、淡防分府の義首の任務において重要犯人を捕まえ、自ら資金を用意して功績をあげたので、六品の頂戴が与えられている。

姜栄華の子である姜金火（一八六二―一八八九）は金広福の事業を受け継ぎ、光緒四（一八七八）年には福建省台湾

図2　北埔姜朝鳳派下世系簡図

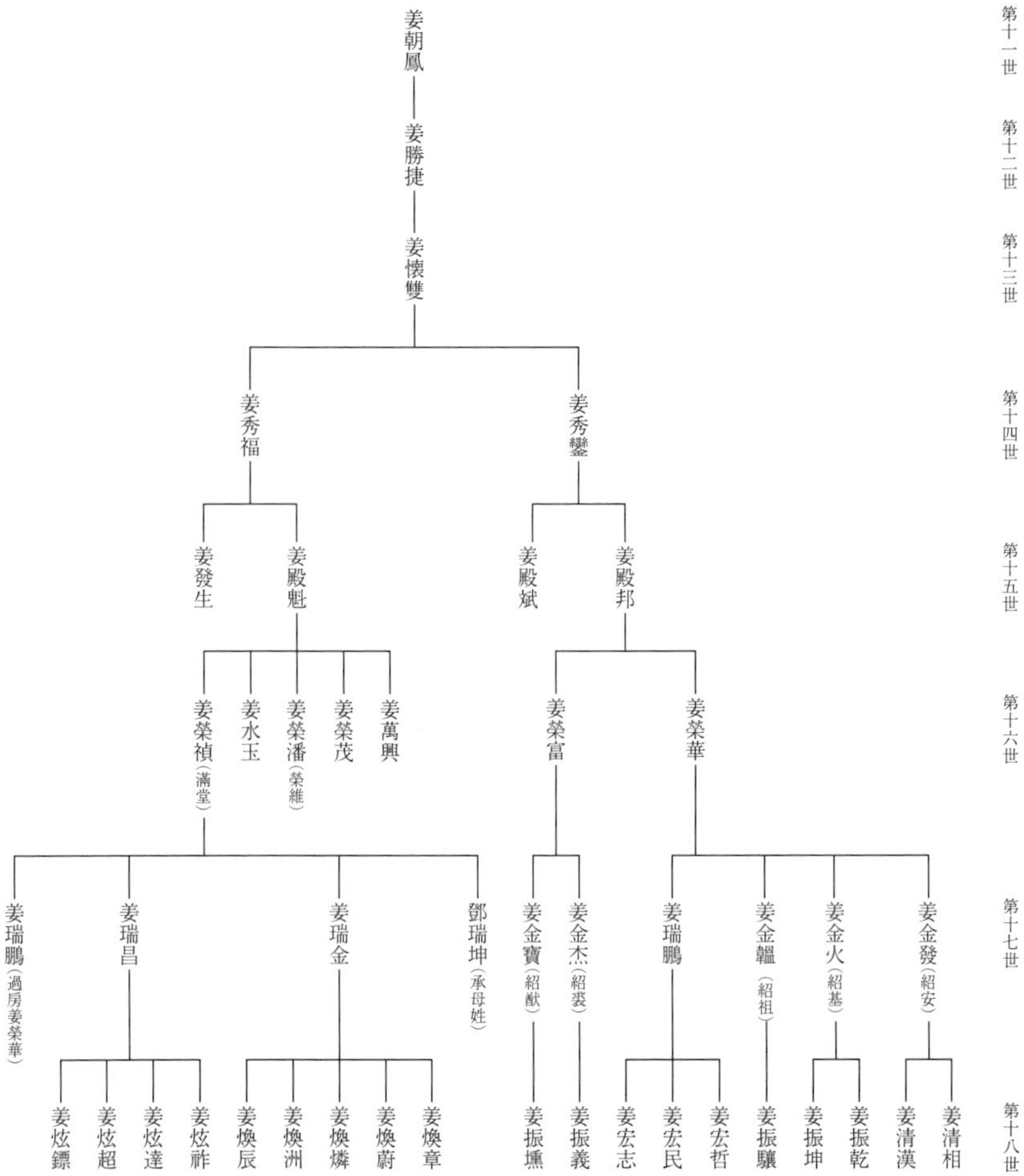

において新しい捐局を推進し、監生という官爵を買った。光緒一〇（一八八四）年にはフランス軍が台湾に侵入した際に、姜金火は團練という郷村の武装自衛集団を率い基隆でフランス軍を迎え撃ち、台湾北府城の守備にも協力した。[5][6]

上記のような姜氏一族による政治的功績から読みとれるものは、宗族の勢力を維持させるために、姜氏一族は次々と土地開発において契機を作りだし、決定権や管理権を掌握していったと同時に、役人との間においても積極的に相互関係を作りだしていったことである［荘・連　一九九八：八三］。

伝統社会において、地域の宗族勢力と地方政府の間の利害関係は非常に微妙なものである。北埔の姜氏一族は、地域の社会と経済のある程度の安定や安全を守るために、地方政府に実質的な権力を与えられることを求める。一方で、地方政府も中央政策を徹底化するために、地域の宗族に地方の管理行政の業務に対して人力や財力方面での支援を要求するのである。

姜氏一族は地方政府との間の微妙な利害関係や、小作人との土地をめぐる従属関係のほかに、開墾の過程においては「共利」という職業の効能的結合を通して金廣福大隘という一つの生命共同体を形成した。これは慈天宮における祭祀圏の形成と枋寮義民廟をめぐる十五の村落による輪番祭祀圏の参与に現れている。その他、姜氏一族は神明嘗《しょう》会の組織への参加、相互保証の経済投資と婚姻関係を通して人間関係のネットワーク等の構築をすることができたのである。

二　北埔姜一族の嘗会組織と祭祀圏

清代台湾の移民社会で出現した主な「嘗会」には、次の二種類がある。一つは祖先を祭る「蒸嘗」であり、もう一つは神明を祭る「神明嘗」である。法学者戴炎輝の研究によると、蒸嘗とは基本的に契約と鬮の二つの種類に分けられる［戴　一九四五：一三二］。この二つの蒸嘗とは祖先祭祀を目的としたものであるが、その儀礼の設置や活動の原則は決して同じではない。「蒸嘗」の構成員はほぼ同じ出身地のものから構成されており、契約や株の引き受けの方式によって共同投資し、財産購入をおこなう。その成員は出資した同族に限られており、祭祀の対象は往々にして唐山祖（編者：唐山＝中国大陸）等のような遠い祖先である。他方、後者は成立時期が比較的遅く、祭祀の祖先は主として開台祖（編者：台湾での血縁集団の基を築いた祖先）であり、その子孫たちには自然に継承され、財産の移動も房に基づく分配原則に従っている［荘・陳　一九八二：二八八］。北埔姜氏一族が作った「蒸嘗」は、上述した契約としての蒸嘗と籤としての蒸嘗の両者を同時に含んでいる。前者は姜氏一族一一代目の祖先、良公嘗を代表としており、後者は姜義豊嘗、華豊公嘗、茂豊公嘗等を代表としている。

姜氏一族は上述した二種類の祖先蒸嘗のほかに、神明祭祀の対象となる神明嘗もあり、これもまた非常に重要な役割を果たしている。これらの神明嘗は形式において「合約字」、すなわち蒸嘗と類似しており、いずれも自ら投資した株購入の方法によって「会份」に加入しており、通常「会份」というものは売買ができる。神明嘗は地域の神明を祭祀対象とし、その参加者は同姓のものに限られない。一方、「合約字」である蒸嘗は共通の祖先を祀り、その加入者は基本的に同じ姓氏の一族の者である。これが両者の最大の違いである。姜氏一族は各種の神明嘗に積極的に参加するほかに、多くの神明嘗の主導者ともなっている。これら神明嘗は北埔地域には限定されてはおらず、北埔姜氏一族は桃園大渓地区連座山新観音に祀られている神明嘗にも参加している。連座山観音寺は嘉慶六（一八〇一）年に広東の人が建設し、これら廟宇の各活動への参加を通して、競争力と自衛力のある社会集団を形成した。新観音を祀る神明嘗の成員は百人余りを数え、新埔の陳朝綱一族と北埔の姜氏一族等は、樟脳に関するビジネスに関与し、宗教祭典を通して客家エスニシティとしてのパワーをアピールしたのである。同時に地域社会においては、漳州からの閩南方言グループと対抗するために、姜氏一族等の大渓地域以外の客家の人々は、神明嘗への加入を通して集団アイデンティティを獲得し、嘗会も参加者のために文化権力ネットワークを作り上げたのである［林桂玲　二〇一三］。

姜氏一族が北埔で地域社会の基盤を再度構築した際、新竹地区の客家方言社会と同じように、「嘗会」組織の設立を通して、異郷（台湾）の地で連綿と続く血縁関係を維持しながら、他方で「秩序」或いは「アイデンティティ」を新たに構築し、「地域社会」を形成していたのである。すなわち「嘗会」は客家の基礎社会において様々な役割を果たしたといえる。その中で宗族や経済生活、エスニックアイデンティティ等にまで影響を与えていたのである［林桂玲　二〇一三：一］。

次に、北埔大隘開墾地域の主要な廟宇の建設は、ほぼ姜氏宗族の嘗会と密接な関係がある。姜氏一族が廟宇の建設に出資する以外に、祭祀活動においてもまた積極的に参加している。特に慈天宮祭祀圏の形成を促し、また枋寮義民廟をめぐる一五の村落による輪番祭祀に率先して参与していることは、きわめて重要である。

1　北埔における慈天宮祭祀圏の形成

観音菩薩を主に祀っている慈天宮は、北埔においてもっとも影響力の大きい廟宇である。金廣福が開墾され始めた当初は小さな茅屋を建てて観音菩薩を祀っていた。当時、原住民との激しい戦いが幾度も行われていたことから、開墾の移民や隘丁という自衛団の人々はみなこの場所で祭祀をしたのである。道光二六（一八四六）年には、姜秀鑾が木造の廟宇を建設し、咸豊三（一八五三）年になると現在の場所に再度建て直した。同治九（一八七〇）年には風雨の侵食により壊れたため、墾戸の長である姜榮華が中心となり、大隘南興庄の村人に改築するように呼びかけ、一三年に竣工されている［呉学明　二〇〇〇：二二六―二二七］。

慈天宮の中元普渡の儀礼は、現在北埔、峨眉との二つの郷の全域及び寶山郷の一部である下寶山等六つの地域において順に主催されている（図3）。姜義豊の一家は總炉主[8]という地域の年間祭祀活動の総責任者を担い、毎年の祭祀経費にあたる二千台斤（一台斤＝六〇〇グラム）の穀物を負担していたが、その不足する部分は各炉主（祭の開催を担当する人、祭主）が負担していた。この祭祀方法は毎年、ある地域において炉主を順に住民が担当し、慈天宮前で行われる刣豬公などの祭典や演戯や放水燈（灯篭流し）などのような祝賀儀礼を負担する。炉主の順番がまだまわってきていない人々は、自分の家で、牲礼（儀礼の際に捧げる家畜）や果物を供物として祀る。同治三年以後まで、大隘墾区は村を単位とする小祭祀圏が慈天宮の中元普渡の儀礼を通して次第に一体に化していった。

2　枋寮義民廟をめぐる一五の村落による祭祀組織連合への参加

大隘における墾民は、慈天宮でのお盆（中元普渡）の儀礼を通して一体と化したものの、頂寶山にある寶斗、大崎、雙溪、新城等の村では、金廣福が入墾する前から漢人が既に開墾していたため、これらの儀礼には参加していなかった。光緒三（一八七七）年にようやく大隘地域における複数の村落連合の祭祀圏に加入し、一四年に一度の義民廟の中元祭祀に参加するようになった。大隘地域において炉主を担当する際、毎回姜義豊が総炉主となり、各村が其々炉主を担当した。このように、大隘地域の住民と近隣地域の住民は、宗教活動によって一体を成していたといわれている［呉学明　一九八六：二八四―八五］。

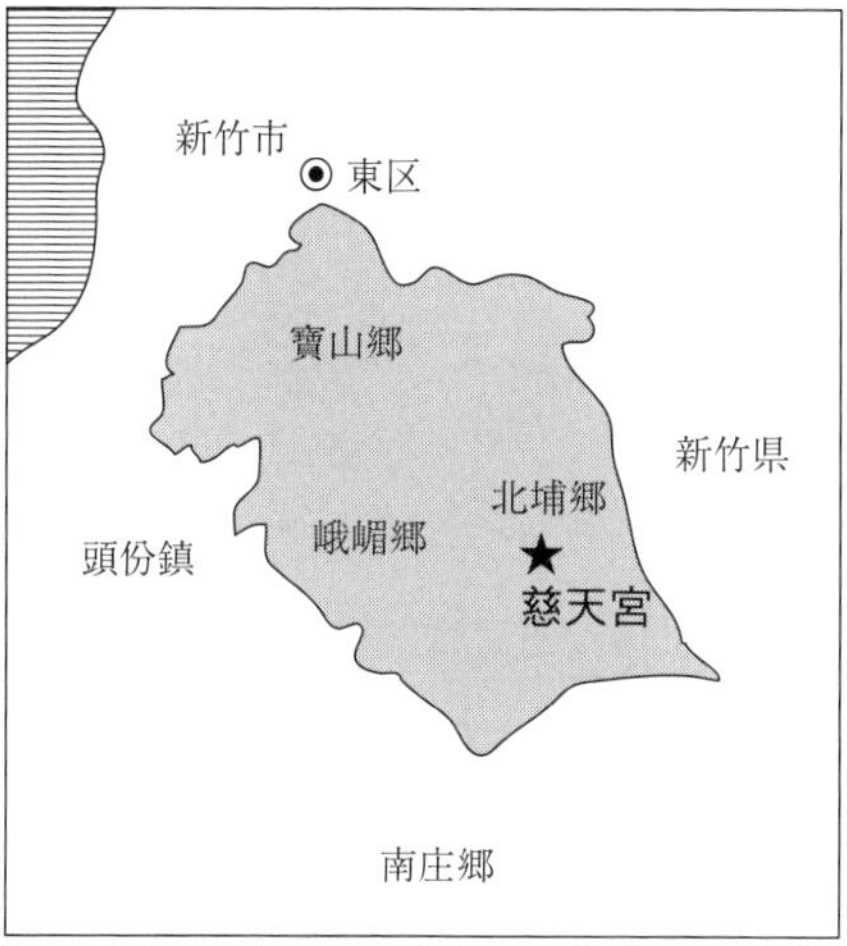

図3　慈天宮祭祀圏

三　姜氏一族の婚姻モデルと婚姻圏

1　日本統治時代の台湾における戸籍データベースの作成

日本統治時代の植民政府は、明治二九（一八九六）年と三六（一九〇三）年に戸籍調査に関する規定を頒布した。その目的は全島の戸籍調査を徹底にし、治安を維持すると同時に、台湾地区の戸籍と人口状況を把握するところにある［洪汝茂總編輯　二〇〇一］。

台湾における戸籍登録制度は明治三八（一九〇五）年に始まり、戸籍登録書には台湾本土と離島に住んでいる全ての世帯の内部状況が詳細に記載されている。その精密さは個人の出生、死亡、養子縁組、婚姻などの情報にまで及んでいる。さらに、戸籍登録書に設けられている「備考欄」には、婚姻や養子縁組によって生じた身分の変更や個人記録（犯罪記録、纏足、アヘン吸引の有無）、住所移転などの発生日時のような人生における重要な出来事がすべて詳細に記述されている［Wolf and Huang 1980: 37-39］。戸籍登録資料は人口動向の把握のための資料のみならず、個人身分を証明するもとにもなっているのである。本稿で使用する「日本植民地時代の台湾戸籍資料データベース」は、筆者がスタンフォード大学人類学部のアーサー・ウルフ教授と共に、中央研究院民族研究所で推進したプロジェクトである。一九八五年から中央研究院デジタルセンターの技術協力の下、戸籍の資料をコンピュータに入力し、民族研究所で日本統治時代の戸籍資料データベースを構築した。これは、現在中央研究院人文社会科学センターの「歴史人口計画」の前身にあたる。(9)

表1　地域別にみる姜氏一族の婚姻形態（1906 ～ 1945）

Year of Birth 出生年	北埔姜家 Percent of Marriage 婚姻形態百分比			北埔 Percent of Marriage 婚姻形態百分比			竹北、峨眉、関西 Percent of Marriage 婚姻形態百分比		
	Major 大婚	Minor 小婚	Uxori. 招贅婚	Major 大婚	Minor 小婚	Uxori. 招贅婚	Major 大婚	Minor 小婚	Uxori. 招贅婚
男（Males）									
1886-1990	73.3	20.0	6.7	56.2	36.0	7.8	50.6	41.1	8.3
1901-1915	93.1	6.9	0.0	74.7	18.4	6.9	63.6	28.5	7.9
After 1915	100.0	0.0	0.0	82.6	11.9	5.5	72.0	24.8	3.3
総数	88.2	9.8	2.0	70.3	22.8	6.9	60.9	32.0	7.1
女（Eemales）									
1886-1990	82.4	5.9	11.8	47.8	29.5	22.7	43.2	45.6	11.1
1901-1915	91.9	5.4	2.7	71.6	14.6	13.9	60.4	30.6	8.9
After 1915	91.2	8.8	0.0	81.2	12.5	6.3	73.7	20.8	5.4
総数	89.8	6.8	3.4	68.1	18.0	13.9	59.9	31.7	8.4

出所：日治時期台湾戸籍資料庫

2　文人家族と郷紳家族の婚姻モデル

文人家族とは、儒学的教育を受けたことのある人との直系親族関係にある家庭を指す［魏捷茲　二〇一〇］。ウィルカーソン（魏捷茲 Wilkerson）は、竹塹地域の文人家庭が客家あるいは閩南のどちらであろうとも、女性の婚姻モデルは基本的に儒教倫理の「エリートモデル」に合致し、中国の文人家庭において普遍的存在となっていると指摘した。

ウィルカーソンは荘英章［一九九四］と荘英章とウルフの婚姻市場における仮説［一九九五］の理論的枠組みには限界があり、清朝政府の統治方式と家庭婚姻モデル間の相関性の議論が不足していることから、台湾における植民帝国の戦略が与えた影響を評価することができないと主張している。これは彼が地方官僚と準官僚体制の資料と戸籍資料を結びつけて分析することを促進した主要原因でもある。

要するに、ウィルカーソンは婚姻形式と生活形態の選択において、文人身分はイデオロギーの実践に伴うものの、このイデオロギーが作られた背景には帝国の官僚と準官僚システムがおり、人々の生活の正式と非正式を支配するものでもあると論じている［魏捷茲　二〇一〇：一九九］。

北埔姜氏一族はウィルカーソン［魏捷茲　二〇一〇］が論じた文人家

表2　北埔姜氏一族の男性の初婚配偶者のエスニックグループ（1906 ～ 1945）

	男性の配偶者のエスニックグループ	%
閩南	1	2
客家	37	75.6
外地、エスニックグループ不明	1	2
1935年後、戸籍登録の様式にはエスニックグループの記載がない	10	20.4
合計	49	

※表2と表3は、日本統治時代の台湾戸籍資料データベースにもとづいて作製されたものである。

表3　北埔姜氏一族の男女の結婚範囲（1906 ～ 1945）

	女性配偶者		男性配偶者	
	個数	%	個数	%
北埔慈天宮祭祀圏	40	45.5	19	38.8
新竹枋寮義民廟祭祀圏	44	50	28	57.1
新竹以外	4	4.5	2	4.1
合計	88		49	

※族譜の姓名とデータベースの世帯主から、世帯の成員及びその後に派生した世帯の成員をみな姜氏一族とみなすことができる。

庭には属さないものの、北埔や竹塹地区地域において豪紳という重要な役割を果たしていた。また、その父系宗族組織や宗族組織の仕組みのもとに運営されている寺廟組織も重要な役割を果たし、家庭内における父母の権威に対して有力な支持を提供していたのである。

表1からは、次の日本植民地時代の姜氏一族の婚姻モデルが見える。すなわち、男女を問わず彼らの取った婚姻策略は、主として大婚（嫁娶婚）であり、九〇％程を占めているのに対し、小婚（童養媳婚）と招贅婚（婿入り婚）は合わせて約一〇％に過ぎない。また北埔の非姜一族と竹北、峨眉、關西などの地域の客家を比べると、姜氏一族の中で実施された小婚と招贅婚の比率は明らかに低い。言い換えれば、竹塹地区の文人家族と同じように、基本的に儒家倫理にふさわしい「エリートモデル」の大婚をおこなったことが言える。これは、竹北、峨眉、關西等の客家の間でみられた婚姻モデルとは大きく異なっている。

3　文人家族と郷紳家族の婚姻圏

ウィルカーソンは「新竹文人の婚姻、官僚体系と祭祀群」

図4　北埔姜家男性配偶者分布図（慈天宮と義民廟祭祀圏）

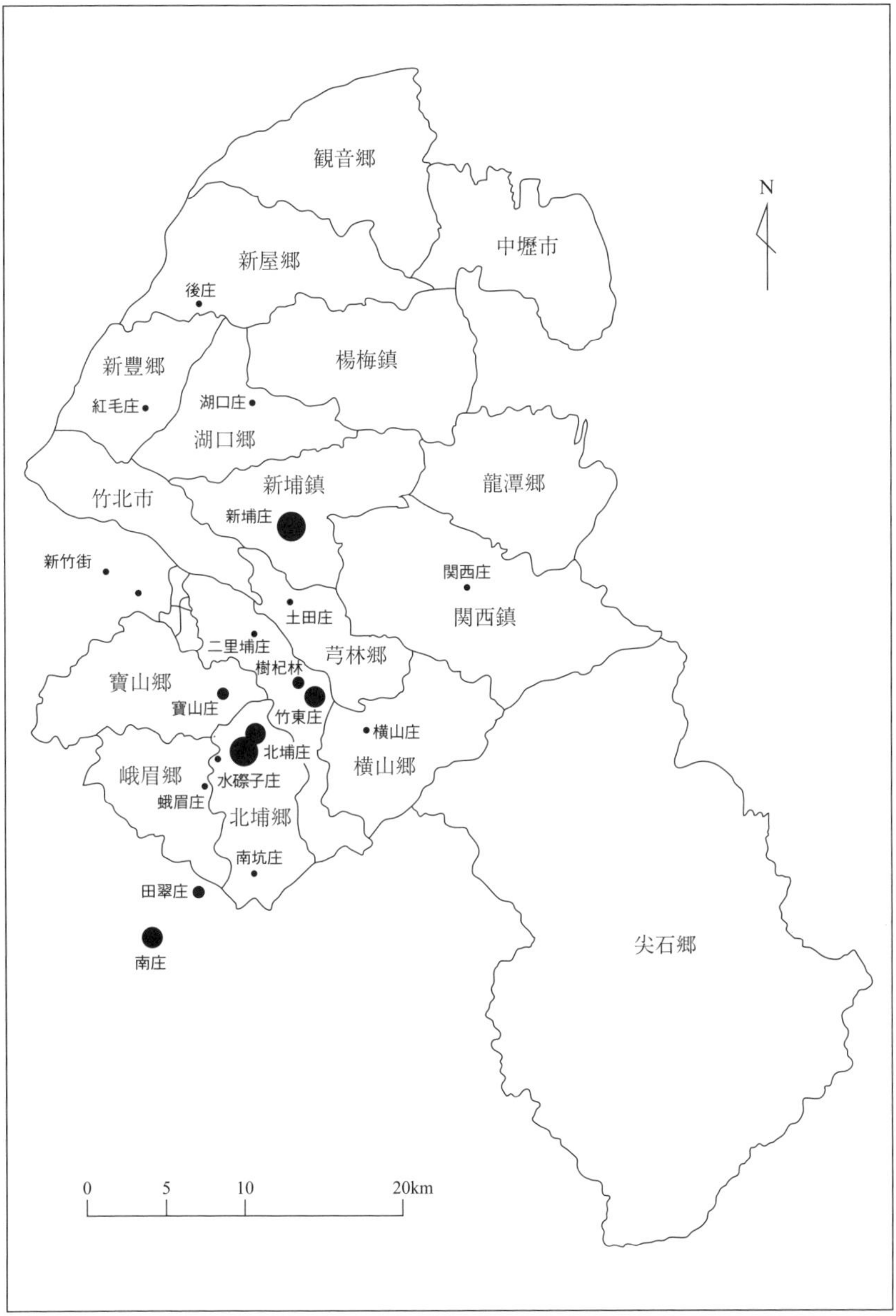

〔魏捷茲　二〇一四〕の論文において、新竹の呉氏一族と鄭氏一族の婚姻圏が、岡田謙の仮説にあてはまらないと指摘した。呉氏と鄭氏の成員の婚姻対象は、福州や泉州などの地域を中心に三九・一%を占めている。日本統治時代以前の新竹街と竹北一堡の両地において二〇%と二一・三%を占め、残りは苗栗と台北等の地域からきたものである。すなわち、新竹の呉氏と鄭氏の文人家族成員の婚姻圏と祭祀圏は決して一致するわけではなく、彼らの商業と官僚体制のネットワークは一般の農民の祭祀圏ネットワークに比べ、結婚の選択はより重要性を有しているのである〔魏捷茲　二〇一四〕。

北埔の姜氏一族は一九〇六年から一九四五年までの間、初婚の男女の結婚範囲は、主として北埔の慈天宮祭祀圏及び枋寮義民廟祭祀圏内に集中しており、新竹以外の配偶者が五%まで達していない。しかもその結婚対象のほとんどが客家方言群に属している（表2、3、図4参照）。これらの資料から言えるのは、日本統治時代における北埔姜氏一族の婚姻圏は、基本的に岡田謙の仮説を支持できるのであり、すなわち祭祀圏と婚姻圏は重なっているという点である。

結論

北埔の姜氏一族は小作人から地方の民間武装組織である団練の長になり、さらに道光年間には金広福の大隘総墾戸になった。姜氏一族は地方武装勢力の団練とたびたびの「監生」の捐納[10]を通して、地方政府とは微妙な関係を維持してきた。姜氏一族は、また蒸嘗と神明嘗等の組織の設立を通して、地方の小作人と竹塹地域の商人や郷紳の階級と密接な関係を保ってきた。日本植民地政府統治期間においても、日本植民政府が運営し、推進した産業に積極的に参与したことにより、その文化権力のネットワークを維持していったのである。

北埔姜氏一族は、ウィルカーソンが主張した文人家族に属してはいないものの、北埔や竹塹地域における重要な豪族の役割を果たした。またその父系宗族組織や宗族組織の下に運営していた寺廟組織もまた、重要な役割を果たしたのである。姜氏一族の婚姻モデルは竹塹地域の文人家族と同じように、基本的には儒教倫理にもとづいた「エリートモデル」に合致していたのである。

また、姜氏一族の男女配偶者の結婚範囲は、北埔慈天宮祭祀圏及び新竹枋寮義民廟祭祀圏内に集中していたことも論じてきた。姜氏一族の婚姻圏は基本的に、上述した岡田謙の仮説を支持するものであり、祭祀圏と婚姻圏との間に重なる関係が見られることが言えるのである。

注

(1) 頂戴は、官僚の地位と役職を意味する。清朝には、官僚が朝袍を着たときに被る帽子の天辺には頂戴という飾りがついており、官位によって頂戴の種類が異なる。
(2) 淡水庁は一七二三年（雍正元年）に台湾に設置された行政区画であり、台湾北部の政治的、経済的中心である。
(3) 編者による注釈。墾戸とよばれる開拓事業主が官の許可をうけたのち、佃戸（でんこ）とよばれる農民を引きつれて開墾する方法で、墾戸は官に対して租税をおさめる。
(4) 藍翎とは、軍功のあった臣下に皇帝が賜る帽子の装飾品のことを指す。
(5) 捐局とは、中国の歴代王朝で行われた公的な売官制度を実施する部局である。
(6) 中国の民間武装組織。主として農村の壮丁を徴集もしくは募集し，地元民から調達した経費で維持され，地域の治安維持にあたり，内乱時には政府軍を補助した。
(7) 以下は編者による解釈である。清朝において、大陸の人が台湾に入り、奥地まで開拓が進められた。奥地に行くにつれ、原住民の反発が強くなり、度々襲撃されて、首狩りの対象になっていた。これらの被害から身を守るために大陸からの移民たちは「隘勇」「隘丁」と呼ばれる自警団を組織した。
(8) 総炉主は、地域社会の住民を代表して一年間の祭祀事務を担当する総責任者を指す。総炉主の下にはさらに複数の炉主がいる。
(9) 日本統治時代以前の戸籍資料のデータベースの設立は、技術上において台湾中央研究院デジタル文化センターから援助をもらい、経費においては中研究、行政院国家科学委員会（国科会）、アメリカのロックフェラー財団（The Rockefeller Foundation）（一九八五・一二―一九八七・一二）、アメリカのヘンリールース基金（The Henry Luce Foundation）（一九八八・〇九―一九九一・〇九）、蒋経国国際学術交流基金会（一九九三・〇七―一九九六・〇六）等から援助を受けた。ここに感謝申し上げる。表2と表3は、日本統治時代の台湾戸籍資料データベースにもとづいて作製されたものである。

(10) 中国の歴代王朝で行われた公的な売官制度である。命令権者などに賄賂を私的に渡して非公式に行われる売官とは違い、天災や戦争、大規模な公共工事などで財政困難をきたした政府が公式な制度として定めている点に特徴がある。

参考文献

（日本語）

戴炎輝（田井輝雄）
　一九四五「台湾の家族制度と祖先祭祀団体」『台湾文化論叢』第二輯、一八一―二六五頁、台北：清水書店。

岡田謙
　一九三八「台湾北部村落に於ける祭祀圏」『民族学研究』四（一）：一―二二。

（中国語）

洪汝茂總編輯
　二〇〇一『日治時期戸籍登記法律及用語編訳』台中：台中県政府。

林桂玲
　二〇一三『客家地域社会組織的変遷――以北台湾「嘗会」為中心的討論』新竹：清華大学歴史研究所博士学位論文。

施振民
　一九七五「祭祀圏与社会組織――彰化平原聚落発展模式的探討」『中央研究院民族学研究所集刊』三六期、一九一―二〇六頁。

魏捷茲（James Wilkerson）
　二〇一〇「帝国、文人与婚姻――清末竹塹文人家庭中的客家女性婚姻形式初探」連瑞枝・荘英章主編『客家女性与辺陲性』一六一―二〇六頁、台北：南天書局。
　二〇一四『新竹文人的婚姻、官僚体系与「祭祀群」』『東亜歴史人口資料応用研討会』中研院人文社会科学研究中心、二〇一四年五月九日口頭発表。

呉学明

一九八六　『金広福墾隘与新竹東南山区的開発（一八三四—一八九五）』国立台湾師大歴史研究所専刊（一四）、台北：台湾師大歴史研究所。

二〇〇〇　『金広福墾隘研究』（下）、竹北：新竹県文化中心。

荘英章

一九九四　『家族与婚姻——台湾北部両個閩客村落之研究』台北：中研院民族所。

荘英章・陳運棟

一九八六　「晩清台湾北部漢人拓墾型態的演変——以北埔姜家的墾闢事業為例」瞿海源・章英華主編『台湾社会文化変遷』（上冊）一四四頁、台北：中研院民族所専刊乙種第一六号。

荘英章・陳其南

一九八二　「現階段中国社会結構研究的検討——台湾研究的一些啓示」楊国枢・文崇一主編『社会及行為科学研究的中国化』二八一—三一〇頁、台北：中央研究院民族学研究所。

荘英章・連瑞枝

一九九八　「従帳簿資料看日拠北台湾郷紳家族的社会経済生活——以北埔姜家為例」『漢学研究』一六（二）：七九—一一四。

（英語）

Chuang Ying-Chang and Arthur P. Wolf

1995　Marriage in Taiwan, 1881-1905: An Example of Regional Diversity. *The Journal of Asian Studies*. 54 (3): 781-795.

Wolf, Arthur P. and Chieh-Shan Huang

1980　*Marriage and Adoption in China, 1845-1945*. Stanford: Stanford University Press.

※本文図表は、中央研究院人文社会科学センターで「歴史人口プログラム」にかかわっている黄郁麟先生のご協力により整理されたものであり、ここに感謝の意を表す。

第四章

文化の持続性、民族の融合とグローバルの視点から見る中国の家族

麻国慶（舒亦庭訳）

はじめに

人類学が発展するにつれ、定量的研究だけでは家庭及び家族の全体像を把握するのは難しくなってきている。グローバル化の背景のもとに、家族の構造に関する社会学的研究を文化伝統や社会発展と有機的に結びつけ、さらに家族研究を、家族の所在する地域社会、エスニックグループを超えた文化再生産・再構築の現象、トランスナショナルなネットワークなどの問題と関連づけて分析するのは、今現在の我々研究者にとって重要な課題である。

中国において、人類学、社会学が復興して以来、家族にかんする研究は大きな進展を遂げた。一九八〇年代から九〇年代の初頭まで、社会学による家族の研究は主に家族構造、家族関係、家族の機能、家族問題などの側面に目を向けてきた。ここでいう家族は具体的な生活単位をさすものである。その代表的な研究は、中国五つの都市における家族調査、多地域の農村調査で、農村家族や農民の生活様式研究及び改革開放以来の農村地域における婚姻家族の変化などがある。この時期の家族研究は、アンケート調査と統計データに基づくマクロな調査が主流であった。ところが、中国の家族は中国文化の主要な担い手であり、単なる定量的研究ではその全貌を把握するのが容易な

ことではない。したがって、質的な研究やフィールドワークなどの方法もますます研究者たちの注目を集めてきた。ミクロなコミュニティ（社区）にかんするフィールド調査によって、異なる民族や地域におけるさまざまな家庭や家族の伝統の継続と再構築の事例が提示された。このような具体的な社区社会の研究は、社会学と人類学という二つの隣接学問を結びつける絶好の架け橋となっている。コミュニティ研究を大きく推進したのは、費孝通の江村における家庭変容にかんする半世紀にわたっての追跡調査である。彼は江村の研究を通して、有名な中国家族における扶養関係の〝フィードバック論〟を提出した。費孝通のような思考から、研究者たちは家族のもつ文化的意味合いと、中国社会における家族の意味、特に「家」の観念が家族の仕組みと生育観念に与えた影響を考え始めた。費孝通はかつて文化の持続性に注目し、この持続性を維持するには親族制度（kinship）の要素はきわめて重要だと指摘した。したがって、中国の社会人類学研究で取り上げられている親族関係は、主として「家」の文化的観念およびその社会的構造と機能が注目されている。「家」はいまでも中国社会を理解する重要なキーワードである。

家の問題をめぐって、多くの研究者が社会思想史、歴史学、経済学、政治学などの各自の研究領域から研究成果を発表してきた。家族研究は、多くの分野が関連しているので、ある単一の分野の問題意識を用いて家族を把握するのは難しいだろう。筆者はこれまでの人類学の視点から中国の家族に対する研究を踏まえながら、文化の持続性、民族の融合性とトランスナショナルネットワークの視点から、家族のもつ文化的意義を考察していきたい。

一　家族――文化と社会の継続性を担うキャリア

孔子廟大成神殿の前に刻まれている「中和位育」という言葉は儒教の本質を表し、中国人の価値観の基本を規定するものである。「中和」とは実際の生活の中における人間調和を奨励するものではあるが、社会生活の様々の場面にも見られる。例えば、風水、五行、占い、飲食、命名などの実践や、人間関係への思考、神々への崇拝などからみても、「和」という考え方の影響は明らかである。その中でも、家の「和」は人間の「和」をつくる重要な礎石である。

社会人類学は、コミュニティの文化的構造を研究する際に、常に上層文化の規範性が基層の地域文化の多様性へ構造転換するプロセスおよびその具体的なありかたを重視してきた。レッドフィールドが主張した「大伝統」と「小伝統」がその例である［Redfield 1948］。「小伝統」あるいは民俗社会は人類学研究の焦点であり、人類学的フィールドワークの実際の対象となり、人類学的研究の前提でもあり、出発点でもある。中国において、社会の「大伝統」あるいは知識人階級に代表された文字文化は、フィールドワークから観察された経験とは異なる形式を持っている。このような二分法は高層文化と基層文化の二つの構造を意味する。中国では「大伝統」の文化は主に上層の知識人社会における儒教的価値観に基づいた文化志向を指すのに対し、「小伝統」の文化とは、庶民社会が自ら創りだした文化であり、その主要な担い手は、農民である。費孝通によれば、庶民の生活実践と願望の中から生成されてきた伝統文化としての「小伝統」は、その範囲が広い。その中の一部は支配者のニーズに抵抗するものであり、士大夫という知識階級からみれば「粗野」なものであるため、「大伝統」の中に入るものではないので、そのまま民間の風俗の中にとどまっている。そして、「大伝統」と「小伝統」の間の架け橋となるのが知識階級である。「農民の文化世界は一般的に民間の範疇に属すが、この範囲は複数のレベルの文化が存在する。それは大伝統を受けたと同時に、もともとの小伝統も保っている」と費氏は指摘している［周・王　一九九六］。これらの費氏の思考は、その後の地域研究と社会全体の研究に対し、重要な理論的枠組みを提供した。このような学術背景の下に、儒教と社会構造の関係をあらためて見ることができる。文化的継続性は社会継続の基礎であり、家族はその中で非常に中心的な役割を果たした。筆者は、家族が担ってきた文化と社会の持続性の特徴を縦式社会と呼ぶ。縦式社会の継続は以下のような幾つかの基礎的な条件によるものである。

まずもっとも重要なのは祖先崇拝のもつ宗教的と礼教的な家族倫理のパラダイムである。「上は先祖あり、下は子孫あり」という中国式の祖先崇拝は社会の組織を継続させる重要な部分であり、伝統的社会構造を存続させる基礎である。祖先の力はある程度明確な血縁関係を持つ集団を超えて、社会関係を維持しつつある。このような父子関係を特徴とした持続性は、もはや中国文化全体の主要な特性の一つになった。このような持続の観念は民族全体に広がったため、数千年の歴史をもつ文化は今日まで継承することができたわけである。特に、祖先のご加護を祈り、祖先を追憶するプロセスの中で、集団の社会的アイデンティティが絶えず強化されていくのである。この三十年の中国大陸において、伝統的な社会組織としての宗族及び同姓集団が祖先を中心におこなっていた行事や儀礼は、伝統の復興ないし伝統の再構築の傾向さえも表れている〔麻国慶　一九九九、二〇〇四：一七八—一八七〕。

血縁関係が曖昧で祖先の象徴的力のみによって続けられてきた同姓集団にとって、社会関係の維持に果たした祖先の力は極めて大きく、宗族や家族などのような明確な血縁関係を持つ集団を超えている。祖先祭祀以外に、明確な系譜のある親族関係も人々をつなげる社会関係である。血縁と地縁を超えた同姓集団はこのような祖先の力をたよりに同姓集団の社会関係、あるいは社会組織を持続させたのである。漢族の伝統的および現在的な社会で見られる拡大化した聯宗[1]及び同姓連合集団は、その具体的な現れである。

中国社会の持続性を維持するのに第二の重要な基盤は親子関係であり、そのなかで最も中国社会の伝統的精神文化を表すのは親子の扶養関係にかんするフィードバックのモデルである。このフィードバック式の親子扶養関係は、中国文化を維持する道徳的な規範であり、中国の縦式社会を強化する鍵でもある。個人から家庭、そしてさらに家族という体系的構造の中に、タテに結ばれている親子の扶養関係のフィードバックモデルは実際に中国人の日常生活や国家への想像にも広がっている。また、家族のメンバーの血縁関係をもとに、人と人の関係とそこから生まれた規範・観念・価値などの知識体系もこのように構築されていくのである。

儒教の倫理も社会の持続を保証するもう一つの重要な要素である。中国の家の観念は儒教の倫理とは密接な関係をもっている。儒教的倫理の本質は家族の倫理や孝行であり、個人と個人、家庭、社会そして国家の間に共存の道を築いた。そのため、マックス・ウェーバーが『儒教と道教』の中で、祖先崇拝を唯一国家の力が及ばない漢族の民俗宗教として見なし、民間の社会組織の統合に重要な役割を果たしていると指摘した。この祖先崇拝の理念は今日でも中国人の文化観念と社会的結合に影響力を及ぼしている。例として、筆者が福建省北部で行った宗族の調査を通して、朱子理学の伝統がいまでも地元の農村社会の構造に影響していることが分かる。激変する現代社会において、経済成長、社会変革と多元的文化の衝撃は中国社会が抱えている課題である。しかし、最も基礎的な社会構造には変化があまりなく、家族は依然として社会構造のもっとも基本的な単位であり、中国社会の仕組みを理解するもっとも理想的な手がかりである。

二　家族と民族の関連性

華南と東南アジア社会に関する歴史学及び中国哲学などの伝統的人文科学の研究は、主として文化の表層から、漢族と非漢族の文化に着目し、漢族の主流的価値観の儒教文化が周辺民族に対して如何なる影響を及ぼし浸透していったのかについて議論をおこなってきた。現代社会において、上記のような文化本位の研究は、儒教文化とこれらの国家や地域の経済発展との関係性を強調しているが、「社会」という概念を往々にして無視しがちである。一九八八年、費孝通は香港中文大学で「中華民族の多元一体構造」という有名な講演を行い、中華民族の全体から民族の形成、発展の歴史とその規律を研究する、「多元一体」という重要な概念を提出した。費氏は講演の中で「中華民族」とは、中国の領土内において民族的アイデンティティを有する一一億人の人民を意味することを述べた。費氏は「その中に内包される五〇余りの民族単位は多元的であるが、中華民族は一体である。それらはともに民族と呼ぶが、そのレベルが異なる」[2]と指摘し、更に「中華民族の主流は、もともと分散し、孤立していた数多くの民族単位が、接触、混合、連結、融合、特には分裂と消滅を経て、AとBが交流し、Aの中にBがありBの中にAもあるという、それぞれが個性を保つ多元的統一体を形成した」［費孝通　一九九八：六一―六二］。筆者は、この多元一体の理論は単に中華民族の形成と発展に関する理論だけではなく、また単に民族研究の理論を総括したものだけではなく、費氏の中国社会を対象にする研究の集大成であると考えている。民族としての社会という視点から国家全体との関係を議論するという費氏の論点は、社会と国家観に関する新たな展開につながっていくのである。現代文化人類学の研究では、「民族」の定義は比較的明確であり、つまり同じ文化的属性を共有する人々の共同体を指す。そのなかで、文化は「民族」を区別する重要な基準の一つである。このように人間の共同体の本質およびその関係性に対する人類学的理解は徐々に深まっていくプロセスである。

民族という単位の存在は一見明確のようにみえるが、すべての民族が同じような社会組織と政治組織をもつとは限らない。それに、異なる地域に分散しているエスニックグループは自分たちと同じ民族に属する人々がどこに住んでいるのかということさえ知らない。一方、長い間隣接した異民族との密接な付き合いを通して、一部分の人は他民族の風俗習慣の一部を取り入れたり、言語の変化も起きたりすることはあるが、しかし、その民族の社会組織の大きな変化は往々にして簡単に起きるものではない。

社会組織と比べて、言葉や風俗習慣の文化の側面は変化しやすい。よって、文化を研究単位とすることは、必ずしも有効な手段とは言えない。社会人類学が社会に注目する理由は、比較研究の観点から、最も変化しにくい社会組織を研究対象にしようとするためである。客観的に見れば、「民族」は独立した単位であっても、社会として見る場合一つの単位といえないかもしれない。したがって、民族を単位として研究する場合、その民族のおかれている社会を抜きにするなら、その民族について全体的な認識を得ることは難しい。

多元一体論の枠組みは、家族研究に新しい方法論を切り開いた。伝統的に中国の家族をいう時は、だいたい漢族社会の家族のことを指すが、多民族共生の中国における「家族」という視点は、異なる民族の社会と文化変容を研究する重要な手がかりであり、また、漢族と少数民族の文化の過程を探求するのによい切り口でもある。実際のフィールド調査の中から、漢族との親縁関係及び融合を通して、少数民族社会は、漢族の社会や文化的遺伝子が蓄積されていることがわかる。中には漢族社会にすでになくなった要素さえ見つけることもあった。筆者が調査したトゥメト・モンゴル族地域はその例である。

清朝の初期から、トゥメト地域の牧草地は徐々に漢人によって開拓されるようになった。特に清末の一九〇一年に「移民実辺」[3]の政策が実施された後、華北から数多くの漢族移民がモンゴル族の地域に入り、牧草地の開墾はほぼ成し遂げられた。およそ二〇世紀の初期になると、トゥメト地域のモンゴル族は、基本的に遊牧民から定住の農耕民に変わってしまった。移民は極めて複雑な過程であり、移住先の社会や経済の営みに大きな影響を及ぼす要因となった。清の乾隆帝の時代から、トゥメト地域における漢族の移入が日増しに盛んになり、このような人口構成の変化に応じて、トゥメト地域の社会構造、経済様式及び文化などに変化が生じた。同時に、漢族の大規模な移民により、この地域のモンゴル族は漢文化と接する機会も増え、モンゴルの伝統的社会は、異文化のインパクトによって適応と変化が生じるようになった。しかし、これらはこの地域のモンゴル族の全面的な漢化と見なすことができない。実際、彼らは、文化の面において漢族的な特徴をもっているが、民族的アイデンティティにおいては、極めて強いモンゴルの民族意識をもっている。彼らの多くはいま都市部に居住しているが、その中でも特にモンゴル族意識の強い人々は、家族や村落とのつながりを通して自分たちの民族意識を強めようとしている。最近、族譜を編纂する人も現れている。社会構造面では、華北地域の社会構造と類似する特色を持つようになり、特に家族や祖先祭祀などの面において顕著である。

人類学界では一九四〇年代に出版された許烺光（Francis L. K.Hsu）の『祖蔭下』［Hsu 1948］が典型な例であり、中国の漢族社会構造を知る重要な窓口となった。しかし現在、国内外の学者の間には以下のような質問が浮かび上がった。許氏が研究した雲南大理西鎮の「民家人」（今のペー族）は漢族全体を代表できるか？　このような心配は不要と筆者は考える。それは中国のような諸民族の交流が盛んな社会においては、ある種の「純粋」な観念を用いて漢族の文化と社会を解釈しようとするなら、おそらく答えが見つかりにくいだろう。漢族との親縁関係と融合を通して「漢人より漢人らしい民家人」の社会と文化には、漢族社会にすでになくなった要素がいまでも残っている。それゆえ、「民家人」の研究には「民家人」から漢族の社会と文化をみるというような理念が反映されている。これはまさに周辺から中心を見るという理論の早期的な試みであるといえる。周辺の視点による研究はいうまでもなく、漢族の家族や社会構造を認識するのに重要な意義を持つ。

中国南部の山地少数民族社会でのフィールド調査から、多くの宗族組織は、数百年もの歴史を経た今でも、農村社会の組織として統合され、継続してそのメンバーたちに宗族のアイデンティティの基礎を提供していることが明らかになった。そして宗族的アイデンティティの下に、宗族のメンバーたちの民族的アイデンティティも強化されている。漢族の家族、特に宗族の理念は多くの少数民族の文化構築と民族的アイデンティティの形成にも重要な役割を果たしていると言える。

例えば、漢文化から強い影響を受けた「南嶺民族走廊[4]」のミャオ族、ヤオ族、チワン族、トン族、シェ族などの少数民族社会は、多元的文化が交流する地域にあり、地域内で見られたエスニックグループ間の相互作用の文化的傾向がみられ、中華民族の多元一体構造を理解する最も基本的な単位である。民族コミュニティの家族の様式とその文化的特色から、中華民族多元一体の構造を分析することは意義のある視点だと筆者は常に思っている。南嶺民族走廊のチワン族、ミャオ族、トン族、ヤオ族での現地調査からは、漢族社会の文化要素が徐々にこれらの社会に影響を及ぼしたことが明らかになり、少数民族の家族・宗族の観念及び村落構造から漢族文化の影が見える。もちろん、これらの民族は自分たちの社会的構造と文化の独自性も維持する一面もある。したがって、少数民族地域の家族研究は、単なるエスニシティの理論とその分析だけにとどまらず、漢族との交流をした歴史的過程や地理上のつながりから総合的に把握する必要がある。

費孝通が提起した中華民族多元一体論の枠組みの中に、「民族走廊」は重要な意味をもっている。上記の南嶺民族回廊は費孝通の提唱した三大「民族走廊」のうちの一つである。南嶺民族走廊を対象とした人類学や民族学の研究は、なかでもヤオ族社会にかんする研究が比較的多い。省の境界と民族の境界を超えて結合していることはこの走廊のもつ重要な特徴である。実際に、費氏が民族走廊の理論を提起した時に、早くから諸民族の結合部の問題に費孝通はすでに着目した。費氏は、民族間の接触、交流、つながりと融合を出発点とし、行政区分と民族境界の壁を破り、民族地域の社会的発展のために建設的な意見を提示した。

例えば、省境結合部の城歩に暮らすミャオ族は、漢族の家族文化の特徴が色濃く残っている一方、強い民族アイデンティティも持っている。それに対し、広西自治区の永福、湖南省綏寧、湖南省桂陽等の地域の藍姓の人々は、城歩の藍姓のミャオ族と交流し、一緒に族譜を編集しているうちに、自分たちの祖先所在地の藍氏が現在はミャオ族だということを知ることになった。これから、地元の政府に、祖先所在地の藍氏と同じようにミャオ族籍へ変更するように要求した。このような血縁と地域に基づいて民族のアイデンティティを確立することは、彼らの聯宗活動に利便をもたらしている。

ミャオ族へ変更しようとするこれらの地域の藍氏は、自らの宗族の系譜と歴史的ルーツを強調している。彼らの立場から見れば、最初はただ祖先所在地の藍姓と同じ民族の身分を持ちたいという願望があり、それは、互いの交流と協力はしやすくするためであった。しかし、次第に彼らはいろいろな側面においてもっと政府に重視してもらい、少数民族に与えられたさまざまな優遇措置を得るために、自分たちが特殊な政治的利益団体だと強調しはじめた。

筆者が一九八九年九月に学生を連れて、広東省陽春県にあるヤオ族の村落で一ヶ月あまりのフィールド調査をした時、ヤオ族の人々は強い民族アイデンティティは持っているが、彼らの家族や宗族の組織は漢族とはあまり違わないことがわかった。一方、民族アイデンティティと文化的アイデンティティの面においては、彼らは地元の客家の人々との間に、明らかに区別をつけている。歴史的な原因で、彼らは身分証には「漢族」と記入しているが、彼らの実際の身分は、地元の人々に周知されている。一九八九年二月、多岐にわたるヤオの人々の多大な努力と広東省民族宗教事務委員会による民族再識別を通して、彼らは正式にヤオ族として認定された。もちろん、漢族社会の周辺にいる少数民族の人々は、強いアイデンティティを持つにしても、儀礼における漢族文化と構造の類似性を示すことにより、中華世界における自分たちの位置づけを確定し、中華世界におけるある種の正統性を示そうとすることもよくある。数多くのケースから分かるのは、少数民族あるいはまだ認定されていない少数エスニックグループにみられる漢族的家族の特色は、ただ強い漢文化の圧力で不本意な手段を取らざるを得ないものとしてみるべきではなく、周辺社会の人々が中華世界における自我意識の表出に使う一種の手段だと考えた方がよい。これと同時に、多くの民族社会にみられる家族の「伝統」の継続、復興と再生は、人類学や関連する社会科学にとって重要研究領域である。

ここで言う家族の伝統は、歴史上の静態的な時間概念の下でいう家族の伝統とは違い、ダイナミックな変化過程の中で創りだされた家族の「集団的記憶」に注目し、宗族のアイデンティティと民族アイデンティティを相互作用の中で一層広まるということを意味する。ある意味では、家族の内部構造の持続は民族アイデンティティの基礎を作り出してきた。同時に家族の内部構造の持続こそが民族アイデンティティを強化したといえる。したがって、民族の雑居地域を研究する際に、特定の地域における異なる民族の文化への理解は肝要である。それは多民族の混在する地域の経済的発展と現代化の促進に係るからである。

一部の少数民族が暮らす地域において、村落コミュニティの存在も家族や民族的アイデンティティの維持に重要な役割を果たしている。筆者が調査した広西チワン族自治区の龍勝平などの村落は、トン族の村である。彼らは通婚範囲が比較的小さく、長い間、同じところに居住し、地縁、血縁と姻戚関係を重ねてきた。村人たちのほとんどに親族関係をみることができる。こうして、一つの村が、いくつかの主要な家族によって結ばれた親族関係のネットワークとなっていく。また、家族の間には、比較的安定した相互扶助関係が形成されている。このような多重な関係性により、村落社会の中は、一種の相互完結の社会的ネットワークが生成されていくのである。トン族の村落共同体の意識は、このような社会的ネットワークにもとづいて、確立されたものである。すなわち、村落のアイデンティティの背後に民族的なアイデンティティがあるわけである。もちろん、トン族の人びとにとって、自分たちの民族の文化的マーカーには、鼓楼、風雨橋などの村落にある独特の建築や、油茶、糯米、酸魚などの飲食習慣、言語、信仰、儀式、歴史的記憶、トン族大歌、「款」と呼ぶ組織などがある。これらの記号こそは、他の民族との差異化を可能にし、トン族内部の民族的アイデンティティも支えている。

一方、家族観念と文化的認知は、マイナスな側面ももっている。例えば、強い血縁の観念が存在するため、数多くの少数民族の地域では、婚姻法で禁止されているイトコ結婚が未だに盛んに行われている。イトコ婚は、「血は水より濃し」という考え方に基づき、親類関係にある者同士の婚姻（縁組）により、血縁の上にさらに縁を結ぶことになると信じられている。実際にイトコ同士の結婚による弊害は、次の世代に及ぼされ、遺伝子学的にも悪影響を与えている。他に、血縁観念の隆盛は、厖大な親戚ネットワーク作りや家族勢力の発展には有利になる一方、地方の政権と衝突しやすい面もあり、今後、さらなる研究が必要となってくる。

人類学の視点から見ると、家族研究は異なる民族文化観念を理解する重要な道であり、地域文化を認識する大切な基礎でもある。特に中国のような多元一体の多民族国家において、民族の交流と融合という全体的な枠組みがあるからこそ、家族と社会、民族、国家との関係はより良く理解できる。こう考えてみれば、漢族の宗族研究でも、少数民族の家族研究でも、みな多民族国家と社会を理解する重要なスタートラインである。

三　トランスナショナルなネットワークとグローバル化の背景にある家族

一九八〇年代以来、東アジアが経済発展するにつれて、東アジア経済圏と「儒教文化圏」の関係も次第に注目を集めるようになった。例えば、韓国の金日坤教授は『儒教文化圏の秩序と経済』〔金　一九八四〕の中で次のように指摘した。儒教文化の最大の特徴は、家族集団主義を社会秩序とし、しかもそれを〝儒教文化圏〟諸国の経済発展の支柱にするところにある。儒教文化にのっとった東アジア社会では、家の文化的概念はすでに経済発展と現代化建設のあらゆる方面に染み込んでいた。

だが、東アジア社会はみな中国発祥の儒教を受け入れたとしても、儒教に対する取捨と受容の重点は、その国によって違ってくる。例えば、日本の儒教は中国と類似して、家族主義の伝統を強調し、「孝行」と「忠」を人倫最も重要な道義としている。しかし日本において、神道が特殊な変量として日本の家と国の間に入り込み、「忠」の位置づけを引き上げ、最高の「徳」とした。その結果、「孝」は「忠」の下に格付けされることになった。これは「孝」を血縁に基づく家族あるいは宗族内のタテ関係とする中国社会とは完全に異なっている。中国の「忠」は自分にとって「家族」以外の関係を指す。そのため、社会結合の本質について言えば、日本は比較的に集団の概念を重視するのに対し、中国は家族主義が顕著である。

人類学的研究からみれば、大伝統の儒教文化を基盤とした東アジア社会は、社会構造の側面において、同一性と相違点が見られる。家族主義、家族組織、親族ネットワークと社会組織、民間結社と民間宗教組織などは、いずれも東アジア社会の特色のある社会構造の一部分である。例えば、中国、日本、韓国で、同じ漢字の「家」を使用するが、その内容は全然違う。これについて社会や文化要素などの面から、それぞれの特徴を検討しなければいけない。中国や日本の家、親戚、同族の意味の比較を通じて家の概念を説明したうえで、さらに日本の家、宗族、村落と社会構造を比較し、中国の家族や社会と日本のそれとの相違点を検討する。その意味で、家族は東アジアの基盤社会を探究するキーワードであるといえる。

一九八〇年代以降、経済発展のブームを迎えた中国では、家族の色彩をもった企業の管理制度が初期の段階において非常に親和性があった。例えば閉鎖的かつ開放的な血縁・親戚関係による協力連合体などはそれに該当する。一部の企業は、縁故関係の傾向が強く、家族化された。地域の郷鎮企業は、いうまでもなくこのような根強い家族観の影響の下に運営されている。つまり「家業は企業だ」、家を治めることはイコール企業を治めることになる。家法、家の規則、家訓もそのまま企業の信条になってしまう。同時に、家族は血縁と社会の基礎とされ、社会結合の重要な要素となる。また、海外華人からの投資は、改革開放後の中国の経済発展の要因の一つであるが、華人の投資は地縁、家族関係、文化的類似性と密接な関係をもつと同時に、郷土および中華民族の凝集力にも深く関わっている。

海外の華人社会の流動性とネットワークの複雑さが、異なる交流方法と異なる利益衝突をもたらす。地域ネットワークのもつさまざまな要素は、地域の多様性の効果を反映している。その複雑性は地域に整合性と多様性を与え、これはまさに海外華人社会の写しのようである。ネットワーク分析の焦点は個人と集団間の関係に置かれ、個人的行為と経験を強調する。海外華人の研究では、社会の流動性とネットワークのモデルの間に数多くの節点があり、線で結びつけると、組織・空間・時間・人、そして情報の流れ・商品の流れ、そして社会関係があらわれてくる［拉波特・奥弗林　二〇〇五：二五三］。華人の家族と地縁関係はこのネットワークを構築するのに重要な役割を果たし、これらの構造的な要素は人の交流活動に伴い、地域を超える範囲に広がり、さらに地域間で特殊な形式のネットワークを形成する。各要因の拡大する範囲は異なるので、さまざまなネットワークが交差するという複雑な関係になる。パーセル（Victor Purcell）が一九六五年に出版した『*The Chinese in Southeast Asia*』の序論で次のように華人研究をレビューした［Purcell 1965］。一九五〇年代から六〇年代にかけて、社会科学は歴史学あるいは政治科学に取ってかわって、海外の華人研究の重要な方法となった。その研究内容は、主に海外華人の二重のアイデンティティ（中国人であるが、東南アジア人でもある）、都市部の華人コミュニティの資源、職業、経済活動、エスニックグループ関係、その構造と組織、リーダーシップと権威、学校と教育、宗教と呪術、家庭と親族関係などがあり、そこから社会と文化変容の理論が提示された。また、華人社会の権力問題に注目する研究もある。社会の底辺には数多くの華人の農民と労働者が存在し、その中間には小商人とブローカーがおり、さらにその頂点には少数の金持ちがおり、農村の全体をコントロールしている。人類学的な研究の中には、調査を通して海外華人コミュニティにおける居住の特徴を分析するものもある。華人コミュニティは、複数の方言によっていくつかの相対的に独立しているグループが形成している。会館や秘密結社のような、華人コミュニティの組織も研究対象となっている。華人の商業至上主義、家族主義と華人の故郷のノスタルジーに注目することにより、華人の経済的成功の背景にある家族企業の行動パターンと信頼性を含む文化戦略を考察し、華人がいかにアジア現代化のための革命の力になったかを究明しようとした。

上記の華人社会に関する人類学的研究からは、海外華人グループの政治、経済、社会と文化が主な研究対象であることがわかる。その中に、親族関係、社会組織、同化、エスニックグループの関係やネットワークなどが中心的なテーマとなっている。華南地域の華僑の故郷における「両頭家」という家族戦略はその例である。一九世紀半ば以来、華南の男たちは、一家の生計を立てるために次から次へと故郷を後にして東南アジアへ向かった。一九四九年以後、国が閉鎖的政策をとることによって、多くの華僑は中国の故郷に戻れなくなり、そのため、彼らの多くが「両頭家」という特殊な世帯の形を選んだ。すなわち、男は故郷と居留地の両方においてそれぞれ妻と子供を持ち、男は東南アジアにとどまるという婚姻形態である。改革開放以降、男たちは故郷の家に帰るが、故郷と海外の居住地の間を往復するようになり、両方の世帯に対して責任をとっている。「両頭家」は、特定の歴史時期に見られた現象であり、社会的と政治的環境の変化に伴い、このような特殊な家族形態は徐々に減ってきているが、「両頭家」の背景を持つ人がまだいる。しかも「両頭家」はいまでも僑郷（「華僑の故郷」という意味。海外華人の出身地）と海外の華人社会に大きい影響を与え続けている。この問題の背後には、家族のパターンの変化と特殊な政治的隔離が大きく関連している。

一方、東南アジアの華人社会には、方言に基づく華人グループが多く存在していることを見逃してはいけない。これらの方言グループの形、発展の状況、メンバーの構成を理解することは華人社会を研究する基礎の一つである。東南アジアの華人コミュニティの中では、宗親会[5]を作っていることが普遍的にみられる。海外で構築したのは、もはや祖籍地（原籍地）の宗族あるいは家族の連合会ではなく、閩南、潮州、広府、客家、海南という五つの方言グループを基本構造とした集団である。このような政治的、社会的環境の中で、原籍地の行政管理体制から離れた華人は、各方言や出身地のグループ間のつながりを通して、華人社会の内部におけるコミュニケーションをとろうとするのである。華人の移動と定住という長いプロセスの中に、東南アジア各地の植民支配者と先住民は、華僑に対し、追放、制限と迫害を行うこともあった。グローバルな移民の背景の下に、華人は意識的に現地社会に溶け込み、積極的に東南アジアの政治と社会的活動に参加し、自分たちの利益と地位を獲得しようとしている。もし、華人の家族、故郷意識、華人の流動を中国人のトランスナショナルの意識の中にいれて考えると、これらも資本を蓄積する新たな戦略の中にある文化的領域になるだろう。

地域間の交流を担う主体である「人」の移動は、必然的に空間における文化、風習及び社会的ネットワークの拡散を引き起こしてしまう。華人華僑は「海」という通路を通して故郷と移住先のトランスナショナルネットワークを構築し、これによってさらに中国と東南アジア地域の独特の文化的生態環境を生み出している。筆者がかつて指導した博士課程の学生である陳傑による南洋華僑の故郷における「両頭家」の研究は、初期の華人が中国の故郷と海外の移住先の間でネットワークを構築する際の基本的な戦略に関するものである［陳傑　二〇〇八：二七―二八］。華僑の存在は双方向的な動きである。すなわち、華僑は自ら親族訪問、金の寄付、祖先祭祀などの形を通して故郷とのつながりを維持することもあれば、特殊な政治的要素の影響により、華僑の故郷へUターンする場合もある。これらの華僑たちは東南アジアで地元の生活様式と文化をすでに習得しているが、現実的な制限があるため、中国に帰国したあとも、自分たちの故郷に帰ることはなく、政府によって集中的に配置されている。奈倉京子の研究によれば、国営華僑農場に所属するさまざまな帰国華僑グループは、中国政府により周囲のコミュニティと同じ身分が与えられているが、これらの華僑グループの間では、明確な境界線を有している。よって、華僑農場の中には、多元的な社会構造が見られる［奈倉　二〇一〇］。「故郷」と「他郷」の感情転化の背後には中国へ帰国した華僑たちの文化再適応、「難民」から「公民」への身分構築及び政治的アイデンティティなどの問題が存在している［姚俊英　二〇〇九］。

海外華人の間で形成されたトランスナショナルネットワークは、華人社会の経済発展の重要な基礎である。歴史的に見れば、それは、主に血縁、地縁、業縁（業界の縁故）という「三つの縁故関係」に基づいている。その中では、地縁は一番重要であり、これは地縁が血縁よりカバーする範囲が広く、血縁は常に地縁関係に含まれているからである。同じ方言を話す人々は、同郷団体や、血縁を超えた同姓集団――「宗親会」などを作っている。世界各地にあるこれらの「宗親会」は、常に「中華文化を振興する」ことを契機に、実際に海外での利益共同体を次第に形成している。しかし海外の華人社会では、伝統中国の慣習のあり方や儀式の様式に変化が起きている。例えば、宗族組織は、血縁要素が減り、徐々に社団の法人化になりつつある。祖先祭祀の象徴化や宗族色の弱化、各種の儀式の簡略化などは、一種の新たな文化創造、あるいは新たな文化生産といえる。世界各地にいる華僑たちは、さまざまな組織を作っている。同姓の人たちは宗親会を、同じ地方から出た人が同郷会を、同じ職業や業界の人が同業会を作っている。

宗族の苗字である姓氏は宗族社会のあるグループの人たちが共有するシンボリックな記号であるが、同じ姓氏をもつことは必ずしも同じ祖先にたどれるとは限らない。俗に言う五〇〇年前にたどればみんな一つの家族だという言い方は、人々の擬制的家族アイデンティティを反映している。このような考え方の下に、宗族組織は、同姓の形で拡大することが可能になる。フィリピンにある宗親会は、主に福建省の人と広東省の人によって構成されている。同宗というアイデンティティは大体擬制的宗族関係にもとづくものであり、絶えず宗親関係を拡大しつつある。

ある意味では、家族はグローバル化と地方化に関する研究において戦略的な概念である。グローバル化の過程において、生産、消費と文化戦略はすでにからみ合って、一体化している。グローバル化の状況におかれる華人の文化には、同質性と異質性の二つの特色、すなわち文化の二重性が見られる。グローバル化の過程の中にいる華人の文化的アイデンティティや家族、故郷の観念に着目することは、外部の視点から中国を見直すのにきわめて重要である。特に多民族国家の中国にとってはなおさらである。そのため、文化の生産と文化的アイデンティティの問題は、グローバル化の今日において議論をさらに深めていくべきテーマである。

結論

以上述べたように、筆者は同時的と通時的な枠組みを用い、社会・文化・民族・国家、グローバル化の文脈のもとに、中国の家族研究における主な領域を整理してきた。その上で、家族研究で得られた知見と方法論が、中国の社会と文化を理解するのにどのような意味をもつのかも議論した。まず静態的、構造的な研究と、家族にまつわる文化的伝統、社会的変化とを有機的に結びつけることである。次は家族研究を、家族の置かれた地域社会やグローバル化の視野に入れてアプローチすることは、われわれが直面している重要な課題である。特にグローバル化の背景の下に家族を越えたエスニックグループや民族の間でみられる文化的生産と再創造の現象やトランスナショナルネットワークなどの問題は、すでに人類学研究の主要なテーマになっている。

注

（1）聯宗とは親戚関係のない同じ苗字を持つ人々が擬似的親族集団をつくることを指す。
（2）周星『費孝通氏の民族理論』（『文明二二』一五：七七―九三）の翻訳を参考した。
（3）「移民実辺」とは、辺境地区を充実し、その地域を開墾するために行われた移民政策を指す。清は一九〇一年に「封禁政策」を全面的に改め、積極的に内モンゴルへ漢人を移民させ、土地を開墾させて小作料を徴収するとともに、ロシアの南下に備えて、辺境を守ろうとした（編者）。
（4）歴史的に形成された諸民族の居住地域のことを指す。費孝通は、行政の境界を越えて、生態環境と民族の分布の特徴にもとづき、中華民族の居住地域が、中原、北部草原地区、東北山岳森林地区、青蔵高原、雲貴高原、沿海地区という六つの区と、「蔵彝走廊」、「西北走廊」、「南嶺走廊」という三つの「民族走廊」から構成されることを提起した。「南嶺走廊」は、現在の貴州、広西、湖南、広東、湖北を指し、そこにはチワン、トン族、スイ族、ミャオ族、ヤオ族、ミャオ族、イ族、シェ族などが居住している。山や樹木に対する信仰や呪術などの要素が共通に見られ、その中には道教が中心的な役割をもつ。「民族走廊」の理論は、一九八〇年代から一般に受け入れられるようになった（編者）。

（5）　宗親会は、中国人社会によく見られる擬似的父系親族組織である。成員権が生得的である宗族とは違い、宗親会は「同姓＝父系血縁」のイデオロギーにもとづき、便宜上の共通の祖先をもつ同姓の人びとによる、任意加入の社会結合である（編者）。

参考文献

（日本語）

金日坤

一九八四　『儒教文化圏の秩序と経済』名古屋：名古屋大学出版会。

（中国語）

陳　傑

二〇〇八　「両頭家：華南僑郷的一種過程策略——以海南南来村為例」『広西民族大学学報』（三）二七—二八。

費孝通

一九九八　「中華民族的多元一体格局」（一九八八年香港中文大学丹納講座）費孝通著『従実求知録』北京：北京大学出版社。

奈杰尔·拉波特、乔安娜·奥弗林著、鲍雯妍、張亜輝訳

二〇〇五　『社会文化人類学的関鍵概念』北京：華夏出版社（*Social and Cultural Anthropology The Key Concept.* by Nigel Rapport and Joanna Overing. Londan: Routledge, 2000）。

奈倉京子

二〇一〇　『「故郷」与「他郷」——広東帰僑的多元社区、文化適応』北京：社会科学文献出版社。

麻国慶

一九九九　「宗族的復興与人群結合」『社会学研究』一九九九年第六期。

二〇〇四　「祖先的張力——流動的同姓集団与社会記憶」『事件・歴史・記憶』孫江編、杭州：浙江人民出版社。

姚俊英

二〇〇九　『従難民到公民——花都華僑農場越南帰南僑身份変遷研究』中山大学二〇〇九年博士学位論文。

周星・王銘銘編集
一九九六　『社会文化人類学講演集』（上）　天津：天津人民出版社。

（英語）

Purcell, Victor V.
1965　*The Chinese in Southeast Asia.* London: Oxford University Press. Revised edition.

Redfield, Robert.
1948　*Peasant Society and Culture: An Anthropological Approach to Civilization.* Chicago, The University of Chicago Press.

Hsu Francis L. K.
1948　*Under the Ancestors' Shadow: Chinese Culture and Personality.* New York: Columbia University Press.

●第二部　民族のディスコースと文化のフロー

第五章　漢文化の周辺異民族への「生／熟」分類

周　星（宮脇千絵訳）

はじめに

十数年前、筆者がレヴィ＝ストロースの構造主義人類学の「生のもの／火を通したもの」という命題に啓発されて、それを踏まえ、中国漢族社会とその文化における「生」と「熟」という民俗分類のカテゴリーの意義について論じた。その中で数千年の歴史を持つ漢文化の中において、「生／熟」という二項対立的なカテゴリーが徹底的に浸透されていることを指摘した〔周星　二〇〇一：三七六―四〇四〕。その中では、筆者は「生食」と「火食（熟食）」から「生苗」と「熟苗」まで論じ、漢文化の異民族への「生／熟」分類が、中国歴史上における複雑な民族間関係にすでに計り知れない影響を与えていることを述べた。論文の発表後、学界で注目されたので、この民族をめぐる「生／熟」の分類に関して、より深く議論するべきだと感じた。本論では前回の論文の「生苗」と「熟苗」に関する問題の議論を拡大させ、民族学、人類学および民族史研究の研究成果を参考にしながら、歴史文献の初歩的な整理をし、漢文化の異民族「生／熟」分類についてより体系的に解明したい。

一　「五方之民」の中の「天下」構造

中国の上古時代において「漢字」を発明し使用した民族は、のちの漢族の前身である華夏族である。漢文献の典籍記録を調べると、華夏族の異民族に対する分類ならびに異民族への「生／熟」の分類をおこなっていたという起源に辿りつく。

早くから甲骨文には「×方」、「四方」ならびに東、南、西、北そして中央の五つの方位の概念があった。「方」は方位を指すだけでなく、往々にして殷王朝と関係を持つ「邦」、「国」と関連していた〔艾藍（Sarah Allan）一九九二：九二、一〇八―一一二〕。たとえばいわゆる「虎方」、「鬼方」、「人方」、「多方」などがあり、のちに「方国」、「邦国」となった。「方」は、「商」と対照するものであり、だいたい異族の政治体制か集落を指す。つまり「四方」はまさしく「中土」と対応する「他者」である。この他者は周辺に位置する異族の「他」に当たり、彼らは「中心」の「夏」（諸夏）と対応する構造を持つ。「殷」の政治の中心を占めた地位は、周辺の諸「方」に対する境界を定めたことにより、強調的に徹底的に獲得されたのである〔王愛和　二〇一一：四七―四八〕。『詩経・商頌』には次のようにある、「昔殷の湯王の時代には西方にいる異民族氐羌からも、祭祀に参加しない者はなく、来朝しない者はなく、商は長く続くと言った（昔有成湯、自彼氐羌、莫敢不来享、莫敢不来王、曰商是常）」〔石川　一九九八：四二三〕。これは、周辺の異民族は必ず「中心」と「正統」である商へ服従しなければならないことを意味している。ここの「享」は献上や朝貢を意味する。すなわち、この文字は煮込んだ食物を捧げ祭祀することを指す指事文字であると指摘する人もいる。[1]「莫敢不来享」とは周辺の異民族がかならず商の祭祀典礼に参加しなければならないことを意味する〔王柯　二〇〇一：八〕。明らかに、「四方」の概念は「中心」の象徴性と密接に関連している。

周代は「四方」と「中心」の観念として、『詩経・大雅・下武』にある「四方来賀（四方の諸国から寿ぎに来る）」［石川　一九九八：一一七］という表現や、『大雅・江漢』にある「経営四方（四方の国々を平定する）」、「四方既平（四方の国々がすでに治まる）」［石川　一九九八：二七九］の言い方があり、商、周時代における華夏族の周辺異民族への特別な関心を表している。周朝になり、「四方」の概念はさらに「天下」の意味を含有するようになり、次第に「中心」への服従および「中心」と類似する一種の政治地域のカテゴリーを意味するようになった。周人が「四方」の征伐に夢中になったことで、「四方」の民を「中心」の政治体制に取り込み、彼らを周の天子の民にしようとする。金文には「四方」征伐の記録が多くある（例えば、史墻盤、大盂鼎など）。これらは、周朝の目標は「四方」が「中心」の作った規則と秩序を受け入れた「天下」の政治体系を建立することを物語っている［王愛和　二〇一一：八七―八九］。

先秦時期（前二一世紀―前二二一年）の文献ではたびたび「蛮」、「夷」、「戎」、「狄」などのカテゴリーが出現し、各居住地の方位と結びつき、華夏族の異民族に対する早期の分類がこのように形成された。すなわち、「方位」に基づいて、華夏が中央に位置し、その周囲の各方位には異民族が分布していた。春秋戦国時代になると、次第に「五方之民」という表現が出現した。「五方之民」とは「東夷」、「西戎」、「北狄」、「南蛮」、「中国」を指す。このような、方位に基づいて民族を分類することが、中国の歴史の中で長く根深く続いている。これは「自発」的な華夏中心主義の現れのみならず、いわゆる「中華思想」の根源のひとつとなり、ひいては中国文明の中核をなす、大一統[2]の「天下観」の理念も形作った。

上代中国の民族分布とその歴史には、傅斯年の「夷夏東西説」、易華の「夷夏先後説」など、多くの見解がある一方で、夷夏間の境界はもともと曖昧で流動性に富んでおり、最初からこれほど固化していたわけではない。それは潘光旦が次のように記述していることからも分かる。「諸夏が起こったとき、夷夏は雑居していたため、周はその例に即し、夷夏の分類を厳格にせずに、ただ居住地域の遠近だけで分類した。これはまぎれもない事実である。あまり夷夏が分類されず、ただ居住地の距離だけで分類されたので、これらはそのうちに夏になり、さらに漢に至った。これは、中国民族史における重要な鍵である」［潘光旦編著　二〇〇五：一四二］。もし夏商周を「夷」「夏」闘争や相互交流、民族入れ替わりの時代だと言うなら、春秋戦国は、「五方」構造が形成され、徐々に文明の「中心」と「辺境」や、「天下」という空間的構造ができ、異民族に対する偏見が促進された時代だと言える［易華　二〇一二：七〇―七一］。

『詩経・大雅・民労』には「この中国を慈しみ、四方の諸国を安んぜよ（恵此中国、以綏四方）［石川　一九九八：一八二］とある。「中国」と「四方」ははじめから対照的な概念であった。「四方」と「中心」はひとつの構造を成しており、王朝の政治の中心がまわりの「四方」によって定義されることになる。そこに多層的な宇宙観が出現した。四方の民と華夏の空間的な位置関係は、すなわち辺境と中心の関係であり、同時に「天下」秩序におけるヒエラルキーの関係でもある。四方の民と華夏は、地理的に「遠近」の関係にあり、またそれは「文明」教化の程度における深浅の関係でもある。戦国時期になると、「中国」と「四夷」という「五方之民」がともに「天下」を成し、「四海」に居住するという全体的な観念が形成された［費孝通　一九九九：二一三］。

夏商周から春秋戦国時代へと移り、華夏族の異民族に対する認識は、「我々」と「他者」を区別した「夷夏之辯」もあれば、また「夷」と「夏」のあいだでは相互交流や転換可能な認識もあった。『孟子・滕文公上』には「自分は前から中国の教えを以て、夷狄の風俗を変えさせたということは聞いているが、まだ夷狄の風俗を以て中国の教えを変えさせたということは、聞いたことがない（吾聞用夏変夷者、未聞変于夷者也）［内野　一九六二：一八八］とある。これは「夷」から「夏」に変わる可能性、しかも一方通行的な方向性を意味している。まさしく潘光旦が、「夷が夏に変わることは貶めで、それは春秋の原則のひとつである」と指摘しているとおりである［潘光旦編著　二〇〇五：一四三］。このようにして漢字を使用する華夏族の民族集団である「諸夏」は絶えず周囲に拡大していったのである。『管子・小匡』に「かくして東西南北の未開の異民族と中国の諸侯は、すべて服従するようになったのである（故東夷、西戎、南蛮、北狄、中諸侯国、莫不浜服）〔遠藤　一九八九：四二九〕とあるように、これは「四方」を「四夷」に位置づけ、「諸夏」を中央にする宇宙観を反映している。明らかに当時の異民族に対する「方位」分類の思想が反映されていることは、『礼記・王制』の記述に最もあらわれている。

「中国には、戎夷など四方の民と、中央（中華）の民とを合わせ、五方の民が住むが、それぞれに異なる性質を持つのであり、強いて変化させ、統一しようとしてはいけない。まず東方（の異族）を夷とよぶ。散らし髪で、身に入れ墨をしており、熟食をしない人びとさえある。次に南方を蛮とよぶ。額に入れ墨をし、両足の指を向かいあわせて歩く習慣があり、ここにも熟食をしない人びとがある。次に西方を戎とよぶ。散らし髪で獣皮を身にまとい、穀物を常食しない人びとである。北方を狄とよぶ。鳥の羽や獣の毛皮を着て、穴に住み、穀物を常食としない人びとがある。このように、中央と夷蛮戎狄との五族いずれにも、みなそれぞれの安居・美味・衣服・用品・器具などが備わっている。ただし右の五方の民は、互いに言語が通ぜず、好みが異なるので、そのあいだに立って相互の意思を通じ、欲望を達せしめる人が必要となる。この人（即ち通訳）を、東方については寄といい、南方には象、西方には狄鞮、北方には訳というのである」〔竹内　一九七一：二〇四―二〇五〕。

『礼記・王制』の「五方之民」の言説は、その後多くの文献で踏襲され、秦漢以後の歴代王朝の異民族の記述（例えば、正史辺裔伝の「民族誌」など）に対して大きな影響を与えた。司馬遷の『史記』には、「四夷」という用語が頻繁に出てきていることから、それがすでに定着し、規範性をもつ用語になったことを物語っている。ある学者が指摘しているように、この種の「五方之民」の言説は、「中国」の語り手による天下に対する認識のモデルを内包している〔唐啓翠　二〇〇八〕。『礼記・王制』の記述からは多くの重要な情報を読み取ることができる。第一に、華夏は「天下」の真ん中にあるという理念である。第二に、「四方」の民を分類するときに、華夏族が周辺の異民族のそれぞれの文化的特徴に早くから気づき、また、彼らの文化と華夏文化との差異を意識していた。例えば、東夷と南蛮については いずれも「熟食をしない」、「生食」であるとの記載がある。それに対し西戎と北狄は「穀物を常食しない」とあり、これは彼らが農耕民族とは違って、五穀を食べず、肉食を主とすることを意味する。すなわち飲食文化から「中国」と四方の「夷蛮戎狄」の人々との区別が意識されたのである。その他に、髪型、服飾、住居などからも区別された。四方の民への関心が、人種や血統への配慮よりも、その生活方式や文化に向かっていることは、中国古来の異民族観の特徴である。第三に、「五方之民」の文化は、それぞれ異なり、言語も通じないが、通訳を介して交流できたことである。

四方の民の「火食をしない」、「穀物を常食しない」という習慣は、ある意味で自分たちが本質的な文化を持つという華夏族の優越感と、それとは対照的に周辺の異民族は野蛮で、未開の状態にあるという根拠を作ってしまったかもしれない。華夏族は、早い段階から「生食」から「熟食」へと移ったことを、文明開化の重要なポイントとしていた。このような観念が後世までずっと引き継がれている。

ここで指摘すべきことは、歴史には、漢文化による異民族の「生／熟」分類に伴い、それに対応する関係や言説が数多く展開されていたことである。例えば「中心」と「辺境」、「遠近」、「内外」、「前後」、「本末」、「貴賤」、「上下」、「徳刑」などのカテゴリーの基本は、春秋戦国、秦漢時期にはすでに形成されていた。『春秋公羊伝』のいわゆる「『春秋』内は国で外は諸夏である、内は諸夏で外は夷狄である」とは、魯国や周朝の王畿（王城を中心とした周囲の地域。帝王の直轄地。畿内）の地域を天下の中核とみなし、華夏諸国や夷狄は中心と周縁からなる（内外）構造にあり、内から外へ順に取り除かれる三周の同心円を意味する、という学説である。似た事例は『史記・天官書』の「内は冠と帯を持ち、外は夷狄がいる（内冠帯、外夷狄）」などにもみられる。これらの表現は実際に、のちの民族の「生／熟」論と、表裏一体の関係にある。このような自己中心的な思想は、いとも簡単に「本末」説と同じ構造を形成し、さらに、このような観念は歴代の中原王朝の民族政策におけるいわゆる徳刑併挙、恩威兼施、懐徳柔遠、文徳来遠などの思想へと連なる。『左伝』魯僖公二五年の「中国は徳でもってやわらげ、夷狄は兵力でもっておどしつけるもの（徳以柔中国，刑以威四夷）〔鎌田　一九七一：三九〇〕」は、内外の区別があり、その区別に対応した考えがあることを意味する。『漢書・宣帝紀』の「聖王の制度は、徳を施し礼をする。まず都がおこない、その後に諸夏がおこなう。また諸夏がおこなった後に夷狄がおこなう（聖王之制、施徳行礼、先京師而後諸夏、先諸夏而後夷狄）」。これは、徳政の実行には順番があることを意味する。

二　「文化英雄」の記憶について

「火」の発見と発明は人類の有史以前の普遍的で最も重要な「進化」のひとつである。例えば藍田猿人や北京原人が「火を使用していた」という考古学的証拠は多くあるし、また各文明にも神話として「文化英雄」がまるで不滅の烙印のように人びとの記憶に残っている。古代ギリシャ神話では、プロメテウスが人類のため「火種」を盗んだ。中国の「古史伝説」では、「燧人氏（すいじんし）」の故事がある。レヴィ＝ストロースは『生のものと火を通したもの（神話論理Ⅰ）』〔列維・斯特労斯　二〇〇七：九八―九九、一三一―一三三、一七〇―一七八、一九一―一九三〕のなかで新大陸の諸部族の「火」に関する起源と、「煮炊きをする」起源の神話を大量に引用し、火を使い料理し熟食することが人類を未開状態から抜けさせ、文明の発展に大きく寄与したこと、そしてそれはさまざまな民族が神話としてずっと記憶してきたことだと指摘する。

中国の上古の「文化英雄」に関する多くの神話では、火の使用と「熟食」を発明した「燧人氏」がきわめて崇高な地位におかれ、「三皇」のひとつに並べられている。『韓非子・五蠹』には「上古の時代には、人民が少なくて鳥獣が多かった。人民は鳥獣や虫や蛇に勝つことができなかった。そこに聖人が現れてきて、木を組み合わせて巣をつくり、さまざまな害悪を避けられるようにした。そこで、民はそれを喜んで天下の王として頂き、それに名づけて有巣氏と呼んだ。民はそのころ木の実・草の実・蛤を食べていたが、生臭くいやなにおいがしていて胃腸を痛め、病気にかかる者が多かった。そこに聖人が現れてきて、火打ちをきって火を作り、生臭い物を加工できるようにした。そこで、民はそれを喜んで天下の王として頂き、それに名づけて燧人氏と呼んだ」とある〔小野沢　一九七八：七九五〕。燧人氏が「天下の王」となったのは、火の使用と「熟食」を発明したからである。『管子・軽重』には「燧人（黄帝）が出現すると、火打ち石を使って火をおこし、これにおいて生臭い肉などを煮るようになった。人民は煮た肉を食べるようになって胃の病気がなくなった。そして広く天下の人々がこれに同化した」とある〔遠藤　一九九二：一三七〇〕。これは火の使用と「熟食」の発明を、ある名声赫赫たる英雄の手柄としたことであり、ここにある「天下の人びとがこれに同化した（天下化之）」との表現は、意味深長である。

『白虎通』巻一には「燧人とは何者か。木の摩擦熱で火を起し、人々に加熱して食べることを教え、人々に利便性を説き、生臭い臭いを除き、毒を消去した。これが燧人である」と記載されている。『風俗通義・皇覇』には「燧人は初めて棒で木を擦って火を起こし、生ものを火であぶって熱すことで、人々の腹痛の症状をなくさせ、（人間の生活が）禽獣とは異なるようになり、遂に天意に適う。それ故に燧人と言うのである」とある。譙周の『古史考』には、「太古のはじめ、人々は露を吸い、草木を食べていた。山野に住む者は、鳥獣を食し、獣皮を衣としていた、水辺に住む者は、魚や蛤を食物としていた、このような水辺の生物は火を通さずに食べたため、生臭く、胃腸を痛めた。そこに聖人があらわれた。彼は火を使うことができたため、王と称され、火打ちで火をおこし、人びとに火を通して食べることを教えた。金属を鋳造して刀や刃物を製造し、人びとはとてもよろこび、彼を燧人と呼んだ」とある。

王嘉の『拾遺記』には、「遂明国には遂木という名の大樹があり、根がどっしりして日が差さないほど広い。後に聖人がこの国にやってきた。鳥が木に生えた虫を啄むと、木から火が出た。聖人は火がどこからきているのだろうと思い、小枝をこすって火を起こした。そのため聖人は燧人氏と呼ばれるようになった」とある。これらの古代文献の断片から、「燧人氏」（あるいは「黄帝」）が木の摩擦で火をおこすことを発明し、人びとに「生臭い嫌な臭いのもの」を「熟食」させたことで、その名に恥じない文化英雄となったことが分かる。(3)『礼記・礼運』には、火の使用がもたらす文明進化が、より明晰に解説してある。

むかし王たちにもまだ家屋という物は無かったころは、冬は穴ぐらに住み、夏は木の枝を集めて作った巣の上に寝た。まだ火を使うことが知られていなかったから、草木の実や鳥獣の肉を生で食い、鳥獣の血を飲み、毛までも食ってしまった。麻や絹も知られていなかったから、ただ鳥獣の羽や毛皮を身にまとうだけであった。やがてその後の聖王たちの世となり、火の利用が始まった。金属の器具が鋳られ、煉瓦や陶磁器が焼かれ、それらと木材とを用いて家屋が建てられた。また火を用いて食い物はいろいろに調理せられ、熱を利用して種々の酒類も造られるようになった。また麻や絹の糸が製せられ、これで織物が作られた。そして人びとはこれらの物を用いて生活し、死後に喪葬の礼が行われ、あるいは上帝や鬼神の祭が行われるようになったが、その礼の基本は（上述）の古代から伝えられたものなのである［竹内　一九七一：三三二―三三三］。

上述の記載では、「まだ火を使うことを知らない（未有火化）」前の状態からその後の「火の利用が始まった（修火之利）」状態のあいだには大きな変化がある。先住民たちは「血を飲み、毛までも食う（茹毛飲血）」（生食）状態にあり、次第に料理（すなわち熟食）、家屋、陶磁器、礼儀などの文化へと進化し、「天下の人びとがこれに同化した（天下化之）」。『礼記・礼運』のこのようないくつかの思想は、レヴィ＝ストロースの提示した「生／熟」とそれに対応する「自然／文化」の論理と、図らずも一致する。

火の利用の発見と発明による「生食」から「熟食」への発展は、偉大なる生活革命であった。歴史文献の上代文化史には、曖昧な記憶ながら古代華夏族にとってのこの変革の意義深さが綴られている。清末著名な学者である尚秉和（一八七〇―一九五〇）は「燧人氏」が火おこし木で火をおこしたことと、「料理」の発明の貢献を、次のように評価している。「一説には火食は伏羲に始まるという（故に庖羲ともいう）。然し、燧人がすでに火を発明したとなれば、その知識によって炮食を知らぬはずがなく、まして炮は肉を包んで焼き、毛付きのままで食べるだけの熟食中でも最も簡略な方法である」［尚　一九四三：五］。「現代から火の発見されない昔を追想すると、肉類は皆生食するために、健康を害し早死をする者は莫大な数に上り、その上、物の味も分からなかったものと思われる。熟食の法を知ると、腥（なまぐさ）い肉も忽ち芳香を放ち、無味淡泊な野菜草実も、一変して甘美となった。凍った水は温めて飲み、寒い室には暖を取る」［尚秉和　一九九一：二］。

中国古代の思想家たちは、「火の使用」ができるかどうか、「熟食」であるかどうかについて、重要視している。そこには「生食」から「熟食」への変革を、人類の「自然」から「文明」に向かっての発展、すなわち「野蛮」から「文明」への進化の理念として理解していることが含有されている。「火」の発明に伴い、文化の歴史は農耕（火田）の発明、製陶の発明、冶金の発明さらに漢方薬（原料から薬物への精製）の発明へと繋がった。

三　正史に記載されている異民族の「生／熟」分類

潘光旦は一九六〇年代に『史記』、『左伝』、『国語』、『戦国策』、『汲冢周書』、『竹書紀年』、『資治通鑑（漢武帝征和

二年之前)』などの古代文献の「民族史料」を仔細に整理した結果、異民族に対し「生」、「熟」の分類をおこなった史料は見つけられなかったとする。これは秦漢時代以前には、「生／熟」の分類がまだ異民族の分類に直接応用されていなかったことを意味する。筆者のまえにある史料を調べたところ、異民族への「生／熟」分類の起源は魏晋南北朝時期で、唐宋およびその後次第に普及していったことが分かる。明清時期にはさらに広がるようになり、最終的に固定的なパラダイムが形成された。

南北朝時期には、多くの民族の大融合の過程に伴い、「生蛮」、「生獠」、「生羌」、「生胡」といった様々な言葉が、頻繁に正史の文献にみられるようになった。『宋書・夷蛮伝』、『北齊書・元景安伝』などには「生蛮」が出現する。当時、「生蛮」という単語は「熟蛮」という名称と決して相対するものではなかった。「熟蛮」という単語は、『隋書・梁睿伝』と『宋史・孟珙伝』にみられるのみで、「生蛮」の用例よりはるかに少ないので、「生蛮」より遅い時代に使われ出したことが分かる。「生獠」という単語は早くから『魏書・獠』、『北史・獠』などの文献にみられ、そのうち『北史・獠』では異民族に対し明確に「生／熟」の分類をおこない、「生獠」と「熟獠」を並列することは、そこに相対する寓意を与えることになった。ただし多くの文献では依然として「生獠」という単語が単独で出現している。「吐渾」は「吐谷渾」の略称であるが、一般には漢人とよく融合した吐谷渾の部族を「熟吐渾」と呼ぶ〔唐嘉弘　一九八七：四五〕。歴史をみると、合併や新開拓した地区の「生蛮」、「生獠」、「生胡」や「生吐渾」は、月日を経て、漢人に「熟」を名乗ってよいとされるほど同化することを除いて、すぐに「熟」の名称を与えられなかった。また、漢人が「熟」と自称していたため、「生」とは、漢人の集団が「他者」を描写するためのひとつの呼称なのである。

「生羌」の用例も比較的早く、南北朝時期にみられる。例えば『周書・史寧伝』、『周書・元定伝』などである。『旧唐書・地理志』には数十か所に「生羌」の用例があるが、「熟羌」の用例はなく、これは当時まだ「生／熟」羌の対称がなかったことを示している。『宋史・張凝伝』、『宋史・王博文伝』には「熟戸」と「生羌」が併記されている。『宋史』には「熟羌」が繰り返し言及されている記載が少なからずあり、これは辺境地帯に「生羌」を導き留めておくことに安心しておらず、「熟羌」や「生羌」の関係に配慮していることを反映している。欧陽脩は範仲淹が撰修した『文正範公神道碑銘』においては、次のように提示している。「範公は既に中国の風俗習慣に慣れた異民族（熟羌）を支配して使役し、彼らに国境を守備させ、同時にまた、国境守備のために駐屯していた兵士を移動させて内地で食糧の供給を受けさせるようにし、西夏の人たちによる兵糧運送の苦労を軽減した」［遠藤　一九九六：三五四］。「熟羌」は辺境を守備する者で、内地を囲んで守ったり相互に交易をしたりと、無視できない存在として知られていたのである。唐宋時期の「生羌」、「熟羌」の分類は、すでに四川西部一帯の羌族の状況や、西北の甘粛省や青海省地域の羌族、さらには党項族の状況を指し示している［唐嘉弘　一九八七：九六］。

宋人はすでに女真をその経済と文化発展の度合いや地理的分布に基づき、「熟女真」、「生女真」、「東海女真」、「黄頭女真」などに区別していた［孫　一九八七：五三］。比較して述べると、契丹人から分けられた女真族は、「曷蘇館女真」、「南女真」、「北女真」、「黄竜府女真」、「順化国女真」、「鴨緑江女真」、「生女真」、「長白山女真」というように、より詳細に、具体的に正確に分類されている。遼国はすでに女真の諸集団の分布地域に対して直接あるいは間接統治をおこなっていた［孫進己他　一九八七：四九―六八］。遼国の太祖である耶律阿保機は女真を分化させて、その一部を「熟女真」に変更させるために、現在の遼陽以南の「合蘇款」に落ち着かせ、「熟女真」の一派とした。あるいは内遷したり、帰附したりした一部の女真が次第に「熟女真」となり、遼籍に編入されたために「遼籍女真」と呼ばれるようになった。それに対し、依然として故地に留まった女真人、すなわち遼籍になっていない者は「生女真」と呼ばれた。陳循の『寰宇通志』や鄭暁の『皇明四夷考』の「女直考」などの文献によると、女真諸族の「生／熟」分類は、明代まで続いた。

宋人はまた西北地区の「蕃」、「羌」、「党項」、「戎狄」などの異民族を「生戸」と「熟戸」とに区別していた〔李埏　一九九九〕。李埏は関連文献から、「生戸」、「熟戸」の問題に対して深く掘り下げた研究をおこなっている。「生戸」と「熟戸」というのは「先進」と「後進」を区別する発展段階のことであり、彼らと宋朝の関係、つまり漢文化の受容度合い、あるいは漢人が彼らをいかに受容しているのかが参照されていることは言うに及ばない。『宋史・宋琪伝』、『宋史・吐蕃伝』などの記述によると、「生戸」と「熟戸」は互いに相関関係にある一対の概念である。「生戸」は常に辺境を騒がす異民族であり、「熟戸」は漢人の居住地の近くに住み、そこに立ち入ることのできる異民族である。「熟戸」は「属戸」とも称される。宋朝に帰属する者は宋の「保塞者」（要塞を守るもの）であり、つまり「属戸」である〔杜建録　一九九二〕。「熟戸」あるいは「属戸」は宋朝の国境を防衛し、また彼らも常に宋の領域を行き来することを求めた。具体的な族名ではないものの、「生戸」や「熟戸」の呼称は、朝廷の戸籍制度に組み込まれているか否かを表している。例えば聯蕃制夏などの宋朝の西北政策はすでに「熟戸」への優遇や、「生戸」の懐柔なしには済まされなくなっていた。北宋は投降・帰順させる政策を懸命に実践し、その結果、河湟の隴右地区では多くの吐蕃部落が相次いで自発的に「熟戸」となり、政治、経済方面で優遇された〔陳武強　二〇一〇〕。辺境情勢と実際統治のために、宋朝は吐蕃の「熟戸」に対し、初冠、給田免租、通商交易といったゆるやかな優遇政策をおこなった〔陳武強・格桑卓瑪　二〇一〇〕。当時の「蕃官」制度は相当に完備しており、長期的に宋朝に従属し討夏をした功労者には、職位を上げるだけでなく、財物や、時には漢姓を授けた。(4)「彼らを利用して自分たちのために使う（世為我用）」ため、朝廷は蕃官の職位の世襲を認め、ひいては蕃官の子弟に官営の「納質院」で漢文化を学ばせた。『宋史・蛮夷列伝』に記載されているように、「生／熟」戸の分類は、西南地区にもすでに適用されていた。宋朝周辺地域の居住民は、おおまかにいって官府との関係の遠近によって、次の三つの層に明確に分けられる。まずは州県が管轄する「省地」や「省民」、次に朝廷と隷属臣服の関係にある「熟界」、「熟戸」や「熟夷」、そして朝廷に服従しない州県管轄の「生界」、「生戸」、「生蛮」などである［安国楼　一九九七：八］。

「生苗」という単語が最初にあらわれたのは元朝である(5)。明朝時期、漢文史籍にしばしばあらわれる「生苗」は、その多くが「熟苗」と呼応している。とりわけ湖南、貴州などの地域の少数民族は、よく「生苗」や「熟苗」と汎称されている。郭子章『黔記』には苗とは「……名はあるが姓はなく、族はあるが君主はない。省の境界に住む者は熟苗で、輸租服役をし、素性の良い者であり、官署に戸籍と出納簿を登録され、天府の官職に登録されている。戸籍を与えられていない者がいわゆる生苗である。生苗は多く熟苗は少ない」と説明される。これが当時の漢人の「生苗」、「熟苗」分類の一般的な見解である。石開忠は『明史・貴州土司伝』の記載に関して考証しており、「生苗」はひとつの民族を指すわけではないことを指摘している。また現在のミャオ族とは直接的に同一視することはできず、「生苗」にはプイ族、トン族やミャオ族など多くの民族が含まれている。それゆえ「生苗」という単語を理解するには、当時の、当地での、事実に基づく具体的な分析や判断をすべきである［石開忠　二〇〇三：一八七―二〇九］。ふつう「生苗」とは警戒し恐れ、防備する対象であり、衝突が起これば、征伐する対象である［伍新福　一九九〇］。「生苗」の反乱を防ぐため、明清の両朝は現在の湖南一帯に偵察や検問のための側壁を建てている。「生苗」を隔離し遮断するための「苗疆」（貴州省や雲南省などの苗族が住んでいる地域）整備の措置のひとつが、この側壁の建設であった［張応強　二〇〇二］。清朝は明朝の「生／熟」苗の分類を踏襲した。方亨咸の『苗族記聞』、陳鼎の『黔遊記』、陸次雲の『峒溪纖志』など漢族文人の記述は、すべて同じ文化的論理をもつ。「生苗」は当然ながら「熟苗」に相対する語であり［伍・龍　一九九二：二二二、石　二〇〇三：一八七―二〇九］、一般に辺鄙で遠い山地に居住し、漢族居住地との関係は疎遠で、往々にして漢語が通じず、漢民の生活習俗とは違いが大きい。それに対して、「熟苗」は漢族居住地の近くや漢苗雑居地区に居住し、漢文化の影響を受けることにより、習俗が漢民に近づき、多少なりとも漢語を話すことができる。歴史によって形成された「生苗」と「熟苗」の対比は議論を繰り広げ、これらを併せて記述することが伝統となった。このような異民族に対する「生／熟」区分は、朝廷が苗疆において、税、夫役、科挙など人びとの権利と義務という身分制度を認めたということである〔張応強　二〇〇二〕。

『宋史・蛮夷伝・黎洞』、范成大の『桂海虞衡志・志蛮・黎』、周去非の『嶺外代答』、趙汝適の『諸蕃志』などの文献には、どれにも「生黎」と「熟黎」の記述がある。これらは宋、元、明、清の各朝廷による海南島のリー族の民族歴史に関する記述によく出現する組み合わせである、この分類は、漢族文人や士大夫および地方官僚のリー族内部の人びとの分化に対する根本的な認識を反映している〔王献軍　二〇一〇〕。明清時期には、「生黎」、「熟黎」の記述がさらに増加し、また細分化した。そこには民族の境界をめぐる衝突や、鎮圧、同化や交流など多くの内容が含まれている。一般に「熟黎」は、「生黎」と州県に居住する「省民」のあいだの存在だとみなされている。役人や漢人が「熟黎」に接近するのはただ、「生黎」に対する羈縻（きび）政策をおこなうだけでなく、「熟黎」を仲介して、「生黎」との商売にも力を入れるためでもあった。朝廷はさらに一歩踏み込み、「熟黎」化を丁寧に促すことで、「生黎」を帰化させようとした〔瀬川　二〇一二：三〇―三二〕。黎人の「生／熟」分類を通じて、海南島では事実上、「省民」―「熟黎」―「生黎」という三層の民族分布の構造が形成された。その結果、民族の力があちこちで消長したり、朝廷との距離や親疎の度合いに変動があったりすることが明らかになった〔唐啓翠　二〇一一〕。

台湾原住民が「生蕃」と「熟蕃」に分類されることは、周知の事実となっている。[6]清朝は原住民に対して明確で直接的な漢化政策をおこない、自然と「生番」、「熟番」の分類を手掛かりとするようになった。藍鼎元の『平台記略総論』には次のようにある。「誠実に政治をすれば、寝ても覚めても変化がなく、一年目は精神が安定しており、二年目は辺境の地に馬小屋が作られ、三年目は礼儀が広まる。生番は熟番となり、熟番は人民となり台湾は間もなく安定する、我信じず」。同化した「生番」に対して、「生」から「熟」へ変わることを期待していいということがはっきりと表現されている。「生番」と「熟番」の違いは社会経済状況にあるとみなすのが、多くの学者の共通認識である〔盧・李　一九八一〕。郭志超は、漢文化の影響の受容は歴史のひとつの発展過程であり、なぜなら、歴史段階が異なる「生番」と「熟番」のカテゴリーは完全には一致せず、しかもあちこちに消長と変化がみられるからである、と指摘する〔郭志超　二〇〇六：四八―五二〕。魯之裕の『台湾始末偶記』には「番には生者と熟者がある、彼らが集まって住む場所は社といい、社には生番と熟番がある。生とは何か？漢人と一緒におらず、言葉が通じない者である。熟とは何か？漢番雑居しており、言葉の通じる者である」。これは番の「生／熟」に対する、簡潔でかなりの水準に達した表現であるといって差支えがない。「生番」が帰化することは長らく朝廷官辺筋の記録に得々として書かれた喜ばしい事であった。『清史稿・世宗本記』、『清史稿・高宗本記』、『清史稿・徳宗本記』、『清史稿・地理志』にはみな「生番帰化」の類の記載があり、朝廷が台湾を管轄しかつ原住民に対して同化政策をおこなった過程が鮮明に反映されている。だいたい乾隆初年に刊行された六七の『番社彩風図考』[7]には次のような記載がある。「帰化して熟番になった者は、農作業を重視し、古い土地の雑草を刈り、田園を開墾する。日照りと冠水が心配な者は、漢人に用水路の建設を学び、山地を切り開き、渓流を通し、灌漑をおこなう」。次第に漢化した「熟番」は農耕を生業とした経済形態を採用したとされる。農耕以外にも、「義塾」や「漢字」などの文化方面での同化も重要である。他にも、漢商人と「熟番」や「帰化生番」との交易活動において、「熟番」を仲介とし、次第に「生番」との商売も拡大させた〔郭志超　二〇〇六：九〇―一〇二〕。この台湾の状況は海南島での漢人と「熟黎」、「生黎」との間でできた関係のモデルとかなり似ている。

「夷」は中国古代に多用された異民族への呼称であり、「東夷」、「四夷」、「西南夷」、「蛮夷」などの用語が表しているように、すでに専門用語となっている呼称であり、汎称でもある。歴史上にも、例えば『宗史・蛮夷列伝』、『宗史・孟珙伝』などに、「生夷」と「熟夷」の呼称がたびたびみられる。『明史』にはまれに「生夷」と「熟夷」の用法がみられるが、清朝になると、明代にすでに「生番」と「熟番」と呼ばれていた異民族は、往々にして「生夷」と「熟夷」と呼ばれるようになった。とりわけ四川や貴州などの現在のイ族に当たる人びとに対して、例えば『清史稿・楊芳伝』、『清史稿・呉杰伝』、『清史稿・四川土司伝』などで、「生夷」と「熟夷」の分類が多用された。『清史稿・四川土司伝』ではすでに康熙四二年（一七〇三）から嘉慶、雍正年間に、次から次へ「帰腑」に応じて、「授職」「土百戸」「土千戸」など「涼山生夷」のリストが羅列された。民族の「生／熟」論の論理からみると、このような「涼山生夷」の土司の出身者は、のちにその大部分が次第に「熟夷」になった。他にも『清史稿・戴三錫伝』、『清史稿・董教増伝』、『清史稿・方積伝』などのいわゆる「涼山生夷」が、またの名を「涼山生番」とするという記載から分かるように、史籍にみられるほとんどの「番」と「夷」は相互に置換できる言葉である。

四　民族「生／熟」論

漢文化による周辺異民族の「生／熟」分類は、漢人には異民族を認知したときに用いる専門的で簡便な文化論理を深く植えつけ、また中国の複雑な多民族の関係の歴史には独特な表象のひな形を継承させた。民族の「生／熟」分類は先秦にまで遡ることができ、当時の華夏文化では「生食」と「熟食」すなわち「火の使用」をするかどうかが「文明」を持っているかどうかの指標になるという観念がすでに形成されていた。民族の「生／熟」分類はおそらく魏晋南北朝時期に出現し、唐やその後の宋・遼・夏・金・元などの王朝を経て、中原の王朝が周辺の異民族の分類や描写をおこなう際の、普遍的で便利な基本のカテゴリーとして発展した。明清時期には、周辺の異民族の「生／熟」分類はさらに普及し、かつ帝国の民族政策と辺疆政治を支える重要な理論の根拠として変わらず維持された。

宋遼金元以降には、「生／熟」分類は異民族に対してだけでなく、自然の「常識」としても普及した。例えば、『遼史・道宋本記』、『宋史・岳志』、『金史・百官志』などの文献では「生熟鉄」に言及している。『宋史・食貨志』には「生熟金」や「生田」、「熟田」の記載がある。『宋史・地理志』には「生熟乾地黄」とある。『元史・百官志』には「生熟斜河」が、『新元史・程鉅夫伝』には「生熟段匹」が、『明史・方伎列伝』には「生熟水」、『清史・稿食貨志』には「生熟地」などが記載されており、「生／熟」分類が日常生活においても普遍性をもっていることが示されている。この背景にはまさに「生／熟」番、「生／熟」戸、「生／熟」夷などの存在がうかがえる。なぜならそれらはすべて同じ「生／熟」分類の論理に基づいているからである。

中国歴史上使用されてきた民族の「生／熟」分類は、古代の数多くの民族にかかわってきたものだけではなく、果てしなく長い期間にわたって採用されてきたことも特徴である。民族の「生／熟」記述が漢文化の「他者」観と「我族優越意識」において構築されたことは重要で、その形成は偶然でも恣意的でもなく、深奥なる文化の土台があったからこそである。周辺の異民族に対する「生／熟」分類は、だいたい次のような四つの状況にまとめることができる。第一の状況は、異民族を「生」と称するだけで、「熟」との併用はほとんどないことである。異族である他者を「生」と呼ぶことは、漢人が自己を「熟」とみなしていることが自明だからである。「生」、「熟」は「文明」を持っているか否かで判断される。第二の状況は、具体的な、特定の民族のある一部を指し示す呼称である、例えばチャン族、リス族、リー族はその一部を「生」、また別の一部を「熟」と称された。これは異民族の内部の差異性を描出している。この文脈において、漢文化を享受している人は自己をこの「生／熟」分類の外に置いており、いわゆる「生／熟」は漢文化に近づく度合いや漢文化との距離の差異をあらわしている。元代虞集（一二七二―一三四八）の『広西都元師章公平瑶記』と清代光緒時期の全文炳が編集した『平楽県志・風俗』の「生瑶」、「熟瑶」も、同じ民族のうちの一部を区別する呼称である。第三の状況は、居住面積が広く、人数も多いけれど、外部からの理解が曖昧な多民族地区に対してであり、「生」であれ「熟」であれ、その地域の複数の民族を指す。例えば明清時期の貴州の「生苗」に対する呼称がこれである。そこにはミャオ族、プイ族、トン族など異なる民族が含まれており、「熟苗」も同様である。その場合の「生／熟」の分類は、民族に対する分類というより、朝廷との関係に対する分類といってもよい。すなわち、役所に管理されているかどうかが判断基準になる種類の「生／熟」のである。第四の状況は、ある民族を「生」で示し、別のある民族を「熟」で示す状況である。例えば「熟回」と「生回」は、清朝時期に回回民族とウイグル族をまとめて「回」と総称し、「回回」を「漢回」と「熟回」に、ウイグル族を「纏回」や「生回」とみなしたという状況である〔王鍾瀚　一九九四：六三七〕。

結局のところ、「生／熟」の民族分類は漢文化の立場に立脚しており、漢文化の論理を通じて異民族に対して分類をおこなっている。中原の王朝の地方官僚や漢人の知識分子にとって、これは当たり前で理にかなったことだが、分類された異族である「他者」にとっては、言うまでもなくそうではない。漢文化の周辺の異民族は千差万別であるにも関わらず、東北から西北、西南や東南に至るまで、このような「生／熟」分類の描写は驚くほど一致しており、この論理の構造から文字の描写にいたるまで、分化・同化政策の根拠となったり、分類の処理や柔軟策と強硬策の使い分け、恩威を併用する政策などをおこなったりと、みな明らかに同じような「構造」になっている。距離が近く、多少なりとも漢文化の影響を受け、漢語に通じ、漢族居住地と交易をおこない、しかも基本的には友好な関係を保ち、朝廷や地方官公庁の管轄にあり、朝廷へ輸租や服役などをしている者が、いわゆる「熟」である。それに対し距離が遠く、漢文化の影響を受けておらず、朝廷の教化が及ばず、漢語が通じず、漢族居住地と直接の交易や往来がなく、往々にして漢族の地区の官府と対抗状態にあり、完全に朝廷に征服されておらず、地方官公庁や土司の監督を受けず、朝廷に納税や服役をしていない者が、いわゆる「生」である。このような「生／熟」の基準や状況は、完全に漢文化を中心として形成されており、そこに反映されている漢文化の優越感や上から下を見下ろす偏見意識が、民族差別につながる根深くて確固たる根源となっている地域もある。中国の王朝政治の体系において、周辺の異民族の「生／熟」分類と、「中華」、「天下」、「教化」などの観念とは密接で分かつことのできない関係にある。民族の「生

／熟」分類には、「野蛮」から「文明」への段階の序列化という単方向の時間軸が内在されおり、高低貴賤の差別化の原理にもなっている。また水平方向の空間にも「野蛮」から「文明」への距離の序列化という単一方向が内在されている。すなわち中心と周辺、および距離や親疎の原理でもある。このふたつの原理のあいだには、等しく「遠近」、「上下」、「内外」、「高低」、「優劣」、「前後」、「本末」などのカテゴリーの発生への対応措置や緩衝がある。民族の「生／熟」論はすでに漢文化の深層にあるひとつの文化同化論、文化中心論、文化優越論に根をおろしている。

しかし同時に、中国歴史上の大量の民族の「生／熟」に関する言説は、「中国」が周辺の「四夷」を認知するためのある種の枠組みだと捉えられる。これまで長らく、それは単方向的であり、一面的であり、時に影響力があったり強固であったりした言説であった。独りよがりで、自己中心的な認識の枠組みをつくったこのような分類は同時に、なにがしかの認識論も備えている。「生」から「熟」への教化や同化過程を通じて、異民族は受入れられ、理解され、把握され、融通されたのである。これが歴史の局限性や「漢文化中心主義」という偏見を有していることは間違いない。しかしこのように「他者」を認識することの意義は学術界において依然として重視されている。まさにこの意義があったからこそ、民族「生／熟」分類が応用され、民族政策の方法論が維持されてきた側面がある。とりわけ中原の王朝の同化政策は、往々にして異民族を「生」から「熟」へと変化させることを推し進めた。一方でいわゆる分化政策は、常に「生」と「熟」を隔て、分別することであった。「『熟蛮』を利益や手当で誘い、「生蛮」を征伐させることとは歴代の常用した政策であった」［譚　一九三八］。

王明珂は、漢文献のなかの四方の辺境人に対する記述から、「生苗」、「熟苗」、「生羌」、「熟羌」などのような「生／熟」分類の関連をすべて挙げ、これらはただ「漢化」が進行した「徴候」にすぎないと指摘した［王明珂　二〇一三］。彼はまた次のようにも指摘している。「漢化」を漢文化による偉大なる包容力の証明としてみることにしろ、大漢族主義による非漢族への差別の結果とみることにしろ、いずれも現実や具体的な漢化過程と完全に符号することにはならない。漢人あるいはのちの「中国」人は、中原王朝の政治文化体系を進め、拡大させ、統一させた。そこで昔から主におこなわれていたことは、文化の差異と程度によって「夷」や「夏」を分類したことであり、血統の違いによる差別や民族間関係の遮断ではない。つまり蛮夷は華に入ればすぐに華となり、華夏と雑居したり「教化」や「王化」を受け入れたりすれば、すぐに夏になったのである。「生」から「熟」への「化」の過程はまさに中央王朝および漢文化が全力を挙げて扇動し、期待したことだったというのは理解に難くない。異民族の「生」と「熟」は、往々にして官府の管轄や納税や服役の受入を基準とした分類であるが、「本土に対する認識のレベル」においては、つまり「生番」、「熟番」、「漢人」の境界線が曖昧である。たとえば、「生蛮子」の人を差別する人は、近隣に居住する「他人」から「生蛮子」あるいは「熟蛮」とみなされる可能性を持つ。さらに「漢人」と自称し、「蛮子」を差別する人も、自身も他人から「蛮子」とみなされる可能性があるということである。雲南、貴州、四川地域のいわゆる「熟苗」は往々にしてできるだけ漢人の服飾と生活習俗を模倣し、「漢人」と自称し、自己を近隣の「生苗」から差異化しようとする。このような近隣の集団同士の差別や模倣は、かえって漢化を促進するプロセス重要な社会と文化のメカニズムとなる〔王明珂　二〇一三〕。補足すべきことは、「生苗」も「熟苗」も、もともと「他称」であったが、ある条件下では、そう呼ばれる民族自身がその他称を「内在化」することもある、という点である。例えば、「生苗」が純粋な文化を表象する記号となるとき、「熟苗」はかえって「生苗」とは逆方向の差別を受ける可能性がある、ということである。

民族の「生／熟」分類は決して漢語文献における「文明」や「野蛮」を示す唯一の単語ではなく、その他の類似する単語と置換可能である。譚其鑲が指摘したように、後漢時期の「五里六亭善蛮」は、後世のいわゆる「熟傜（瑶）」、「熟苗」である。各蛮族にはみな「生」と「熟」の分類があり、さらにはじめはどの民族にも根本的な差異はなく、ただ漢化の度合いの深浅によって、「生」や「熟」と区別を与えられたにすぎない。ゆえに「生／熟」は時代によって移り変わり、はじめは生でも、熟に進み、熟ののち、「漢」へと変わった。後漢時期の熟蛮にいたっては、遅くとも魏、晋、六朝時期には、漢に変わっていた［譚其驤　一九三八］。台湾の「生番」と「熟番」に関しては、郭志超の分析によると、「野番」と「土番」という一対のカテゴリー分類は相互に置換可能であった［郭志超　二〇〇六：九〇―一〇二］。雲南では、清朝時期の「生傈僳」と「熟傈僳」の分類において、「野傈僳」や「家傈僳」の分類と容易に相互変換できる［高志英　二〇〇七］。

漢文化が「生食」と「熟食」を用いて、「野蛮」と「文明」を隠喩したり、暗示したりする傾向があり、異民族に対する「生／熟」分類がまさにここから生まれた。興味深いことは、歴史上には遼国のような少数民族が建立した局地的な政権や、元朝や清朝のように統一された王朝が存在したもの、ほとんどすべてが、その程度の差はあれ、同じように「生／熟」の分類を採用したことである。遼国は、「生女真」と「熟女真」を区別するのに「遼籍」に入っているかどうか、直接統治や画定をされているかどうかを主な基準とした。ここで、このような分類がある程度漢文化の影響を受けた可能性を排除し難い。なぜなら遼国には多くの漢人官僚がおり、彼らは実質的に二元組織（『遼史・百官志』の「国をもって契丹を治め、漢の体制をもって漢人を遇する」）に基づく「混合国家」であり、その文化と組織はすべて「漢式」であったからである［巴菲尓德　Thomas Barfield 2011: 131, 219, 225］。遼朝は自らを中華王朝へと組み込み、しばしば「中国」と自称した［王柯　二〇〇一：二二四、二二六］。元朝と清朝も、中原王朝の「天下」理念を吸収して、中国の一代王朝を自己同一化するという、似たような「中原に入る」過程を経験している。元朝と清朝の統治者は儒教を採用することで漢文化をある程度受け入れ、「夷而進入中国則中国之」（元朝初期の郝経語）の原理の元、最終的には漢人士大夫の合法性と正統性への自己同一化を強化した［姜海軍　二〇一二］。元朝期当時、すでに蒲人や濮人は、内地に近く、元朝と関係を保持していた「熟蒲」と、また遠く西南に分布し、元朝と交通不便な「生蒲（野蒲）」として、「生／熟」に分類されていた［羅之基　一九九五：五一―五二、六二］。その先祖がかつて「生／熟」女真に分類された満族も、統一した清朝を建立した後、「中国」、「天下」、「教化」などの一連の理念を全面的に受け入れ、周辺の異民族に対して「生／熟」の分類をさらに巧みに応用した。これは民族の「生／熟」分類が漢文化の「他者」認知の基本的な構造であることはもとより、のちに中国や中華体系の「文明論」言説のひとつとして発展し、歴代の中央王朝の民族政策に深遠なる影響を与えたことを物語っている。

一般の漢人官僚や士大夫の記述した異民族の「生／熟」分類には、しばしば異民族を「妖魔化」や「浪漫化」する傾向がある。例えば、『皇清職貢図』に描かれている台湾の「生番」の姿形は、髪が抜け、裸体あるいは草花で身体を覆っているものであり、異民族を「非人化造形」している。広く知られることだが、異民族の呼称を「動物化」して表象することも、このような「妖魔化」の最も典型的な事例だといえる。『皇清職貢図』はもともと朝廷と地方役人が異なる民族の風俗習慣を理解し、統治するために編集されたものだが、中原王朝の異民族に対する認識や印象が大きく反映されているため、しだいに異化や神秘化の傾向から、異民族への同情や理解が含まれるようになる。ゆえに「百苗図」には、人びとの日常生活が描かれている作品もある。漢族文人の詩歌作品には、異民族の文化に対する浪漫をもった誤読があふれているものもある。例えば元人である張翥が『憶閩中』の中で「多くの人が酒を熱し藤の葉を焼く、市場では生蛮が象牙を売っている」と描写した。また陸栄秬の「題黄侍御番社図」の詩の中では台湾の番社が自給自足の「この世の桃源郷」として描かれ、明らかに浪漫あふれる色彩を有している。清代道光年間の柯培元が書いた『噶瑪蘭志略』には彼の「生番歌」と「熟番歌」が収められている（付録）。

『生番歌』を仔細に読むと、作者の「生番」に対する「太古」あるいは「仙境」といった浪漫化した誤読や、朝廷戸籍に納入し「仁政」をもって同化することへの願望をみることができる。一方『熟番歌』は「熟番」に対する深い同情に溢れており、作者の「唐人」が略奪した「熟番」の山地や田畑および「父母官」による「熟番」への抑止力に鋭い批判が与えられている。

結論

漢籍文献における異民族の「他者」文化の記述は、その「開化」の水準が比較的低いことを表すには、しばしばその「生食」習慣を具体的に指摘する傾向がある。『後漢書・東夷伝』に引かれている呉人である沈瑩の『臨海水土志』には次のような記述がある。「夷洲は臨海の東南にある、……生の魚と肉をとり、大きな素焼きの器のなかに貯蔵し、塩で味付け、月日を経てばこれを食べてごちそうにする」。『水経注』巻三六の中で『林邑記』を引用した。日南郡朱吾県の項には、「文郎（夜郎）があり、家屋はなく野宿しており、木を住みかとしている。生の魚や肉を食べて沈香をとることを生計とする」。樊綽の『蛮書』巻四（尋伝蛮）には、「ヤマアラシを射り、その肉を生で食べる」との記述がある。また郁永河の『稗海記遊』の中で台湾について、「野番がそこで暮らし、木の上に巣を作ったり、穴を掘ったりして住み、血を飲み毛をむしって食べる。その種類は実に多い」と記述されている。魏源の『聖武記』巻一一には「涼山の生番は……その多くが熟食をしない」とある。このような描写は客観的というより、むしろ象徴的といえる。なぜなら「生食」や「毛をむしって食べ血を飲む」という類の様子の描写を用いて、異民族という「他者」の「蒙昧さ」と「野蛮さ」を描くことは、古代漢籍文献における一種の固定的で基本的な「語彙」として定着したからである。

異民族の「生／熟」分類の意識が漢文化の分類論理に大きく影響したことは、現代にも常にみられ、一部の学者の論述にすらあらわれる。一九一〇年代、陳渠珍はすでにチベット南部、現在の墨脱一帯の奥地に入り、いわゆる「蔵南野番」について、いろいろと尋ねて、「生番地」（おそらくロッパ族）の状況を理解して、「毎年、生番と熟番は境界である大山で交易をおこなう。熟番は手仕事の布を銅、鉄、磁、素焼きの器や皿、キノコ、ジャコウジカ、ハス、肉桂と交換した」〔陳渠珍　一九八二：四三―四四〕。歴史学者の唐嘉弘は、元明時期に四川南部一帯に分布していた「都掌蛮」には、「水都」と「山都」があること、それは彼らが山地と水辺の平地に分かれて居住していることに由来し、二者のあいだには「生」と「熟」の区別が可能であること論じている〔唐嘉弘　一九八七：二七〕。

悠久の文字の歴史を擁する漢文化は、漢語と自己中心的な分類原理を使用することで、無文字の民族に対して「生／熟」分類と記述をおこなってきた。実際に、そこにもともと備わっていた一面性は覆い隠されたり、多くの民族の歴史と民族間関係のさまざまな真相が歪曲されたりしながら、権力を持った語りの伝統が容易につくられた。「生／熟」の民族分類と記述は、漢文化において人が「現実」をみたいと思ったり、簡単な理解を加えたりしたことはもとより、異境の「番情」への知識の一部を構築した。ただしそのなかには盲目的な「想像」や人が「構築した」部分がかなりある。とりわけ漢文化を核心とし、「正統」で、天から覆いかぶさるような「中華」文明における大一統の「天下」体系において、民族「生／熟」論はまさに「華夷」中心＝周辺文明論という最も通俗的かつ根深くゆるぎないものとして刻まれている。そのため、文化相対主義という人類学の文明観が中国に広がる以前には、一般の漢人のほとんどはこれに対して抵抗や反省、自己批判をする能力を持っていなかった。辛亥革命後、中国はひとつの独立した（多）民族国家となり、二度と「天下」を理念とした天朝帝国になることはなく、ここにおいて、すでに時代にしっかり合わなくなった民族「生／熟」論もついに各民族の共和、平等と団結の政策理念に取って代わられた。

新しい（多）民族国家のイデオロギーと対応するように、「中華民族」あるいは「国族」に対し詳しく解釈し構築をおこなうこと以外、国内の各少数民族の研究も実地での調査を通したものになり、実証的に展開され、科学的な民族研究の新段階に入っている。一九五〇～六〇年代に実施された少数民族の歴史、言語、文化に関連する大規模な調査と「民族識別」工作は、民族「生／熟」論の言説と伝統を乗り越えたり捨て去ったりして、各少数民族をひとつの総体としてみるようになった。このような新しい「民族認識の人類学」〔瀬川 二〇一二〕は、ほかならぬ費孝通の「多元一体」理論によって指し示され、帰着するところであると、言うべきである。

注

（1）指事文字とは、絵としては描きにくい物事の状態を点や線の組み合わせで表した文字の事を指す（編者）。
（2）大一統は、古代からの中国の理想的な国家政権の形である。すなわち、一人の支配者や一つの政府が中国版図内の民族を統一する行政管理である（編者）。
（3）「燧人氏」という言葉には、中国の少なくない民族が「火」、「火種」、「火食」の起源に関する神話伝説をもつことの意味が内包される。陶陽、鐘秀編『中国神話（下冊）』一一一一―一一四一頁、商務印書館、二〇〇八年四月を参照。
（4）宋朝の「蕃官」制度について、詳細は次を参照。安国楼『宋朝周辺民族政策研究』三八―四七頁、台湾文津出版有限公司、一九九七年八月。
（5）「苗」と「蛮」は音が似ているため入れ替え可能であることを考慮すると、「生蛮」という単語には「苗」の意味も含まれる。
（6）関連文献では、「番」、「蕃」は置換可能である。本文では「生番」、「熟番」と記述する。
（7）六七は、字居魯、乾隆時代に台湾に派遣された満洲族の官僚、巡台御史である。任期は乾隆九（一七四四）年三月二五日から乾隆一二（一七四七）年四月一六日（乙亥）まで（編者）。

参考文献

（日本語）

石川忠久
　一九九八『詩経　下（新釈漢文大系一一二）』東京：明治書院。

内野熊一郎
　一九六二『孟子（新釈漢文大系四）』東京：明治書院。

遠藤哲夫
　一九八九『管子　上（新釈漢文大系四二）』東京：明治書院。

一九九二『管子　下（新釈漢文大系五二）』東京：明治書院。
一九九六『唐宋八大家文読本三（新釈漢文大系七二）』東京：明治書院。
小野沢精一
一九七八『韓非子　下（全釈漢文大系第二一巻）』東京：集英社。
鎌田正昭
一九七一『春秋左氏伝一（新釈漢文大系三〇）』東京：明治書院。
尚秉和著、秋田成明訳
一九四三『支那歴代風俗事物考』京都：大雅堂。
瀬川昌久編
二〇一二『近現代中国における民族認識の人類学』京都：昭和堂。
竹内照夫
一九七一『礼記　上（新釈漢文大系二七）』東京：明治書院。

（中国語）
艾藍（Sarah Allan）
一九九二『亀之謎――商代神話、祭祀、芸術和宇宙観研究』（汪涛訳）成都：四川人民出版社。
安国楼
一九九七『宋朝周辺民族政策研究』台北：台湾文津出版有限公司。
［美］巴菲尔德（Thomas Barfield）
二〇一一『危険的辺墻――遊牧帝国与中国』（袁劍訳）南京：鳳凰出版伝媒集団、江蘇人民出版社。
陳武強
二〇一〇「北宋前中期吐蕃内附族帳考」『西蔵大学学報（社会科学版）』二〇一〇年第三期。
陳武強・格桑卓瑪
二〇一〇「簡論北宋対西北縁辺吐蕃熟戸的政策」『北方民族大学学報』二〇一〇年第六期。
陳渠珍
一九八二『艽野塵夢』（任乃強校注）重慶：重慶出版社。

杜建録
一九九二「宋代属戸史論」『寧夏社会科学』一九九二年第一期。
費孝通
一九九九『中華民族多元一体格局（修訂本）』北京：中央民族大学出版社。
高志英
二〇〇七「流動的文化和文化的流動――唐代以来傈僳的遷徙及其文化変遷研究」『学術探索』二〇〇七年第三期。
郭志超
二〇〇六『閩台民族史辯』合肥：黄山書社。
姜海軍
二〇一二「蒙元『用夏変夷』与漢儒的文化認同」『北京大学学報』二〇一二年第六期。
李　埏
一九九九「北宋西北少数民族地区的生熟戸」『思想戦線』一九九九年第二期。
列維・斯特労斯
二〇〇七『神話――生食与熟食』（周昌忠訳）北京：中国人民出版社。
羅之基
一九九五『佤族社会歴史与文化』北京：中央民族大学出版社。
盧勛・李根蟠
一九八一「清代高山族社会経済形態探討」『民族研究』一九八一年第六期。
潘光旦編著
二〇〇五『中国民族史料匯編』天津：天津古籍出版社。
尚秉和
一九九一『歴代社会風俗事物考』長沙：岳麓書社。
石開忠
二〇〇三「『明史・貴州土司伝』族名・人名及族属考辯」方鉄主編『西南辺疆民族研究二』一八七―二〇九頁、昆明：雲南大学出版社。
孫進己・張璇如・蔣秀松・于志耿・庄厳

一九八七『女真史』長春：吉林文史出版社。
譚其驤
一九三八「近代湖南人中之蛮族血統」『史学年報』第二巻第五期、一九三八年一二月。
唐啓翠
二〇〇八「五方之民叙事中的空間模式再探――以『礼記・王制』為中心」『湘潭大学学報（哲学社会科学版）』二〇〇八年第六期。
二〇一一「族群利益与辺界政治――海南『熟黎』研究」『海南大学学報（人文社会科学版）』二〇一一年第五期。
唐嘉弘
一九八七『中国古代民族研究』西寧：青海人民出版社。
陶陽・鐘秀編
二〇〇八『中国神話（下冊）』北京：商務印書館
伍新福
一九九〇「論〝生苗〟区的形成与封建王朝対〝生苗〟的統治政策」『民族論壇』一九九〇年第二期。
伍新福・龍伯亜
一九九二『苗族史』成都：四川民族出版社。
王愛和
二〇一一『中国古代宇宙観与政治文化』（Cosmology and Political Culture in Early China. Cambridge University Press, 2000）（金蕾・徐峰訳）上海：上海古籍出版社。
王　柯
二〇〇一『民族与国家――中国多民族統一国家思想的系譜』北京：中国社会科学出版社。
王明珂
二〇一三「由族群到民族――中国西南歴史経験」『西南民族大学学報（人文社科版）』二〇一三年第一期。
王献軍
二〇一〇「黎族歴史上『生黎』与『熟黎』」『海南大学学報（人文社会科学版）』二〇一〇年第一期。
王鐘瀚主編
一九九四『中国民族史』北京：中国社会科学出版社。
易　華

二〇一二　『夷夏先后説』北京：民族出版社。

張応強
二〇〇一　「辺墻興廃与明清苗疆社会」『中山大学学報（社会科学版）』二〇〇一年第二期。

周　星
二〇〇一　「『生』与『熟』――関于一組民俗分類範疇的思考」馬戒・周星主編『二一世紀――文化自覚与跨文化対話（二）』、三七六―四〇四頁、北京：北京大学出版社。

〈付録〉

生番歌　清・道光年間　柯培元

風藤纏挂傀儡山、山前山後陽且寒。怪石叢箐巨龜臥、横眼老干修蛇蟠。
呦鹿結群覓仙草、捷猿率旅尋甘泉。蕉葉為廬竹為壁、松皮作瓦棕作椽。
中有毛人聚赤族、群作島語攀雲峰。鯨面文身喜跳舞、唐人頭顱漢人奸。
或言嬴秦遣徐福、童男童女求神仙。神仙不見見荒島、海島已荒荒人煙。
五百男女自配合、三万甲子相回環。不認不知覚太古、以似以読為葛天。
何不招之隷戸籍？女則学織男耕田。人生大欲先飲食、此輩喜見盛衣冠。
熙朝版輿軼千古、梯山航海曁極辺。此亦窮黎無告者、聖人仁政懐与安。

熟番歌　清・道光年間　柯培元

人畏生番猛如虎、人欺熟番賤如土。強者畏之弱者欺、無乃人心太不古？
熟番帰化勤躬耕、山田一甲唐人争。唐人争去餓且死、翻悔不如従前生。
窃聞城中有父母、走向城中崩厥首、啁啾島語無人通、言不分明画以手。
訴未終、官若聾。窃視堂上有怒容。堂上怒、呼杖具。
杖畢垂頭听官論：嗟尓番、汝何言？尓与唐人吾子孫。
譲耕譲畔胡弗遵！吁嗟乎生番殺人漢人誘！熟番翻被唐人丑。為民父母者慮其後。

第六章　モンゴル民族のシャーマン文化の伝承および保護に関して

色　音（白福音訳）

はじめに

本論文の目的は、モンゴル民族のシャーマン文化の保護と伝承を取り上げることにより、人類文化の多様性を保護する意味を再考するところにある。どの民族も自分の伝統文化と文化遺産に対する態度は複雑である。伝統文化を保存したいし、また伝統文化を発展させたいという矛盾する心理は各民族には存在する。ところが、いわゆる「伝統」は歴史の過程において形成され、また変化の過程において蓄積されてきたものである。伝統文化を静止的で永久に変わらないと見なす観念は間違っている。文化遺産を保護する実践において、生きている状態の文化遺産に対し、どのように保存と保護を行いながら、その民族文化の合理的な発展を実現するのかを、モンゴル民族のシャーマン文化の伝承と保護の事例を通して検討する。

一　モンゴル民族におけるシャーマニズムの形成及び発展

モンゴル民族のシャーマン信仰は古い歴史を持つ。古代社会においては生産力が低かったため、人々は天、地、太陽、月、星、山川、湖等自然物および風、雨、雷、稲妻等自然現象に対して科学的な理解と解釈が欠けていた。それゆえこれらの自然物と自然現象は何か神秘的な力に支配されていると見なし、崇拝するようになった。シャーマニズム信仰はアニミズムに基づいて生ずる自然崇拝の形態である。シャーマニズムを信仰する民族の観念の中では森羅万象及びこの世の幸や不幸は全て鬼神に支配さていると考えられている。自然界は客観的で自在的な体系ではなく、何か超自然的な力に支配されているものである。自然界は神霊によって創造されたものであり、また神霊の意志によって変化する。自然界のあらゆる所に何らかの特定の神霊が宿っている。

モンゴル民族のシャーマニズムの自然崇拝の中では、天、地、太陽、月は比較的に重要な崇拝対象である。天や地は万物を育て、日や月は世界を温かくする。このような自然の神秘的な力は人々に神格化され、崇拝対象となる。まず「万物の父」と呼ばれる天には特別な意味と地位が与えられる。なぜなら農耕民族にせよ、狩猟民族にせよ、遊牧民族にせよ、天は「巨大な生産上の意義を持つ自然要素」〔柯斯文　一九五五：一七七〕だからである。モンゴル民族が生活している草原では、一旦大雪や暴風になったら牧畜民の家畜は大量に死亡し、居住しているゲルは吹き飛ばされる。したがって天はモンゴル民族シャーマニズム信仰における諸神の中の最高神である。歴史の古いモンゴル民族は「最も天地に敬意を払い、事あるごとに天をほめたたえる」〔孟珙　一二二一（一九六六）〕、「天を礼拝する礼がある」〔宋・王　一九七六〕。『黒韃事略』によると、歴史の中の古いモンゴル人は毎年「元日は必ず天を礼拝する。端午の節句も同じことをする。あらゆることがすべて天によって支配されているとされる。人が酒を飲む前に必ず、まず酒を天に捧げる。雷を天の叫びとしてとらえ、恐怖を覚え、移動することを恐れる」［趙・彭　一二三七（二〇〇一）］。天は人の運命を支配するものであり、人々に幸福と勝利を与えてくれる存在である。モンゴル語では天のことを「テンゲリ」と称する。モンゴルのシャーマニズムでは天神は九九個あり、西方には五五個の善の天、東方には四四の悪の天があると考える。このようにモンゴルのシャーマニズムは実利的な目的から「天」を解釈しているのが明らかである。ゆえに、天に倫理的な意味合いをあたえ、天を善と悪という二つの対立的な陣営に分類した。殆どの民族のシャーマニズムの観念の中で天神は最も重要な地位を占める。

　モンゴルのシャーマニズムは自然物の他に、風、雨、雷、火といった自然現象をも神格化した。あらゆる自然現象にはそれぞれの神霊が宿っている。ドーソン・A・C・M（中国語の表記は「多桑」）が書いた『多桑蒙古史』［多桑　一九六二］には「モンゴル人は太陽、月、火、水、大地を崇拝する」と記されている。モンゴル人は太陽、月など自然物を神霊として崇拝するだけではなく、火のような自然現象をも神格化して崇拝してきた。火の使用は人類の進化過程の中で最も重要な一環である。極寒の高原に生活するモンゴル人にとって火は特に重要である。彼らは火を使用して猛獣を追い払ったり、生肉を焼いたり、暖をとったりする。火は古代のモンゴル人の生活にとって重要な役割を果たしているからこそ、彼らは火を崇拝し、さらには火をある種の神聖不可侵な美の化身と見なしたのである。したがって全ての災いを火で祓い、全ての穢れを火で清める。火は「肉体、精神上の穢れを取り除く力を持つ」［道森　一九八三：一三］。ロシアの学者であるバンザロフは『黑教或称蒙古人的薩満教（黒教、あるいはモンゴル人のシャーマニズム）』のなかで「モンゴル人は女神の斡暢（火の意味）が幸福と富を授けてくれるものと考える。その特徴は純潔である。火は全てのものを清める力を持つし、自らの純潔さを他に与える力を持つと指摘した［道爾吉・班札羅夫　一九八一：一三］。古代のモンゴル人は宮廷への貢物を全て火で清めてから可汗[1]（ハーン）に贈る。火はまるで万能な神霊のようなものである。

一方、モンゴル民族は古くから山も崇拝してきた。『モンゴル秘史』には「三メルキド族が侵略してきた際に、テムヂンはボルハン・ハルドゥン山に隠れ避けた。三メルキド族が去った後、テムヂンはボルハン・ハルドゥン山に向かって感謝の言葉を述べた。「ボルハン・ハルドゥン山よ、蟻のような己が命を守ってくれた。我は、いたく恐れおおい。我、ボルハン・ハルドゥン山を、朝ごと祭り祈らん、日ごとに言祝がん、わが子孫の子孫まで省察せよ」と言って、太陽に向かって帯を自分の首にかけ、帽子を腕に掛け、太陽に向かって九度跪き、酒を捧げご加護をお願いした」〔道潤梯歩　一九七九：五九〕と記されている。このような山頂に登って祈る習俗は古代のモンゴル人の間で普遍的に流行っていた。ペルシャの歴史学者ラシード（Rashid al-Din、一二四七―一三一七）の『史集』》(Jami'al-Tarikh) では「チンギス・ハーンはホラズム王に派遣した商人が殺されたことを知った後、憤怒して一人で山頂に登り、帯を頸にかけ、無帽で顔を地面につけ、三日三晩祈祷し続けた」と記載している〔拉施特　一九八三：一八九〕。古くからボグダ山、チャソト山、ハンガイ山等がモンゴル民族に聖なる山として祭られていた。特に、ボルハン・ハルドゥン山はモンゴル民族に先祖代々祭られてきた聖なる山である。策・達頼の『モンゴルのシャーマニズム略史』によると、モンゴル国のホブト・アイマグにあるチャソト山は、現地のザハシン氏族の人々に自分たちの命を救ってくれた神として祭られている。

祭祀の際には、山の両側に石積みの築壇であるオボーを設けて大規模な祭典を行う。他に、モンゴル国のフブスグル・アイマグに「ダヤン・デレヘ」と呼ばれる洞窟も神霊が宿る所として崇拝されている。この洞窟の中に乳房のような形をしている石があり、これを現地のシャーマンが「シャーマンの母」として祭る。

モンゴル民族における木に対する崇拝はその生命力に対する崇拝だろう。ラシードの『史集』では「ある日チンギス・ハーンが猟に出かけて、一本の木を見かけた。彼はその木の下で馬から降りて、異様に嬉しそうだった。そして彼は私の墓にふさわしい場所だと云った。こうしてチンギス・ハーンが逝去した後、彼の霊柩がそこに埋葬された」と記載している〔拉施特　一九八三：三二三〕。

これはシャーマニズムにおける生木の生命力への崇拝に関連している。また、一三世紀ころ、ローマ法王の派遣によってモンゴルにきた旅行者のプラノ・カルピニ(2)によると、「ウグダイ・ハーンがチンギス・ハーンの霊魂を安らかに眠らせるために、小さな森を残しておき、誰もがこの森の木を伐採してはいけないと命令を下した」〔道森　一九八三：一三〕。この記述も、生木の生命力に対する古代のモンゴル民族の崇拝の気持ちを表している。

生木は往々にして、死者の霊魂が宿る所である。モンゴル民族の木の信仰は古くからの伝統である。『モンゴル秘史』には、「全モンゴル、タイチゴード部は、オノン河のホルホナグ渓谷に集って、ホトラ（忽図剌）という人物(3)を合罕（ハーン）に擁した。そしてみんなが、ホルホナグ渓谷の繁茂した木々をめぐって、塵土が膝の高さに届くまで踊り跳んでいた」〔道潤梯歩　一九七九：二七〕と記されている。この生い茂った木は古代モンゴル民族の崇拝していた聖なる木である。後のシャーマニズムの歌あるいは酒の祭祀儀礼の詩の中には、「シャーマンの木のデレグン・ボルダグ一面に繁殖し、生い茂ったあの木のように繁殖することを願う。……」とある〔道潤梯歩　一九七九〕。このような一本木の崇拝や祭祀、並びに「シャーマンの木」の観念は、中央アジア・モンゴル系民族は自分の祖先が木から誕生したという神話の観念と密接な関係がある。

モンゴル民族のシャーマニズムにおける祖先崇拝の伝統は悠久なる歴史を持つ。フビライ・ハーンが元朝を築き上げ、皇帝に即位した後、大都（現在の北京）にて大規模な祖先祭祀の盛典を行った。『元史』巻七七には、元朝は毎年八月二八日に大都にて祭典を行い、跪いて「チンギス・ハーン」と叫ぶ。祖先祭祀はモンゴルのシャーマニズムにおける祭祀儀式の重要な内容である。古代の文献によれば、祖先祭祀の際、シャーマンは一人で北の方向に向かって大声でチンギス・ハーンの名および逝去されたハーンたちの名を叫び、馬乳をまいてハーンたちを祭っていた。この古い信仰習俗は今日の内モンゴルにおける祖先崇拝にも依然としてみられる。今日の内モンゴルにおける祖先祭祀の中で、チンギス・ハーンの祭典は比較的に古くからの伝統を保っている。チンギス・ハーン祭典はウグタイ・ハーンの時代から始まったのである。フビライ・ハーンが元朝を築き上げ、皇帝に即位した後、大都にて大規模な祖先祭祀の盛典を行っただけではなく、チンギス・ハーンを祭祀する「四時大祭」も規定した。『元史』等古代文献には、チンギス・ハーン祭典にまつわる内容が記されている。チンギス・ハーン祭典には、普段の跪いた拝み、毎月の祭祀、お正月の大祭および四季祭典などの儀式が含まれる。祭典を行う場所はチンギス・ハーン陵である。チンギス・ハーン陵は内モンゴルのイヘジョー盟（オロドス市の旧称）エジン・ホロー旗アルタン・ガンダル地方にある。チンギス・ハーン祭典の他、内モンゴル西部地域の祖先祭祀にはトロイ（チンギス・ハーンの四男）祭典もある。以前は内モンゴル・オロドス市のハンギン旗とオトク旗の間にあるドロン・ホドクというところでは、長い間トロイの像が祭られていた。一九五五年にトロイの像は、新しく造られたチンギス・ハーン陵に移され、その後チンギス・ハーン陵における他の祭典と併せて祭るようになった。トロイ祭典において軍神と呼ばれるスゥルデの儀式が行われるようになった歴史はまだ浅い。トロイのチョムチョク（壁のないテントの敬語）・オルド（ハーンや妃の宿営地）は最初二つのつながったテントからなっていたようである。その後、次第に一つのチョムチョクになった。トロイ祭典は月祭と季祭という二種類がある。月祭は普通毎月（旧暦）の第三日目に行われる。このようにシャーマニズムはいろいろな形でモンゴルの社会と文化に浸透し、今なお内モンゴルの重要な文化遺産となっている。

二　モンゴル族シャーマン文化の歴史伝承

現在、モンゴル族のシャーマニズムの信仰は廃れつつある段階には入っているが、しかしこれは決して消えていくことを意味するものではない。モンゴル族シャーマニズムは外来宗教との衝突及び社会変動の影響の下で盛衰する過程の中で、多様な柔軟性をもつ生存策略を採用し、新しい形で今までに伝承されている。モンゴル民族シャーマニズム文化の歴史伝承を以下の四つに集約できる。

（1）複合的な伝承

シャーマニズムは他の宗教と複合した形で存続した。チベット仏教がモンゴルに伝わるのに伴ってモンゴルシャーマニズムは大きな変化を遂げた。まず、シャーマン陣側に分裂が発生し、親仏派と排仏派に分かれた。親仏派をモンゴル語で「チャガン・ジュグイン・ブォー」（白いシャーマンという意味）と呼び、排仏派を「ハル・ジュグイン・ブォー」（黒いシャーマンという意味）と呼ぶ。親仏派シャーマンは積極的にチベット仏教の要素を吸収し、排仏派シャーマンは頑固にシャーマニズムの古来の伝統を守った。親仏派シャーマン専用の服や道具及び詩、儀式はチベット仏教の影響を受けたのは明らかである。例えば、チベット仏教がモンゴルに伝わってきた後モンゴルシャーマンの詩にはラマ教を称える、釈迦に祈る内容が多くみられる。一部のモンゴルシャーマンはラマの服を着るばかりではなく、仏具を変えて使用することもあった。

（2）科学的な伝承

シャーマニズムは変化の過程でいくつかの科学の要素を取り入れたことにより、シャーマンの医術は改善、充実した。ホルチン・モンゴルの整骨医術を例にしてみよう。シャーマン医術に由来するモンゴル整骨学は現在、中国医学の中で独立した一つの学科になっている。内モンゴル・ジリム盟（現在の通遼市）モンゴル医学整骨医院党支部書記と副院長、モンゴル医学骨傷科主治医を併任している包金山は清代オトゴン（女性シャーマンという意味）ナラン・アベー（ナランは名前で、アベーとは身分の高い女性に対する尊称）の曾孫である。ナラン・アベーは、別名「神医太太」

とも呼ばれる。彼女は内モンゴル・ジリム盟・ホルチン左翼後旗出身で一七九〇年に生まれ、一八七五年に八五歳で逝去した。ナラン・アベーはチンギス・ハーン時代のフフチョ・シャーマンの末裔の弟子、ホルチン・シャーマンの長であったホボグタイの末裔という言い伝えがある。彼女は整骨術の「オトゴン」である。彼女はホルチン近代モンゴル医学整骨史上最も早くシャーマン医術を継承し、発展させた人である。包金山は「神医」ナラン・アベーの曾孫として、彼女のシャーマン医術を継承した上で、さらに充実させ、科学化させた。そして、彼はそれを長期にわたる臨床実践と結びづけて『包氏祖伝蒙医整骨学』等医学の専門書を書いた。現在、彼の整骨医術は依然としてシャーマン医術の神秘的な色は残っているものの、シャーマン医術から分離し完全な医学技術に変わっている。彼はある報告で次のように書いている。「一九九〇年、第一回中医骨傷学国際学術フォーラムが深圳にて開催された。オーストラリア、日本、シンガポール、台湾など一〇カ国の国々及び国内二〇以上の省や市から来た達人たちが、次々と演壇に立ち、整骨の技を実演していた。国際・国内の医学界で何の肩書きもない、草原に生まれ育った医者である私は、このような盛大な集会に参加することができ非常に感激した。登壇する参加者の実演は、一人、また一人と終わっていった。しかしその中には人を驚かせた場面も、感激させた場面もなかった。ただ、いくらかの満足と心残りがあった。私は大ホールのアナウンサーに英語と中国語で呼ばれた際、自信満々に演壇に上がった。私は左上腕骨の骨折した患者の治療に当たった。初めに一口の白酒を口から噴出した際、ざわめきが聞こえた。その後、大ホールが騒がしくなり、人々は私を嘲笑っているようであった。この時、数人の外国人が先を争うように写真やビデオを撮ったりしていた。彼らの目に私はまるで医者ではなく、お笑い芸人のように映っていた。彼らはひょっとしたらいつの日か中国の医者の醜態を公表するつもりかもしれない。私が独特の家伝のモンゴル医学整骨方法で九分間の治療をしたら、この一二歳の少女は元のとおり快復した。そして彼女は演壇を降り、平常通りに演壇の前を歩いた。静まり返っていた大ホールに急に割れんばかりの拍手が鳴り響いた。満場総立ちとなり、押し合って不思議な医術を見たがっていた」と。

包金山のようにシャーマン医術において合理的な要素を吸収し、科学的なやり方でシャーマン医術を継承したモンゴル整骨医者は数多くいる。彼らは現在も農村あるいは都会で相変わらず活動している。

（3）芸術的な伝承

モンゴル民族のシャーマニズムの儀式音楽、踊り、神話伝説などは芸術化する過程を経て民間文学や民間芸術となった。また民間芸術作品として後世に広く伝わった。モンゴル民族のシャーマンの「アンダイ」踊りを例にしてみると、それはすでに一つの民間舞踊になっている。「アンダイ」はシャーマンが治療に当たる際に、神がかりになって太鼓を打ち鳴らして踊る儀式の一環である。幾多の変遷を経て宗教音楽と遊離して独立した音楽となった。しかし、「アンダイ」とシャーマン音楽は依然として切っても切れない深い関係がある。「アンダイ」は民間舞踊として、そのメロディ、舞踊及び歌う形式などは古代の狩猟舞踊と似ているところが多いと考える研究者がいる。ところが、シャーマン音楽は狩猟音楽に由来するものである。このことから、古代の舞踊芸術はシャーマンに取り入れられ、なおかつ保存されたことがわかる。「アンダイ」はその一つの例である。

（4）民俗的な伝承

シャーマニズムにおけるタブー、祭祀、儀式等は民間生活に浸透するようになり、民俗文化の一つの要素となっている。シャーマニズムを信仰する諸民族の中で、このように民俗の形で残されたシャーマニズムの習俗はさほど稀ではない。例えば、モンゴル民族のオボー祭祀はシャーマニズムの中の山神、地神への自然崇拝の伝統から変化してきたものである。筆者は一九九九年八月五日の夜、モンゴル国の首都＝ウランバートルの郊外でシャーマンが主催したオボー祭祀を見たことがある。この儀式は「ザラン・オボー祭」（男性シャーマンのオボー祭という意味）と呼ばれているが、参加者の多くは普通の市民と牧畜民だった。このことから、この宗教儀式は民俗儀式の特性を持っていることが明確であることがわかる。

つまり、古くからのシャーマニズム信仰は複合的伝承、科学的伝承、芸術的伝承、民俗的伝承などの形で今日まで残されており、しかもモンゴル民族の伝統文化の一部となっている。

三　シャーマン文化の保護

中国において、幾度の政治運動が繰り返された後、人々はシャーマニズムを迷信と見なすようになった。一般人の観念がこうなっただけではなく、政治界の官僚、一世代上の学者すらシャーマニズムを愚昧で、後進的で、除去すべき迷信と考えた。しかし、我々の調査研究の結果、シャーマニズムとモンゴル民族の文化、芸術、道徳、法律、政治、哲学、民俗風習、医薬、衛生と密接な関係があることが明らかになった。モンゴル民族のいくつの伝統文化はシャーマニズムの宇宙観と哲学観念に基づいて成り立っている。もし、シャーマニズムを除去すべく封建迷信と位置付けるならば、モンゴル民族の代々伝承されてきた伝統文化も封建迷信として除去しなければならないことになる。

モンゴル民族のシャーマニズムの哲学は、モンゴル民族の祖先が自然を認識し、自然に働きかけ、自然に適応する生活の実践の過程で生まれた知覚性、混沌性、類比性等の特性を持つ総合的な思考の体系である。この点においては、シャーマニズムの哲学は仏教など高等形態の宗教哲学と異なる。シャーマニズムの哲学は萌芽状態の哲学形態としての文化的意義と思想的な価値を持っている。ヘーゲルは『哲学史講演録』の中で、「文明初期の時代、我々は常に、哲学と一般の文化生活が混同している様子と出会う。しかし、一つの民族がある時代に入ると、民族精神が普遍的な対象に向かう。そして普遍的で理性的な概念で自然の物事を理解しようとする。例えば、物事を認識する原因を求める。そこで、我々はこの民族は哲学的思考を持ち始めたと言えることができる」〔黒格爾　一九八一：二五八〕と述べている。シャーマニズムの総合体系の中で「哲学と一般文化生活が混同している」からこそ、シャーマニズムとモンゴル民族文化の関係を研究する際に、我々は哲学の思想を切り口或いは手がかりにすべきである。

ある人は、「人々の思想と行為が宗教意識に支配されていた時代、文化の総合凝集体は宗教である。人類の全ての文化形態、例えば、社会組織、生活方式、芸術、世界観、自然現象を観察する力、環境を征服しようとする巫術活動等いずれも宗教意識、宗教活動と密接な関係がある」と提起した〔謝　一九八六：三五〇〕。シャーマニズムが生じるその時代に、シャーマニズムを信仰する民族集団の思考モデル及び世界観は宗教と神話が結合して混沌たる規制に従う。このような世界において、自然知識、宗教観、芸術のイメージ、道徳や法律規範、民俗慣習制度、文学的創作、政治理想及び医学知識の萌芽が独特な形で入り混じる。シャーマニズムは人間の世界への感性に対する形象的な認識に基づいて成り立っている。シャーマニズムは人々と環境の関係に対する前理論的思考である。もしこのような文化類比に基づいて成り立つ。シャーマニズムは人間と社会関係の特性を自然界に置き換え、人間と自然物を前述した的な意味合い及び哲学を探求する精神がなかったら、シャーマニズムはこのように歴史における役割を果たすことがないだろうし、数多くの民族に深い影響を与えることもないだろう。哲学はシャーマニズムの重要な土台であり、シャーマニズムは独特の哲学思想体系の一種と言えるだろう。シャーマニズムは人々の宇宙に対する独特の態度と観念でもある。シャーマニズムの哲学世界観における意識形態の背景の下で、シャーマニズムを信仰する各少数民族はそれぞれの生活する環境に適応した有形と無形文化の体系を築き上げた。そしてその中から文学、芸術、医学などの具体的な文化形態が分かれてきた。シャーマニズムにおける総合思想体系の中で生命力の強い哲学思想が含まれているゆえ、シャーマニズムとそれを信仰する各少数民族の政治、経済、文化等様々な社会文化体系には密接な関係が生まれる。

日本の著名な学者大間知篤三がダフール民族のシャーマニズムの伝承問題について、次のように指摘した。「巫教といえば、人々は直ちに迷信、邪教を思い、巫といえば直ちに詐術を弄し誑言を肆にする卑賤の徒を想うようである。……民族固有の伝承のうちに、将来発展せしめられるべき諸種の要素を見出す態度こそ望ましいと思う。治病巫術には、もちろん迷信として是正さるべきものが多く、弊害として匡正さるべきものも少なくなかろうが、その治病巫術でさえもなお素朴ながらに固有の宗教、文学、音楽、舞踊の総合である。いわんや諸種の氏族祭祀は、優れて美しい芸術を含んだ宗教儀礼である。ダフール民族が将来固有文化を展開せんとするに当たり、これらの要素を無視してはたしてどこに基礎を求めんとするのであるか」〔大間知　一九四四：二一六〕。

我々はシャーマニズムを研究するには複眼的に取り扱わなければならない。そうでないと、極端に偏った結論を取り出し兼ねない。シャーマニズムには封建迷信のかすがある一方で、民族文化があり、民間科学の精華もある。精華を生かし、かすを除くことこそシャーマニズムに対する正しい態度である。シャーマニズムの雑然とした体系には、掘り出すべき民間民俗文化財産が多く含まれる。一部の学者及び科学技術者はすでにシャーマニズムの中から現代人に参考になる合理的な要素を発掘している。アメリカ及び西側の国々の人類学者、心理学者、宗教学者、医者等がシャーマン医療に何らかの効果があることを認め、そしてそれを現代のシャーマン育成と医療実験に使用して急に評判が上がった。国内においても、内蒙古ジリム盟整骨医院の包金山医師はシャーマンの医術を掘り起こし、それを現代医学と結合させる面では大きく貢献している。彼は二百年余の歴史を持つ包氏シャーマン整骨術と現代医学を結合させ、自分の臨床実践に基づいて家伝のシャーマン整骨術に対して科学的な分析と研究を行った。なおかつ『整骨知識』、『家伝整骨』、『包氏家伝モンゴル医学整骨学』など医学専門書を執筆した。これは民俗知識と科学知識を結合した試みである。

包金山は曾祖母――オトゴンであるナラン・アベーの伝統的な整骨術を継承し、また自分の臨床経験に基づいてシャーマンの整骨術と現代医学を結びつけた。ナラン・アベーの整骨術の不思議さはモンゴルにおいて広く伝わり、彼女は人々に「神医太太」と呼ばれる。彼女の整骨術は絶妙なだけではなく、独特の風格を持つ。彼女は見る、聞く、問う、考える、触る等の方法を採用し診断や治療を行った。彼女の骨折を治療する方法は奇異であり、開放型粉砕性骨折の患者を、砕けた骨を押し出す方法で治療する。蛇卵模様の宝石を傷口に当てて、止血・鎮痛をし、さらに青銅鏡と銀杯を使ってマッサージをして接骨する。頭蓋骨等の凸凹骨折、肋骨を骨折した患者に吸い玉をして骨をもとの状態に戻す。彼女はまた「以震治震」、「震静結合」、「先震後静」等医学原理を活用した。そして人工震動で脳震盪を治療した。この治療方法を、モンゴル薬を用いた治療と併せて、整骨術をまとめて「蒙医整骨」と称した。

ナラン・アベーの曾孫である包金山は彼女のシャーマン医術を現代臨床医学において使用し一定の治療効果が得られた。包金山の話によれば、以前はシャーマンが整骨治療をする際に、往々にして気功或いはシャーマン踊りをしていた。科学技術がまだ発展していない時代には、病に対する綿密な観察に欠けていたため、自然現象に対する理解が不足していた。同時に、相応する治療方法がなかったため、自然現象を用いて病を解釈する理論は人々に受け入れられがたかった。逆に幽霊妖怪等の神秘的なものを用いて病の原因を解釈した方が人々に受け入れてもらいやすかった。人々が日増しに神秘的な治療を頼りにするにつれて、実践活動において精神や気功等の治療法が生まれた。例えば、シャーマンが骨折を治療する前に、馬乳酒を指ではじき、天、地に向かって捧げる。それから人差指に酒をつけて絶え間なく患者に向かってまいてから治療を行う。一部のシャーマンは治療中に口で呪文を唱えると共に両手で素早くマッサージをして治療する。これらの治療法は事実上、精神面で患者の注意力と思考を分散させる方法である。患者はシャーマンの敬虔な独り言にうっとりして自分の痛みを忘れる。これによって、緊張がほぐれ、体中の筋肉がリラックスして骨折を治療するには役立つ。このことからシャーマン医術における整骨術には、神秘的な宗教の要素に隠された科学的な考えが含まれていることがわかる。

シャーマニズムは古い自然宗教として一定の合理的な要素が含まれていることには疑いがない。昔の人類の生産及び生活実践の中で生まれたシャーマン文化における古い科学的な要素は現代科学にも参考になる。例えば、シャーマン医術における固有の心理療法は完全に現代西洋医学におけるセラピーや心理ホットライン等の精神医学と時代を超えた世紀の対話ができる。一部の精神的な病気、例えば、「巫病」の現象は現代医学方法では治療できないが、シャーマン医術はこの病気に対してコントロール或いは治療することができる。この点において、シャーマン医術は現代医学の不足を補える。したがって、我々はシャーマン医術におけるマイナスな点とプラスな点に正しく対応すべきであり、マイナスな点だけを強調してそれを全般的に否定してはいけない。「複眼的な」観点からシャーマン医術を分析、評価することこそ我々が取るべく科学的な態度である。

シャーマン文化は探険し発掘する価値のある人類文化の「大陸」である。シャーマン文化には、科学、文化、芸術など数多くの要素が含まれる。シャーマニズムには一定の科学的要素と合理的要素が含まれている、ゆえに強い生命力を持ち、いろいろな時期を経て今まで依然として伝承及び保護されている。もしシャーマニズムをただ迷信と見なしたら、我々は祖先が創造した文化価値の高い民俗知識と精神財産を糟粕として捨てるかもしれない。これは祖先と後世に対して申し訳ないことであり、責任のない態度である。

我々の伝統文化に対する保護及び継承の意識は伝統文化に対する重視のレベルを体現している。しかし、伝統文化の保護は歴史文化財等有形文化遺産及びエリートの文化だけに限定してはいけない。各種の民間文化及び無形文化遺産にも注意を払い、保護すべきである。二〇〇五年三月、国務院事務局により公表された「関於加強我国非物質文化遺産保護工作的意見」の関係書類「国家級非物質文化遺産の代表作の申請評定暫行弁法」において、無形文化遺産は「各民族代々受け継がれ、群衆の生活に密接な関係がある各種伝統文化の表現形式（例えば、民俗活動、演技芸術、伝統知識と技能及びこれらにまつわる器具、実物、手芸製品等）と文化空間と定めた」［王文章　二〇〇六：一〇―一二］。モンゴル民族のシャーマン文化は人類文明過程における一種の精神文化の表現形式である。シャーマン文化は人々が客観物質世界に対する認識を反映しているだけではなく、古代の人々の審美への意識と審美追求をも反映している。それは我々がモンゴル民族の祖先と後世の審美的意識と芸術的特徴を探求する手がかりの一つである。今日の世の中において、このような民衆により伝承された各種の古い文化の表現形式は、時代の変遷に伴い文化の記憶に埋もれてしまうから、一段と珍重する必要がある。ユネスコが制定した『無形文化遺産の保護に関する条約』は無形文化遺産の以下のような重要な価値を持つことを強調した。「第一、無形文化遺産は世界の文化多様性の体現である。第二、無形文化遺産は人類創造力の徴であり、無形文化遺産に対する保護は人類の創造力に対する尊重を表す。第三、無形文化遺産は人類社会が持続可能な発展の重要な保証である。第四、無形文化遺産は人と人の関係と密接しており、人々の交流及び理解し合う重要なルートである」［王文章　二〇〇六：一三―一四］。モンゴル民族のシャーマン文化を保護することは、人類の文化多様性の保護にも、民衆の想像力を発揮させるにも、人類の持続可能な発展にも重要な意義を持つ。

現在、無形文化遺産は民間文学、伝統音楽、伝統舞踊、伝統芝居、曲芸、伝統的スポーツ・雑伎、民間美術、伝統手芸技芸、伝統医薬、民俗の一〇項目に分けられている。民俗という項目の中には必ず民俗信仰が含まれる。そもそも民間習俗はいずれも信仰にかかわる要素があるから民俗信仰は一つのカテゴリーとも言える。しかし、ここで述べている信仰民俗は信仰観念なおかつ崇拝心理、祭祀活動に重点をおく部分的な民俗である。民俗信仰は「長い歴史の過程において民衆の間で自発的に発生した神霊を崇拝する観念、行為的習慣とそれらにかかわる儀式的制度である」［鐘敬文主編　一九九八：一八七］。原始信仰と崇拝は密接な関係があり、初期段階における人類の信仰の対象はきわめて多様である。たとえば、彼らは様々な天神、社稷神を信仰し、トーテム、山川、太陽、月、風、雨、雷、稲光、様々な精霊、幽霊を信仰し、崇拝していた。後に現れた仏教、道教、鎮守の神、地神、門神、かまどの神、福の神、喜神、竜王、馬王、薬師、関帝、魯班、川の神、海の神、窯神等いずれも民俗信仰の範疇に属する。これらの信仰の形成された歴史は複雑であり、様々な民俗的慣習に織り込まれている。上記の信仰範囲は全国的なものもあれば、ある地域、民族、職業、あるいはある集団に限る場合もある。そのほか、亡霊信仰及び冠婚葬祭における相性、風水、吉日選び、霊魂祭祀、疫病神祓い、タブー、紙銭焼き、御経読み、天国・地獄の信仰は全て民俗信仰の現れである。

民俗信仰は心理民俗に属し、信仰を核心とした心理上の習俗が反映される［張紫晨　一九九〇：一一三］。民俗信仰は民衆において自発的に発生し、なおかつ一貫して自然形態の神霊崇拝が維持されている。民俗信仰には完全で系統的な哲学や倫理体系がないが、民衆世俗生活と密接な関係がある様々な信仰観念を持つ。これらの信仰観念が往々にして神話、伝説、故事、叙事詩、ことわざ及び習俗等に由来して代々に伝承される。民俗信仰には系統的な神霊システムがないが、天地万物、様々な崇拝対象、例えば、自然神、トーテム、祖先、職業の神及び万物の霊と関係する。民俗信仰には厳格な教規教義がないが、崇拝対象とセットされる民俗行為と儀式制度がある。民俗信仰はそれぞれ特定の信仰対象があり、またその信仰対象に相対的に固定的なグループがある。鐘敬文は『民俗学概論』の中で、「精神民俗は有形文化と制度文化に基づいて形成された意識形態に関連する民俗である。それは人類が自然と社会を認識、改造する過程において形成された心理経験である。このような経験が一旦グループの心理習慣になったら、特定の行為方式の形で現れ、その上代々受け継がれ精神民俗になる」［鐘敬文主編　二〇一〇：五］と論じている。

民俗信仰において、シャーマニズムは原始宗教性を持つ信仰である。シャーマニズムは中国北方エヴェンキ、オロチョン、ダフール、モンゴル及び満族において栄えた。シャーマニズムはアニミズム観念に基づき、また、狩猟や漁業経済の巫術活動と結合している。シャーマニズムの発展と衰退は原始社会が階級社会に移行する経済の土台の変化と密接な関係にある。モンゴル民族のシャーマニズム信仰は悠久の歴史を持つ。チンギス・ハーン祭典はシャーマニズムにおける霊魂信仰と祖先霊観念に基づいて生まれた民俗信仰である。チンギス・ハーン祭祀活動は「モンゴル民族の希望、祈りの心理を表している。この活動は民族性を備えている」［陳育寧　二〇〇四：二二］。シャーマニズムとチンギス・ハーン祭典はモンゴル民族無形文化遺産の重要な媒体であり、モンゴル民族の伝統民俗信仰が集中して体現されるのである。

シャーマニズムの観念に基づいて形成されたチンギス・ハーン祭典は第一弾で国家級無形文化遺産に登録された。チンギス・ハーン祭典は一種の古い祭祀文化として過去の場面とありさまの展示と伝承である。そしてその過程における人は文化の担体として生命力のある民俗文化の資源となる。費孝通は、「経済が遅れている時代、人々は人文的活動により残された遺跡と文化芸術を一種の資源と見なさないかもしれない。これは、経済の発展は人々の人文資源に対する認識を促し、逆に、人文的資源に対する認識も人々の経済の発展に対する認識を深められる。人々は経済の発展は決して我々の唯一の目的ではなく、ただ我々の生きていく上で必要な基本的な問題を解決することであることを認識する。しかし、いかにしたらより意味のあるよい生活ができるか、いかにしたら自己価値をより広く切り開けるか。そしてその中から新しい精神文化を発掘するには、もとからある人文的資源に基づき、文化と芸術の発展を用いて解決する必要がある。この中には物質的問題があるだけではなく、精神的問題もある。人文資源の価値はまさにここにある」［費孝通　二〇〇六：五四二］。文化資源にはこのような深い文化的価値が内包されているからこそ、観光等文化産業開発に優先される資源となる。この状況の下で、チンギス・ハーン祭典、及びそれを伝承、保護するグループであるダルハトは、チンギス・ハーン陵における文化の中心となり、国家に重視され、保護を受けている。

モンゴル民族のシャーマン文化の保護と伝承は世界文化多様性を保護する事業において重要な要素である。人々はますます文化多様性を保護する重要な意味を認識している。文化多様性は人類文化発展と繁栄の土台である。一九七二年、ユネスコにより「世界の文化遺産及び自然遺産の保護に関する条約」が採択され、文化遺産と自然遺産は保護されることになった。また、一九八九年の第二五回ユネスコ総会で「伝統的文化及び民間伝承の保護に関する勧告」が採択された。そこには各国の民族伝統と民俗文化も保護範囲に入っている。二〇〇一年に第三一回ユネスコ総会において「文化的多様性に関する世界宣言」が採択され、二〇〇三年のユネスコ第三三期会議においては、「無形文化遺産の保護に関する条約」が可決された。

文化遺産を保護する実践において我々は発展的な視点から「生きている状態の文化遺産」に対応すべきであり、保存、保護の名目でエスニック・グループのもつ伝統文化の合理的な発展を阻止してはならない。したがって今後、シャーマン文化を含む生きた状態の文化遺産を保護する実践において各地各級の政府及び関連する部門はさまざまな状況と条件に応じて、柔軟な措置をとることが望ましい。そして伝統的な保存方法と新しい開発方式を有機的に結び付け、文化遺産にかかわる実践において、それぞれの状況に応じるような保存方式と保護モデルを柔軟に調整し、常に改善しなければならない。このようにすれば生きている状態の文化遺産の保存と保護だけではなく、開発と発展という「一石二鳥」という最終の目的に達成することが可能になる。

結論

筆者はモンゴル民族シャーマン文化の保護に関して以下のような措置をとる必要があると考えている。まず、シャーマン文化に関する実物を保護することである。すなわち、モンゴル民族シャーマン文化博物館を建て、シャーマン専用の太鼓、服装、法器、偶像（オンゴッド）及び、シャーマン文化に関連する民間民俗文化財を収集し、保存する。シャーマン文化の保護と同等に重要なのは工芸を制作する技術の保護である。

次は、シャーマン文化を伝承するメカニズムの保護である。伝承は民俗文化遺産を保護するプロジェクトにおける重要な問題である。民俗文化は人々が長い間の社会生活において次第に累積してきた文化である。それは代々口述と行動の形で伝承され、発展されるプロセスを経て、現在の形態になった。このような代々伝承されるメカニズムは民俗文化が存続し、発展するための内在する力なのである。民俗文化はこのメカニズムから離れると存続する力を喪失する。北京におけるユネスコの事務所に現任する文化遺産保護専門要員の杜暁帆は「口頭伝承や無形文化遺産には特性があるため、我々は有形文化遺産の保護方法を、そのまま無形文化遺産の保護に使用してはいけないことに注意を払うべきである。このような特殊な人類文化遺産の保護にあたって、我々にできることは、第一、録音、録画の媒体あるいは文字を通して当面の状態を記録する。第二、伝統的職人の助けを通して技芸を後世に伝承し遺産を生存させること」［杜暁帆　二〇〇四］と述べている。長い目で見れば、後者は民俗遺産の保護にとっては一層重要である。

もちろん、民俗文化遺産を録音、録画、文字の形で記録するまたは完全に博物館に所蔵するのは一つの保護方式である。しかし、伝統的な民俗文化を現在の社会において存続させ、発展させることこそ民俗文化遺産を保護する最終的な目的である。したがって、民俗文化遺産の保護が盛んである現在、いかに伝承するメカニズムを保護し、伝統的職人がその技芸を後世に伝授できるようにすることは、このプロジェクトの一環として重要である。

伝承のメカニズムに関しては、家族による伝承、職業による伝統と社会的伝承があると筆者は考えている。家族による伝承というのは、血縁関係を持つ家族内部において伝承する方式のことである。これは、中国伝統的な民俗文化を伝承するメカニズムにおける最も原始的で最も典型的な伝承方式である。

家族による伝承に対し、職業による伝承、すなわち、同じ業界内部において、主として師弟関係によって伝承する方式である。一定の技芸を身につけている師匠は弟子を募集・選抜してその技芸を弟子たちに伝授する。弟子が一人前の職人になったら、また次代の弟子を募集する。これは伝統社会において家族伝承と同様に普遍的な伝承方式である。伝統社会において業界が同じでも、違っていても、常に激しい競争があり、そのため業界における伝承に関して様々な決まりがある。弟子入りから修行後一人前になるまでに様々な規制があり、師匠にせよ弟子にせよ、これらの決まりを厳格に守らなければならなかった。このような業界型の伝承方法は業界内部の各流派の発展の役に立つものであり、業界の繁栄を促進することにつながる。

先述の家族による伝承、職業による伝統のほかに、社会的伝承、すなわち、主として学校や育成機関を通して研修生を募集し、系統的に関連する知識を体系的に教える仕組みである。それによって技芸を伝授し民俗文化技芸の伝承と継続を図る。社会的伝承は最近現れた新しいタイプの民俗文化の伝承モデルである。それは家族による伝承、職業による伝承より幅広く、その局限を打ち破り、伝承する人の選択範囲を拡大し、より多くの人に伝統的な民俗文化を知るチャンスを与えている。

また、創造的な保護を行うことも必要である。シャーマン信仰はモンゴル民族の文化意識の担い手であり、異なる歴史時代における政治、経済、文化、習慣等を反映している。シャーマン信仰はモンゴル民族の歴史と社会文化を研究する上で重要な一次的な民間資料である。シャーマン信仰を記録、収集、整理する作業は様々な民間文化の保護にとってもっとも基本的であり、もっとも必要とされる保護方式である。しかし、厳密に言えば、これは受動的で初級的な保護方式である。この保護方式の欠点は、第一に、保護方式は単一である。第二に、保護手段が遅れており、まだ文字記録を主な手段としている。第三、保護理念が後れており、社会が急速に発展している今日、伝統的な民間文化が時代に適応して存続するには、文字記録による保護だけではなく、現代文化と調和がとれたオリジナルな保護措置が必要とされる。

民俗文化の伝承の過程において適度の創造性は民俗文化を保護するのに一種の有効な方式である。または民俗文化が新しい時代において発展しつづけるために決定的な要素でもある。変異は民俗の特徴の一つである。いかなる民俗文化も代々伝承される過程においてつねに変化の状態に置かれ、しかも絶え間なく各時代の思想意識を取り入れている。「永久に変わらない」という原始状態の民俗文化は存在しない。元文化部部長の孫家正は二〇〇三年一〇月一八日に開催された第七回国際文化政策フォーラムにおいて「伝統文化は各民族の祖先のオリジナルな蓄積と結晶である。絶え間なく新しいものを創り出すことは伝統文化の存続と発展を保証する決定的な要素である。新しい文化の創造を保護し、奨励することは、世界文化の発展において重要な意味を持つ。いかなる優秀な伝統文化であろうが、時代の流れに伴い、その文化を取捨したり、改造したり、更新したりしてこそはじめて旺盛な生命力を維持し、リアルな現代生活を反映できる。そして現実な生活にとって終わりのない原動力となる」[4]と指摘している。

無論、ここで言っている民俗文化の伝承における創造性は民俗文化の精神を維持することを前提としている。創造性とはその時代を生きる人々の審美的感覚と文化理念に基づいて伝統的民俗の形式と内容を多少変更することを意味する。創造性を通して伝統的民俗文化が、より現代社会のニーズに答えるようになり、よりよい存続を得るようになる。これも一種の保護である。近年、人類学の民族誌の記述方法は、伝統的文字記録のほかにも録音記録、映像記録等も導入している。これは各民族の生きている状態の文化遺産を記録、保存、保護する面において積極的な役割を果たしている。

一九五〇年代、中国国内においては大規模な少数民族に対する社会歴史調査が行われた。当時雲南省において現地調査をした学者たちがトールン族、ヌー族、ワ族、リス族等民族の間で温存されていたさまざまな「原始社会の文化現象」を目にした。それで映像という手段を用いてこの現象をすぐに記録することを呼びかけた結果、文化部から認証を得ることができ、さらに政府から資金、設備、人的支持も得られた。一九六五年まで、雲南省における少数民族だけで二〇本余りのドキュメンタリーフィルムが撮影された。当時外国における民族誌映画理論の情報がない状況の下で、中国国内における学者と映画関係者が協力し合い、ありのままに記録するという撮影の基本規則を定めた。このようなフィルムを少数民族の社会と歴史にかんする科学的ドキュメンタリー映画と呼んでいる。事実上、このプロジェクトに民俗学者、人類学者が参加したゆえ、フィルムの編集において学術上の基本的な要点が反映されている。いくつかのフィルムの一部に記録されている民族生活ぶりは現在すでに消失したため、貴重な資料となった。

現在、民族誌映画ははるかな遠い民族社会と少数民族の単一性民族誌的な撮影から、社会文化の隅々まで撮影するようにその対象を拡大した。そして、上述したドキュメンタリー映画のやり方は民族誌映画の方式を用いて喪失しつつある人類文化遺産を保存している［宋・白　一九九八：三五〇］。

我々は撮影、ビデオ、映画等の映像人類学の技術と手段を十分利用し、全面的に、系統的に各民族の歴史学、美学、人類学及び民俗学的に価値のある文化遺産を記録、整理、保存すべきである。これは現段階において民族文化遺産を保護し、保存する良い方式の一つである。とりわけ、工芸技術者や民間文学知識をもつ人の死亡によって無形文化遺産の一部がなくなることを防止するには、この方法は理想的である。現在、中国社会科学院民族研究所における映像人類学室、雲南大学における東アジア映像人類学研究所等の科学研究機関は、すでに映像を用いて民族文化を保存するプロジェクトを始めている。しかし、経費と人材が不足しているため進捗状況は緩慢である。このプロジェクトに対して関連する部門が注意を払い、支持すべきである。また必要な資金と人材を投入し、映像人類学の手段を用いて民族文化遺産を記録、保存する作業を早急に進めるべきである。

注

（1）ハーン（可汗、合罕、qaġan/qayan、khaan）は、北アジア、中央アジア、西アジア、南アジアにおいて、主に遊牧民の君主や有力者が名乗る称号（編者）。

（2）プラノ・カルピニはイタリアの旅行家。モンゴル帝国を旅行し、中央アジアに関して貴重な記録を残した最初のヨーロッパ人（編者）。

（3）ホトラ（忽図刺）は蒙古部落のハーンの一人である（編者）。

（4）孫家正　二〇〇三『伝統文化与現代化』http://www.bjwh.org/html-930/（二〇一八年六月一五日最終閲覧）

参考文献

（蒙）策・達頼著、丁師浩・特爾根訳
一九七八『蒙古薩満教簡史』北京：中国社会科学民族研究所。

陳育寧
二〇〇四「再説鄂爾多斯学」『鄂爾多斯研究』第四期。

大間知篤三
一九四四「達斡爾族巫考——以海拉爾群体為例」『建国大学研究院学報』第四一巻。

（俄）道爾吉・班札羅夫
一九八一「黒教或称蒙古人的薩満教」『蒙古史研究参考資料』第一七集、呼和浩特：内蒙古大学蒙古史研究室。

（英）道森（Christopher Dawson）編、呂浦訳、周良霄注
一九八三『出使蒙古記』北京：中国社会科学出版社（*The Mongol Mission.* London: Sheed and Ward, 1950）。

道潤梯歩
一九七九『新訳簡注「蒙古秘史」』呼和浩特：内蒙古人民出版社。

（瑞典）多桑（C. d'Ohsson）著、馮承鈞訳
一九六二『多桑蒙古史』北京：中華書局（*Histoire des Mongols, depuis Tchinguiz-Khan jusqu'a Timour Bey or Tamerlan.* Amsterdam, 1852）。

杜暁帆

二〇〇四「無形的根枝——文化多様性与無形文化遺産的保護和伝承」『北京国際博物館長論壇論文集』。
費孝通
二〇〇六「論西部開発中的文化産業」『費孝通民族学文集新編』北京：中央民族大学出版社。
（徳）黒格爾　賀麟・王太慶訳
一九八一『哲学史講演録』第三巻　北京：商務印書館。
（露）柯斯文（Kosven M. O.）張錫彤訳
一九五五『原始文化史綱』北京：生活・読書・新知三聯書店。
（波斯）拉施特（Rashid al-Din）著、余大鈞訳
一九八三『史集（Jami'al-Tarikh）』第一巻、第二分冊、北京：商務印書館。
（宋）趙珙、彭大雅
一二三七（二〇〇一）『蒙韃備録、黒韃事略』海拉尔：内蒙古文化出版社。
宋蜀華・白振声主編
一九九八『民族学理論与方法』北京：中央民族大学出版社。
王文章主編
二〇〇六『非物質文化遺産概論』北京：文化芸術出版社。
謝選駿
一九八六『神話与民族精神』済南：山東文芸出版社。
張紫晨
一九九〇『中国民俗与民俗学』杭州：浙江人民出版社。
鐘敬文主編
一九九八『民俗学概論』上海：上海文芸出版社。
二〇一〇『民俗学概論』上海：上海文芸出版社。
（宋）孟珙
一二二一（一九六六）『蒙韃備録』台北：藝文印書館。
（明）宋濂・王禕
一九七六『元史』（誌一二三、祭祀一）北京：中華書局。

第七章　北タイ雲南華人の家族、教育と民族的アイデンティティ

黄樹民（湯紹玲訳）

はじめに

本論は、一九四九年以降、中国西南地域雲南省より北タイのゴールデントライアングルに定住した中国国民政府部隊について検討するものである。本研究は比較研究の事例を提供し、華人のタイへの移住について論述する。特にエスニック・グループとして身分をタイの中産階級へと転換する上での取捨選択、および彼らの新たな海外移動志向について論じる。そのほかに、競争が日増しに激化するグローバル社会において、華人の文化的ネットワークが、家族の再生産を通じていかに形成され展開され、さらに資本化されるのかを検討する。研究内容は以下の通りである。はじめに、雲南華人の略史について、北タイに定住するところまでを説明し、つづいて雲南華人に関係するタイ華人の移民集団間の民族身分の転換をめぐる理論とその意義について、さらに本論の研究方法を検討する。筆者は二〇〇二年から二〇〇八年にかけて現地調査をおこない、当時タイ北部チェンマイにあるメーホン村の状況を把握した。その調査内容には、彼らがいかにして家族関係と教育を整え、エスニック・グループアイデンティティを維持しようとしているかが含まれている。終節では、雲南華人が、変化しつつある現地社会およびグローバル社

図1　タイ北部のメーホン村　（筆者作成）

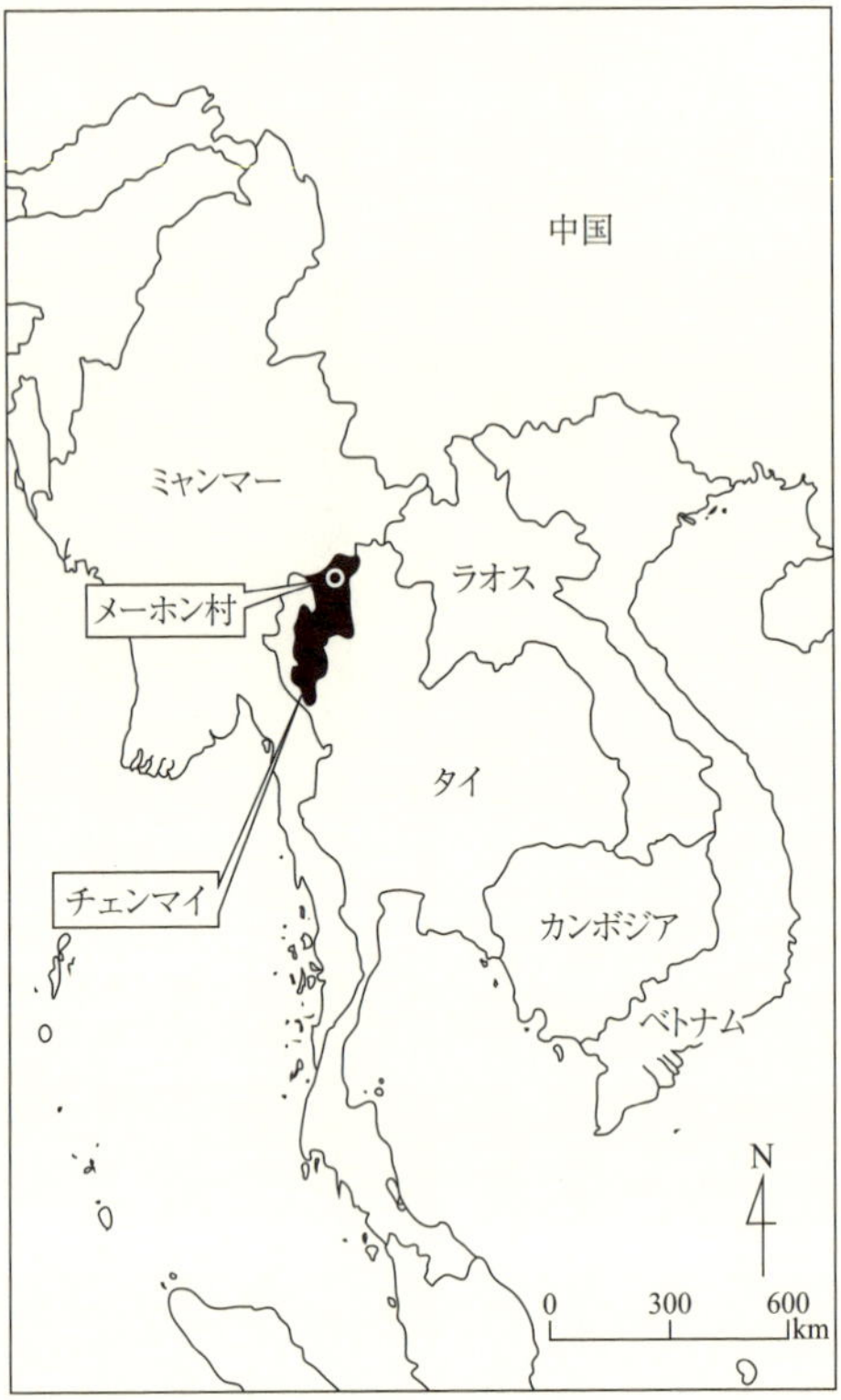

会の状況に適応するために祖国に忠実ではなくなっていること、彼らの子孫が新たなホスト社会であるタイにおいて、新たなエスニック・グループのアイデンティティを構築していることを検討する。

一　北タイの華人ディアスポラのコミュニティの形成(1)

一九四九年、中国共産党解放軍が中国大陸を席巻すると、一部の国民政府の敗戦部隊は雲南から南へ撤退し、国境を越えラオスとタイに隣接するミャンマーの東北部において臨時避難所を設立した［Young 1962; Mote 1967; Hill 1983, 1998; Chang 1999, 2001］。この三国の国境が接する地区（一般にゴールデントライアングルと称する）では明確な国家主権による統制が欠如していたが、台湾国民政府とアメリカ情報機関の積極的な支持を受けて、およそ一万二〇〇〇名の雲南兵士がここに集結した。さらに、彼らは中国本土へ数回進攻し、国民政府の「反攻大陸」行動の一部を担った。

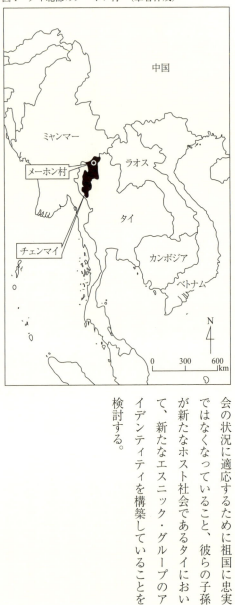

しかし、ミャンマー政府と中国共産党の外交的、軍事的圧力によって、台湾国民政府は一九五三年および一九六一年に部隊の主体を台湾に撤退させた。その後残ったおよそ三〇〇〇名の大半は雲南の出身であり、主に雲南西部の民兵であった。彼らは、国民政府によって一九四九年以降に召集された人々である。彼らはミャンマーから撤退し、一九六二年北タイ山岳地帯に定住することになった。当時彼らは二つの部隊に分けられ、第三軍の総部はチェンマイ省、つまりメーホンの上の山岳地帯に配置された。それに対して、第五軍はさらに北部のチェンライ県のメーサロン地区に配置された（図1）。

雲南華人たちは、北タイで容易に受け入れてもらえることを知った。タイ政府は、彼らがタイとミャンマーが隣接する山岳地帯において半自治区を設立し、私有地を購入して生活を維持することを許可した［Mote 1967; Hill 1983, 1998; Chang 1999, 2001］。経済的自立を果たすために、彼らはゴールデントライアングルにおいて国際的な麻薬密売を始め、アヘンの運輸を軍事的に保護した。あるいは、アヘンをヘロインに加工してさらに高額な利益を獲得した。一九七〇～八〇年代に、タイ政府が軍事的にタイ東北部と南部の共産軍を一掃する際、雲南部隊も軍事的に援助した。一九八〇年代、剿共戦争に勝利して以降、タイ政府は謝意を示すために、雲南兵士およびその直系親族に国民としての身分を授与した。

雲南兵士たちの高齢化に伴い、彼らが形成したコミュニティの規模や複雑性は増しつつあり、中には複数の部門や専業的階層をもつ社会となった。中国大陸やミャンマーから大勢の難民が入り込むことにより、北タイでは顕著な華人のコミュニティが形成された［Young 1962; LeBar et al. 1964; Mote 1967; Hill 1983, 1998］。

二　タイのディアスポラに関する研究テーマ

人々の記憶によれば、北タイ山岳地帯の大多数の住民は、大昔から定住しているごく少数のモン・クメール語族で、ほかはこの百年の間に次々と移住してきたエスニック・グループである［Young 1962; Kunstadter 1983: 28］。彼らは焼畑農耕に従事しながら、生活必需品を中心に経済作物を生産している。現地の生活水準を改善するために、一九六五年以降、タイ政府と国際組織によって設立された「村落研究センター」が水田稲作と小麦の生産を推進し、もとからあった輪耕農業から転換した。それに加え、山地部落から低地地域に移転した［Geddes 1983; Jian 2001a and 2001b］。

雲南華人がここに移住することにより、これまで困難であった山地部落での生活は刮目に値する変化が起こった。[2] 雲南華人が持ち込んだ野菜と熱帯の果物は、当時の自給自足的農作物と経済作物の品種を拡大した。同様に、生産技術の面においても、雲南華人の影響は大きかった。ゴルデン・ヤンは次のように述べている。

> 彼らは……、ある種の山地の経済モデルを呈している。それはかつてタイの山地部落では見られなかったものである。彼らは雲南から持ち込んだ犂を使い牛に引かせ、農作業方法を改善した。そのほか、彼らをみると蕎麦を主食や家畜の餌とすることはいかに重要かが分かる。彼らの牧畜がもたらす豊かさは、まわりに生活しているラフ族やリス族にも評価されている［Young 1962: 84］。

農作物品種の拡大と家畜の飼育に加えて、雲南華人の財務管理技術［Young 1962: 32］とエスニックな販売ネットワークの構築［Auansakul 1995: 33; Hill 1998: 98］により、経済作物制度は山地でも実行可能な発展を遂げることが出来るようになった。近年、ライチ、ミカンの生産が極めて高い利潤をもたらすビジネスへと成長し、地区に繁栄をもたらした。現地の大型コミュニティでは缶詰工場が建設され、熱帯果実の加工や、輸出製品の生産により、国際市場で経済規模を拡大している。しかし雲南華人は発展に伴い、ほかのタイ華僑と同様の矛盾に直面するようになった。元々持っていた中華文化の遺産を維持し、華僑のエスニック・グループとしての身分を維持するか、あるいは新たに取得した公民身分でタイの主流社会に進出するかという選択にせまられた［Skinner 1957; Purcell 1951; Wyatt 1982; Hill 1983, 1998; Easman 1986; Keyes 1987; Wang 1996］。

華人移民はタイにおいて長い歴史を持っている。特に一九世紀半ばから二〇世紀初頭にかけて、西洋の植民地支配勢力が東南アジアにおいて経済交流を急速に進めると、拡大する貿易網に応じるため、大量の職人、労働者、卸売商、小売商が必要となった［Purcell 1951; Skinner 1957, 1996; Wyatt 1982; Easman 1986; Keyes 1987; Pongsapich 1995; Reid 1996］。広東省と福建省出身の華人移民は、急速に経済のニッチを埋め、見事に多くの業界において重要な地位を占めるようになった。しかし、東南アジアの他の植民地の華人ディアスポラに比べると、タイの華僑は一貫して同化されやすく、現地社会と調和関係を維持している。

先行研究のイースマン［Easman 1986］、カイズ［Keyes 1987］、パーセル［1951］、特にスキナー［Skinner 1957, 1996］は、華僑がいかに容易にタイ社会に入り込むことができるかを説明するために、一つの「同化モデル」を提示した。その論点は次の通りである。第一に、オランダ領東インド諸島あるいはイギリス領マラヤの華僑が習得しなければいけないのは植民地の公用語であり、現地語ではない。しかし、タイでは華人がタイ語を通用語として習得するだけで、容易に地元の住民とコミュニケーションを取ることができる。第二に、初期の華人移民はほとんどが独身男性であった。彼らはタイ人女性の商売の腕前と管理能力を気に入ったので、異民族間の通婚が非常に多かった。このような結合によって子孫が生まれたことで、彼らはタイの社会生活に参入できるようになったという。

第三に、タイ王室では時々事業に成功した華僑に栄誉や爵位を恩賞として与えており、より容易な同化ルートを創出したといえる。これもまた出世を意味していた。最後に、タイと中国は多くの類似点がある。例えば、彼らの顔つき、飲食、宗教（即ち、小乗と大乗の教義には多少差異があるが、同じ仏教信徒である）、民間伝承（例えば、『三国志』。Reynolds 1996を参照）などである。これらの類似性のおかげで、文化間の転換はさらに容易となる。このように漸進的な同化モデルは線的発展を描き出している。つまり、「華僑」から「中タイハーフ」へ、最後にスタンダードな「タイ人」へのコースをたどる。

しかし、多くの学者がこの同化モデルを疑問視している。例えば、コフリン［Coughlin 1960］は次のように述べている。タイの華人移民は、二重身分あるいは二重性を有するため、こちら側からそちら側へと簡単に転換でき、さらにまたこちら側に戻れるという。それと同様に、チャンとトン［Chan and Tong 1993, 1995］、およびヒル［Hill 1998］も、タイの華人が多重の文化層の枠組みを持つと見るべきだとし、それをもって前述の簡単に分類した単線的同化モデルに挑戦を試みている。

雲南華僑の研究は、この問題を十分明らかにしてきたのだろうか。また北タイの雲南華僑と前述したほかの早期の華人移民とは異なるのだろうか。もちろん、両者の間には顕著な差異がある。例えば、出身地（雲南華僑は中国西南地域出身、そのほかの華僑は中国東南地域あるいは南地域出身）、言語（雲南人は西南官話を使用し、広東語、潮州語や海南語は使用しない）、定住地（タイ北部より中南部）、移動方式（陸路であり、海路ではない）、移動時期（二〇世紀中期より二一世紀初頭、あるいはさらに早い時期）、最後に移動そのものの性質（初期移民は自主的であるが、雲南華人の移動は自主的ではない）において差異がみられる。また、初期の華僑の大半は主に都市部に集中しており、特にバンコクに多いのに対し、雲南華僑のほとんどはタイの北部、しかも農村地域に分布している。この点は研究者らに見落とされがちである［Heidhues

1996］。

このような差異があるにもかかわらず、両者はどちらも同じように儒教を基礎的、中心的な文化的価値かつ社会関係としている。例えば、父系血縁の継承と親族成員と範囲を推算すること、夫方居住、孝養の道、祖先崇拝［Keyes 1987; Chan and Tong 1993; Hill 1998; Bao 1995］などである。

実際に、エスニック・グループのアイデンティティが多層的、臨機応変的なものとするならば、先に引用した学者たちの意見のとおり、この多層的なものはいかに構成され、配置され、操作され、顕示されているのかを研究する必要がある。例えば、われわれは次のような疑問を持っている。雲南華僑は、積極的に自らの中華民族アイデンティティを守るのかどうか、社会経済投資においてほかの華僑エスニック・グループのネットワークを求めながら維持していくのかどうか。さらに、ビジネス、情報交換、婚姻と金融投資の場合はどうなるのか。僑民はタイ式の姓に変え、息子を地元の仏教寺院の僧侶修業に行かせるのかどうか。このような特徴的なタイ社会イメージを、彼らは受容する決断をするのかどうか。彼らは依然として中国の年中行事に従っているのかどうか、あるいは、タイの新年（ソンクラーン）のような祝日に参加するのかどうかなどである。

同様に、過渡的な僑民ははっきりした社会的仲介範疇の中に分類されにくく、単線的同化モデルによって彼らは「中・タイ混血」と称される。しかし、過度に「中・タイ」モデル化されることはないのかという疑問が出てくる。ポンサピーが述べているとおり、「第三世代、第四世代の華人はすでに『中・タイ』文化モデルを受け入れている。一部の人々は依然として祖先を祀り、墓参りをしているが、一部の人々はそのようにしていない」（Pongsapich 1995: 23、Keyes 1987 にも類似した記録がある）。華僑がいかにして東南アジア社会に溶け込んでいくのかについては、ほかのところでも詳細な議論がある［Reid 1996; Skinner 1996］。これらの研究は段階的変化の可能段階を指摘し、またエスニック・グループのアイデンティティを保持するために用いる中心的・周辺的文化マーカーについて指摘することに有効である。

タイ雲南華僑のエスニック・グループのアイデンティティの変化の意義を存分に解明するためには、彼らがタイおよびグローバル社会の秩序に参与できる程度を把握する必要がある。多くの学者は、特にディアスポラとホスト社会との間で、ディアスポラの存在が人種、宗教および民族復興の期待と緊張関係を引き起こし、政治の不安定や衝突を増大させる可能性があると指摘している［Sheffer 1986; Weiner 1993; Van Hear 1998; Ong 1999］。同時に、ディアスポラがホスト社会にある程度、潜在的に貢献しているのではないかという指摘もある。その一点目に、多元文化社会の形成である。多様性の存在はホスト社会の更新と文化再生の可能性を増大させる。二点目は、彼らの社会ネットワークと情報ルートを組み立てる能力が、既存の地域や国家の限界を超えることができることである。イースマン［Easman 1986］とオン［Ong 1999］は、東南アジアのディアスポラの成功要因は、資本と情報の強大な流動性にあると指摘している。雲南華僑はタイのような「構造がゆるやかな社会制度」という特徴がある社会に生活している［Embree 1969］。ここで、雲南華僑が国際貿易や情報の流動を進めるために、新しい社会においていかに自分のことを位置づけ、トランスナショナル的な社会構造の形成を促進していくのだろうかという疑問が出てくる。

三　研究方法

北タイ雲南華僑の間で行われた、直接のフィールドワークは限られているので、体系的に彼らの生活を記録することは重要な第一歩である(3)。参与観察を通じて、雲南華僑および彼らの生活方式を詳細に観察、記録し、前述した疑問について考察して答えを探ることができる。このような目的を達成するためには質的、量的な研究方法が必要である。本研究プロジェクトの複雑さに応じ、異なる分野、国のメンバーで研究チームが作られた。村を基礎にする民族誌については、三人の人類学者が取り組むことになった。そのメンバーとは、黄樹民（二〇〇六年まではアメリカアイオワ州立大学、現在台湾中央研究院で山地農場品種と技術移転を研究）、楊慧（当時雲南大学に所属。女性の役割変化と生活史を研究）、段穎（当時は香港中文大学院生、現在は中山大学准教授、教育とエスニック・グループの変遷を研究）である。人類学者のほかに、地理学者（Pong-In Rakariyatham、チェンマイ大学、GIS技術で地形の変動を研究）と土壌科学者（Mattiga Panomtaranichigul、チェンマイ大学、土壌侵蝕と農業の持続的発展を研究）も参加した。

異なる分野の専門家が受けた訓練とその着眼点を頼りに、通時的および共時的に資料を収集した。二人以上の研究メンバーがメーホン村で一か月にわたる現地調査を四回行った。[4] 具体的な時期は、二〇〇二年一二月～二〇〇三年一月、二〇〇三年七月～八月、二〇〇四年七月～八月、および二〇〇年七月～八月であった。一、二人の研究者メンバーが二〇〇三年一〇月、二〇〇四年一月、四月、五月、二〇〇七年八月に短期滞在をした。短期滞在では主に土壌科学者 Panomtaranichugal 教授と学生たちと共に、土壌および河水の標本を採集した。そして、人の関与による土壌の浸蝕程度と土壌および水中の化学成分の変化を測定した。

前述のとおり、今回のプロジェクトでは質的、量的な研究方法が含まれる。参与観察調査では、村落の生活を体験した。村落の活動および家族行事に参加し、筆記およびほかの視聴機器を通じてオリジナルデータを保存した。村役場の文献資料も入手した。それには村史、空中写真および公共工事の支出表が含まれている。族譜も村民の親族関係のネットワーク、価値志向と民族的アイデンティティについての情報を示しており、非常に貴重なものであった。

四　メーホン村

メーホン村はタイとミャンマー境目の険しく曲がりくねった山脈の下に位置している。一九六二年以前、国民党「第三軍」はメーホン村に駐屯したことがある。この村落はそもそも地元のタイ人とカレン族が集住する小さな貿易地点であった。周辺は原始熱帯雨林に囲まれている。村落はチェンマイの北部までおおよそ一四〇キロ、ファン・チャプラカーン（Fang-Chiaprakarn）盆地の棚田の上に位置している。水稲耕作が現地の主な農業形態である。モテイ（F. W. Mote）教授と夫人が一九六七年にメーホンを訪れた時には、この地域はすでにタイ政府によって国民党第三軍に引き渡され、永久的居住地となっていた。当時、付近にはタイ人とカレン族（タイ人がKalinと称する人々）はいなかった。Moteはこの六八〇人を有する村落について報告し、近い将来、中国とミャンマーからメーホン村へ移民が流入し続ける可能性は小さいと予測した。モテイは、メーホン村では農業生産に成功しており、村役場も良好に運営されており、華文教育カリキュラムもよく整備されていると鋭く指摘している［Mote 1967］。

二〇〇三年に私たちがフィールドワークを始めた時、村の人口は一万人をすでに超えていた。中国とミャンマーから移民が絶えず流入し、険しい山脈を越えてここに庇護を求めて来ていた。前村長（puyaiban）（タイ政府体制は村長を委任する方式であり、「村落」地域では地方自治を実施し、村長はすべての事務の管理責任を負う。Keyes 1987とMote 1967参照）は、村の住民構成について次のように推定している。二〇〇三年現在、村のおよそ三分の一の住民が一九六〇年代の移民第一世代とその子孫である。次の三分の一は中年層にあたり、主に文化大革命の際に中国を離れ、一九七〇～八〇年代にかけてここに定住した人々である。残りの三分の一は一九九〇年代にやって来た新移民である。彼らは、より良い生活を求めてミャンマーを越えて来た華僑、またミャンマーの内戦から逃げてきた山地民である。例えば、ミャンマー人、リス族、カレン族とシャン族の人たちである。

モテイの記録のとおり、この村落は非常に秩序が整っているといえる。長方形の住宅地区、平坦な道路、明るい色彩で丁寧に建てられ、きちんと補修されている家屋、清潔な環境、明るい街灯、また主要道路に沿って商品であふれている商店が建ち並んでいる。一見したところ、全てが静かで穏やかな村落である。通りでは、雲南華僑の高齢の元兵士が雑談している（ある人が筆者に打ち明けたところによると、彼はタイで四〇年以上暮らしているものの、タイ語を一言も話したことがないという。なぜなら、隣近所はみな雲南のことばができるからだという）。子どもたちが通りを行ったり来たりして、自由に遊んでいる。

村長の王氏は村が非常に豊かであると語った。七五％以上の家庭が自動車を所有し、全家庭がバイクを所有している。中学生でさえバイクや原動機付自転車に乗って学校に通う。メーホン村の生活は羨ましがれている。周辺のタイ人とカレン人はこの数年、華人に土地を売ったり、貸したりしている。彼らも、生活のため、長期あるいは短期で村内の工場や農作業の作業員として雇われている。

五　北タイ雲南華僑の変化と存続

雲南は中国西南部の辺鄙なところに位置している。ヒルが、雲南華僑が中国の多民族的な環境から、タイ北部の多民族社会に飛び込んだと指摘したのは、極めて洞察に富んでいる［Hill 1998］。しかし、「華人」という語は、雲南華僑にとって幾重もの意義を持つようである。多くの村人は、祖父や曽祖父の時代には土司（中国王朝による隣接する少数民族支配者の総称）がいたと語る。このことから、彼らは漢族系華人ではなく、雲南少数民族の一族であることが分かる。彼らの祖先が、いつ、いかにして明朝や清朝の皇帝に雲南に派遣され官職を務めたかということを根拠に、自分が正統な中華の伝統に属することを証明しようとしているかは、今日の村人の族譜からもよくうかがえる。もちろん、漢族としての正統性を強調するために族譜を捏造することは、漢化した、あるいは半分漢化した少数民族の間では常套手段である。特に中国西南地域においてはよくみられる。例えば、メーホン村の村人は、特別な家族の歴史にまつわる知識に基づき、誰が本物の漢族ではなく、ミャオ族やシャン族、ラフ族やリス族の子孫なのかをこっそり伝えている。

1　北タイのエスニック・グループのモザイク

雲南華人が国境を越えたとき、彼らがかつて中国で有していたエスニック・グループの区分はあたかも消え去ってしまい、この馴染みのない土地で新たな民族区分と分類に直面するや、彼らにとって「華人」という呼称は新たな意味を帯びる。他の華僑グループに対して相対的にみれば、潮州人や広東人のように、彼らはみな「雲南人」になる。タイ人や他の山地民族に対して相対的にみれば、彼らはみな「華人」になる。

村人の話によると、一九六〇年代に彼らがメーホン村に移り住んだ時、多数の山地民族に出会ったという。例えば、焼畑耕作をするリス族、ラフ族とアカ族、およびカレン族とタイ人といった低地で稲作をする農民たちである。

彼らがメーホンで定住し始めると、多くのリス族とアカ族といった山地の農民が自分の土地を雲南華僑に売り、その後この辺を離れた。カレン族とタイ人との関係は広範囲にわたり、安定していた。モテイ［1967］が述べているように、雲南華僑の村人は土地を所有していなかったため、近隣村落のタイ人やカレン族に稲作の手伝いとして雇ってもらったという。今でも村人も、彼らがこの地に定住したばかりの頃、タイ人とカレン族の農民に田植えの手伝いとして雇ってもらっていたことを認めている。しかし、彼らはいまや、村周辺の田畑をすべて買い取った上に、今度はタイ人とカレン人を農作業の手伝いとして雇っていると自慢している。

雲南の華僑がタイに来た後、「華人」という語は新たな意味を持つようになった。定住の初期段階においても、雲南華僑は自らの「中国性」を利用しはじめ、村外やほかの華人移民コミュニティとエスニックなネットワークを作っていった。村人はタイ最大の華人移民グループ、すなわち東へ約三〇キロのところにあるファン・チャプラカーン（Fang-Chiaprakarn）の潮州人と接触し、彼らの運送業、銀行業、小売業と農場管理などの業種を利用した。多くのメーホン村の村人が潮州人とビジネスパートナーとなり、子どもも潮州人と結婚するようになった。言語（潮州人が話す言語は雲南人には通じない）と財力（潮州人は雲南華人よりさらに良い経済的条件を有している）には確かに、差があるのにもかかわらず、雲南華人は喜んで潮州人を「華人」と称し、自分たちと同じように称してきた。

メーホンの雲南華僑にとって潮州人との連携は非常に重要である。一九七〇年代末、潮州人がライチをこの地域に導入した。エドワード・アンダーソンのゴールデントライアングルの植物についての権威ある著作では、農作物についてあまり言及していない［Anderson 1993］。村人の話によると、彼らは潮州人からライチの苗を入手したという。一九七〇年代初、潮州人は中国南部からライチの種をタイに持ちこみ、ファン・チャプラカーンの山地周辺においてライチ果樹園を作った。ミカンも同じ方法で一九九〇年代末にメーホンにもたらされた。すなわち、潮州系華人が先に中国からファン・チャプラカーンに導入し、その次に雲南華人は潮州華人を通じて種と苗を入手したということである。

潮州人の他に、村人は台湾国民政府とも緊密な関係を築いている。特に一九八一年以降、台湾政府は村のインフラ整備に資金を投入し始めた。例えば、給水システムを建設したり、村の道路を整備したり、さらに家のない高齢の元兵士のために老人ホームを建てることまでした。村の多くの若者も台湾に行って教育を受け、就職するようになった。他の者も台湾へ結婚相手を探しに行き、家庭を作るようになった。近年、台湾人で結婚相手とともにメーホンに帰って定住するようになった者もでてきた。

メーホン村はタイ、ミャンマーの国境に隣接するため、多くのミャンマー人もここへ避難にやって来る。避難民には、ミャンマーの山地民族――例えばシャン族、ワ族、ラフ族、カレン族など――だけでなく、多くのミャンマー華人も含まれている。ミャンマー華人は明朝末の皇帝の家来の子孫を自称し、一七世紀半ばに勝利した満族軍隊から逃れるため、ミャンマーに逃げたという。その後、明朝は満清軍隊に滅ぼされ、それらの家来がミャンマーに残った。ミャンマーの東北部において多くの華人村落が形成され、中国の言葉、教育、文化伝統が維持されるとともに、現地の民族モザイクの複雑性はさらに深刻化した。他のミャンマー山地村落の人々は、常にメーホンへ仕事を求めてやって来て、山の上の果樹園や村の工場で働いている。

２　メーホンディアスポラにおける中華文化の複製

一九四九頃中国を離れた雲南華人のほとんどは、強烈な反共主義者を自認している。正しいかどうかは別として、彼らにとって、共産主義とは急進的な外来の政治学説であり、階級闘争と社会分業を主張し、伝統的な中華文化を、特に国民党が推進した儒教倫理の実践を破壊するものだと認識している。儒教思想は世俗人文主義の形式の一つである。主に人と人の間の適切な行為への深い注意を払うことで、社会の調和を実現するというものであり、対等な人間関係よりも等級をわけることを強調するものである。例えば、親子の間で最も基本的な価値である「孝」と「慈」は、ほかの社会領域にまで拡張したといえる。数百年以来、前近代の華人の社会生活では、このような家族モデルによって規範化された行為は非常に重要な地位を占めていた［Huang 2003］。

一九世紀半ば、中国哲学研究の権威であるド・バリーは次のように指摘している。前近代の中国国家が認めたオフィシャルなイデオロギーとしての儒教思想は、国家行政機構と伝統的な正規の教育体制と家族組織を基本の三本柱としている［De Bary 1988］。二〇世紀に入ると、中華帝国の官僚体制が弱体化し、専門的技術を持つ専門家による近代的な統治に直面すると、現代的な西洋科学を基礎とする教育を伝統的教育の代わりにしようとした。このことは、儒教イデオロギーの重要性を貶めるものであった。儒教倫理は次第に周縁化され、家族組織にのみ残るまでに落ちぶれた［de Bary 1988］。家族主義および関連する規範の重要性――例えば、男性を中心とする親族関係の原則、家族を、経済的資源として計算し分配する基本的単位とすること、周辺化された女性のジェンダー階層、具現化された男性道徳と女性による祭祀儀礼活動など、漢族系華人の間で新たな倫理的意義を獲得したことは、二〇世紀後半の民族誌にも記載されている［Chuang 1985; Harrell 1985; Li 1985; Nee 1984］。

しかし、儒教思想は、マルクス主義を主流とする大陸と日々グローバル化している台湾において衰退しつつある。これは二〇世紀後期以降、華人知識層の間で価値志向が絶えず変化していることを示している。にもかかわらず、メーホンの伝統的社会に根付いた儒教倫理は依然優勢である。例えば、親孝行や家庭の凝集力、男性による継承を至上のものとすること、上司に忠実であること、中華民族に忠誠を尽くすなどの華人の伝統的価値観は、さまざまな集団や個人の実践、すなわち家庭教育、正規教育、日常的儀礼を通じ、村人の日常生活の隅々にまで浸透している。紙面の都合上、本論では家族の複製がいかにメーホン村民の民族的アイデンティティに影響を及ぼしているのか、また教育システムにおける華人の変化と持続についてのみ検討する。

人類学者による華人社会研究は、人々が日常生活において家族至上のイデオロギーを持っていると報告している［Cohen 1976］。女性たちは、家族の円満と存続を維持するという名目で、自らのジェンダー階層構造における従属的地位を受け入れるとともに、このようなジェンダーの複製に重要な役割を発揮してきた。メーホンの村人がいかにして家族主義と華僑のエスニック・グループのアイデンティティを生産し複製しているのかを十分に把握するために、本稿では大家族の形成と族譜の編さんという二つのテーマについて検討する。

3　家父長制家族の複製

雲南華僑が伝統的な漢族の血縁関係の辿り方を守り、主に父系と夫方居住をとっていることは広く見られる。メーホン村の日常生活では、世代伝承と親族の成員と範囲を推しはかる父系原則は依然として絶対的に優勢である。子どもは父方から姓と財産を継承し、父方親族は母方親族よりも重要である。夫方居住の原則に従い、女性は結婚すると夫の元に住むようになり、夫の父系親族集団に入る。

メーホンでは、村人は儒教的教えを行動のうちに具体化するために、大家庭こそ最も理想的な生活様式であると見なしている。彼らにとって理想的な大家庭とは、創始者夫婦とすべての男子および直系親族（そのほか、妻と子ども）が同じ家屋に居住することである。親が健在ならば、子どもたちが支出を共同で分担し、家族の儀礼に参加する。またほかの分割できないことを共同で行う。換言すれば、理想的な家族とは、父系血縁関係によって形成され、二世代以上の親族と一組以上の夫婦が共同生活することを指す［Chuang 1985; Huang 1993］。父系家族単位では、娘が全員他家に嫁ぐのに対して、息子は他家から嫁をもらう。

しかし、このような理想的な大家族は往々にして理想に過ぎず、実際には一般家族の生活の現実はそうではない、と中国民族誌研究は指摘している［Cohen 1976; Huang 1991; A. Wolf 1985］。他の華人地域同様、世代継承の通常の過程を通しては、理想的な大家族は往々にして作られにくい。それは両親が大家族を作ることに関心がなく、努力が不足しているからではない。家長が経済的に負担できさえすれば、彼らはなるべく自分の息子と孫、およびそれから生まれくるすべての男の子孫を同居させようとする。ところが、兄弟姉妹の競争、嫁と姑および嫁同士の衝突などの現実的な要因や経済の多様化のため、大家族は最終的にはいくつかの核家族、あるいは主幹家族といくつかの核家族に分解される。主幹家族とは、親と一人の息子が長期的に一緒に住むか、予定されたスケジュールに従って、親が息子の家々に順番に住むことを指す［Chuang 1985; Huang 1991; A. Wolf 1985］。食事と宿泊場所、他の支出を提供しなかった息子は、予め決められた協議により、契約書を通じて親の生活費用を分担する。

メーホンでは、親が経済上に理想的な大家族を維持できるならば、彼らはできるだけ大家族の形式を推進していこうとしているが、しかし、さまざまな要素が大家族の形成を妨げる。例えば、財産不足で大きな家屋を買うことができない、あるいは建てることができないと、拡大しつつある家族の需要に適応できず、一部の分支がほかの地方へ住む場所を求めざるを得なくなる。もちろん、分散して居住すると、団結および理想的な大家族の運営はしにくくなる。

メーホンでは、ある現象がよく見られる。家族の中から息子の一部が、進学や将来の就職を考慮して、バンコクや台湾へと移住してしまう。彼らは、最終的には移住先に定住し、家屋やマンションを購入し、結婚して自分の家庭の支出を管理するようになる可能性がある。面白いことに、雲南華人たちは、そのような分散家庭も依然として分割できないものだと考えており、家長がそれらの分支を訪問し一時的に住むことがある。ほとんどの子どもたちは、就職した後も定期的に家族に送金する。特に親が予定外の出費がある時、例えば医療費用、幼い子どもの学費、家屋の補修などには送金する。しかし、現実的に不可能である。タイや台湾の大都市において、それらの分支家族は本来の家族に所属しない。実際のところ家族の分裂は、子どもが成人すると、自然に各地で起こる。かつて台湾の工業化の時代にも類似した発展が見られた。こうした家族は、文献では「合同家庭（Joint Family）」［Chuang 1985］あるいは「分散した大家庭」と称されている［Cohen 1976］。

メーホンで、特に比較的裕福な家庭で見られるやり方は、親が高齢の時に息子の一人、通常は長男が家に残り面倒を見る。もしこの息子が未婚の場合、親がそれを口実に嫁を探してきて結婚式を挙げさせる。村の親は、息子の結婚の段取りについて依然相当な権力を持っている。筆者の推計では、メーホン村の半分以上の若者がこのような方式で結婚したと思われる。

しかし、メーホンの結婚のマッチメーキングは、単に一人の男子と一人の女子が結ばれるといったような単純なことではない。メーホン及び付近では、複雑な民族モザイクがみられるため、雲南華僑は必然的にエスニック・グループの分類秩序を作り出し、結婚相手を選択する際の区別評価基準としている。村人が配偶者を選ぶときの基準ほど、いかに自分たちのため、また子孫のためにエスニック・グループの区別を考慮しているかを体現するものはない。村の男たちは、無意識的に誰それは比較的良い伴侶がいるなどとしょっちゅう話している。理想的な状況とは、結婚相手も雲南華人で、同じ方言を話すことができ、似たような慣習を持つことである。第三軍の大部分の高級長官や軍隊相手に商売する裕福な商人たちは、みな教育を受けた雲南華人を妻にしてきた。次点の選択肢はミャンマー華人である。彼らは、同じ「方言」を話すことができず、慣習も異なるけれども、少なくとも同じ「華人」である。

もし以上のような条件が全く揃わない場合、男たちは近隣地域の他民族の若い女性と結婚することを考える。その場合、タイ人女性は「山地村落」に比べて優位である。タイ人は往々にして比較的良い教育を受けており、華人男性が現地社会に溶け込む手助けをしてくれるので、カレン族やシャン族より配偶者候補として望まれる。最も望ましくない選択は、未開化とされる山地民族と結婚することである。やむを得ない場合、村の男はアカ族の娘との結婚を選択する。

現地人との結婚に対して消極的な態度をとることについて、筆者がメーサロンでパーティーに参加した際に聞いた話から解釈することができる。ある二人の中年男性が運命の無常を嘆いた。彼らは文化大革命の期間（一九六六〜七六年）に中国を離れ、タイ北部の華文学校で教師を勤めている。その日のパーティーに二人が別れる時に、一人が相手を「元気を出せ、少なくとも我々はアカ族の娘となら結婚できるではないか」と慰めた。

メーホンにいる高齢の親が、息子に村に戻り面倒を見てもらいたい場合、親は重病になったと言い訳をして、既婚した息子一家を村に帰って来させる。筆者は、メーホンでは、親にこのような手を使われ騙されたとこぼした中年男性にたくさん出会った。男性たちは、ビジネスを諦め、タイであれ、台湾であれ都会に住む恋人すら諦めて家に帰ってきた。しかし、彼らが裏でこぼした文句はさておき、このような儒教倫理の孝道規範を守った孝行の息子たちは、みなから高く評価されている。

孝行の息子一家が村に戻るや、典型的な主幹家庭が形成される。主幹家庭では、家に残る息子は将来家族の家屋や田畑、親の財産を相続する。親が亡くなると、都市で生活しているほかの息子たちは村に戻って正式に「分家」をする。一般的に村には収入が良い仕事がないため、戻って来た息子たちは財産を平等に分けるように要求することはない。長男（あるいは末子）がすべての財産を継承し、一族の祖廟や財産および親の墓の管理者となる。

重大な年中行事や休日——例えば旧正月（一月下旬や二月上旬）、中秋節（九月中旬）や、中国の民間宗教儀礼——例えば四月四日の清明墓参り、旧暦七月半の中元節（一般的に八月中旬〜下旬）の時は、都市に住んでいる一族の分支はメーホンに戻り、村で数日間過ごす。こうしたタイプの家族の集合は、親の命日になされ、息子たち全員が村に戻って弔う。このような儀礼活動を通じ、家族成員は親族関係を維持していく。都市での生活は、ふつう高層ビルに住み、空間が狭いので、家族分支の成員は両親の家に帰り、優雅な田園生活を過ごすことを楽しみにする。同様に象徴的なのが、彼らがメーホンの両親の家こそ直系の相続者と各分支の家族が所属する共同の場所だと思っていることである。ここでは、時間と空間が瓦解し、家族の「場所」となっている。これはまさにケイシーが指摘したように、「空間と時間がここに集まってくるが、しかし、宇宙の基数に分割されてないのは問題の事実である……一般的な基礎の上に、場所が提供している空間と時間が協調している上に、同じように明確である」[Casey 1996: 36]。この場所は、彼らが成長した村であり、両親の家で子どもの時、見出した避難港であり、両親の最後の安息の地であることを含め、村人の生活経験をカバーし、人生の意義を構築してくれる。

父系家族と親族制度において、メーホン女性の地位は明らかに体系的に周縁化されており、彼女たちは表と裏でさまざまな差別を受けてきた。筆者はこのテーマについてすでに別稿［Huang 2014］で論じているため、本論では詳しく述べない。簡単に言えば、このような伝統的な漢族の家族制度と不平等なジェンダー階層の維持において、皮肉なことに女性が積極的かつ重要な役割を演じている。例えば、（夫に対して）辱められる妻、（息子に対し）威圧的な母、そしていうまでもなく（嫁に対し）畏怖すべき姑などの役割である。メーホン女性は、かつて中国の出生地を離れざるを得なかった。この世代の女性は、（不幸なことに）自分の母の「子宮家族」（uterine family）に頼り、社会的、精神的支援を獲得する機会に恵まれていなかった。この「子宮家族」の概念はM・ウルフ［Wolf 1972］が台湾農村女性研究で発見したことである。彼女たちが国境を越える際、知恵が優れていたとはいえ、張雯勤が述べているような特徴はそれほどみられない。「特別な事件に直面した際、雲南女性は刺激を受けると、移住の認知を身体実践に変えた。数回の国境を越えた移住は彼女たちを自立させた」［Chang 2005: 64］。筆者は、メーホンで家父長制や現地の性差別に公然に抵抗したり、女性の地位を貶めるような家父長的イデオロギーに挑戦したりする女性をまだ見たことがない。それどころか、地位が低い妻や嫁が覇権的な母や姑になった時、彼女たちが積極的に家父長制社会に参与し、その推進者に変わり、結婚の手配という口実で息子たちを実家に帰らせている。香港の人類学者の譚少薇も香港でも類似の事例があると言及している［Tam 2006］。被害者から加害者への役割転換は、主に認知の変化とつじつま合わせによって引き起こされたもののようである。この過程は今後詳しく研究する必要がある。

4　族譜の編纂

国内外の漢族社会では、彼らはある場所に定住するやいなや、一つの父系親族集団――家族や宗族と称するもの――を作ろうとする。そして、族譜を編纂することはよく見られる方法である。族譜は、男性の直系の継承を正式な文書に記録するものであり、中国古代の神秘的な開国元老や現存する親族集団の創始者を始まりとし、後世のすべての男性成員を含める。記録に残される唯一の女性は、創始者の妻である。なぜなら彼女は男性の継承者を生んだ人物だからである。族譜は最も重要な家宝の一つである。一般に父親から長男に伝えられ、家族の「香火」(跡継ぎ)が続いていくことを確保する。一般的に父が長男に伝えるわけである。族譜は、ある歴史的背景の下、文書記録中の象徴的化身を通じて、各成員をある特定の時間において結びつける。

しかし、すべての華人家族や家庭が自分たちの族譜を持っているわけではない。族譜の編さんは次のいくつかの前提条件を満たさなければならない。まず、家長(通常は家の父親)が生家で族譜を手に入れなければならず、その族譜を基本とし、後日追加できるようにする。大半のメーホン村民は一九五〇年代以前、共産党軍によってやむを得ず中国を離れたため、雲南の生家との連絡が限られており、族譜を入手することが容易ではなかった。一九九〇年代、改革開放政策の下、中国は全面的に資本主義現代に入り、雲南と北タイの交流も増え、ようやくより多くの家族が族譜を複製し、メーホンに持ち帰り、新たな族譜を編纂することが可能となった。

次に、族譜の編纂には特殊な書き方の技術が必要である。換言すれば、彼らは族譜の編纂に協力してくれそうで、しかも中国語に堪能な編纂者に、前払いで依頼して、族譜を完成させなければならない。新版の族譜の印刷にはさらに別の費用がかかる。そのため、収入の多い、比較的社会地位の高い家族しか、こうした費用を払うことができない。大多数の貧しい兵士たちは、基本的な生活を維持するのが精一杯なので、族譜を編纂するなどということは、彼らの経済力ではとても叶えられない。

そのほか、メーホン村の族譜は三つの象徴的で重要な意義を持つ。一つ目の意義とは、社会において家族の現地社会での地位を樹立することである。族譜は、家族が村に永住するつもりであることを示すものであり、これによって父系一族の子孫と創始者との関係を確立する。二つ目の意義とは、家族の財力を示すことである。つまり宗族は支出負担の能力があることを示すことができる。そして、正式な文書形式で製本し保存することで、子孫によってきるようにする。族譜は、ここで父系を体現し、基本的に時間と空間を瓦解させ、統一された文書記述になる［Casey 1996; Giddens 1991; Hall 1996］。最後の意義とは、族譜の編さんは、男性は女性より地位が高いことを表している。正式な親族関係のつながりでは、男子のみを通じて世代の上下関係を表す。後述する理想的な儒教家族の慣例通り、女性は族譜においては、夫の碑文の中で彼女が存在した時空間について若干、言及される程度である。夫がいなければ、女性は社会的にも精神的にも、一時的な存在にすぎない。厳密に言うと、もし夫がいなければ、女性はいずれ民間儀礼において、人々を脅かすような、可哀想な無縁仏となってしまう［Li 1985; Weller 1985］。

筆者はメーホンにおいて三つの名門の族譜を複写して分析した。その三部の族譜はいずれも同じ伝統的書式の慣例に基づいたものであることがわかった。彼らが確認した遠祖の起源は普通、曖昧な歴史の遡及である（多くの場合は虚構である）。メーホンに定住する前の、比較的に近い祖先とその居住地については、詳細に記述されている。そのほか、家族が特に強調する、勤勉、教育、親孝行、国家への忠誠などの主な道徳規範も記載されている。ある家譜には、上の世代の女性成員も含まれていた。族譜の編者説明によると、村人がディアスポラになった特殊な状況により、タイで生き残るため、子孫の近親を族譜に納めることは非常に重要であるという。このような背景の下、タイの現代生活に適応するために、華人の父系原則も多少変化したのである。

5　タイ社会への融合と超越

雲南華人は、本来不法移民であり、タイの国境地帯で定住することを余儀なくされた。不法住民として、彼らはよく「借土養命（土地を借り、生き延びる）」というこの言葉を用いて北タイで定住しはじめた時の困難な生活を表現する。一九八〇年代、タイ王室は反乱する共産党を駆逐する戦争で、彼らが払った犠牲に謝意を示すため、ようやく一部の村人に公民身分を授与した。現在、村人の話によると、プミポン国王（King Bhumibol Adulyadej）がゴールデントライアングルの雲南人に国民身分を授与した際、本来は全面的に国民党軍人およびそれらの家族、またほかのメーホンの雲南華人に大赦をおこなうつもりであった。しかし、第三軍の指揮官である李将軍はこの提議を断ったという。もし全ての村民がタイの国民になったら、彼らがより良い生活を求めるために、チェンマイあるいはバンコクへ移住してしまい、メーホンは廃れていく可能性があると、彼は心配した。そのため、軍人と彼らの直系親族のみがタイ国籍を取得したが、他の人々は別の居留証が与えられ、国民にはなれなかった。

中国とミャンマーから不法移民がどんどんメーホンに入り込み、村人の居留身分が極めて複雑になった。タイの居民身分は少なくとも八種類ある。(1)正真正銘のタイ国民――タイ生まれで両親ともあるいは一方がタイ国民である。彼らは選挙において選挙権と被選挙権を持つ。(2)帰化国民――一九八〇年代にタイの国民身分が授与された国民党の軍人のような人々であり、選挙には投票できるが、民選議員になれない。(3)合法的に居留する外国人。彼らは、軍人が国民身分を取得したときに、合法居住証を取得したメーホン雲南華僑である。彼らは選挙で投票できないが、タイ各地へ自由に旅行できる。最終的にはタイの国民身分を申請できる。(4)山地村落住民。彼らは法律上、少数民族の身分を持つタイ国民の一員である。しかし、彼らは村落保留地以外へ自由に旅行できない。(5)戦争難民――例えば、シャン族やカレン族のように戦争から避難するため、ミャンマーからタイへ逃げてきて定住した人々である。彼らは合法的に村に居住することができ、さらにチャイプラカーンアンプル区域内で活動することができる。(6)認証された山地村落住民――ミャンマーから来たリス族やカレン族である。彼らは、タイでまだ自らの法律地位を確立していないが、タイ国境附近の村落と密接な関係を持っているため、彼らは準タイ村落成員として認められている。彼らは山地地域にしか停留できず、村に住むことはできない。(7)労働証明の持参者――雇用された、一時的にタイに居住する者である。そして(8)海外華人――中国あるいは台湾の合法的な法律証書を有し、かつタイに合法的に居住する者である。

不法移民は、普通一時的に村に滞在する。彼らの中の一部の人は、山地農場で働いて、生活のため農場の寮に住む。月給は約一〇〇〇～一五〇〇バーツ（あるいは二五～四二・五ドル）である。そのほか、村の工場の労働者やメイドとなる者もいる。彼らの月給は約二〇〇〇バーツである。不法滞在者という身分のため、彼らは給与平均よりも低い給料しかもらえない。中国から来た、良い教育を受けた不法移民は、地元の華文学校で教員の職を得て、さらに良い給料がもらえる可能性がある。小学教員は月給三〇〇〇～五〇〇〇バーツ、中学教員の給料は通常毎月六〇〇〇バーツに達し、高校教員は七〇〇〇バーツになる。彼らがここで暮らしている間に、言語、習俗、就職機会、給料水準など、タイ社会の基礎知識を勉強する。

不法移民は貯金がたまると、合法的身分を取得できる方法を探しはじめる。いくつか合法的身分を取得する方法がある。一つは政府の役人、特に地区の移民官を買収する。彼は証書を偽造し、ミャンマー国境側のある山地の出身だと証明し、村落成員として合法的地位を与えてくれる。もう一つの方法は、合法的地位を有した死者の名前や身分を騙ることである。それには遺族の許可をもらうほかに、現地役人に偽造の事実を見逃してもらう必要があり、コストは高くつく。三つ目の方法は、合法的身分を有する人と結婚することである。これも高いコストと一定の社会関係が必要となる。最後の方法は、タイ政府の大赦を利用することである。村長は、村に住んでいる人のために申請することができる。村長の王氏によると、最近の大赦は一九九九年であり、彼の協力で合法的身分を取得した村民は一〇〇〇人を超えたという。

合法的証明書を取得すると、移民たちはチェンマイやバンコクへ引っ越す。そちらでは容易にメーホンより良い給料の仕事が見つかる。メーホン村民のような一時居住形式はもう常態となり、例外ではない。村人は自らを一時滞在者とみなし、村、地域、地方ないしタイの永住者として考えていない。

個人としての身分、エスニック・グループ、国家への帰属（即ち公民権を有する形式）の脆弱さ、矛盾については、村人とそれらの子孫の間ではっきりと認められる。メーホンで生まれ育った青少年のほとんどが、タイ王室を中心とした、タイの理想的文化イメージを強調した、全面的な（一二年生までの）国民教育を受けている［Keyes 1987; Van Esterik 2000］。彼らはタイで水を得た魚の如く生活し、基本的社会規範と宗教の習俗についてかなり熟知しており、両親がタイ人に抱いている偏見と誤解についてもよく知っている。

正式なタイ教育を受ける他に、村の大半の青少年が親によって現地の華文学校に送りこまれている。そこは移民第一世代が「華人文化」を維持するため、相当な資金とエネルギーを費やして建てたものである。華文学校のスケジュールはタイの公立学校と異なっている。午後三時に公立学校の授業が終わると、子どもたちはバイクやバスに乗って家に帰り、簡単な夕飯を食べる。午後六時、彼らは華文学校で二時間の授業を受け、中国語、英語、パソコン、数学などの科目を勉強する。土曜日一日と日曜日の午前中、子どもたちは華文学校の授業を続ける。すなわち、これらの子どもたちが学校にいる時間は、ほかのタイ人児童より、毎週二二時間多い。また、タイの公的教育は無償であるが、華文学校では運営を維持するため、高額な学費が必要となる。

村の子どもたちは、毎日余分な負担が強いられることに不満を抱いている。タイの同級生たちののんびりした生活を羨ましく思っている。一方、華文教育の優勢のおかげで、彼らは台湾の大学入試をスムーズにパスできる。たとえ台湾で大学教育を受けなくても、中国語を学習することで同年代のタイ人に勝ち、就職と昇進には有利である。二か国語（中国語とタイ語）、さらに三か国語（中国語、タイ語と英語）ができるため、村の多くの若者は国際貿易が盛んなバンコクで就職できる。もしくは、タイ南部の観光業において管理職を務めることができる。

村の若者はタイ主流社会に溶け込むことを望んでいるが、親から教えられた中国文化の特質を持っているともいえる。例えば、勤勉さ、教育の重視、競争精神があることなどである。換言すれば、雲南華僑はほかのタイ華人移民グループと同様に、中華民族アイデンティティを特定の文化マーカーへの転換に成功したことによって、タイ社会の競争において優勢を勝ち取り、専門職と中産階級といった各社会階層を占領することができた。例えば、卸売業者、教育関係者、財務経理、製造業者、不動産開発業者、国際貿易代理などの業種である。逆から見ると、華人ディアスポラが既存の機会に恵まれ、タイ社会の中産階級の職業に見事に入り込むことができた。そして彼らもタイ社会で中産階級の地位を得るために、自分たちの民族的アイデンティティについて妥協したり放棄したりしたのであろう。

一方、中華文化あるいは民族的アイデンティティを放棄しない人たちは、元々の血縁と地縁のつながりを利用し、タイを越えてグローバルな舞台に躍り出ようとしている。彼らは個人的なネットワークを広げ、相当程度この微妙で融通がきく「華人」というエスニック・グループマーカーを頼りに、地域、国家ないし大陸の境界を越えている。台湾において同情と注目を集めながら、国民政府に遺棄された兵士の不幸な境遇を訴えることで、多くのメーホンの若者が、台湾政府が提供している大学入学資格（常に学費補助がある）を見事に取得してきた。学業を終えると、多くの若者は台湾で就職する。大体、現在一〇〇〇人以上のメーホン村出身者が台湾に定住している。台湾在住の村人の多くが台湾の現地人と結婚し、合法的在留身分を取得している。多くの村民は台湾でＩＤを持ちながら、タイ国籍を保持し続ける。それは、出入国の利便性（台湾公民がタイで使える観光ビザの期限は半年である）と、潜在的な社会福祉と医療福祉（多くの高齢者が台湾政府の退職軍人年金と総合医療保険を受給している）を受けるためである。

国境を越えるエスニック・グループのネットワークは、村人に外部との経済協力のための基礎を提供している。例えば、貿易と投資である。生姜の漬け物にするように、現地の特産を加工し、台湾の貿易会社を通じて日本へ輸出している。同様に、缶詰めのライチ、リュウガン、たけのこ、ベビーコーンは、香港とシンガポールの代理商を通じて、欧米および東南アジアへ販売されている。中国の人々の生活水準が向上するにつれて、料理に使うリュウガンの需要はかなり高くなっており、二〇〇〇年以降、メーホンと付近の村を訪れる中国人バイヤーと貿易商は増加する一方である。多くの代理商と貿易業者がはじめてこの地域に入る時、現地の華人による仲介は欠かせないものになっている。現地人は、すべてが順調に進むよう手配し、現地の特産マーケットにおける価格や相場の最新情報を提供する。

最後に、華人のトランスナショナルなネットワークも、同じようなエスニック・グループの背景を持つ結婚相手を探すのに役立つ。王氏は村最後の村長であり、一九九〇年代末、娘をアメリカに留学させ、経営学を学ばせた。娘はアメリカで父とビジネス提携をしているアメリカ人男性と交際した。その男性は、華人第二世代である。王氏は喜んで婚約を許可した。というのも彼は娘を華人に嫁がせたかったからである。このアメリカ華人は雲南華人ではないが、彼の祖父母は広東出身であった。二〇〇五年夏、もう一人の村人が筆者に、自分の娘が台湾出身の若者と結婚することになったと教えてくれた。若者の両親はタイに投資しており、製造施設を検査するためによくここへ来ている。双方の両親とも、バンコクの仏教慈善団体――慈済功徳会――に熱心であった。彼らは、ある社交パーティーで出会い、二〇歳過ぎの子どもに結婚相手がいないことを嘆きあった。そこで、双方の両親はその二人を引き合わせることにした。両親は、台湾の若者がメーホンに来るように求め、デートをアレンジした。初顔合わせは極めて順調に進み、半年後に二人は結婚した。トランスナショナルな華人のエスニックネットワークは有効かつ信頼できるトランスナショナルな結びつきを提供している。その理由は、双方とも類似した文化的慣習と価値観を持ち、雲南華人は簡単に融合できるからである。さらにこれは民族や国家の境界を超えたビジネス活動を展開させていく際に役立つ。グローバル競争の成功には、毎回の越境移住と、貿易、そして連結は欠かせないものである。雲南華人は自分の文化という道具箱を持っている。それは目標を実現するための既存の工具である。

結論

北タイにやってきた雲南華人の民族主義的軍隊にとってみれば、彼らは多民族的環境の出身である。彼らにとって、国民国家は非常に疎遠な概念であり、華人文化圏の中の広い政治範疇にすぎない。国民国家という見方は彼らが大切にしている儒教の大同思想とちょうど一致している。現代の国民という概念は、国民国家という領土によって確定されている政治実体に基づくものにしろ、血縁の継承によって獲得された生物学的遺伝子によるものにしろ、儒教の道徳思想を文化的に構築されたものとして、「中国性」という伝統的観念とみなして挑戦している。しかし、雲南華人がタイのような近代の国民国家に直面した時、彼らは自文化の遺産をにわかに保護し維持しようという意識を育んだ。さらに「華人」という社会的カテゴリーを具体化することで、ソーシャルネットワーク資本を打ち立てようとしている。このような状況において、華人は象徴資本となり、彼らの社会資源と文化的慣習を利用することで、タイ社会で有利な地位を獲得している。高齢の退役軍人らは中国共産主義政体を固く拒み、タイの腐敗官僚を蔑視することで、自己実現と民族的アイデンティティの脱地域的概念を求めざるを得なくなった。もしかすると、私たちがメーホンで出会った前の世代の雲南華人は、新興のグローバル社会を闊歩する越境者の原始的形態になるかもしれない。

雲南移民第一世代の子孫は、タイの国民国家統合を促進した公的教育システムを受けいれており、タイ人主導の世界に向きあっている。彼らは、両親がタイ人やほかの民族に持っている偏見と誤解についてよく理解しているが、彼らが背負っている儒教的価値至上主義は両親よりもずっと弱い。若い世代にとって、主流のタイ社会に溶け込むことは全く実行可能であり、有利な選択である。

一方、多くの若い世代の村人は、両親や華文教育システムから獲得した文化的特質によって、彼らが多くの選択肢を得て、タイのライバルたちをはるかに超えていることを明確に認識している。彼らは台湾で大学教育を受け、就職し、教育を通して社会的地位を向上させることができた。仕事を求めるためにバンコクやタイ南部にきた人々について言えば、台湾企業であれ、国際観光業であれ、多元的文化能力によって、彼らは管理職まで昇進することができた。そのため、彼らは中華民族を象徴資本と見做し、両親とは大きく異なった見方をしている。彼らは、親の世代とは違って、タイで消極的に具体的身分を構築し、中華民族の社会的マーカーを維持しようとしているのではない。若い世代は積極的な参与者であり、貿易、移民、あるいは婚姻といった特定の目標達成のための、国際ネットワークに入るための許可証として、中華民族という文化的マーカーを喜んで養成し運用している。国籍に対する柔軟的、現実的な観点を有する彼らこそポストモダン社会における真の越境者であると言えよう。

注

（1）本プロジェクトの主な経費はウェナーグレン基金会の人類学研究によるものである。我々は温かいご支援を下さったウェナーグレン基金会の当時の会長 Richard Fox 博士と、ウェナーグレン基金会国際課程メンバーのおよび Pan Smith 女史などの方々に深く感謝の意を表します。

（2）北タイの雲南華人はタイ人に「Haw」「Ho」、あるいは「Chin Ho」と呼ばれている［Young 1962; Le Bar et al. 1964; Mote 1967; Hill 1983; Chang 1999, 2001］。ところが、これらの用語はもともと雲南回族馬帮の商人を指すものであり、本論が述べる雲南人に対しては適切な民族呼称ではない。

（3）モティ［Mote 1967］とヒル［Hill 1983］の古典的著作の他には、台湾人人類学者の張雯勤［Chang W. 1999, 2001］が雲南移民の政治権力の変遷を研究した成果も、稀に見る核心的な調査研究の一つである。

（4）メーホンという村名は仮名である。

参考文献

Anderson, E. F.

1993 *Plants and People of the Golden Triangle: Ethnobotany of the Hill Tribes of Northern Thailand,* Portland, OR: Dioscorides Press.

Auansakul, P.

1995 Chinese Traders and Thai Groups in the Rice Business, in K. B. Chan and C. K. Tong (eds.) *The Ethnic Chinese of Thailand, A special issue of Southeast Asian Journal of Social Science,* 23: 29–42.

Bao, J.

1995 Sino-Thai Ethnic Identity: Married Daughters of China, and Daughters-in-law of Thailand, in K. B. Chan and C. K. Tong (eds.) *The Ethnic Chinese of Thailand, A special issue of Southeast, Asian Journal of Social Science,* 23: 57–77.

Casey, Edward E. S.

1996 How to Get from Space to Place in a Fairly Short Stretch of Time: Phenomenological Prolegomena. In *Senses of Place,* (eds.) S. Feld and K. H. Basso. Santa Fe, New Mexico: School of American Research Press.

Chan, K. B. and Tong, C. K.

1993 Rethinking Assimilation and Ethnicity: The Chinese in Thailand, *International Migration Review,* 27: 140–68.

1995 Modelling Culture Contact and Chinese Ethnicity in Thailand, in K. B. Chan and C. K. Tong (eds.) *The Ethnic Chinese of Thailand, A special issue of Southeast Asian Journal of Social Science,* 23: 1–12.

Chang, W.

1999 *Beyond the Military:* The Complex Migration and Resettlement of the KMT Yunnanese Chinese in Northern Thailand, Ph.D. dissertation, K.U Leuven.

2001 From War Refugees to Immigrants: The Case of the KMT Yunnese Chinese in Northern Thailand. *International Migration Review,* 35: 123–45.

2005 Invisible Warriors: The Migrant Yunnanese Women in Northern Thailand. *KOLOR: Journal on Moving Communities* 5: 49-70.

Chuang, Ying-chang

1985 Family Structure and Reproductive Patterns in a Taiwanese Fishing Village. In *The Chinese Family and Its Ritual Behavior,* (eds.) Hsieh and Chuang Taipei: Institute of Ethnology, Academia Sinica Publications.

Cohen, Myron

1976　*House United, House Divided: The Chinese Family in Taiwan.* New York: Columbia University Press.

Coughlin, R. J.

1960　*Double Identity: The Chinese in Modern Thailand,* Hong Kong: Hong Kong University Press.

De Bary, William

1988　*East Asian Civilizations: A Dialogue in Five Stages.* Cambridge: Harvard University Press.

Easman, M. J.

1986　Chinese Diaspora in Southeast Asia, in G. Sheffer (ed.) *Modern Diaspora In International Politics,* London & Sydney: Croom Helm.

Embree, J. F.

1969　Thailand—A Loosely Structured Social System, in H.-D. Evers (ed.) *Loosely Structured Social Systems: Thailand in Comparative Perspective,* New Haven, CT: Yale University Southeast Asia Studies, Cultural Report Series No. 17.

Geddes, W. R.

1983　Research and the Tribal Research Centre, in J. McKinnon and W. Bhruksasri (eds.) *Highlanders of Thailand,* Oxford: Oxford University Press.

Giddens, Anthony

1991　*Modernity and Self-Identity: Self and Society in the Late Modern Age.* Oxford, U.K.: Polity Press.

Hall, Stuart

1996　Introduction: Who Needs 'Identity'? In *Questions of Cultural Identity,* eds. S. Hall and P.D. Gay. London, Thousand Oaks, and New Delhi: SAGE Publications.

Harrell, Stevan

1985　Why Do the Chinese Work So Hard? Reflections on an Entrepreneurial Ethic. *Modern China* 11: 203-226.

Heidhues, M. S.

1996　Chinese Settlements in Rural Southeast Asia: Unwritten Histories, in A. Reid (ed.) *Sojourners and Settlers: Histories of Southeast Asian and the Chinese,* St. Leonards, Australia: Allen & Unwin.

Hill, A. M.

1983　The Yunnanese: Overland Chinese in Northern Thailand, in J. McKinnon and W. Bhruksasri (eds.) *Highlanders of Thailand,* Oxford: Oxford University Press, 123–33.

1998 *Merchants and Migrants: Ethnicity and Trade among Yunnanese Chinese in Southeast Asia,* New Haven, CT: Yale University Southeast Asia Studies, Monograph 47.

Huang, Shu-min

1991 Re-examining the Ideal, Extended Family in Chinese Peasant Society: Evidence from a Fujian Village. *The Australian Journal of Chinese Affairs* 27: 25-38.

2003 Economic Culture and Moral Assumptions in a Chinese Village in Fujian. *Asian Anthropology* 1: 59-86.

2014 Engendering Social Suffering: A Chinese Diasporic Community in Northern Thailand, *Anthropology & Medicine,* Vol. 21: 43-57.

Jian, L.

2001a Cogon-thatched Cottages and Iron Sheet-roofed Houses: Development in a Yao Mountain Village in Northern Thailand, *Culture and Agriculture,* 23: 24–40.

2001b Development and Tribal Agricultural Economy in a Yao Mountain Village in Northern Thailand, *Human Organization,* 60: 80–94.

Keyes, C.

1987 *Thailand: Buddhist Kingdom as Modern Nation-State,* Boulder and London: Westview Press.

Kunstadter, P.

1983 Highland Populations in Northern Thailand, in J. McKinnon and W. Bhruksasri (eds) *Highlanders of Thailand,* Oxford: Oxford University Press.

LeBar, F. M., Hickey, G. C. and Musgrave, J.

1964 *Ethnic Groups of Mainland Southeast Asia.* New Haven, CT: Human Relations Area Files Press.

Li, Yi-yuan

1985 On Conflicting Interpretations of Chinese Family Rituals. In *The Chinese Family and Its Ritual Behavior,* (eds.) Hsieh and Chuang. Taipei: Institute of Ethnology, Academia Sinica Publications.

Mote, F. W.

1967 The Rural ‘Haw’ (Yunnanese Chinese) of Northern Thailand, in P. Kunstadter (ed.) *Southeast Asian Tribes, Minorities, and Nations,* Princeton, NJ: Princeton University Press.

Ong, A.

1999 *Flexible Citizens: The Cultural Logics of Transnationality,* Durham and London: Duke University Press.

Nee, Victor

1983 Chinese Peasant Familism. In *Chinese Rural Development: The Great Transformation,* (ed.) William Parish. Armonk, N.Y.: M.E. Sharpe.

Pongsapich, A.

1995 Chinese Settlers and Their Role in Modern Thailand, in K. B. Chan and C. K. Tong (eds.) *The Ethnic Chinese of Thailand, A special issue of Southeast Asian Journal of Social Science,* 23: 13–28.

Purcell, V.

1951 *The Chinese in Southeast Asia,* London, Kuala Lumpur and Hong Kong: Oxford University Press.

Reid, A.

1996 Flows and Seepages in the Long-term Chinese Interaction in Southeast Asia, in A. Reid (ed.) *Sojourners and Settlers: Histories of Southeast Asian and the Chinese,* St. Leonards, Australia: Allen & Unwin.

Reynolds, C. J.

1996 Tycoons and Warlords: Modern Thai Social Formations and Chinese Historical Romance, in A. Reid (ed.) *Sojourners and Settlers: Histories of Southeast Asian and the Chinese,* St. Leonards, Australia: Allen & Unwin.

Sheffer, G. (ed.)

1986 *Modern Diaspora in International Politics,* London and Sydney: Croom Helm.

Skinner, G. W.

1957 *Chinese Society in Thailand: An Analytical History,* Ithaca, NY: Cornell University Press.

1996 Creolized Chinese Societies in Southeast Asia, in A. Reid (ed.) *Sojourners and Settlers: Histories of Southeast Asian and the Chinese,* St. Leonards, Australia: Allen & Unwin.

Tam, Siumi Maria

2006 Engendering Minnan Mobility: Women Sojourner in a Patriarchal World, in *Southern Fujian: Reproduction of Traditions in Post-Mao China,* (ed.) Tan Chee-Beng. Hong Kong: The Chinese University Press.

Van Esterik P.

2000 *Materializing Thailand,* Oxford and New York: Berg Publications.

Van Hear N.

1998 *New Diasporas: The Mass Exodus, Dispersal and Regrouping of Migrant Communities,* Seattle: University of Washington Press.

Wang, G.

1996 Sojourning: The Chinese Experience in Southeast Asia, in A. Reid (ed.) *Sojourners and Settlers: Histories of Southeast Asian and the Chinese,* St. Leonards, Australia: Allen & Unwin.

Weiner, M.

1993 *International Migration and Security,* Boulder, San Francisco, and Oxford: Westview Press.

Weller, Robert

1985 *Unities and Diversities in Chinese Religion.* London: Macmillan.

Wolf, Arthur P.

1985 Chinese Family Size: A Myth Revitalized. In *The Chinese Family and Its Ritual Behavior,* eds. Hsieh and Chuang. Taipei: Institute of Ethnology, Academia Sinica Publications.

Wolf, Margery

1972 *Women and the Family in Rural Taiwan.* Stanford: Stanford University Press.

Wyatt, D. K.

1982 *Thailand: A Short History,* New Haven and London: Yale University Press.

Young, G.

1962 *The Hill Tribes of Northern Thailand (A Socio-Ethnological Report),* New York: AMS Press.

第八章　中国少数民族教育とカナダ先住民教育の比較

彭雪芳（宮脇千絵訳）

はじめに

中国とカナダはともに多民族国家であり、社会制度、歴史、文化的背景、民族の構成やその主要民族との関係などに違いはあるものの、少数民族／先住民教育における特殊性に関しては、相似点がある。両国の民族教育政策およびその発展の動向について比較、分析することで、相互に参考となる点、啓発となる点を明らかにする。

カナダの先住民は先進国のなかでも、最も不利な立場におかれている集団である。彼らは貧困、低い教育レベル、劣悪な健康状態、高い犯罪率という社会問題を抱えている。教育こそ先住民が苦境から抜け出す最良の道である。近年、先住民の教育レベルは上昇しているものの、さまざまな要因によって依然として問題が多い。カナダのインディアン寄宿学校の興亡は、植民地同化教育の失敗の経験と教訓を提示している。カナダの先住民同化は極端な事例であって、中国少数民族はこのような厳しい同化を受けていないものの、社会の変遷に伴い、結果的に多くの貴重な少数民族伝統文化が消滅の危機に瀕している。

本論は中国とカナダでおこなった現地調査と文献研究に基づき、両国の民族教育の政策の変遷と発展状況を描写し分析するものである。とりわけ多元的文化を背景とした民族文化知識の伝承のための最適な方法を重点的に検討し、少数民族／先住民の若い年世代が通文化的な学校教育モデルを通じて現代社会の要求に適応していることを詳述し、同時に民族の価値観、アイデンティティ、言語や伝統文化がいかに保留され伝承されてきたかを実証する。

一　カナダ先住民と非先住民の教育格差

カナダの先住民には、インディアン、イヌイット、メティが挙げられる。カナダの先住民の人口は約一四〇万人で、カナダ総人口の四・三％を占める［Robert Wesley Heber and Peng Xuefang 2014］。カナダ先住民は人口増加の速度が最も速い人びとである。先住民は非先住民と比べてその平均年齢が若年化している。先住民のうち年齢が一五歳以下の者は人口の三分の一であり、非先住民人口の同項目の割合は一九％である。

正規の学校教育に関して、カナダの先住民と非先住民のあいだには格差がある。一九九六年には、少なくとも人口の五四％、総人口に対して三一％の先住民が高校を卒業していなかった。二〇〇一年にはこのような状況は変化し、高校を卒業していない先住民は人口の四八％、総人口に対して三一％であった。一九九六年、一五歳および一五歳以上の総人口のうち大学・中等実業学校を卒業した人は二五％に達し、先住民の同項目の比率は二一％である。二〇〇一年、二五％の先住民が大学・中等実業学校教育を終えた。同項目の総人口に対する割合は二八％である。先住民教育において最も成果をあげたのが都市、続いて町であり、最も効果があがらなかったのが地方で、とりわけ保留地である。二〇〇一年の人口統計によると、保留地の少なくとも五九％の先住民が高校を卒業しておらず、都市の高校を卒業していない先住民の割合は四〇％である。

比較すると、先住民の女性は男性よりも教育状況が良い。先住民の女性の高校卒業や高等教育修了の割合は絶えず上昇している。特に非保留地では、先住民女性の教育レベルが男性より高いという現象は際立っている。四二％のメティ女性がすでに一二年の基礎教育および大学・中等実業学校教育を終えているのに対し、三四％の男性はいまだ同じ水準に達していない。

先住民の女性が男性よりも教育状況がよい原因には以下が挙げられる。

⑴先住民の男性は女性よりも暴酒、暴力、ドラッグといった犯罪に関わることが多い。例えば、サスカチュワン州の先住民人口は、州全人口の三％であるにも関わらず、服役中の約七〇％が先住民で、かつ男性のほうが多い。先住民の男性は女性よりも社会的差別に遭うことが多く、これが自信欠如に繋がり、自暴自棄となる。女性が教育方面で男性よりもよい成績を修めることも、男性の現代社会への適応を阻む要因となっている。

⑵女性は母親になることで、子供の先行きや未来への関心が高まり、その強い責任感が自己の文化水準を高めようという意識へと繋がっている。

男性に比べて教育水準が高いにも関わらず、先住民の女性は男性よりも就業率が低い。先住民女性の就業に影響を与えている要因のひとつは、家庭での役割である。先住民の女性は非先住民の女性よりも出産率が高い。妊娠や育児を理由に、女子高校生が退学することはよくある。家庭の世話や子供の養育が、先住民女性の高等教育の修了を妨げる主な原因となっている。

しかし家庭の世話のために学業を中断していた先住民女性は、その後、先住民の男性や非先住民の女性よりも学校復帰する可能性が高い。例えば、ある辺境の保留地で、筆者はひとりの中卒の二〇歳のクリーの女性に会った。彼女はすでに一児の母で、当時第二子を妊娠中であった。彼女は、子育てが終わったら大学へ進学するつもりだと語った。さらに別の例では、ブリティッシュコロンビア大学で仕事と勉強をしている七三歳の先住民の女性が挙げられる。当時彼女もこの学校の教育系の在学生であった。彼女は家庭と子供の世話で、大学に行く機会がなかったのだという。現在ようやく大学に行きたいという思いを成就させた。この二名のインフォーマントの身体からは、まるで先住民女性の自らを高めようとするたゆまない努力の精神と強力な責任感が溢れ出ているかのようである。

二一世紀以降、先住民の教育レベルは常に上昇している。しかし、さまざまな原因によって、その進展には依然として困難が多い。カナダの先住民と非先住民のあいだには大きな教育格差がある。なかでも高等学校に在籍する先住民学生の比率は低く、順調に大学を卒業できるのはわずか半数に留まる。原因は進学前の準備不足、基礎学力の低さ、そこから生じる言語障害、文化衝突および社会的差別などの問題である。また先住民の大学生のうち中学を卒業後に直接大学に進学する者は少ない。そのため年齢が高く、子供がいる学生もおり、家庭の責任を負わなければならないことも挙げられる。

カナダの先住民は先進的な国家のなかでも最も不利な立場に置かれている集団である。このような状況をつくりだした原因は、植民者が実施した種族差別による同化政策の歴史にある。

二　カナダの先住民教育発展の歴史的過程

1　伝統的教育モデル

ヨーロッパの植民者と接触する以前、先住民には正規の学校教育は存在しなかった。先住民の伝統的な社会では、文化知識や価値観は、青少年に対する非正規の教育方法によって伝えられてきた。非正規の教育とは、伝統儀式への参与、故事を聞く、遊ぶ、歌う、踊るなど多様である。伝統儀式にはスエットロッジ・セレモニー、パウワウ、パイプ・セレモニーなどがある。先住民の伝統的な教育においては、家庭と地域社会の生活のすべてが重要な役割を果たし、長老と地域社会の成員がそこに参与する。長老は民族文化知識に熟達し、伝達する者である。先住民にとって、長老とはいわば彼らの図書館でありアーカイブであり、地域社会はまるでそれを伝達する知識の大教室のようである。先住民の伝統文化と価値観は、年代ごとの教育に根付いている。先住民教育の基本理念は、「尊重、分かち合い、思いやり、助け合い」である。人びとは生産し生活するなかで、品格を備え、壮健な心身を鍛え、狩猟や漁猟および農耕技術を学び、祖先の精神世界と交流する方法を理解する。教育を受ける者の身体的、感情的、心理的、精神的な側面すべてを成長させることを重視しているのが先住民の教育モデルである。

2 植民同化教育——寄宿学校の創設

カナダの先住民の学校教育は同化教育を目的とした寄宿学校に始まる。一九世紀後半、カナダにおけるヨーロッパの工業経済の地位上昇と、先住民の伝統的な狩猟経済の衰退に伴い、先住民の伝統知識と技能が無用なものとして差別されるようになり、最終的にはカナダの社会発展の障害だとみなされるようになった。ヨーロッパ植民者は先住民の発展への意欲願望が次第に強くなるよう啓蒙を試みた。彼らは、成人よりも児童のほうが教化を容易にできるとみなし、そのためには子供たちを家庭と地域社会から切り離し、生まれ育った生活環境から数年、数十年遠ざける必要があると考えた。インディアン文化を児童の段階で根絶させるためには、寄宿学校の創設が最適な方法だったのである。

一八七六年、カナダ政府はインディアンに対し同化政策をおこなう「インディアン法」を採択し、その伝統文化、社会組織、政治構造を一掃し、彼らを主流社会へ融合させることを試みた。一八八四年、政府は「インディアン法」を改訂し、一六歳以下のインディアンは一八歳までに必ず寄宿学校へ入学し義務教育を受けるよう規定した。「インディアン法」に基づき、先住民は子供を寄宿学校へやらざるを得ず、違法した者は、刑務所に収容される恐れがあった。一九二〇年、政府はさらに「インディアン法」に改訂を加え、七歳から一五歳のすべてのインディアン児童を寄宿学校に入学させるよう規定した。一九三〇年代に寄宿学校の規模はクライマックスに達した。

寄宿学校に共通する特徴は、軍事的統制の実行、質の低い授業、先住民の言語と文化の排除、学生への配慮の欠如、栄養失調者の増加、労働負担の過多である。寄宿学校の学生はいわば籠のなかの鳥であり、封鎖的な環境のなかで生活と労働を余儀なくされた。彼らは名前ではなく、略号で呼ばれた。すべての学生の衣服、タオルや食器には区別するための番号が刻まれた。インディアンの児童は幼いころから尊厳を失い、ひどい心身の虐待にあった。

第二次世界大戦後、戦争で勇敢な働きをしたと描写されたことで先住民の公的なイメージが上昇した。すると彼らの厳しい苦境が世間の関心を引いた。国内外の形勢が変化するに従い、カナダ政府は長期にわたって実行してきた同化政策を改めた。一九六〇年代から、先住民政治組織が次々と成立し、寄宿学校は相次いで閉鎖した。しかしながら、歴史的に寄宿学校の設立は先住民に対して重大な損害を与え、その劣悪な影響は今日まで依然として存在している。先住民が抱え続けている暴力、自殺、ドラッグ、暴酒や精神疾患などの社会問題はすべて寄宿学校の悲惨さに端を発する。植民化教育が先住民の伝統文化へ与えた打撃は計り知れない。

政府に公開謝罪を求めるために、先住民は長期的に渡ってたゆまない闘争を続け、ついにその日を迎えた。二〇〇八年六月一一日、カナダ首相のハーパーを代表とする政府はインディアン寄宿学校の学生に対して正式に陳謝を表明した。ハーパーは、インディアン寄宿学校の児童が受けたすべての難境はカナダ歴史上最も悲惨な一ページであると述べた。カナダ政府は真摯な態度で陳謝し、先住民の寛恕を請うた。

一八七〇年代から一九七〇年代まで百年間、連邦政府と教会は全国各地に一三〇ヵ所の寄宿学校を設立し、約一五万ものインディアン児童が寄宿学校で同化教育を受けたことになる。

3　自治の発足——インディアンによる教育の管理

一九四〇年代以降、連邦政府は学校合併政策を推進してきた。連邦政府が経費を提供し、インディアンの児童を州立小中学校へ入学させた。一九六〇年には、約一万人のインディアンの児童が州立学校へ入学した。州立学校には力量のある教師がいるものの、カリキュラムはインディアンの学生に適しておらず、それが先住民学生の学習への積極性を失わせ、成績不良に繋がった。一九六七年には全国六万人の先住民の学生のうち、大学に入学したインディアンは二〇〇名のみであった。学校合併政策の失敗はインディアンと政治家に更なる対策を迫った。

一九六〇年代末、人類学者ホーソーン〔訳者注：Harry Bertram Hawthorn〕は長年の調査研究を経て、『カナダにおける現代インディアン調査報告〔訳者注：*A Survey of the Contemporary Indians of Canada: Economic, Political, Educational Needs and Policies*〕』を発表した。報告では、同化政策がインディアンの社会組織、経済発展、文化教育に与えた大きな負の影響と、彼らの経済社会と現代教育発展の停滞を引き起こしたことを指摘し、インディアンに更なる自治権を与えるよう提案している。この時代を画するといわれる「ホーソーン報告」は同化政策の失敗後、インディアン教育状況に対する社会の関心を引き起こした。

一九七〇年代以降、多元文化主義を背景とし、連邦政府は長期にわたる民族同化政策を改め、インディアンの代表と対話と協議を開始し、彼らの意見を取り入れはじめた。一九七二年一二月、ナショナル・インディアン・ブラザーフッドは連邦政府に対し正式に「インディアンがインディアンの教育を管理する」という懇請を提出した。インディアンが学校の行政管理と経費執行権の責任を持つこと、学校にインディアン教師の比率を増やすこと、シラバスにインディアンの言語、歴史、文化などの内容を盛り込むこと、学校教育を通じてインディアン児童に民族の誇りと自信をもたせることが要求された。この懇請は連邦政府の認可を受けた。この政策が執行されて以降、インディアンの教育事業には多くの積極的な変化がみられ、インディアン学校の開設数と入学人数も絶えず増加している。一九八三年の時点ですでに保留地には二〇〇以上の学校ができ、そのうち八〇ヵ所以上の学校が民族言語のクラスを開設し、三八%の在校生がなんらかのかたちで民族言語の訓練を受けていた。二〇〇一～〇二年、六一%のインディアン学生が保留地で学校教育を受けた。

一九七〇年代に成立した最初の民族大学は、カナダ初のインディアンが創設し運営する大学で、その前身はサスカチュワン・インディアン連盟学院であった。この大学の使命はファースト・ネーションの生活の質をあげ、その歴史、言語、芸術的遺産を保護、継承していくことである。この大学は先住民教育の進展に多大な貢献をした。一九七〇年代、カナダにはインディアンの学生はわずか三五〇〇人しかいなかったが、八〇年代中期には一・二万人へと増加している。一九八六～八七年、大学生の割合はインディアン総人口の四・四%を占めた。

カナダの学校教育は各州がそれぞれ運営と責任を負う政策を採用しているため、連邦政府の主な役割は財政的な支援であり、統一した政策や規定はなかった。一九七〇～八〇年、各州の教育部門はインディアン教育の政策法規を頒布したが、具体的な実行へは移されなかった。一九八〇年代中期、連邦政府は先住民教育の改革措置を推し進めたが、地方政府によってそれを重視したところと、そうでないところがあり、各地域で執行された政策の成果には隔たりが大きい。保留地の学校の教育の質と効果は、主流の学校とは比較できない［王　二〇〇九］。保留地の学校のなかには耐えがたいほど老朽化していたり、教育経費が不足したり、教職員の給与が全国平均の水準より低いところもある。

カナダの先住民教育は強制的な同化から多元文化主義政策へと移り変わり、その政治的、社会的地位も根本的に変化した。しかしながら、現実には未解決の難問が少なからず残っている。多くの先住民が都市へと移住するに伴い、先住民教育はまた新たな問題と課題に直面している。

4　都市の先住民学校の設立

保留地に居住している先住民は高い失業率、低い収入、密集した居住地、限られた教育機会といった問題に直面しており、それらが暴酒、暴力などの社会問題を引き起こしている。彼らは都市に移住し、仕事を探したり良い教育を受けたりすることで、貧困から脱している。

二〇世紀後期以降、カナダの先住民の都市人口は常に増加している。保留地を離れ都市に移住している人が多いためである。カナダの多くの都市の学校カリキュラムや教材には先住民の歴史や文化に配慮したものはほとんどなく、教師も非先住民であるため、先住民の伝統文化への理解に欠如している。先住民の家長には彼らの子どもたちの学校教育に対する発言権がない。生活が主流社会に排斥されている現実において、先住民の学生は民族の誇りをほとんど持てずにいる。一部の有識者は現存の教育体系が先住民の学生に適合していないことを認識しており、学校に先住民が誇りを持てるような雰囲気をつくり、先住民の学習方法と価値観を統合させた科目をつくり、先住民の伝統文化の知識を尊重するような先住民のための学校を設立することを提言している。これによって、都市に先住民学生を主体とした学校が現れた。以下は筆者が二〇〇七年にウィニペグ、エドモントン、サスカトゥーンという先住民が比較的集住している三つの都市にある四ヵ所の先住民学校でおこなった調査の状況である［彭　二〇〇九ａ］。

第一の学校は、マニトバ州ウィニペグの「地球の子学校」という一九九一年に開校した高校である。学校開設の目的は先住民の学生に大学入学の準備をさせることと、未来のエリートを育成することである。二〇〇六年には一三名の女子生徒、八名の男子生徒の合計二一名の卒業生を出した。その年、一六名の卒業生が大学へ進学した。この学校では公立学校と同じ科目や教材を採用している、しかしカリキュラムでは、伝統教育の視点と知識をつけるよう、先住民の価値観や方法論と公立学校の科目とを組み合わせている。例えば、数学では伝統的な論理に基づいて幾何学を教えたり、生物では伝統文化と関連付けた生命循環や月経周期の観念を教えたりしている。このような観念が融合した伝統教育は自然崇拝、新しい生命をはぐくむ女性の超越した能力への理解につながる。成績の悪い生徒がカリキュラムを消化できないことを防ぐために、学校では半分以上の学習を完成させることを目標としている。

学校では二人の長老を招聘し伝統文化の指導をおこなっている。七〇％の教職員が先住民である。ほとんどの学生が彼らの母語を話せないので、学校ではクリー語〔Cree Language〕やオジブウェー語などインディアン言語の科目を開設している。すべての学生は先住民の言語を学ばなければならない。

学生の一部には未婚の母もいる。学校には保育所が設置されており、母である学生にとって便利である。また学校は女子生徒に対して、先住民の女性が歴史上においても現代社会においても担ってきた役割を理解するための特別科目を開設している。相対的にみれば、この学校の学生の中途退学率は高くないが、出席率も低い。

第二の学校は、アルバータ州エドモントンの「アミスワサイ〔訳者注：Amiskwaciy〕」中学付属公立学校で、二〇〇二年六月に開校した。当時六〇名の学生が七〜九年生として在籍していた。二〇〇七年に筆者が調査に訪れた時には、七〜一二年生もおり、二四〇名の学生がいた。ほとんどの学生は先住民だがこの学校の門は先住民だけに開かれているわけではない。学生の男女比はほぼ半分である。男子学生は中途退学することが多いため、一〇年生以上は女子学生のほうが多い。一時的に都市に居住する家庭の学生が多いため、転校率は毎年四〇〜五〇％である。貧困と家庭崩壊が学生の中途退学の原因となっている。学生の定着率と修了率がこの学校の直面している問題である。

学校には三八名の教職員がおり、そのうち五〇％にあたる一四名の教師が先住民である。開設している科目には公立学校の教材を採用しており、それ以外に七〜一二年生にはクリー語の科目がある。学校では二人の長老を招聘している。毎日午前中に、長老によってスマッジングが、月に一度スエットロッジ・セレモニーがおこなわれる。年に一度先住民の手工芸作品即売会が開かれる。一〇～一二年生では先住民の知識に関する科目が開設される。大部分の内容は教材と組み合わされている。この学校も地域社会の成員と家長に学校教育に参与するよう求めている。

第三の学校はサスカチュワン州サスカトゥーンの「プリンス・アレキサンドラ」小学校である。一九六一年以降、この学校はプリンスとアレキサンドラという二つの学校を統合してできた。この学校の教師の五〇％は先住民で、先住民学生の割合も九五％である。男子学生と女子学生の割合は半々である。二〇〇七年上半期の在学生数は二一〇名で、大部分の学生が市街地から通学していた。一部の学生の家は保留地にあったが、彼らは一時的に都市に居住していた。住居問題は先住民家庭が頻繁に移動する原因のひとつである。頻繁な移動は学生の転校率の上昇につながり、転校率は毎年七五％に達する。家族のドラッグ、暴酒によって苦しい生活に陥っていた学生も少なくない。中途退学率が高いのは六～八年生の学生で、悪い影響を受けた学生のなかには、退学後にストリートの犯罪組織に入る者もいた。学校では公立学校の教材を採用している。伝統文化の内容は教材のなかに組み込まれている。学校の規定ではすべての学生はクリー語を学ばなければならない。一人の長老が伝統文化の顧問を担当し、学生に伝統儀式を教えている。

第四の学校は、サスカチュワン州サスカトゥーンの「オウスアク（Oskayak）」という高校である。この学校は一九八〇年に開校した。最初の学校名は「サスカトゥーン先住民生存学校（Saskatoon Native Survival School）」という。この学校が開校した最初の目的は都市で喧嘩や暴酒、ドラッグに関わっている先住民の児童を学校で学ばせることであった。現在、すでに開校の趣旨は変化しており、学生の主体はまともな職に就かない「悪い子供」ではなくなっている。学校はその他の民族の学生にも門戸を開いているが、実際には九九％の学生が先住民である。二〇〇七年の秋学期の時点で、在学生は二五〇人、そのうち女子学生の割合は六〇％であった。毎年、家庭の頻繁な移動によって、中途退学率が高く、卒業率は低い。卒業生は二〇〇五年には一四名、二〇〇六年には四名、二〇〇七年には九名であった。

この学校の主要な科目は市内の普通学校と同じだが、先住民知識に関する内容の科目を増やしている。例えば、生皮から皮革をつくったり、革に油を塗る工芸を教えたり、踊り、歌、太鼓といった先住民の文化芸術を学習している。定期的に伝統的なパーティ、歌舞の発表会や宗教儀式も開催している。クリー語は二人の教師が教えている。また男子学生が好むホッケーも教えている。

これらの四ヵ所の先住民学校の調査を通して以下のいくつかの共通点が明らかになった。

(1)これら四ヵ所の学校はすべて先住民の学生をサポートするために開校したものである。学校の教職員の多くは先住民である。そのため、彼らは学生が先住民の歴史、伝統文化をよりよく理解するためにサポートし、彼らの民族アイデンティティを満たすことができる。学生は普通の学校より先住民の伝統文化知識を学ぶ機会が多い。学校では先住民の伝統教育の方法論や価値観を西洋の学校の標準的な教材と組み合わせて教えている。

(2)大多数の学生が自分の民族言語を話すことができない。言語は民族アイデンティティの最も明確な指標である。先住民の言語を学ぶことは民族アイデンティティを獲得する過程のひとつである。クリー語は先住民のなかで最も広範に使用されており、四ヵ所のすべての学校がクリー語の授業を開いている。クリー人以外の他の先住民も、クリー語は一種のインディアン語であり、クリー語を学ぶことは、インディアンのアイデンティティを構築する要素となると認識している。

(3)長老が民族文化と学校のあいだを架橋しており、彼らが青少年に民族の伝統文化や価値観を教える役割を担っている。長老と地域社会の成員が先住民の教育において重要な役割を果たしている。

(4)家庭の貧困、暴酒、ドラッグといった異常な生活環境にある学生が少なくない。彼らは家で家族の世話をせざるを得えないため、出席率が低く、さぼることも多い。学生と彼らの家族が都市に一時的にしかいないという現象もよくみられ、そのため転校率も高い。貧困と崩壊した家庭が学生の中途退学の主な原因となっている。学生の定着率と修了率はこれらの学校が共通して抱えている問題である。

(5)学年があがるにつれ、学生の性別比のバランスが悪くなり、女子学生が男子学生より多くなる。女子学生は男子学生よりも教育に興味をもち、熱心に勉強する。これも彼女たちの家庭への責任感からきており、自分の子どもに安定した職業と着実な未来をもたらしたいとの思いからである。

都市の先住民学校の開校は、先住民の教育に対する特別な欲求に合致したものである。これらの学校が成功したのは、伝統文化知識を学ぶ雰囲気を作り出し、伝統教育の方法論と世界観を利用して西洋の学校教育を学び、西洋の教材の内容と先住民の伝統的学習方式とを融合させたことによる。これらの学校は規模こそ大きくないが、文化への自覚をはぐくむ方法を通じて、不利な立場を乗り越え、民族の誇りとアイデンティティを強化させるという、新しい試みを生んでいる。以上の事例から次のことが言える。先住民の現代教育と伝統教育は相互に排除しあう関係ではなく、融合可能であり、相互補完することができる。先住民教育は不変的で固定的なモデルを保っているのではなく、伝統的な要素を保ちつつ、時代の要求に合った形式を選択しながら自己の民族アイデンティティを表現している。

三　中国少数民族教育の発展と歴史過程の概略

人類社会の悠久の歴史のなかで、中国少数民族は豊かで多彩な文化遺産を創造し、それが中華文明の宝庫となっている。中国には五十五の少数民族がおり、それぞれの民族が独自の特色ある歴史文化や宗教信仰を有し、青少年に対しても技能訓練と民族文化の精髄を伝承する教育を重視している。少数民族の伝統文化教育は一種の典型的な社会化教育であり、その上たいてい古訓、神事、禁忌や習俗などの形式をもって、寺院、経堂、教会堂、祖廟がすべて祭壇と演壇を兼ねる機能を持っている〔田敏　二〇〇二〕。多種多様な伝統教育方式には明らかに民族性や地方性がみられる。例えば、チベット族の寺院は宗教活動の場所であるが、人材養成の機関でもある。イ族の畢摩（ビモ、巫師）伝承制度は、イ族文化の伝承とその民族の知識分子の養成を保持している。無文字のミャオ族は後世への民族伝統文化教育を特に重視している。ミャオ族の服飾はミャオ族文化の媒体であり、また独特の審美的価値と深奥的な文化の蓄積を有しており、「身体に歴史書をまとっている」と称される。かつて、ミャオ族は女性の熟練したクロス・ステッチ、刺繍、ろうけつ染め、切り紙、編み物など伝統的な制作技術を彼女らの「家訓」と見なし、少女は小さいころから母親や家族の女性に倣ってこれらの技術を学んでいた。ミャオ族の女性は結婚するとき、衣服の数と質にこだわる。衣服が多くてかつ美しければ、人びとから賞賛を受ける。ミャオ族のきらびやかで美しい衣服には女性の知恵、技巧や能力がつまっており、人びとが女性の才徳をはかる指標にもなる。

中国少数民族地域での現代的学校教育が発展したのは中華人民共和国成立以降である。一九四九年、中国人民政治協商会議が、国家の最高権力機関としての職権を代行し、臨時憲法となる「中国人民政治協商会議共同綱領」を採択した。その「共同綱領」の中で、中華人民共和国における各民族は一律平等であり、相互団結の実行、民族平等が中国の民族問題を解決し、少数民族教育を発展させる基本的原則だと綱領に明確に規定された。

また、一九五〇年に中国政府は少数民族教育を発展させる法案を制定した。規定では民族学院の創設、少数民族小中学校の設立、民族語を用いた授業、民族文字を翻訳した教材を採用し、少数民族学生に対する適切な配慮などの措置をとり、少数民族教育を発展させることになった。一九四九年から一九六五年までの一六年間が、中国民族教育の発展の黄金期であったが、「文革」の一〇年間は民族教育が停滞どころか後退した一〇年であった。「極左」の政策は民族教育に重大な衝撃を与え、多くの民族学校がなくなり、民族団結が損なわれた。

改革開放以降、中国民族教育事業はいまだかつてないほど成果を挙げた。学校教育の規模は拡大し、少数民族地区には幼児教育から初等教育、中等教育、高等教育までの教育体系が遍く確立されただけでなく、民族地区の新入生募集や就職先の分配、入学や学習方面でも優遇政策が取られた。とりわけ二一世紀以降、中国は民族教育を発展させる政策措置を促進させており、少数民族地区の学校教育は新しい段階へ踏み出している。

二〇一四年、中央民族工作会議で、中国国家指導者が次のことを提示した。民族地区、辺境地区の教育に投資すること、民族地区での義務教育学校の標準化と寄宿学校の建設を急ぐこと、無料の中等職業教育を実行すること、民族地区で高等教育をおこなうこと、バイリンガル教育をおこなうことなどである。

四　中国少数民族の教育現状——西部地区を例に

二〇一〇年の第六回全国人口センサスによると、漢族は一二億二五九三万二六四一人で、人口の九一・五一％を占め、その他少数民族は一億一三七九万二二一一人で、人口の八・四九％を占めている。中国では各民族の地理的環境、歴史背景、経済発展、宗教信仰などが異なるといった多くの複雑な原因によって、民族ごとに現代学校教育に民族格差、地域格差、都市と農村の格差、性別格差が存在している。

一九九〇年の第四回全国人口センサスの結果によると、人口の多いイ族、プイ族、ミャオ族の文盲率(1)が四〇％前後に達し、学校教育が最も進んでいる朝鮮族では八・二％である。二〇〇〇年の人口センサスによると、人口が一〇〇万人以上の一一の民族のうち、六歳以上の未就学者の割合は次の通りである。チベット族四五・四八％、イ族二一・二四％、プイ族二〇・三四％、ミャオ族一七・一三％、回族一五・六四％、ウイグル族八・八三％、漢族七・二六％、モンゴル族七・二三％、チワン族五・九八％、満洲族四・六一％、朝鮮族二・七六％。朝鮮族、満洲族、モンゴル族の教育レベルの平均は漢族よりも高い。

中国の教育発展の現状と経済発展の現状はよく似ている、まとめると、中東部地区の教育は西部地区よりも発展している。西部地区には少数民族が多く居住しており、西部の教育はある程度、少数民族の教育であると言うことができる。西部では教育を受けている人びとの地域格差と性別格差が存在している。

1　教育水準の地域格差

二〇一〇年の人口統計の数字は以下のことを示している。

(1)西部地区で高等教育を受けている人の比重は高いほうから低いほうへ次のように並べられる。新疆が一〇・六四％、陝西が一〇・五六％、内モンゴルが一〇・二一％、寧夏が九・一五％。この四つの地区の比重はすべて全国の八・九三％という平均を上回っている。重慶は八・六四％、青海は八・六二％、甘粛は七・五二％、四川は六・六八％、広西は五・六％、雲南は五・七八％、チベットは五・五一％、貴州は五・二九％。

(2)高校レベルの人口比重の配列は次の通り。陝西が一五・七七％、内モンゴルが一五・一三％、重慶が一三・二一％、甘粛が一二・六九％、寧夏が一二・四五％。新疆が一一・五八％、四川が一一・二五％、広西が一一・〇三％、青海が一〇・四三％、雲南が八・三八％、貴州が七・二八％、チベットが四・三六％。陝西と内モンゴルのみが全国平均の一四・〇三％を上回っている。

(3)中学レベルの人口比重の配列は次の通り。陝西が四〇・一四％、内モンゴルが三九・二一％、広西が三八・七六％、新疆が三六・一〇％、四川が三四・八九％、寧夏が三三・六五％、重慶が三一・九八％、甘粛が三一・二一％、貴州が二九・七九％、雲南が二七・四八％、青海が二五・三七％、チベットが一一・八五％。この項目でも陝西と内モンゴルが全国平均の三八・七九％を上回っている。

(4)小学校レベルの人口比重の配列は次の通り。雲南が四三・三九％、貴州が三九・三七％、チベットが三六・五九％、青海が三五・二七％、四川が三四・六三％、重慶が三三・七九％、甘粛が三一・五〇％、広西が三一・六八％、新疆が三〇・〇八％、寧夏が二九・八三％、内モンゴルが二五・四二％、陝西が二三・四二％。この項目では内モンゴルと陝西が全国平均の二六・八三％を下回っている。

(5)文盲の人口比重の配列は次のとおりである。青海が一〇・二三％、貴州が八・七四％、甘粛が八・六九％、寧夏が六・二三％、雲南が六・〇三％、四川が五・四四％、重慶が四・三〇％、内モンゴルが四・〇七％、陝西が三・七四％、広西が二・七一％、新疆が二・三六％、チベットはこの項目の統計がない。ここでは新疆、広西、陝西、内モンゴルの四つの地区が全国平均の四・〇八％を下回っており、その他の七つの省区は全国平均より高い。とりわけ青海、貴州、甘粛は全国平均の二倍の高さである。文盲が人口数に対して比較的多い省は、四川、貴州、雲南、甘粛である。

以上の数字は次のことを示している。内モンゴルでは教育を受けている人口が全国平均より多く、新疆の教育発展も大きく進歩している。青海、貴州、雲南、チベットでは教育を受けている人口が全国平均より少ない。

2　西部地区における教育を受けている人の性別格差

教育を受ける機会の男女格差は、地域、民族、経済社会発展環境の違いによって生じる男女の立場の差異を反映している。教育の平等は社会における性別平等の基礎である。

女性の文盲は貧困を生み出す要因のひとつとなっており、また貧困地区の社会経済発展の障害となっている。二〇〇〇年の人口センサスによると、中国の一五歳以上の文盲は八六九九万二〇六九人で、そのうち女性は六三二〇万四四五七人で、七二・六六％になる。西部地区の女性文盲は二六九一万二九五三人で、全国の女性文盲総数の四二・五八％を占める。

二〇一〇年の人口センサスによると、中国の一五歳以上の文盲は五四六五万七〇〇〇人で、二〇〇〇年よりも三二〇〇万人あまり減少している。西部地区の文盲は一八七八万四〇〇〇人で、全国の文盲総数の三四・三七％を占める。

(1)女子児童教育の発展のための措置

数々の複雑な原因により、中国では数多くの児童が未就学であったり、中途退学をしたりしているが、そのうち七〇％は西部の児童である。また西部の未就学、中途退学の児童のうち、三分の二が女子児童である。一九九三年、中国には二一六万人の未就学児童と四三八・一五万人の中途退学の児童がおり、そのうち女子児童の占める割合は六六・四％であった。青海、甘粛、寧夏、貴州で未就学の女子児童は四分の一を占めている。一九九八年、全国の未就学児童は一五三・二万人で、その他に三五〇万人の中途退学の児童がおり、西部における未就学女子児童は全国における未就学女子児童の七一・五六％に達していた。辺境の貧困状況にある少数民族地区には、女子児童の低い入学率と高い中途退学率という現象が普遍的にみられる。

中国での未就学児童を救済するための最大のプロジェクトは「希望プロジェクト」である。一九八九年の実施以来、多くの貧困地区の未就学児童を学校に戻したり、貧困地区に数万ヵ所の希望小学校（貧困地域に民間のお金と寄付で作られた学校）を建設したりしており、中国が参与している民間社会公益事業のなかでも最も広範で影響力のあるものとなっている。

中国では女子児童の教育問題に対して二つの特別な措置を採っている。ひとつは、一九八九年の中国児童基金会が制定した「春蕾計画」であり、すでに全国婦女連合会が表にたって実施し、数多くの貧困状態にある女子児童が入学の機会を得ている。もうひとつは、一九九二年に国家教育委員会と連合国児童基金会の「貧困地区の女子児童教育を促進するプロジェクト」である。女子児童教育プロジェクトは貧困地区の女子児童の教育を支持し推進している。一九九四年に陝西、甘粛、寧夏、青海、雲南、貴州、四川、広西、安徽など九つの省（区）の一〇一の貧困県、一五二の郷（鎮）、二〇三九ヵ所の学校で実施され、期待通りの任務を終え、女子児童の教育に対して著しい成果をあげている。このような措置は貧困地区の女子児童の入学率、定着率と進級率を上げ、中国少数民族の女子児童の教育推進状況の改善を推し進めている。

二〇〇六年に農村で九年間の義務教育の授業料が免除されて以降、民族地区の女子児童の教育状況は大きく改善された。以下において、筆者が二〇一三年に貴州省台江県で行ったフィールド調査に基づいて、義務教育における性差格差を検討する。

⑵貴州省台江県における義務教育段階の性別格差

貴州省には四〇〇万人あまりのミャオ族が居住し、全国のミャオ族人口の四八％を占めている。台江県の総人口は一六万人で、そのうちミャオ族が九七％を占める。台江学校はミャオ族の学生が主体となっている。

二〇一二年、県全体で八九ヵ所の学校があり、その内訳は幼稚園が一一ヵ所、小学校が六八ヵ所（少人数の生徒に対する教育施設である「教学点」二一ヵ所を含む）、中学校八ヵ所、普通高校一ヵ所、職業高校一ヵ所であった。県全体の学生数は二万九一四〇人である。就学前の幼児が三四二五人、小学生が一万四二四三人、中学生が六七七九人、普通高校生が二八七七人、職業高校生が一八一六人である。県全体で教職員は一八五〇人で、専任教師が一五九九人である。幼稚園の専任教師は五九人、小学校の専任教師は八九六人、中学校の専任教師は四二四人、普通高校の専任教師は一六四人、職業高校の専任教師は五六人である。(2)一九九五年に台江では六年の義務教育が実現した。二〇〇四年、台江は順調に「九年の義務教育」を受け入れた。

台江県のフィールド調査で得られた知見は次の通りである。

まず、小学生の入学率の男女比に差はあまりない。二〇〇二年に男児の入学が女児よりも三・七ポイント高く、二〇一一年の男児が女児より七ポイント高いのを除き、その他の年は両者にそれほど差がない。女児の入学率が男児を上回っている年もある。女児の入学率が上昇した背景には社会的変遷にある。多くの学生の家長が女児の教育に対する見方を変えたこと、とりわけ義務教育の各種措置が実施され、女児が教育を受ける権利が保障されたことも大きい。小学校の段階での入学率における性別格差にはほとんど注意を払わなくてもよい。

二〇〇一～二〇〇三年、台江の中学校入学率はわずか六〇～七〇％で、女子生徒の入学率の平均値は一〇ポイントであった。二〇〇四年に台江県では「普九」義務教育が実現し、その年の中学校入学率は九五％まで上がった。二〇〇六年以降、国家が農村の困難な学生に対して「両免一補（雑費、教材費を免除し、寄宿生活費を補助する）」政策を実施したことで、台江の中学入学率は八〇％以上を保持し、性別格差も縮まり、女子生徒が継続して教育を受けられる権利がさらに保障されるようになった。

二〇〇六年以前、高校で学ぶ女子生徒は高校在校生の三分の一であった。二〇〇七年以降、女子生徒の比率は四〇％を越え、そのうち二〇一〇年と二〇一二年はそれぞれ四七・四二％、四六・六八％にまで上昇し、台江の総人口の性別比に近づいている。高校段階での男女学生の性別比は次第に縮小されてきている。

3　ミャオ族女子学生が学校教育を受ける非経済的要素の影響

中国の各地区には社会経済的発展の不均衡がある。台江も同様に経済が発達していない地区であり、当地の経済の立ち遅れや低い財政収入が教育の発展を抑制し、教育経費の不足に繋がっている。これらの問題を解決するために、国家は民族地区に対して教育経費の投入をおこない、義務教育制度が着実に実行されるよう努めている。この数年、国家が実施している教材費の免除、学生の共有経費のレベル上昇、寄宿生活の補助費増額の政策によって、台江の義務教育は効果的に発展している。学生が貧困によって中途退学することを防ぎ、学生の退学率の抑制にも有効である。

しかしながら、経済的な要因だけが民族教育の発展に影響を与えているわけではなく、それ以外の要素も軽視することはできない。かつて、ミャオ族地区では「早婚、若年出産、多産ほど幸福」という観念が流布しており、多くの学齢期の少女が結婚のため小学校卒業もままならなかったり、中学を中途退学したりしていた。現在、このような現象はかつてほど一般的ではないにしろ、伝統的な習慣は一朝一夕では変わらない。調査で発見したことは、中途退学率が高い台江県方召郷では、小学校の段階の女児が結婚のため中途退学していることである。ミャオ族女性は「妻になり、母になる」という伝統的な性別による役割分業があり、それが彼女らの教育を受ける権利に影響を与えている。もうひとつの中途退学の主な原因は出稼ぎである。開学の形式が単一であるため、教育内容が民族地区の実際的な要求と合致していないこと、受験教育よりも生存教育が重視されているため、学生や家長のなかには学ぶよりも早く出稼ぎに行って稼ぐほうが役に立つと考える者がいるためである。少女のなかにも出稼ぎのために中途退学する者もいる。

将来、教育改革措置が民族地区で着実に実施されるに従い、当地の経済社会的発展と人びとの精神文化生活を融合させた国家的教材、地方教材、学校教材をカリキュラムに組み込むこと、学校教育の機能をさらに強化すること、義務教育段階の学生の中途退学率を低下させることに注意を払わなければいけない。

五　中国とカナダにおける民族教育の共通点と相違点

上述したように、中国もカナダもともに多民族国家であり、社会制度、歴史文化的背景、民族構成、民族関係などに相違はあれども、少数民族／先住民の教育に関する特殊性においては共通している。カナダの多元文化政策と中国の民族政策は名称こそ違うが、実質的な内容は部分的に類似している。民族文化の保護と伝承、民族平等の堅持、民族差別の反対など基本的な観点は一致している。しかしながら、両国が制定している政策の過程、観念、目標と実施措置などには大きな隔たりがある。カナダの民族政策が制定している主要な方法は大衆抵抗、民権運動、衝突妥協などボトムアップの方式である。政府は先住民の組織、長老、地域社会との対話や交渉を通じて、実施政策の観念を改めてきた。中国少数民族政策の制定の基本的な特徴は、トップダウンという国家主導、法律保障、差別待遇である。両国の多民族教育政策を比較し、分析することで、相互に参考すべき点や啓発される点が明らかになる。

歴史的な過程において、中国とカナダの両国の政府は、基本的にそれぞれの国の事情に沿って適切に効果的な国策を制定したことにより、社会の矛盾や衝突を緩和し、調和のとれた社会発展を促進し、国家の凝集力を積極的に強化してきた。

1　同化から多元化への歴史的変遷

一九六〇、七〇年代以降、カナダと中国の民族政策には大きな変化がおとずれた。

カナダの多元文化主義政策は、一九六〇、七〇年代の国内や国際的な形勢の変化から生じた。多元文化主義のもと、連邦政府は長期にわたって実施してきた同化政策を改め、強制的な同化から交渉や受容へと移行させた。全国各地にあったインディアン寄宿学校が相次いで閉鎖したことは、強制的に外来文化や価値観を植えつけてきた同化教育の失敗を示している。一九七〇年にインディアンは学校を接収管理し、事実上歴史の新しい一ページを開いた。先住民の児童はインディアンが管理する保留地の学校で学び始め、自民族の言語や文化の教育を受けるようになった。連邦政府も先住民の教育状況を改めはじめた。

同じ頃、中国は一〇年間の「文革」において少数民族に同化を強行するという誤った政策をおこなっており、民族関係に重大な損失を与えた。多くの優れた民族文化遺産が被害に遭い、民族学校は廃止され、民族言語の授業は取り消された。

一九七八年以降、混乱を治め秩序を取り戻しはじめた中国は、少数民族教育の一大政策を制定した。一九八四年五月「中華人民共和国民族区域自治法」が採択された。「民族区域自治法」は民族教育事業を発展させるための根本的な原則を制定した。一九八五年「教育体制改革の決定の関与」が公布され、国家が少数民族地区において教育事業を早急に発展させることが明確に提示された。一九八六年、「中華人民共和国義務教育法」が公布、実施され、少数民族地区において義務教育が実施されることが規定された。このような法律の公布と実施は、中国の民族教育事業および民族教育政策に全面的な回復とさらなる発展をもたらしている。

2　多元文化教育観と多元一体的教育理念

カナダの多元文化教育は、多元文化政策の集中的な体現であり主要な実施手段である。カナダの多元文化教育の実践は次の四種類に分類できる。⑴民族特色教育。少数民族の人びとが自民族の歴史文化を深く理解し、自民族の文化遺産を保護、伝承し、外来文化の浸透を制御する。⑵民族融合教育。具体的な問題に対し、異なる文化背景をもつ人びとが民族間の交流を行うという需要を満たすための科目を開設する。⑶通文化的教育。多元的文化と社会においてそれぞれの文化や慣習の違いを理解し、受け入れるような心を育てる。⑷バイリンガル教育。英語とフランス語はカナダの公用語である。バイリンガル教育もカナダにおける多元文化教育の重要な構成部分となっている。マイノリティの学生は、自民族の言語を習得するだけでなく、公用語も習得しなければならないため、第二公用語を勉強している。

カナダの多元文化教育は、少数民族やマイノリティの文化背景と教育権利に対して、配慮しているかのようで、主流民族の発展問題についてはほとんど議論されない。これはカナダの主流社会の教育モデルが長い間ずっと強い主導的地位を占めていたためであり、多元文化主義と多元文化教育が、主流文化やその価値観と相容れなかったにも関わらず、イギリスとフランスの子孫を主とするバイリンガル文化が依然としてカナダ多元文化の中核であるどのようなレベルの多元であっても、ひとつの主流文化の影響のもと自己の発展を実現している。

多元文化教育と主流文化の関係は中国とカナダの両国において興味深く、かつ重要な問題である。多元文化教育は各民族文化のアイデンティティを強調するあまり、主流文化に対して挑戦的であり、国家分裂の原因となる可能性があると憂慮する人もいる。

カナダの多元文化主義は、異なる文化背景をもつ民族間において相互理解と尊重をうながすべきだとの見解を示す。文化の差異を保ち、文化の多様性を認めて尊重し、各民族が平等に発展することが、寛容な社会環境を作り出す。だからこそ多元文化主義は社会の調和と安定のために効果的だといえる。

また、多元文化主義は差異性の存在を認めて尊重し、民族の違い、マイノリティや性別といった集団の権益を深慮する感情を人びとのあいだにはぐくみ、さらには多様な集団のカナダへの国家アイデンティティを強化させる。

実際の状況を鑑みると、多元文化教育は主流文化の水準を弱体化させてはいない。

中国は統一した多民族国家である。少数民族は漢族と同等の政治的権利を享受しており、彼らは教育を受ける権利、選挙権など基本的な各種権利が保障されている。カナダの先住民による政治的なアピールと異なるのは、中国民族教育では経済発展や文化保護に関するアピールが多いことである。中国少数民族教育の発展の目標には二面性がある。すなわち民族性と統一性である。中国は各民族の文化の多様性を強調するのと同時に、一体的なアイデンティティをも強調する。そのため、中国ではカナダの多元文化教育の概念をそのまま援用することができないと指摘する学者もいる［張　二〇〇六］。

一九八〇年代後半、費孝通が中国の諸民族の関連性を分析したなかで、「中華民族多元一体格局」というフレームを提示した。中国の学者のなかには「中華民族多元一体」と「多元文化教育」の思想を参考に「多元文化整合教育」を提示した者もいる。その主な観点には次のことが含まれている。「少数民族の成員は自民族の優れた伝統文化を学ぶだけでなく、主要民族のすばらしい文化を学ばなければならない。主要民族の成員は自民族の文化を学ぶ以外に、民族平等と民族の大家庭団結を強化することで、少数民族の優れた伝統文化を学び理解しなければならない」。民族教育の目的は、「それぞれの民族の優れた文化遺産を継承し、各民族間の文化的交流を強化し、民族大家庭が経済的に同じように発展し、文化的に同じように繁栄し、政治的に各民族が互いに尊重することを促進し、平等、友好、親睦によって、最終的に各民族の大団結を実現する」ことである［哈・滕　二〇〇二］。中国民族教育は真の意味で多民族、多元文化と調和が織り成す多元一体教育のモデルだといえる。

「多元一体」の「多元」と「一体」のあいだには有機的な結びつきがあり、例えば一方に気を取られ他方がおろそかになるようなことはあってはならない。もし多元文化一体化の教育において、「統合」の作用を過分に強調すれば、それは民族地区の地方文化と郷土的な知識を無視することにつながるかもしれない。反対に、もし地方の単一民族の文化教育体系を構築することに執着すれば、主流文化とその他の民族文化の認知に対しても疎外感や対立を生むことになる［羅・謝　二〇一三］。民族地区の教育過程では、「一体を主とし、多元を補う」という教えを打ち立て、少数民族の成員の自己アイデンティティと民族アイデンティティを基礎に国家アイデンティティの意識を友好的に構築している。

３　寄宿学校の性質の違い

カナダで設立されたインディアン寄宿学校は、歴史的に植民者が先住民の児童に対して強制的に同化教育をおこなってきた。その目的はインディアン文化を消滅させることで、当然ながら現在の中国少数民族地区で開校されている寄宿学校とは性質も目的も異なる。

中国が開校している寄宿学校の目的は少数民族の同化ではなく、教育的資源を集中的に利用するためで、辺境地区に分散して居住する少数民族の学生が、通学路が遠いという実際的な問題を解決するためである。学生には、週末に帰宅するという選択権がある。インディアンの寄宿学校の生徒にはその選択権がなかった。彼らは強制的に学校に連れてこられ、長期的に家族や地域社会から隔離されていた。

同様に、結果的に、寄宿学校という形態は学生と家庭、地域社会の文化とを隔離することになってしまう。多くの民族文化は家庭や地域社会での教育によって習得される。自分の生まれ育った地域社会や文化から遠く離れた学生は、「文化断層」という少数民族特有の問題を引き起こしやすい。そのため、民族地区では盲目的に寄宿学校の規模を拡大しないこと、同時に寄宿学校を民族文化的な雰囲気がただよう地域社会につくる配慮をすることが必要である。また、現代の学校教育は民族文化を伝承し発展させるという重大な任務に責任を持つべきである。

六　民族文化伝承の重要な手段としての学校教育

民族文化を伝承する主体や伝承の内容及び手段からみれば、民族教育には学校教育、家庭教育、社会教育が包括されている。学校教育では、民族文化の知識体系の系統を伝授し、民族文化のアイデンティティと民族文化を自覚する心理を養成することを重視しており、それによって家庭教育や地域社会教育における民族文化の強い恣意性、体系化されていない知識、低い伝承の保障性、伝承の目標がまとまらず分散して弱体化する恐れを補うことができる。現代社会における中学校教育は民族文化を伝承するための重要な手段である。中国とカナダの両国では、学校教育のカリキュラムにおいて民族文化の習得を促進する校内活動をおこなっている。

1　カナダ民族文化促進校内の実践――スエットロッジ・セレモニーを例に

スエットロッジ・セレモニー（A Sweat Lodge Ceremony）は北米インディアンの精神的要求を満たすため、心身の疾患を治療するため、また民族文化を伝承するために重要な手段である。ヨーロッパ人は植民統治と同化教育を実施し、先住民の伝統文化を大きく破壊した。その結果スエットロッジ・セレモニーを含むインディアンの伝統的儀式が禁止された。

植民地以降、グローバル化のもと先住民文化の復興運動が盛り上がるにつれて、カナダの先住民は自らの権益を取り戻し、それを維持する運動を起こし、文化的ルーツを探し求める情熱を高めた。彼らは民族文化の伝承のためには民族アイデンティティを構築するのが最良の方法だと認識し、だからこそ実際の要求と合致した教育方法が民族生存と発展の鍵となった。スエットロッジ・セレモニーは、先住民を困難な状況から救い出し、悠久の民族の歴史への更なる理解を求め、伝統文化への知識を重視し、民族アイデンティティと誇りを強化する手段として、カナダの一部の学校では、先住民の伝統文化教育のひとつの方法として取り入れられ、定期的に実施されている。カナダのブリティッシュコロンビア大学（UBC）、サスカチュワン大学、第一民族大学などでは先住民研究プロジェクトにおいてスエットロッジ・セレモニーを保持している。

筆者はブリティッシュコロンビア大学（UBC）先住民文化センターがおこなったスエットロッジ・セレモニーに参加したことがある。数十年にわたって、この大学では先住民の知識人や指導者を養成するために多大なるサポートをおこなってきた。この学校は、全国各地から集まった多くの先住民の学生から、高等教育の基地として選ばれている。二〇〇五〜二〇〇六年のカリキュラムによると、全校で二三の教学機構が九八の先住民知識に関する科目を開設している。学生はこのような科目を通じて、先住民文化を学び理解する機会を得ている。一九九三年、UBC先住民文化センターは、「ロングハウス」と呼ばれる特色ある建物を建設した。ロングハウスは伝統的な風格と現代的な要素が融合した先住民の建築で、西北海岸の先住民の伝統的建築をイメージしている。ロングハウスは「家ではない家」と称され、先住民の学生はここで家のような温かさを感じ、西洋教育をモデルとした大学での勉強や生活の孤独感や不慣れ感を解消することができる。ロングハウスは先住民伝統文化を学ぶ環境を学生に与え、多様な文化背景を持つ学生たちが相互に伝統文化知識を享受しあえる機能を発揮している。文化センターでは毎学期、スエットロッジ・セレモニーをおこなっている、そこでは通常招聘された長老か先住民の教職員が中心となって儀式をおこなう。二〇〇七年二月二日、筆者は自らこのインディアンのスエットロッジ・セレモニーを体験した［彭二〇〇九ｂ］。

スエットロッジ・セレモニーの実施は神聖で、参加者の立ち振る舞いは必ず一致しなければならないという決まりがある。そのため、学生たちは参加前に、関連する知識の理解を求められる。スエットロッジ・セレモニーへの参加には一定の禁忌がある。

その日は一〇名の女性と六名の男性が儀式に参加した。大学の職員、大学生、院生が中心で、その他は何名かのバンクーバー在住の先住民と筆者であった。参加者のほとんどはこれまでも儀式に参加した経験を持つ。初めて儀式に参加するある女子学生は私に、ヨーロッパ人の父親とインディアンの母親を持ち、彼女自身はメディであると語った。小さいころから都市で生活していたので、先住民文化に触れる機会がなく、先住民の言語も話せないため、スエットロッジ・セレモニーに参加して先住民の伝統文化を感じたいとのことであった。また参加者のなかにはイヌイットもいた。スエットロッジ・セレモニーはインディアンの伝統宗教であり、イヌイットにも独自の伝統儀式はあるが、多様な文化的背景を有する都市で生活しているため、社会の辺境にある先住民はすべてファースト・ネーションとしてのアイデンティティを希求しているのである。

スエットロッジでの祈祷は神秘的で厳粛な雰囲気に満ちていたが、スエットロッジを出たあとの会食はリラックスした楽しい社交的な場となった。儀式の全過程において祭祀性と世俗性が結合していた。人びとは会食で新しく友人になったり、古い友人に会ったりして、友情を深め、経験を語り、互いに助け合い鼓舞しあった。社会秩序の違いや文化断層がある馴染みのない環境で暮らしている都市部の先住民によると、スエットロッジ・セレモニーを通じて彼らは、精神の拠り所を見つけ、伝統的な方法を取り入れることで生活や精神の二重の圧力から解放され、再び新しい社会環境へ適応し、生活の目標を実現することができる。

先住民の伝統教育にとってスエットロッジ・セレモニーは重要な手段となっている。人びとは儀式を通じて先住民の価値観と伝統的習俗を理解し、自己や家庭、地域社会、民族、自然界と造物主との関係性をじっくりと考えることができる。この儀式の目的のひとつは、人びとと社会調和の折りあいを提唱し、精神的な愉みを保持し、祖先の深い教えを忘れないことである。スエットロッジ・セレモニーは教育、治癒、文化伝承、社会連盟、民族アイデンティティなど多くの機能を持っている。

西洋の教育モデルを採用している大学で実施されている通文化的教育によって、先住民の学生は通文化への適応能力を身に着け、また主流社会の文化に適応し、先住民の伝統文化を伝承する能力をつけることができる。

２　中国民族文化推進学校の実践──貴州省台江県を例に

貴州は多民族省で、少数民族人口は省総人口の三九％を占める。ミャオ、プイ、トン、イ、スイなど二〇の民族が高原に広く居住しており、豊かで独特の魅力にあふれる民族文化をつくりあげている。どうやってこのような民族文化を伝承、発展させているのだろうか。学校教育は疑いなく重要な手段である。

二〇〇二年に貴州に「民族民間文化保護条例」と「全省各級各類学校において民族民間文化教育の展開の実施意見に関して」が出された。この後、省内の多くの小中学校で次々と当地の民謡、民族舞踏、民族体育、ろうけつ染め、刺繍などの民族工芸が導入された。当地の民間文化伝承者を招聘し、授業を通じて技術を教えることで、学生は民族の武文化や芸術から薫陶を受け、民族文化へのアイデンティティ意識を増強することができるし、また民族地区学校と民族文化が乖離する傾向を根本的に改めることができる。二〇〇六年までに、省全体の四三一ヵ所の小中学校が次々と民族文化の授業を取り入れたが、その導入方法は地域によってさまざまである。本論では貴州省台江県を事例に、民族文化を学校に導入する実践的な活動について明らかにする。

台江県はミャオ族の人口比が高く、ミャオ族文化が際立った地域性と民族性を有しており、伝統文化も比較的保存されている。県全体で五二項目の県レベル以上の無形文化遺産がある。当然ながら、社会の変遷や外来文化との摩擦により、一部の優れた民族伝統文化が消滅の危機にある。

二〇〇二年以来、資源が豊富なことを活かし、台江県では民族文化を学校活動に導入してきた。当地の非物質文化遺産プロジェクトを教学の重要なプロジェクトとし、専門家、学者、民間芸術家を授業に招聘しミャオ族の歴史、礼儀、歌舞や民間工芸などの知識を伝授してきた。ミャオ族の民間文化遺産の保護と救済、小中学校の教育を一体化させることに力を入れてきた。学生の民族文化知識を豊かにし、彼らに民族文化を学ぶことへの興味をもたせるなど、民族文化を保護、伝承、発展させるための基礎を築いている。

台江における民族文化を導入した校内活動は学生生活を豊かにし、学生の情操を鍛え上げ、彼らの体質を強化した。これらの活動を通じて学生は民族の自尊心と誇りを高め、ミャオ族文化の価値と地位を具現する。また、学校が実施するミャオ族文化科目に対する社会や家庭からの信頼を深めることもできる。積極的にミャオ族文化の知識を学ぶことに努力をした学生は、この数年、芸術学院など関連する専門学校へ合格している。ある民族歌舞に秀でている卒業生は出稼ぎにいったあと、観光地の民族村で才能を発揮する場をみつけた。またある者は省、州などの芸術団に入団している。この数年、貴州省がおこなっている一連の競技会や中央電視台青年歌手の原生態競技の歌唱などの舞台で才能を発揮し、優勝している選手にはミャオ族文化の科目を受けた学生もいる。台江県で展開されているミャオ族文化の科目は明らかな成功を収めているといえる。

当然ながら、台江のミャオ族文化の科目の活動には少なくない困難がいまだ残っている。多くの学校ではミャオ族文化を担当する教師、教材、教育用具が不足している。また、さまざまな制限によって、農民である民間芸術家が教師の職に就きにくいことがある。教学内容もミャオ族の歌や踊りの簡単な学習が主となっており、民族文化の深層まで理解を深めることができない。切り紙の授業は学生に比較的人気があるが、刺繍は開講するのが難しい。バイリンガル科目の開講範囲は次第に縮小しており、ミャオ族文化を導入した校内活動はその速度をゆるめている。地元の教育に携わっている者は、この仕事をよりよくおこなうためには、経費の獲得や教材編集のほかに、教師に合格する者を訓練し、合理的な教学査定制度も取り入れなければいけない、と認識している。

学校教育は現代社会において民族文化を伝承するための重要な手段のひとつである。しかしながら、学校教育では民族文化を教えることに多くの限界が存在しているため、民族文化の伝承の責任と任務を完全に担うことができない現実があり、学校教育も手から手へと経験的に伝授されるような民間工芸の代替にはならない。学校教育、社会教育および家庭教育の有機的な結合が民族文化を伝承するための最良の手段である。

結論

中国とカナダはともに多民族国家である。民族間の交流や融合があり、多様性を尊重し、差異を認めるような、豊富で多彩な民族文化はふたつの国家が繁栄していくための貴重な資源である。カナダのインディアン寄宿学校の興亡は植民地的な同化教育の失敗という教訓を提示していると言える。カナダの先住民同化は極端な例であり、中国少数民族はこのような厳しい同化を受けたことがないものの、社会の変遷に伴い、多くの貴重な民族伝統文化が消滅の危機にある。社会変遷の過程において、いかに優れた民族の伝統文化を伝承するか、民族アイデンティティと国家アイデンティティの関係にどう向き合うか、学校教育における言語の使用、自民族教師の育成、科目や教材の改編などの問題をいかに実際の状況と結びつけるかを常に探索していかなければならない。また、国家、民族、文化を跨いだ比較研究を通じて、また自身の限界を超えて、問題を解決する科学的な方法を探し、民族教育の発展を推進していかなければならない。

注

(1)「文盲」とは、ここでは非識字あるいはほとんど識字ができないことを指す。

（2）上記の数字は台江県教育局二〇一二年統計データによるものである。

参考文献

（中国語）

哈経雄、滕星
　二〇〇一　『民族教育学通論』北京：中央教育科学出版社。

羅之勇・謝艶娟
　二〇一三　「基於〝多元文化教育三態説〟的仡佬族民族文化伝承系統的構建」『湖南師範大学教育科学学報』第三期、一二三―一二七頁。

彭雪芳
　二〇〇九ａ　「加拿大西部城市土著教育状況分析」『広西民族大学学報』第一期、七八―八四頁。
　二〇〇九ｂ　「加拿大土著民族的汗屋儀式」『民族研究』第三期、三九〜四七頁。

田　敏
　二〇〇二　「試論我国少数民族伝統文化中的素質教育思想」『中南民族大学学報』第六期、四九―五三頁。

王　昺
　二〇〇九　「民族教育政策比較――以加拿大印第安民族和中国蒙古族為例」『民族教育研究』（六）：五九―六四頁。

張俊豪
　二〇〇六　「多元一体格局下的中国少数民族教育」『湖北民族学院学報（哲学社会科学版）』第四期、二八―三一頁。

（英語）

Robert Wesley Heber, Peng Xuefang
　2014　*Indigenous Education and International Academic Exchange.* Winnipeg, Manitoba:Aboriginal Issues Press.

第九章　ベトナム客家の神祇祭祀と景観建設
――ホーチミンの観音閣を事例として

河合洋尚・呉雲霞

はじめに

ベトナムは五四の民族を抱える多民族国家である。そのうちマジョリティはベトナム全人口の約八六%を占めるキン族であり、その他の五三民族が少数民族である。ベトナムは、中国と北接するため、一つの民族が中国とベトナムの双方に国境を跨いで暮らしていることも珍しくはない。例えば、キン族は中国で京族という少数民族であり、ヌン族は中国のチワン族にほぼ相当する。(1) 逆に、中国のマジョリティである漢族は、ベトナムで少数民族として認定されている。

ベトナムの五三の少数民族のうち、漢族の系統に属すると考えられるのは、ホア族、サンジウ族、ガイ族の三つである。この三つの民族の言語は、漢語とも呼ばれるシナ語派に属している［河合　二〇一八：一八一、cf.伊藤二〇一八］。そのうち、ホア族は、漢字で「華族」と書くように、中国から移民してきた漢族系のいわゆる華僑・華人に相当する。出身に応じて、特に南部では、広東、福建、海南、潮州、客家が「五帮」を形成している［芹澤二〇〇九ａ：一三〇］。ガイ族は客家であり、その言語は客家語の一系統であると考えられている。他方で、サンジウ族はヤオ族の一系統とする説があり、なぜシナ語派の民族に分類されているのかは明らかではない。[2]

ベトナムの漢族カテゴリーを考えるうえで複雑なのは、一方で、客家はガイ族という独立した民族として数えられているのに、他方で、ホア族のなかにも客家が「五帮」の一つとして存在しているということである。つまり、客家は同じエスニック・グループであるにもかかわらず、ベトナムでは異なる民族カテゴリーに分かれているのである。では、両者はなぜ異なる民族に分かれているのか。我々の調査研究から明らかになったのは、ベトナムで客家はルーツ、言語、文化の違いから少なくとも二つのアイデンティティ集団に分かれていることである。一つは、広東省をルーツとして主に南部で居住してきた「五帮」に属す客家（以下、「五帮」系客家と称する）であり、もう一つは、現在の広西チワン族自治区（以下広西）南部をルーツとしてまず北部に居住しその後離散したンガイを自称する客家（以下、ンガイ人と称する）である。ンガイ人は一九七九年にガイ族と認定された。ベトナムにおいて、前者は正統な客家であるという自己意識が強く、後者は自他ともに客家の亜流とみなされる傾向が強い［河合・呉　二〇一四a］。それゆえ、「五帮」系客家の方は、客家独自の団体を組織しただけでなく、特に一九九〇年代末になるとベトナム客家の聖地景観として、観音閣という宗教施設をホーチミンの郊外に建設し始めたのである。

本章は、ベトナム客家のうち特に「五帮」系客家に焦点を当て、彼らが客家の聖地である観音閣を建設してきた過程や意味について考察する。[3] それにより、ベトナムの客家が現地で新たな文化を創造しつつも、どのようにして客家精神を維持しようとしてきたかを明らかにする。そのために、まず次の第一節では、ンガイ人との比較を通して「五帮」系客家の移住、社会組織、アイデンティティを説明し、第二節で観音閣の建設およびその景観に込められた文化的意味を解読することにしたい。

一　ベトナム客家の概況

1　ンガイ人の移住と客家アイデンティティ

ベトナム客家の内部におけるアイデンティティ集団の多様性を示すために、まずはンガイ人について概説していくことにしよう。

ベトナムは、地図1にみるように、中国の広西や雲南省と国境を接している。また、ベトナム北部は、秦代より長年にわたり中国の支配下に入っていたため、漢族系住民がこの地に入植したのは相当古い時期であると推測できる。そのうち客家がいつからベトナムに移住したかは定かではない。ただし、広西南部の国境ラインに住む一部の客家系住民が、少なくとも二～三〇〇年前に、陸路でベトナム東北部のクワンニン省に移住していたであろうと推測されている。この客家系住民が、ンガイ人と呼ばれる人々である。

図1　ベトナム地図

ンガイ人は、現在でも広東省西部の廉江市から広西南部の防城港市まで広く分布している。彼らは、客家の一系統であると考えられてはいるが、ンガイ人（中国語で「艾人」）

を自称しており、広東省東部の客家語とはアクセントが異なるンガイ語を話す［河合　二〇一二］。そのうち、ベトナム北部に移住したンガイ人の大半は、広西の防城（今の防城港市）をルーツとする。特に、防城港市の那良鎮とその周辺の鎮は、多くのンガイ人のルーツとなっている。

ンガイ人がいつからベトナムに移住したかは定かではない。古田元夫は、ンガイ人が入植した時期は「かなり古い」とだけ述べており［古田　一九九一：四二八］、范宏貴［一九九九］は、ンガイ人の入植が三〇〇年ほど前であると述べているが、いずれも根拠となる史料が示されていない。ンガイ人のベトナム入植について詳細に記しているのは、ヴァイランの研究である。ヴァイランは、ンガイ人がベトナム東北部のモンカイに移住した時期を一八二八年としている［Vaillant 1920］。また、『*Ethnic Minorities in Vietnam*』という概説書は、ンガイ人の入植が一九世紀最初の二、三〇年であると記している［Dang, Chu and Luu 2000: 237］。いずれにせよ、ンガイ人は一九世紀前半までには移住したと考えられる。

古田によると、クアンニン省に移住したンガイ人は、フランス統治時代（一八八七～一九四五年）の前より移住してきたため、周囲のキン族やヌン族と変わらない生活を送っており、時としてヌンとして分類されていた［古田　一九九一、一九九五］。ンガイ人は、主に農耕や漁業に従事し、前出のヴァイランが論文を執筆した一九二〇年の段階では、すでに混血が進んでいたという［Vaillant 1920］。古田は、第一次インドシナ戦争時（一九四六～五四年）、クアンニン省を中心として約一〇万人のンガイ人が居住していたと述べている［古田　一九九一］。

しかし、一九五四年にベトナムが南北に分断されると、少なからずのンガイ人がハイフォンを経由してベトナム南部に移住した。例えば、フランス殖民地軍に参与したンガイ人は、ホーチミン市六区に移り住み、自由村が形成された。もちろん、一九五四年以降に南部に移住した華人はンガイ人だけではない。ベトナムの華人は、この時期の南部への移住を漢語で「南撤」と呼んでいる。「南撤」により南部に移住したンガイ人は、ホーチミンだけでなくビエンホアなど南部各地に移住していった。他方で、一九五四年から七八年にかけて、一定数のンガイ人は、南部に移住せず、クアンニン省の村落に留まって住んでいた[4]。

ところが、一九七八年より中越関係が緊張し、ベトナムで華人排斥運動が起きると、ベトナムに住む大半のンガイ人は、ベトナムを離れて海外に移住していった。特に、北部に住んでいたンガイ人は、一九七八年から七九年にかけて中国に帰郷したり欧米に移住したりするなど、絶対的多数がベトナムを離れていった[5]〔河合・呉 二〇一四a：九六〕。他方で、ベトナム南部でも多くのンガイ人がアメリカ、カナダ、オーストラリアなどに移住したが、少数はベトナムに留まった。現在、ベトナム南部では、ホーチミンおよびドンナイ省のビエンホア、ロンカン、ディンクアン、タンフーなどに、ンガイ人の集住地がある。

繰り返すと、「五帮」系客家と比べ、ンガイ人は、客家としての自己意識に乏しい。彼らは、自身が客家であることを知っているが、同時に、広西人やヌン族などと自称することもある。ホーチミンに住むンガイ人は、欽廉同郷会という団体を組織しているが、客家意識の欠如により、客家文化にまつわるイベントを開催することはほとんどない。彼らは、護国観音を主に崇拝し、「五帮」系客家からは「護国観音廟のあるところにはンガイ人がいる」という説明を受けることすらある。ただし、ンガイ人によると、護国観音は、客家のシンボルというわけではなく、むしろ広西人の信仰対象であると考えている。こうしたンガイ人の客家アイデンティティの欠如は、後述する「五帮」系客家とは対照的ですらある[6]。

2　「五帮」系客家の移住とアイデンティティ

ンガイ人が広西からベトナム東北部に移住したのに対し、「五帮」系客家は広東省にルーツをもつ。「五帮」系客家の主要な出身地は、広東省東部の梅州市、河源市、及び、中部の恵州市、東莞市、宝安（深圳市の前身）である。

図２　広東省地図（河合作成）

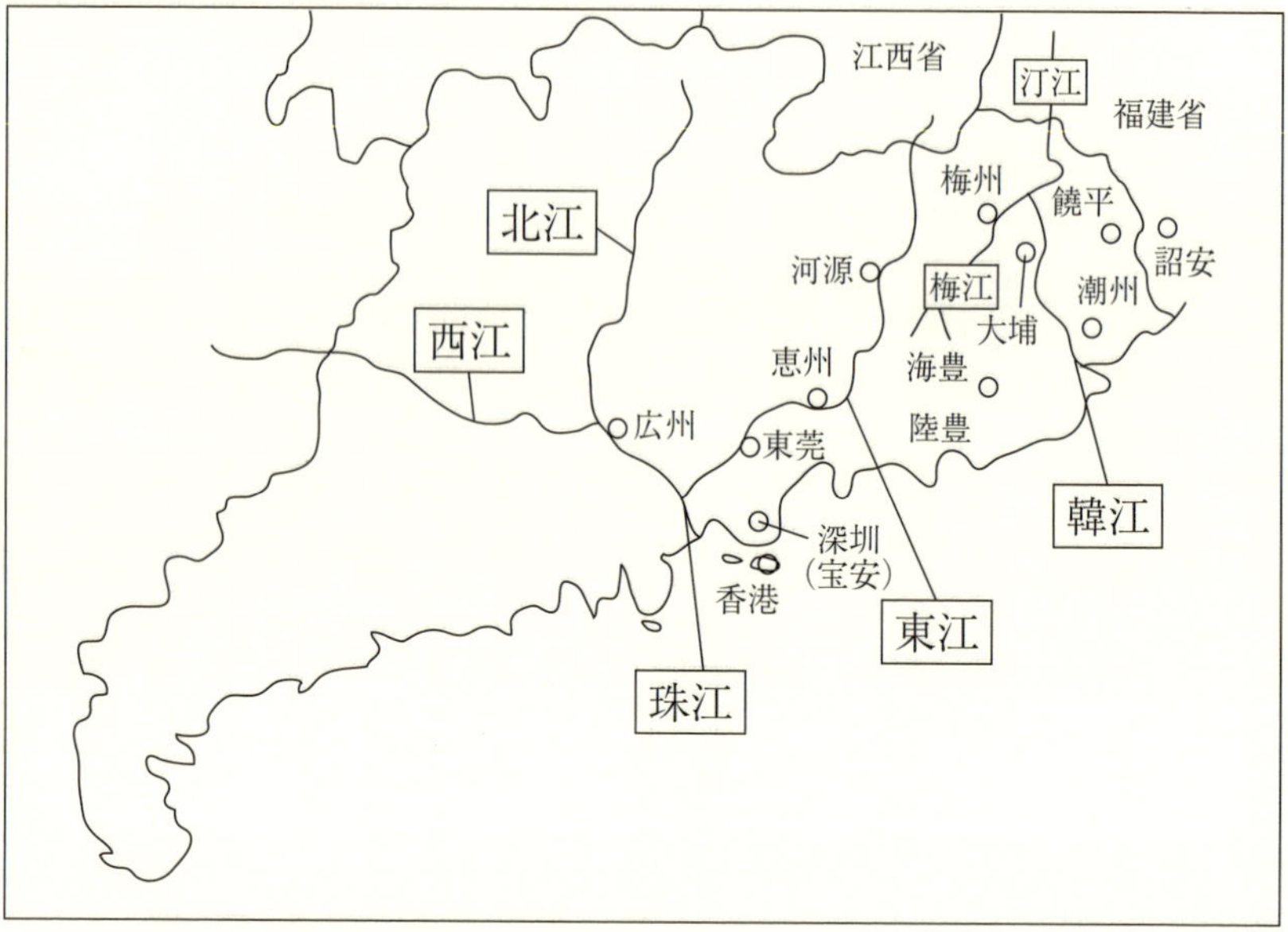

彼らが具体的にいつからベトナムに移住したかは定かではないが、一九世紀末から二〇世紀初頭にかけて大量に移住したことは確かである［河合・呉　二〇一四ａ：九八］。つまり、彼らは、ンガイ人より遅い時期に、主に海路で広東省からベトナム南部に移住してきた。

二〇世紀前半のベトナムで「五帮」系客家がどれくらい居住していたかについては、当時、フランスや日本の研究が簡単なデータを提示している。まず、一九〇六年にフランスのインドシナ総統府が実施した統計調査によると、コーチシナの華人は、広東人、福建人、海南人、潮州人、客家の五つの集団に分けられており、そのうち五〇パーセントが広東人、二〇パーセントが福建人、残りの三つの集団が三〇パーセントとなっている［太平洋協会編　一九四〇：四四八］。この人口比率は、一九三六年の統計でも踏襲されている［華僑誌編纂委員会編　一九五八：五二］。さらに、一九三九年刊行の『佛領印度支那に於ける華僑』では、コーチシナにおける広東人、福建人、海南人、潮州人、客家の人口は、それぞれ一一万人、四万人、一万人、四・五万人、二万人とされ

写真 1　義安会館（左）。義安会館の右手がベトナム崇正会であり、その内部奥は事務所がある（右）（2013 年 8 月、河合撮影）

ており［満鉄東亜経済調査局　一九三九：五七］、客家は全体の約八パーセントを占めている。また、一九四九年の統計では、サイゴン（現ホーチミン市）チョロン地区の四〇万二千人の華僑のうち、一〇・六パーセントが客家であった［華僑誌編纂委員会　一九五八：五二］。ここから同地区の客家は約四万人いたことが分かる。

　ホア客家は、一九世紀末にベトナムに移住してから、いくつかの施設や団体を設立した。そのうち最も初期に建設された施設が、ホーチミン市にある群賓会館である。オーストラリア国立大学の李塔娜によると、この会館は、農業を営んでいたベトナム人の寄付を受けて成立した［Li 1998］。現在、群賓会館は、媽祖を祀る宗教施設となっている。

　他方で、ベトナムに移住した当初、広東省の大埔県、豊順県、饒平県、掲西県から移住した客家は、潮州人の組織である義安会館に属していた。これら四つの県は、清朝期には潮州府に属していたからである。ところが、当時は潮州人が経済的に豊かで客家は使用人のような扱いを受けていたため、双方の関係が悪化した。また、一九一一年以降、広東から大勢の客家がベトナム南部に移住するようになった。それゆえ、一九一八年になると、客家は潮州人組織から独立し、ベトナム初の客家団体である金邊六省客帮会所を成立させた。この団体は後に、越南客帮総会所、越南客帮崇正総会所、崇正会館と名を変え、一九五五年に現在の越南崇正会（以下、ベトナム崇正会）と改名した［呉静宜　二〇一〇：一一五―一一六］。この団体は、もともと客家が潮州系に属していた関係から、義安会館の一角に事務所を設けている（写真１）。また、義安会館の中央にある関帝廟は潮州人と客家の共有財産となっている。[7]

ベトナム崇正会は、ベトナム最大の客家団体であり、ベトナム南部・中部各地にある崇正会の総本山となっている。[8]他方で、ホーチミンには、崇正会とは別に、各出身地の名前を冠した関連の客家団体がいくつも存在している。例えば、一九七六年の南北統一までには、興寧同郷会（一九二八年）、紫金同郷会（一九三五年）、大埔同郷会（一九四六年）、恵東宝同郷会（一九七六年）など、広東省の客家地域出身者による同郷会が次々と結成された。ベトナム崇正会と同様、これらの同郷会の成員は絶対的多数が「五帮」系客家であり、ンガイ人はほとんど参入していない。[9]

このように「五帮」系客家は、二〇世紀前半より次々と客家団体を結成してきたが、いずれも団体名に「客家」の二文字を冠していない。しかし、ホーチミンに住む七〇歳以上の「五帮」系客家から話を聞くと、彼らは、幼少期より客家としての自己意識をもってきたという。すなわち、ンガイ人とは異なり、「五帮」系客家は少なくも一九三〇年代には客家としてのアイデンティティを抱いていたことになる。

さらに、一九五四年以降にンガイ人がベトナム南部に移住し、接触する機会が多くなると、「五帮」系客家は彼らこそが「正統な」客家であるという意識を高めたのだという。一般的に「五帮」系客家はンガイ人を客家として認めているが、彼らを「ハイフォン客」「ヌン族」と称し、別の集団であるとみなしている。彼らによると、ンガイ人は、「客家語に近い言葉を話すが訛りが強い」、「農耕を主としてきたため商売を中心とする我々とは文化が異なる」、「ヌン族と一緒に暮らすうちに客家の文化を忘れた」などと、自らと差異化する発言を常にしている。一九七〇年代末の華人排斥運動以降、主にベトナム南部に居住していた「五帮」系客家の多くも、ベトナムを離れ、アメリカやカナダなどに移住していった。

二 ホーチミンにおける「客家聖地」の創造

1 ベトナム崇正会の再興と文化継承

ベトナム崇正会は、ベトナム戦争が開始すると団体としての機能を停止し、南北が統一されると再び活動を開始するようになった。ベトナム崇正会の幹部によると、この団体の活動が実質的に再開できるようになったのは一九八八年のことである。

ベトナム崇正会は、ホーチミンのチョロン地区にあるが、そこでは穂城会館（広東人）、海南会館（海南人）、義安会館（潮州人）、二府会館、温陵会館、霞漳会館、三山会館（以上福建人）、崇正会館がひしめいている。ベトナム崇正会は、客家の間の親睦を深めるだけでなく、広東人・海南人・潮州人・福建人と、三ヶ月に一回、持ち回りで食事会を開くことで関係を保ってきた。

しかしながら、ベトナムの客家は全体的に人口が少ないため、世代が下るごとに客家の言語と文化が失われていく危機に直面するようになった。ベトナムへの移住から三～五世代が経ち、たとえ高齢者であっても客家語を話せず広東語やベトナム語で日常生活を送ることも珍しくはなくなった。若者世代は、キン族などと同じ学校に通い、ベトナム語で教育を受けているため、客家語はおろか中国語ですら流暢に話せない人々が増加した。さらに、衣・食・住の各方面においても他の華人と何ら変わらなくなっている。こうした状況に対し、一部の「五帮」系客家、特にベトナム崇正会の幹部は、客家の言語と文化を若者世代に継承させる必要性を感じるようになった。それにより、ベトナム崇正会では、新たな活動を開始するようになった。その一つが客家語教育の開始である。ベトナム崇正会は、二〇〇二年より客家語の授業を客家の子弟に無料で提供し、書道を通して客家語を教えるという工夫をしながら、

写真２　客家書道クラスの集合写真（ベトナム崇正会提供、2010年５月撮影）

客家語の継承を試みている。(10)

こうした客家文化の継承の動きのなかで注目に値するのは、客家の精神的支柱として、「客家神」を創造しようとする活動である。この活動の中心となったのもベトナム崇正会である。前述の通り、ベトナム崇正会は、義安会館の右サイドにあり、中央で祀られている関帝廟が彼らの守護神であった。しかし、一九七六年に南北が統一されると、政府は関帝廟を潮州人の所属物とみなしたため、客家には特定の主神がいなくなった。群賓会館には媽祖が祀られているが、媽祖は、ホーチミン市最大の華人勢力である広東人の主神である。それゆえ、客家は、独自の信仰対象として新たな「客家神」を見つけなければならなかった。

ホーチミンの華人社会では、客家特有の神として、譚大仙聖（通称、譚公）が挙げられることがある。譚公とは、唐代の広東省恵陽県に実在したとされる人物で、数学者・医者であり、多くの地元民を救済したことから崇められるようになった神である。この神を祀った施設は譚公廟と呼ばれ、恵陽県や香港の筲箕湾にもあり、特にマレーシア・サバ州のサンダカンでは客家神として信仰を集めている［河合　二〇一三b：一四四］。ホーチミンの譚公廟は、いつ成立したのか不明であるが、廟の記載から、少なくとも一九一九年にはホーチミン市八区で建設されていたと推測できる。(11)この廟は、一九七二年に場所を移して再建され、現在は、恵東宝同郷会により管理されている。

だが、ベトナム崇正会の関係者によると、譚大仙聖は、確かに客家により信仰されているが、ベトナム客家全体の神ではない。というのも、譚大仙聖は、恵東宝同郷会が管理し崇拝しているローカルな神だからである。「恵東宝」

とは、広東省東江流域にある恵州市、東莞市、宝安県の頭文字をとった略称であり、ホーチミンに住む「五帮」系客家の主要集団の一つである。ただし、ベトナム南部には、梅州市や河源市の管轄区より移住している客家も少なくなく、もし譚大仙聖を「客家神」として選ぶと内部で葛藤が生じうる。それゆえ、この神は、実際に客家により信仰されているが、ベトナム客家の象徴としては選ばれなかった。

こうした状況のなか、ベトナム崇正会が「客家神」として選んだのは、観音であった。そして、一九九〇年代後半になると、ベトナム崇正会は、観音を主神とする宗教施設である観音閣を、ホーチミン市八区で建設し始めた。では、なぜ数ある神々のなかから観音が客家の守護神として選ばれたのだろうか。この問いに対し、ベトナム崇正会の幹部は、「観音は誰でも参拝できる信仰対象である」というものであった。つまり、どの出身の客家も崇拝し、内部で葛藤をおこさせない神として、観音が選ばれたのである。(12)

写真3　ホーチミン市の譚公廟（2013年8月、河合撮影）

2　観音閣の建設と崇正慈善会の役割

観音閣を建設する契機は一九八五年にまで遡ることができる。当時、観音閣の建設を推進したリーダーは、ベトナム崇正会の初代名誉会長である肖源有である。肖源有は、広東省大埔県百侯郷の出身者であり、若い頃にベトナムに移住し、魚網の商売により財を得た。一九八五年、政府が都市衛生美化政策を始めると、肖氏は、移転の危機にある客家の祖先の墓を守るために奔走し、無縁仏を含む二万近くの骨壺を集めて陳氏大祠に置いた。その後、肖源有は、そうした客家の祖先の骨を祀るための場所として、ホーチミン市八区に四〇〇平方メートル余りの土地を見つけ、そこを観音閣の建設地とした。

図３　観音閣の空間構造

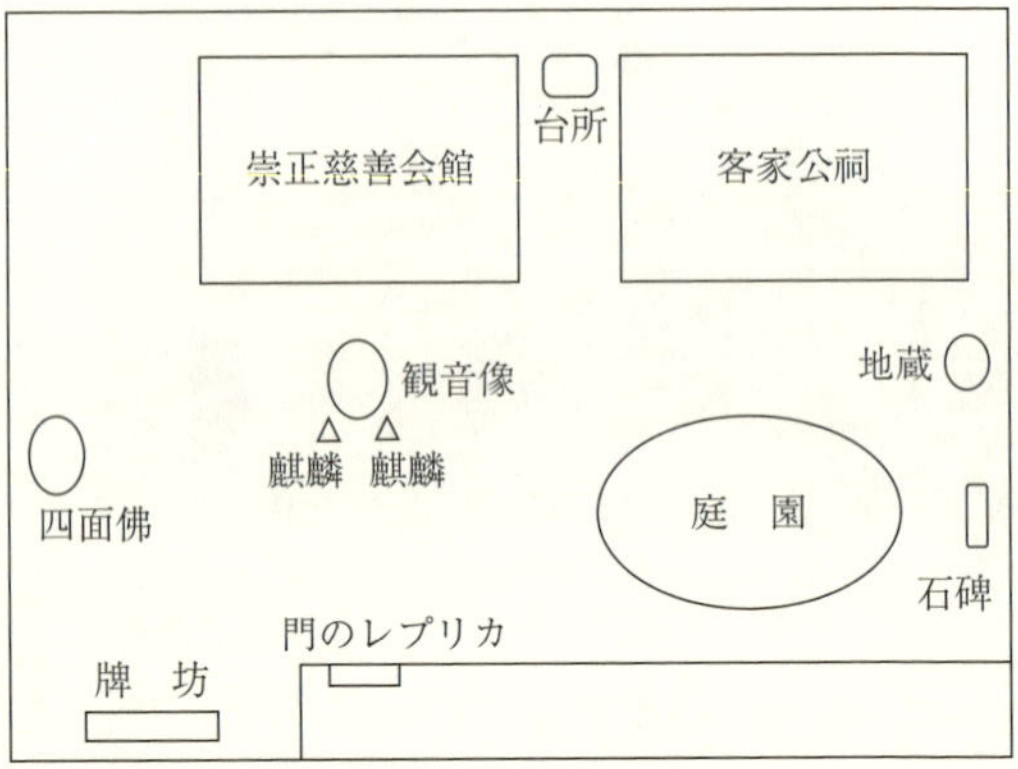

一九九九年、肖氏を中心とするベトナム崇正会の幹部は、陳氏大祠に安置してあった祖先の遺骨を祀るための場所として、観音閣に客家公祠を建設した。また、観音閣の入り口には牌坊（門）を建設した。さらに、二〇〇一年になると、客家公祠に安置された祖先の遺骨、及び客家の子孫を加護する「客家神」として、敷地の中心部に巨大な観音像を設置した[13]。これらの建設費用の約半分は、第三代会長である尤凱成によって出資されたのだという。

一九九九年一〇月八日付けの『西貢解放日報』に掲載されている建設予定図では、観音像だけでなく、客家公祠の前に五重塔を建設する予定になっていた。ただし、五重塔は、ベトナム政府の宗教政策により「迷信」とみなされたため建設が頓挫し、その代わりに庭園がつくられた。また、二〇〇一年には、観音像の設置と同時に、敷地内に四面佛の像が置かれた。これは、肖源有がタイに住む友人から譲り受けたもので、タイから直接送られてきたのだという。ベトナム崇正会の関係者によると、この仏像は、五重塔と同じく政府により「迷信」とみなされたが、アメリカドルを一定金額払うことで対処できた。

他方で、ベトナム崇正会は、客家公祠や観音像など敷地内の建造物を管理するため、崇正慈善会を設立した。崇正慈善会の建物である崇正慈善会館は、観音像をバックとして二〇〇一年に落成した。崇正慈善会は、二五名の「五帮」系客家を理事とし、観音閣を中心としてさまざまな慈善活動を展開している。その主要な活動内容は以下の通りである。

写真4　観音像。後ろは崇正慈善会館（2013年8月、河合撮影）

①観音の誕生祭（旧暦三月二三日）[14]、元宵節（旧暦一月一五日）、中秋節（旧暦七月一五日）、及び毎月の旧暦一日と一五日には、多くの客家や客家ではない周辺の住民が参拝に訪れる。また、参拝者を招き入れ、慈善会館で昼食を無料提供する。

②観音だけでなく祖先の遺骨を納めている客家公祠の管理もおこなう。特に中元節、春祭り、秋祭り、及び旧暦の毎月一日、一五日になると参拝客で賑わう。客家公祠では、もともと客家だけでなく他の華人系住民の遺骨を納めることもあったが、収納スペースの問題で、二〇〇四年から客家の遺骨のみに限定した。客家公祠で遺骨を納めるためには、ベトナム崇正会の本部で手続きをしなければならない。誰が「客家」であるかは、出身地によって決められている。例えば、広東省の大埔、興寧、梅県、紫金、恵州、東莞、宝安の出身者であれば、ベトナム崇正会とつながりのある各同郷会を通じて遺骨を納めることができる[15]。

③崇正慈善会館を拠点として、周辺の住民に対する福祉活動をおこなっている。例えば、中元節の時には、観音閣のある八区一六坊で政府により指定されている約一五〇世帯の貧困家庭に米、麺、醤油、油などを無償で配るイベントを催す。また、子供には奨学金を渡す。この地区の大多数の住民はキン族であるため、こうした福祉の受け手のほとんどはキン族である。崇正慈善会の理事によると、社会主義国ベトナムでは政府のコントロールが強いため、この地で宗教活動を継続させていくためには、周囲の地域住民にも貢献している姿をアピールする必要があるのだという。崇正慈善会による福祉活動は、周囲の住民に対する慈善や救済の心

があるが、宗教政策への対策としての側面もあることを無視することはできない。

３　観音閣における参拝者の行為と目的

それでは、どのような人々が何を目的に観音閣に参拝に来るのかを次に見ていくとしよう。

観音閣が位置するホーチミン市八区第一六坊張廷会街は、市内から離れた辺鄙なところにある。観音閣は、ホーチミンでも知名度が低く、また誰でも気軽に訪れることのできる場所にない。それゆえ、ここの参拝客の大半は、観音閣とつながりのある客家か、もしくは付近に住むキン族や非客家系の華人となっている。参拝客の層を見る限りにおいては、観音閣は決して客家だけに開かれた廟ではない。多様なエスニック・グループが異なる目的をもって、観音閣まで参拝に来ている。参拝客が何を目的に観音閣を訪れ、何をどのように参拝しているのかについて、三名の異なるエスニック・グループの事例を挙げてみることにしよう。ここでとりあげる三名は、いずれも観音閣へ頻繁に訪れるリピーターである。

《事例一》Ａ氏（キン族、女性、三〇歳代）

一〇カ月になる娘と夫との三名で、観音菩薩を拝みに来ていた。Ａ氏と夫は先に観音廟を拝み、その後、Ａ氏と娘は慈善会館の二階にある「円通宝殿」に行き、白衣観音と先手観音を拝んだ。夫は、そのまま観音像の前に残り、線香を焚いて敬虔に参拝した。Ａ氏は、観音像を中心に参拝した理由について、次のように述べる。

問：あなた方は華僑ですか。

答：いいえ。私たちはベトナム人です。ここに来たのは観音菩薩を拝むのが目的です。私たち一家は観音菩薩に助けられたのですよ。私は中年の生まれで若くなく、結婚してからずっと子供ができませんでした。でも、夫婦でここの観音菩薩に子宝を授かるよう祈ったら、本当に子供ができたのです。

問：ここの観音菩薩が霊験あらたかなことを誰から聞いたのですか。

答：覚えていませんが、ここに観音菩薩があることは聞いていました。観音菩薩は女性を守り、子供を授ける神ですから、私と夫はしょっちゅうここに参拝に来て、子供ができることを祈っていました。そうしたら一年も経たないうちに妊娠したのです。

《事例二》B氏（ホア族［非客家］、女性、四〇歳代）

午前一〇時くらいになると、観音閣の参拝者が次第と増えだし、なかでも多くの女性が四面佛の周囲に集まる（写真5）。線香を手に持ったB氏は、四面佛を参拝する理由について次のように述べる。

問：ホーチミンには多くの寺院や廟があるのに、なぜこの廟を選んでいるのですか。

答：ここには四面佛があるからです。私は商売をしているのですが、四面佛は財を守り、商売を順調にさせてくれると皆が言っています。ですので、毎月旧暦の一日、一五日にはここに来て参拝します。

問：四面佛は他にも何か御利益があるのですか。なぜ、こんなに多くの人が四面佛に集まるのでしょう。

写真5　四面佛で祈る女性たち（2013年8月、呉雲霞撮影）

答：見てください。この佛には顔が四つあります。どの顔にも違った意味があります。私たちは状況に応じて異なったお願いを佛にすることができます。（彼女はベトナム語で書かれた説明を指さし）正面は家が栄える、右側は事業がうまくいく、後ろ側は婚姻がうまくいく、左側は財をなす、という意味があります。

《事例三》C氏（カンボジア出身の客家、男性、六〇歳代）

観音閣における参拝者にはさまざまな出身の者がいるが、もちろん客家の参拝者も少なくない。C氏は、カンボジアで生まれ、一九七〇年の政変の時に姉夫婦を頼り、ホーチミン市に移住した。彼は、毎月旧暦の一日と一五日には客家公祠を訪れる。C氏は、東莞市を祖籍地とする客家ではあるが、崇正会など客家団体の活動にはあまり参与していない。だが、彼の母親の遺骨が客家公祠に納められているため、頻繁にここを訪れている。

C氏は、全世界の華人はみな同じであると考えているため、どの華人の寺院や廟にも訪れるが、神仏を崇拝することを好んでいない。彼は祖先崇拝こそが重要であると考えている。だから、C氏は、観音閣に来ても観音や四面佛を参拝することはなく、客家公祠にある母親の位牌と、客家の各姓の共通の祖先を祀った位牌しか訪れない。

以上の三つの事例は、異なるエスニック・グループが異なる目的をもって観音閣に来ていることを示すため、数あるインタヴューのなかから意図的に選んだものである。もちろん観音閣を参拝する人々の目的や対象はより多様であり、A氏の事例がキン族の崇拝を代表しているとか、C氏の事例が客家を代表しているなどと主張するつもりはない。これらの三つの事例から我々が言いたいことは、ベトナム崇正会が観音閣を建設した目的が客家の特色や精神的支えをつくることであったにもかかわらず、参拝者は必ずしも「客家」を意識して参拝しているわけではないということである。観音閣では、参拝者が各々の事情から信仰や救いを求めているのであり、そこが客家の「聖地」

写真6　観音閣の牌坊（2013年8月、呉雲霞撮影）

写真7　石壁客家祖地の牌坊（2015年8月、河合撮影）

であるからという理由で訪れているわけではない。

４　観音閣の景観に込められた「客家」の文化的記号

ベトナム崇正会の関係者もまた、観音閣へ参拝に来る人々が必ずしも客家を意識しているわけではないことを知っている。実際に、ベトナム崇正会の幹部であるD氏（ホア族の客家、男性、六〇歳代）は、「観音閣の参拝者の多くは客家公祠や観音像を目的に来るわけではない。観音閣で最も人気があるのは四面佛であり、この廟は付近の住民から「Chua Thai Lan」（タイ神廟）と呼ばれているようだ」と筆者に語る。しかしながら、ベトナム崇正会の関係者にとって、観音廟は、客家の精神と文化が継承される「聖地」である。彼ら「五帮」系客家は、観音閣の物理的環境に客家の「特色」と彼らが考える文化的記号を埋め込んでいる。その具体的な対象は、観音閣の①牌坊、②客家公祠の対聯と位牌、③観音像手前の麒麟像と門、である。

①牌坊（門）

すでに述べてきたように、観音閣の牌坊は、客家公祠とともに最も早く建設された。観音閣の建設を推進したベトナム崇正会の幹部たちは、観音閣に客家としての意味とアイデンティティを埋め込むため、牌坊のデザインにこだわった。写真6にみるように、観音閣の牌坊の上には亭があり、「崇正」の二文字が書かれている。ベトナム崇正会の幹部は、この牌坊が客家のシンボルであることを示すた

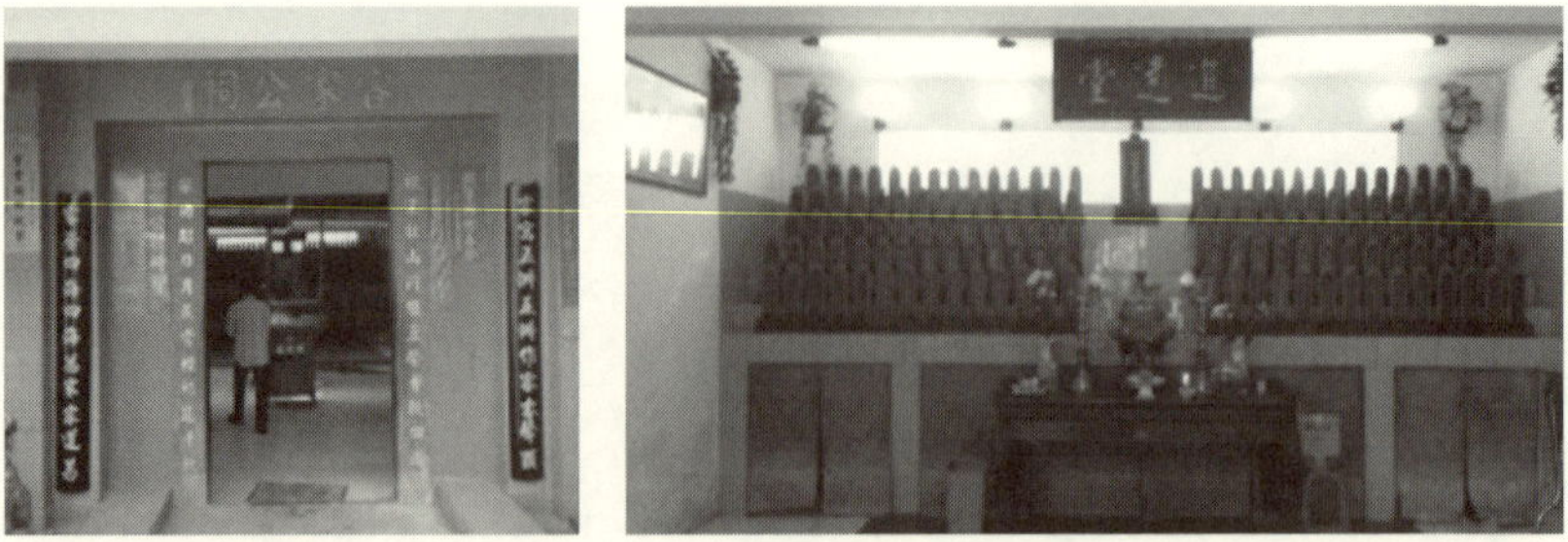

写真8　客家公祠。門（左）と追遠堂（右）。（2013年8月、河合撮影）

めに、客家の故郷とされる福建省寧化県石壁鎮（以下、寧化石壁）の客家祖地（写真7）に出かけ、その牌坊のデザインを模倣した。

繰り返し述べるように、ベトナム崇正会の主要な構成員である「五帮」系客家は広東省の出身者であり、ンガイ人は広西の出身者である。ベトナムでは福建省や江西省から移住した客家は極めて少ない。しかし、福建省の客家祖地は、ベトナムの全ての客家のルーツ（広東省の客家もまた寧化石壁から移住している）であるという理由から、このデザインが採用されたのだという。

②客家公祠の対聯と位牌

客家公祠は、その名の通り、客家のための施設である。ここでは客家を中心とする祖先の遺骨が納められている。客家公祠は二階建てになっているが、一階の入り口の門と内側の柱には対聯が貼られている。ベトナム崇正会の関係者によると、特に門に書かれている二セットの対聯には客家華僑の生き様が描写されているのだという（写真8）。客家公祠の門の対聯に書かれている文字は次の通りである。

外側右：「客寓五洲五洲作客客声顕」

外側左：「家居四海四海為家家道昌」

内側右：「祖業壮山河俎豆馨香殷四海」

内側左：「宗功昭日月蒸嘗煙祀延千秋」

これらの頭文字を並べると「客家祖宗」（客家の祖先）となる。このように詩の形で、ここが客家の祖先が眠るところであることが示されている、客家公祠のなかに入ると、一階、二階ともに祖先の遺骨が納められている。そのうち一階両側の納骨スペースは二〇〇万ドン（九四〇〇円相当）、奥の納骨スペースは一〇〇万ドン（四七〇〇円相当）となっている。二階は両側の納骨スペースが三〇〇万ドン、奥が五〇〇万ドンと一階より高い。二階の端には位牌ではない壺に遺骨が納められているが、ここは無料ゾーンとなっている。無料ゾーンは、貧困者のために設けられており、なおかつ無縁仏の骨も納められている。

注目に値するのは、一階の奥に追遠堂という位牌を並べたスペースが設けられており、その中央には「客家百姓位牌」と書かれている大きな位牌があることである（写真8）。そして、その両脇には、例えば、李、王、張、楊のような各姓が刻まれた位牌が並べられている。これは、客家の各々の姓の祖先をまとめて祀ったものであり、参拝者は、自身の直接の祖先だけでなく、同じ姓の遠い祖先を崇拝することもできる。これも牌坊と同じく寧化石壁の客家祖地のデザインを借用したものであるという。

③観音像手前の麒麟

観音閣の中心にある観音像は「客家神」として近年創造されたものである。ベトナム崇正会は、広東省広州市番禺区蓮花山にある観音像をモデルとし、この地に約九メートルの観音像を建造した。さらに、ベトナム崇正会は、この観音が客家のシンボルであることを示すために、観音像の前に一対の麒麟像を置いた（写真4を参照）。通常ならば、ご神体の前には石獅子を置くが、彼らが石の麒麟像を置いたのは、ベトナム華人社会で麒麟がしばしば客家文化の特色だと考えられているからである。[16] さらに、崇正会側は、観音像の前に何もないのは寂しいとして、像の目の前の壁に門の絵を描いた。

このようにベトナム崇正会は、観音閣の建造物に客家文化の記号を埋め込み、ここ客家の聖地であることを景観として表した。他方で、別の視点から観音閣を眺めると、ある意味で「ベトナム的」な宗教空間の利用がみられる。観音閣では、中央の観音像だけでなく、崇正慈善会の建物内にも観音像がある。前者の観音は観音閣の中央に露店で設置され、後者は建物の内部に座した形で設置されるが、こうした構造はキン族の廟で頻繁にみかけるものである。先述したＡ氏のように、外の観音を参拝してから内の観音を参拝するという方法は、キン族にとって馴染みやすい。観音閣は、表向きはキン族をはじめとして誰でも参拝できる宗教施設になっている一方で、実際には客家の「聖地」として客家の参拝客も集めている。

結論

本章では、ホーチミン市における観音閣の建設を事例として、客家文化の特色を用いて景観をつくりだす動きがベトナムで現れていることを明らかにした。客家文化を資源として特色ある景観を建設する動きは、一九九〇年代より「客家の故郷」として知られる広東省・福建省・江西省の境界地区でも生じている［河合　二〇一三ａ、夏・河合　二〇一五］。ベトナムにおいても「客家の故郷」の動きに呼応するかのように、一九九〇年代末から客家としてのアイデンティティや特色を主張し、それを景観というモノとして表現し始めたことは興味深い。実際、観音閣の牌坊と客家百姓位牌の建設においては、福建省寧化石壁の客家祖地のデザインが模倣されている。ホーチミン市における観音閣の建設は、こうした中国－ベトナムを結ぶ国を超えた文化的ネットワークにより促進されてきた側面がある。換言すると、マルク・オジェ［オジェ　二〇〇二］のいう同時代性が、ベトナムにおける漢族文化の資源化と景観形成において重要な役割を果たしているのである。(17) こうした脱地域的な現象は、ベトナムを起点とするマルチサイトワーク［Marcus 1995、cf. 河合　二〇一七］をおこなうことにより初めて可能になる。

他方で、観音閣の景観建設においては、ローカル化の現象もみられた。「五帮」系客家が母体であるベトナム崇正会は、客家の精神と文化を継承すべく観音閣を建設し、そこに客家の文化的記号を埋め込んだ。それにより、観音閣へ参拝に来る客家に対して、客家としてのアイデンティティと文化を伝えようとしている。だが同時に、ベトナム崇正会は、客家以外の参拝客を積極的に受け入れており、また、付近に住むキン族住民への福祉活動を実施している。この背景には、華人排斥の意識が強いベトナムにおいて、客家の特色だけでなく民族や国を超えた要素を強調することで、民族共和をめぐるベトナム政府への貢献をアピールする意図がある。しかし、この戦術によりベトナム崇正会は、客家ではない華人やキン族など多様な層の支持を観音閣に集めることに成功している。それにより、客家としての精神や文化を残すことを可能にしているのである。

観音閣は、客家の聖地として誕生したが、華僑・華人の廟、ベトナムの廟、タイの廟などさまざまな顔を持っている。このようにベトナムにおいて客家文化の持続は、グローバルとローカルの力学の交差により成り立っているのである。

注

（1）ただし、ベトナムのヌン族がチワン族と完全に一致するわけではないことは強調しておかねばならない。ヌン族の内部には多様なエスニック・グループが含まれると考えられ、例えば、その一部には客家系のンガイ人が一部含まれていることが指摘されてきた［河合　二〇一八］。芹澤知広［二〇〇九b、二〇一三、二〇一八］はこの集団を「ヌンの華人」と呼んでいる。

（2）ベトナム北部でサンジウ族の調査をおこなったベトナム社会科学院のチャン・アインダオ（陳英桃）氏によると、サンジウ族は中国のヤオ族に相当するという。また、二〇一五年一〇月に花都華僑農場でインタビューをおこなったベトナム帰国華僑のなかにはサンジウ族を名乗る者もいたが、彼らは広東省東部の博羅県を祖籍地としており、中国ではヤオ族であると語っていた。ただし、現在の博羅県に住む少数民族は、ショオ族こそ数千人いるものの、ヤオ族は数えるほどしかいない。また、博羅県そのものが客家の多い地区である。先行研究ではサンジウ族と客家の関係性を指摘するものもあり［Haudricourt 1960: 177; Hutton

2000: 262］、サンジウ族についてはさらなる調査研究が必要となる。

（3）本稿は、二〇一三年一一月一九日に国立民族学博物館と中国社会科学院民族学人類学研究所が北京市で共催した国際シンポジウム「中日人類学民族学理論刷新与田野調査」のプロシーディングスを改稿したものである。また、本稿の調査は、文部省科学研究費「漢族的特色の空間利用とエスニシティの再編——中・越隣接エリアの調査研究」（河合洋尚代表）の資金援助を受けておこなった。

（4）ハイフォンの広東系華人より聞いた話に基づく。彼らは、ベトナム戦後期に疎開したクアンニン省の山岳地帯で一定期間ンガイ人と生活したという。彼らの記憶のなかのンガイ人の概況や生活については、別稿［河合・呉　二〇一四b］を参照のこと。

（5）ンガイ人は、一九七〇年代後半以降、アメリカ、カナダ、オーストラリアなどに移住するか、中国に帰郷した［芹澤二〇一三、二〇一八、河合・呉　二〇一四a、二〇一四b］。それゆえ、中国の華僑農場にいるベトナム帰国華僑にはンガイ人が少なくない。例えば広東省広州市の花都華僑農場や同深圳市の光明華僑農場はベトナムからの帰国華僑が最も多いが、その大半がンガイ人である［河合　二〇一八：一九四］。

（6）ベトナムのンガイ人は現在、自らを客家として認めているが、それよりも広西人やヌン族としてのアイデンティティの方が強い。ただし、ベトナムの華人社会において広西人は少数者のため、華人の共同墓地に入るときは客家としての身分を活用することもある。

（7）関帝廟から得られる利益の配分は、潮州人が七割であるのに対し、客家が三割であった。

（8）ベトナム中部ではまだ調査をおこなっていない。今後の課題としたい。

（9）ホーチミン市とビエンホア市の崇正会を訪れてインタビューするなかで分かったのは、彼らの九五％以上が広東省出身の客家で占められているということである。ただし、一〇〇％ではないのは、ベトナムの崇正会には、湖南、湖北、上海など他省／区の出身者も含まれているからである。例えば、ある湖北人の老人は、客家とは縁もゆかりもない湖北人であるが、湖北人は少数で属す華人団体がないことから、客家団体である崇正会に所属していた。他の華人団体と違い、客家は地名を冠していないので、ベトナムのなかの「客」（よそ者）として崇正会が受け入れたのだという。

（10）崇正会の付属学校である崇正小学校で場所を借り、毎年夏に二～三ヵ月、特別授業をおこなっている。現在、「五帮」系客家の子供たちはすでに客家語を話すことができず、習得に苦労するので、まずは書道で客家の歌謡を学ぶなど、言語教育と書道教育を組み合わせた教育をおこなっている。

（11）この廟には一九一九年の日付で譚大仙聖から下されたお告げが残されているので、それ以前にはすでに成立していたと考えられる。なお、譚公廟における活動には誕生祭、記念日などがある。

(12) 台湾などいくつかの客家地域で「客家神」とみなされている三山国王や義民爺は、ベトナムではほとんどないと聞く。したがって、三山国王や義民爺はベトナムでは「客家神」にならなかった。
(13) 観音閣にある石碑の記載、及び崇正会の幹部の話に基づく。
(14) 中国では一般的に観音の誕生日は旧暦二月二九日、媽祖の誕生日が旧暦三月二三日とされている。ここで崇正会が観音の誕生日を旧暦三月二三日と語っているのは、媽祖信仰の影響を受けているからだと考えられる。
(15) 興味深いのは、清遠市や花県の出身者も客家として認められうるということである。恵州市、東莞市、宝安県もそうであるが、これら広東省中部の諸地区には客家ばかりが住んでいるわけではない。しかし、ベトナムに移住して数世代経っている場合、彼らの故郷が分からないことがあるので、ルーツが分からない者も無条件で客家として認定されうる。つまり、誰が客家であるかは、血統ではなく「空間」で判断されうるのである。他方で、片親や配偶者が客家であった場合は、キン族など非華人系ベトナム人であっても、客家として遺骨を納めることが可能になる。
(16) ホーチミンでも、恵東宝同郷会では麒麟舞をおこなっていた。また、特に恵州府の出身者の多いマレーシア・サバ州のサンダカンでも麒麟舞が毎年催されている。麒麟は、東江流域の客家が多い地域の特徴的な文化とみなされる傾向が強い。
(17) ただし、中国の「客家の故郷」における景観建設とベトナムのそれとは目的に違いがある。前者は、主に投資や観光による経済収益を目的とし、外部者を引きつけるためのランドマークとして建設された。それに対して、ベトナムにおける景観の建設は、経済的目的というよりは、客家文化の継承、及び客家の祖先の慰霊を弔うことが目的で建設された。

参考文献

（日本語）
伊藤正子
　二〇一八　「特集＝ベトナムのガイ人——客家系マイノリティの歴史・宗教・エスニシティ」『アジア・アフリカ地域研究』一七（二）：一六九—一七九。
オジェ、M
　二〇〇二　『同時代世界の人類学』（森山工訳）東京：藤原書店。
河合洋尚
　二〇一二　「広西省玉林市における客家意識と客家文化——土着住民と帰国華僑を対象とする予備的考察」『客家と多元文化』（亜

州文化総合研究所出版会）八：二八―四七。

二〇一三ａ「空間概念としての客家――『客家の故郷』建設活動をめぐって」『国立民族学博物館研究報告』三七（二）：一九九―二四四。

二〇一七「都市調査とマルチサイト民族誌――広東省を中心として」西澤治彦・河合洋尚編『フィールドワーク――中国という現場、人類学という実践』東京：風響社、三六九―三九二。

二〇一八「越境集団としてのンガイ人――ベトナム漢族をめぐる一考察」『アジア・アフリカ地域研究』一七（二）：一八〇―二〇五。

河合洋尚・呉雲霞
二〇一四ａ「ベトナムの客家に関する覚書――移動・社会組織・文化創造」『華僑華人学会』（日本華僑華人学会）一一：九三―一〇三。

二〇一四ｂ「ベトナム客家の移住とアイデンティティ――ンガイ人に関する覚書」『客家與多元文化』（日本客家文化協会）九：二六―五一。

芹澤知広
二〇〇九ａ「華僑・華人――南部」末成道男編『ベトナム文化人類学文献解題』東京：風響社、一三〇―一三一。

二〇〇九ｂ「ベトナム・ホーチミン市のヌン族の華人」『フィールドプラス』二：六。

二〇一三「ベトナムにおけるヌン族の華人の観音廟」片岡樹編『東南アジア大陸部における宗教の越境現象に関する研究』（文部省科学研究費補助金成果報告書、基盤研究Ａ）二六―四〇。

二〇一八「ヌン族の華人の祀る神――中国・ベトナム・オーストラリアの実地調査から」『アジア・アフリカ地域研究』一七（二）：二二七―二五七。

太平洋協会編
一九四〇『佛領印度支那　政治・経済』東京：河出書房。

古田元夫
一九九一『ベトナム人共産主義者の民族政策史――革命の中のエスニシティ』東京：大月書店。

一九九五『ベトナムの世界史――中華世界から東南アジア世界へ』東京：東京大学出版会。

満鉄東亜経済調査局
一九三九『佛領印度支那に於ける華僑』東京：開明堂。

（中国語）

范宏貴
　一九九九　『越南民族与民族問題』南寧：広西民族出版社。
　二〇〇四　「自称客家的越南艾族」『中国民族報（電子版）』七月九日、第四面。

華僑志編纂委員会編
　一九五八　『華僑志――越南』出版地不明。

河合洋尚
　二〇一三b　「馬来西亜沙巴州的客家人――関於移民、認同感、文化標志的初歩報告」『客家研究輯刊』（中国広東省嘉応大学客家研究所）四二：一三四―一四四。

呉静宜
　二〇一〇　『越南華人遷移史与客家話的使用――以胡志明市為例』桃園：国立中央大学客家語文研究所修士論文。

呉雲霞
　二〇一二　『文化伝承的隠形力量――越南的婦女生活与女神信仰』広州：暨南大学出版社。

夏遠鳴・河合洋尚編
　二〇一五　『全球化背景下客家文化景観的創造――環南中国海的個案』広州：暨南大学出版社。

（欧語・ベトナム語）

Dang, N. V., Chu T. S. and Luu H.
　2000　*Ethnic Minorities in Vietnam, Vietnam:* The Gioi Publishers.

Haudricourt, A.
　1960　Note sur dialects de la region de Moncay. *Bulletin de L'Ecole Française D'Extrême-Orient,* Tome L. Fasc. 1: 161-177.

Hutton, C.
　2000　Cross-Border Categories: Ethnic Chinese and the Sino-Vietnamese Border at Mong Cai, in G. Evants, C. Hutton and K. K. Eng (eds.) *Where China meets Southeast Asia: Social & Cultural Change in the Border Regions,* Bangkok: White Lotus.

Li, Tana

1998　Vietnam, in Lynn Pan (ed.) *The Encyclopedia of the Chinese Overseas*, Singapore: Chinese Heritage Center, pp.228-233.

Marcus, G. E.
1995　Ethnography in/of the World System: The Emergence of Multi-sited Ethnography. *Annual Review of Anthropology*, (24): 95-117.

Vaillant, L.
1920　L'Etude anthropologique des Chinois Hak-ka de la province de Mongcay (Tonkin), *L'Anthropologie*. 30: 83-109.

【現地資料】

葉済正【整理・記録】
二〇一三『越南客家人滄桑史』胡志明：越南崇正会。

●第三部　国家と社会のパラダイム

第一〇章　国家・社会の関係から文化の政治学を考察する
——中国における人類学的研究の概観[1]

金光億（奈良雅史訳）

はじめに

中国の問題を研究する際に、我々は社会と文化のさまざまな側面から考察し、その現実的意義を提示しようとする。しかし、結局のところ、あらゆる現実は国家という巨大な理念と権力体系と複雑に絡み合っている関係にあり、その点は否定しえない。つまり、中国研究において国家は考慮せざるをえない存在なのである。筆者は国家により定義された世界と、国家を構成する人々（国民、公民、人民、大衆、民衆などの用語で呼ばれる）が創造し実践している世界との間で生み出される文化実践に大きな関心を持っている。筆者は社会現象を文化実践（cultural practice）のプロセスとみなし、こうした文化実践が国家の力と社会の力との間に生じた政治プロセスであると考えている。

それらを明らかにするための研究方法は二つある。一つは社会制度の形式と実践のやり方に焦点を当て、それらと国家の理念や社会習俗との間で生まれる緊張や競争などの状況を調査することである。もう一つの方法は、世界観、価値観、国家観など、人々の認知世界と感情の体系の研究から国家と社会の間で起こる競合を分析することである。中国研究において前者では、実践の視点から国家が革命と改革の名の下に、いかに人間関係（社会構造）、政治（権力）、経済（合理性）、さらに宗教（思想）などの社会制度に対する改造を進めたのか、また社会がそれにどのように対応したのかを観察してきた。後者では国家がいかに国民の文化的素質や精神文明などの名目で人々（国家の成員）の意識を改革したのか、また人々がそれにどのように反応をしてきたのかを研究してきた。もちろん、これら二つの研究方法は互いに切り離しうるものではなく有機的に結びついている。

二〇世紀初めの西欧において、人類学は前国家（pre-state）段階の社会をモデルとして発展してきた。一方、中国は長い歴史を有し、国家と文明システムをもつ複合的な社会である。そのため、そうした人類学の理論と方法論によって中国を研究することには限界がある。二〇世紀初め、人類学は主に非西欧社会、特にアフリカ、中南米、オセアニア、アジアの山岳地帯などの部族や民族集団（ethnic group）を主な研究対象とし、それらの集団の内部構造やその集団の構成員によって共有された生活様式や理念体系（社会制度と文化体系）の特徴とそれらの機能を分析してきた。そのため、人類学者はあるエスニック・グループの社会を研究する際、往々にしてその社会そのものにのみ焦点を当て、蝶の標本を集めるように文化的特徴を採集する調査（butterfly collection）や民族を識別する研究に進み、その上位のレベルにある社会をおろそかにしてしまう。その結果、それぞれの研究対象は孤立した文明ないしは文化の孤島のようにみなされ、研究視座の「近視」をもたらしてしまう。しかし、一見するときわめて孤立してみえても、あらゆる社会は実際には隣り合った地域や社会、民族集団との相互的な関係のネットワークの中にある。さらに、多くの社会は国家体制の構成単位としても存在している。中国の五六の民族集団の個別的な研究にとって、その民族の社会や文化の特徴を解明することや、消えつつある固有の文化を記録し、再生産することには大きな意義がある。しかし、これらの研究は、少数民族の社会に、歴史や政治が存在しないものという認識を導くことになる。そのため、我々にはどの少数民族も中国という国家の構成単位であり、周辺の民族および国家体制との相互関係の中にあり、絶えず相互に影響しあい、変革のプロセスを辿ってきたことに目を向ける必要がある。よって、研究者は国家と地域社会あるいは民族社会間のさまざまな関係が生み出した文化的な現実に目を向けなければならない。政治あるいは統治者はいつも国家が一つの共同体であるというレトリックを打ち出し、国民（あるいは公民）が国家共同体の確立とその持続のために義務を全うするよう求める。しかし、共同体は単一の民族と同一の文化から構成されるわけではない。実際、国家共同体には異なる傾向をもつさまざまなグループが存在し、国家は統一と解体のプロセスを繰り返す。ただし、人々は同一性に基づく統合のイメージに頼ることで、自分たちの世界が一つの同一性を持った共同体であるとの認識を形成する［Cohen 1983］。政治は、人々を想像の現実に安住させる世界観を生み出す技術的プロセスである［Anderson 1991］。よって、国家共同体は、絶え間ない変化の過程において、流動的あるいは根拠のない理想の共同体として、シンボリックに構築された、あるいは想像されたものである。

これは国家共同体と地域社会が規範、正統性、正義、倫理、道徳などの原則、あるいは基準において完全には一致しないことを意味する。よって、国家と社会との間には競合、妥協、共謀などさまざまな関係が生まれるのである。国家主義者はこうした多様な関係を国家の統一やその単一性を瓦解させるものとして疑いの目を持って見るかもしれない。しかし、実際にはこうした競合や不一致の関係がまさに文化実践を生み出す源泉であり、社会変革もまさにこうした文化実践の中で形成されるのである。このような文化実践のプロセスとその意義に対する分析こそが、我々がしなければならない研究である。

国家と社会関係についての研究の枠組みは、こうした認識と視点から生み出されてきたが、国家と社会を二項対立的なものとみなす観点には注意する必要がある。国家の構成要素である一社会は国家に帰属するが、それと同時に国家を構成する主要な要素でもある。従って、国家と社会の目指す方向は一致せず、双方向的な影響力を形成し、互いに競合すると同時に妥協、ひいては共謀もする複合的な関係にある。したがって、我々は国家の理念および権力と伝統社会との間の競合、コンフリクト、妥協、共謀といった政治プロセスと実践を研究することによって、文化を環境へ適応する装置、経済体制（適応モデル）、技術システムと世界観（知識モデル／進化論モデル）とみなす従来の視座を批判的に検討する必要がある。

一　国家と社会の関係

一般に社会とは人々が伝統や習慣によって構成する文化体系であり、人々が感じられる生活世界のことを指す。国家は国家の理念、法体系、制度、非人間的な理性と合理性によって、人民が持つ伝統と競合したり、あるいは妥協したりする。公共権力を例としてみる場合、そこには、公共（public）、公式な（official）あるいは合法的（legitimate）などで表現される制度的文化権力と、プライベート（private）、個人的（individual）、ローカル、習慣、民間の伝統といったレトリックの領域が存在し、その間には、国家—社会関係が見出される。

一九八〇年代にヨーロッパの人類学者たちが自国における人類学的研究（anthropology at home）を始めて以降、人類学は国家への関心を徐々に際立たせていった。これはネイティブ人類学者が自国を研究することを課題としたことによる（往々にしてネイティブの、あるいは内省的なテーマが議論された）。かれらの大多数は西欧人であり、その生活世界は国家体制が存在する社会であった。そのため、かれらは前国家段階の社会の研究において生み出されてきた理論と方法論を、西欧社会の研究に援用することの限界に自ずと気付くようになった。本質的にそれらの社会生活における原理や文化的属性という点では、前国家段階の社会と国家社会とのあいだに大きな差異は認められない。人類が本質的に似ていることを明らかにすることは、これまでの人類学のみならず、今後の人類学にとっての課題でもある。そのため、人類学は他の学問と比べ、人類の多様な知識と知恵を共有し、ひろげるという点でより大きな貢献をなしうるのである。しかし、西欧の人類学者たちが非西欧の単純な小規模社会にかんする研究において蓄積してきた理論や方法論によって、国家、文明、産業社会、複合性などの概念を説明することには根本的あるいは本質的な限界がある。

人類学者たちは社会を総括的な世界とみなしてきたが、しかし、その社会は国家との相互的な関係において存在している点を軽視し、少なくとも社会と国家の関係性を研究する方法論の確立に積極的ではなかった。一九八〇年代後期にポストモダンが流行しはじめたが、人類学は他の学問に比べ、国家という概念を使用する上で明らかに消極的だった。人類学は国家と文明社会の主体についての研究に専念し、その方法論を発展させた一方で、国家―社会関係というテーマについては注目してこなかった。それは西欧が中国とは異なり、国家が社会に対してその強大な権力を直接的に行使しえず、むしろ市民社会（civil society）の力が強く、また同時に国家を超越する公共圏あるいは社会空間における活動も活発であったためだろう。そのため、かれらはヨーロッパ人類学会を結成し、より積極的にヨーロッパ社会の研究を試みたが、国家―社会関係という枠組みを完全には使用できなかった。二〇〇〇年にサンフランシスコで開催されたアメリカ人類学会（ＡＡＡ）は、公共人類学を主要なテーマとし、人類学における研究テーマの転換、および人類学的な知識の有用性を転換する新たな方向性を打ち出した。これは一九七〇年代以降の人類学を社会構造とその機能を重視する非政治的、非歴史的な研究のあり方から、個人の戦略や選択［Ortner 1984］への関心へと向かわせるものであった。つまり、ポストモダンの影響の下、人類学者は視点を個人に移し、個人を通して異なる文化的プロセスおよび文化を記述するプロセスを研究するようになった。そうした試みの中で、人類学者は方法論上の苦悩に直面し、そこから文化批評としての人類学（anthropology as culture critique）やライティング・カルチャー（writing culture）という新たな局面を迎えた。しかし、結果的にみれば、人類学はこうした試みによって知識のゲットー（ghetto、主流社会から隔絶された貧民街）になり、人類学は人類学的知識の有用性とその倫理性を反省することとなった。

二〇〇〇年代以降、人類学では公共（public）という用語が流行し始め、上述の動向が除々に主流を成してきた。ただし、厳格にいえば、主流を形成したのは国家と社会の間で生じる文化実践、あるいは文化実践とみなされる国家と社会の間で生じる関係に関する研究ではなかった。主流を成したのは、国家とローカルなレベルそれぞれで生み出される公共圏、つまり公共権力の公共圏と世論によって形成される公共圏との関係をめぐる研究であった。よって、プライベートで、非公共的な力が形成する非政府的な公共圏と、政府が掌握している公共圏とがいかに競合、妥協、協働するのかを明らかにすることが、今日の人類学における新たな研究動向となった。人類学におけるプライベートな公共圏（非公式あるいは非政府的な要素によって構築される公共圏）と国家の公共圏との間の関係をめぐる研究は、政治社会学で流行っていたＮＧＯや市民社会に関する理論に対し、民族誌的事例を提示するだけでなく、社会科学の新たな潮流を成してきた。

ヨーロッパおよびアメリカの人類学では公共圏が高い関心を集めてきたが、国家と社会の関係を社会研究の重要な理論と方法とみなす傾向はそれほど強くはなかった。しかし、中国や他のアジア諸地域、特に韓国のような儒教文明の伝統が持続的に現在に至るまで再生産されてきた社会においては、国家が社会を定義するとともに道徳に基づく評価をする傾向が極めて強い。よって、人類学は市民の公共圏あるいは世論と国家言説との間の矛盾や緊張、競合、対立、妥協などさまざまなプロセスに関する研究を重視する必要がある。一九九〇年代に入って以降、ヨーロッパの政治社会学者たちは非西欧社会、特に新生国家と第三世界での研究において、あらためて国家（state）に関する議論を始めた［Shue 1988］。人類学者の議論は公共圏（public sphere）と親密圏（private sphere）、あるいは公共空間（public space）とプライベート空間（private space）の問題に集中した。ポストモダンの流行において現れたさまざまな傾向の中で、研究者の関心は公共的文化や市民運動の台頭により引き起こされた国家権力の解体、および解体の危機に瀕した国家あるいは脆弱な国家の現実に向けられるようになった。こうした試みは、国家権力の働きに関する理論の流行であり、フーコーによるポスト構造主義的な議論において示された、国家のもつ陰険で巨大な暴力の権力構造が隠然と個人を支配するという理論の一種の焼き直しであるといえよう。ただし、その後のネオリベラリズムの潮流においてまた新たな領域が現れた。こうした研究動向の変化は、人類学者が社会に向ける研究上の焦点に生じた新たな変化を物語っている。二〇〇〇年代以降、とくに大衆文化の台頭により、国家権力への抵抗の力に関する研究にさらなる発展がもたらされた。大衆（populace, mass, subaltern）、文化、および大衆文化（popular culture）は、人類学において注目されるキーワードの代名詞となった。また、それらはさまざまなカルチュラル・スタディーズともリンクしていた。それは最近のグローバル化に関する議論ともつながり、国家を越えた大衆文化の流動および相互浸透が注目されてきた。こうした国家あるいは国境を越えた新たな社会空間に関する研究は、新たな研究動向を形成している。

スコット（Scott J.）が関心を向けた行為者の抵抗論［Scott 1985, 1990］は、国家―社会関係に関する研究に対して、理論と方法論を提供した。西欧が主導してきた非西欧の文明社会に関する研究は、近代化のプロセスが最終的に市民社会の形成に至るというテーゼを確立した。また、そうした研究は国家と社会を対立的な関係に位置づけ、いわゆる民間、民衆、大衆、農民を国家と対立する領域とみなすとともに、それら両者のあいだでの緊張や矛盾を歴史の原動力と考えた。国家と社会は文化をめぐって、矛盾が生じ、互いに競い合うが、多くの状況下において両者のあいだには妥協や共謀も存在する。我々は往々にして伝統を農民のものとみなし、分析における焦点を国家による伝統の評価や干渉に当ててきた。しかし、実際は伝統には国家によって規定され、定義されるオフィシャルな伝統（official culture/great tradition）と人民の非公式な日常生活における実践のプライベートな伝統（un-official culture/little tradition）がある。そのため、人類学にはこの二つの空間における文化現象を分析する必要がある。しかし我々は往々にして伝統そのものにのみ焦点を当ててきた。そこでは伝統はあたかも最初から存在してきたようなものであり、階級や非階級の言説を超越し、あらゆる人々がその伝統を統一的に認識し実践するものとみなされた。我々にはもっとある出来事（生じた社会的事実としての出来事）の具体的なテーマに関心を向ける必要がある。つまり、ある一つの社会を構成する人々はさまざまな傾向をもっているのであり、異なる階層に属する人々はある同一の問題をそれぞれ異なったやり方で定義し、それに異なる意義を付与するのである。

二　中国研究における国家と社会

特に現代中国研究の領域において、国家の存在はいかなる課題に対しても決定的な影響力をもつため、国家―社会間の多様な関係に関する研究の枠組みが重要となっている。中国では国家権力が革命の名目によってプライベート領域にまで深く浸透してきた。そのため、個人は国家の理念と公共権力の下、自由を享受しえない状況にある。一般的に、中国国内の研究者たちは、国家主導の下での民衆の社会を前提とし、国家の政策、理念、制度、政治的な文化運動の展開などを重要視してきた。歴史的プロセスを重視する学者たちは、中国が二〇世紀以降に経験した体制変化の三つの段階を重視してきた。この三段階とは、伝統社会が民国期（辛亥革命）を経て社会主義革命に到り、さらに市場経済体制の導入によって資本主義社会への変化がもたらされたというプロセスである。人類学は民族誌的調査によって上述のプロセスに関する研究を進めてきた。その中でも特に改革開放以降の変化に関する研究が盛んに行われ、多くの成果をあげてきた。具体的にそこで改革開放以降の変化として取り上げられてきたものとしては、集団主義と計画経済から脱集団化と市場経済の導入へと向かう中で引き起こされた社会構造と制度レベルにおける変化、農業社会から産業社会への変化、都市化のプロセス、さらに人々の価値観や思想上で「現代化」と定義される文化上の変化などである。

研究者によって、現代中国研究にも以下のようないくつかの特徴が見出された。九〇年代初めに発表された研究では、主に国家と個人との関係に焦点が当てられてきた。これは社会主義体制に対する関心によってもたらされたものである。かれらは社会主義体制がいかに人民の感情体系を形作ってきたのか［Potter and Potter 1990］、あるいは個人がいかに直接的に国家に隷属してきたのかを「細胞化」という概念を用いて明らかにした［Siu 1989］。また同時に、国家と民間との領域のあいだで展開されるさまざまな挑戦、抵抗、競合の文化も徐々に注目を集め始めた。国家と社会の関係は一面的なものではなく、競合や共謀などさまざまな形式によって展開される。社会主義的精神文明の建設における人々のプライベート領域、特に理念の領域における国家と民間の伝統とのあいだの緊張や競合の相互性に関する研究［金　一九九三、二〇〇〇］、歴史的経験をめぐる公的およびプライベートな記憶の競合［Watson ed. 1994］、あるいは伝統における人間関係を社会資源の再生産現象とみなす研究［Yan 1997, Yang 1994, Kipnis 1997］や、革命と改革の実践に関する民族誌［金　二〇〇〇］、文化領域における革命の表象に関する研究［韓編　二〇〇九］、国家の公的空間において構築される流動人口のプライベート空間［Li 2001］など、これらの研究は革命と国家の巨大な権力がいかに個人的あるいは社会的空間を縮小し、歴史のプロセスを形づくったのかを論じた。

また同時にこれらの研究は、改革開放の進展に伴い、人々が自己の空間を保護するためにいかに文化領域において戦略的な抵抗を進めてきたのかを記述した。毛沢東が始めた革命運動は国家の神聖化と絶対化の教育を強化した。これは国家権利の絶対化と公共圏の極大化における合法的な暴力的実践プロセスであり、同時にプライベート領域および社会習俗の空間の極小化と否定化のプロセスであると解釈される。現代中国の社会科学研究は、研究の焦点を上述のプロセスにおいて起こるさまざまな制度装置の変化、およびこれらの制度装置の正当化、そこで進められる意識構造を改造する文化運動の分析に向けるべきである。ここにおいて注目すべきは、改革開放以降の脱集団化プロセスが社会空間、さらにプライベート領域の活性化をもたらしたという解釈である。もちろんこうした解釈は常識的であり、革命[2]を抜け出すこと、すなわち毛沢東時代の社会主義革命が引き起こした個人領域とプライベート空間の極小化を抜け出すことを前提としている。

閻雲翔［Yan 2003］が発表した社会主義体制下のプライベート領域における道徳と実践に関する研究は興味深い。彼は黒竜江省のある村落での結婚風俗の変化を明らかにし、民族誌的研究によって国家がプライベートな生活世界において不断に拡張していると論じた。彼は改革開放以降の状況を論じるだけではなく、毛沢東時代の革命の結果が逆説的に個人の存在のために「思いがけない」社会空間を準備したことを明らかにした。彼は過去三〇年の改革開放、過去六〇年の革命の前の時代に、全く異なる価値観や考え方、モデルがあったことを示し、過去との区別によって伝統の持続に一定の限界があることを描こうと試みた。実際、何名かのヨーロッパの研究者はこうした持続性の観点から、社会主義の新中国建設過程における国家権力のメカニズムについて深い分析を行ってきた。つまり、我々は毛沢東時代に長期的に展開された、伝統思想を封建制の残滓とする孔子批判運動などの文化政治運動をおろそかにすることはできないが、実際には国家の統治のレベルにおいて政府は巧妙に儒教文化を利用していたのである［Walder 1986］。こうしたつながりから見れば、政府が憂慮するものは伝統そのものの持続の問題ではなく、伝統が革命に挑戦することや革命に対する抵抗勢力に変わる可能性である。伝統は通常は潜在しているが、状況に応じて現れる。政府はそれを攻撃、あるいはそれと妥協するのである。適応理論のモデルにおける国家と社会的勢力の関係は、明確な衝突や競合ではなく、むしろ思いがけない状況と環境が作り出す制度装置に対する臨機応変な実践である。

また、国家の価値観を超越する経済の力をめぐる現象に関する研究も行われてきた。市場経済体制下での実践における、個人に対する国家権力と経済的利益を優先する個人的戦略とのあいだでの緊張や矛盾といった現象が、そこでの主要な研究対象とされてきた。中産階級の出現と消費領域の拡大および消費の階層化も、これまでの集団主義と平等主義の価値観とのあいだに緊張状態をもたらした。民衆は私有領域の拡大や、国家が推進する開発や発展の政策を利用して個人的利益を確保することを企図する。こうした個人の経済的な戦略的行為に関する研究は絶えず増加している。そこでは、国家権力をプライベートな利益の資源へ転化し、個人を企業家精神（entrepreneurship）とみなす戦略的実践、あるいは官僚主義的な不正腐敗、中央政府と地方政府のあいだでの圧力と矛盾、さまざまなレベルでの官民の共謀や詐欺、不法な手段などに関する研究が行われてきた［Cho 2011］。最終的に経済領域は個人と国家とのあいだでの競合、矛盾、共謀の空間となる。

一方で、国家の統制を越えてグローバル化する消費形態やこれにより形成されるグローバルな現代化も主要な研究課題となってきた。発展を成し遂げた中国人（少なくとも都市部の中産階級）は、もはや「中国」というローカルな環境のみで生きてはおらず、かれらの関心は国家を越えている。かれらは実際には中国というローカルな場所で生活をしているが、かれらのイメージは国境を越えたグローバル化する世界にある。都市の中産階級の消費文化の特徴は、中産階級の人々が国家の提供する経済領域を資源として利用し、国家を越えるグローバルな空間を追求することにある［Li 2010］。アメリカの政治社会学者たちがこうした研究を主導し、そこではグローバル化と市民社会形成の可能性、特に国家を越えた都市部における社会空間の確立が注目されてきた。

教育の分野には国家レベルの価値観と国家を越えた価値観とが共在する傾向にある。キプネスは近年「教育熱」に着目し、子供の教育空間における国家と父母による共謀の問題を検討してきた［Kipnis 2007］。国家主導のグローバル化と新自由主義的な消費傾向は、父母の参与によって教育の過熱という現象を引き起こした。これはアジア、その中でも特に教育と知識を与えることに特別な価値を付与する儒教的な伝統文化を有する社会において普遍的な現象である。こうした教育機会の開放や拡大と、新中国成立以降に確立した官僚主義的権威が圧倒した伝統的知識人の社会的地位とのあいだには、いかなる関係があるのか。市場構造に従属する教育、知識の商品化、市場教育の階層化と社会的階層化の関係、将来的に中国社会に構造的変化をもたらしうるさまざまな要素などが興味深い研究領域となってきた。

グローバル化と関係する越境空間の出現は、新たな多民族社会の形成の問題と関係する。義烏の国際市場と広東の労働市場では、アフリカ、アジア、中東出身の移民労働者と短期的、中期的に滞在する商人、および国際結婚による移民が、すでに中国の産業や経済の領域に現れ始めている。これらの国際移民は中国という地域社会をを構成する新たな要素であり、同時にかれらと中国人との結びつきが国家を越えたネットワーク社会を形成する。そのため、中国という国家がいかに一定の領土的境界を越えて出ていき、その政治的統制力がグローバル化に向かうのかを研究する必要がある。こうしたある地域に現れたさまざまな国籍の人々の存在と、かれらが形成する国家を越えたネットワークには、いわゆる「中華帝国」の新たな展開、あるいは中国を世界の中心とする伝統的な天下観のイメージを喚起させる可能性がある。経済問題以外では、親族集団におけるさまざまな社会制度、習俗、風俗、芸術、民間信仰、性などの問題についての研究が流行している。ヨーロッパの人類学者たちは、これまで国家の理念と道徳により否定されていたものがいかに公的な認可を得て、水面に浮上してきたのかを研究し、そこから市民社会論を開拓してきた。ここでは新たな貧困層、農民工あるいは流動人口と新たな中産階級が同じく中国社会を変える重要な動力となっている。農民と新たな貧困層は適応、抵抗、欺瞞などのさまざまな戦略によって国家に付与された環境下で自分たちを守ろうとしてきた。特に国家による新自由主義の導入後、国家はそれまでの福利保障制度を放棄した。ここでは現地の幹部も時に「人民」の一員、あるいは穏健な家父長として国家との共謀に参与した［Cho 2013, Solinger 1999］。

以上から、革命の意義が徐々に衰え、国家─社会関係への焦点が農民研究から都市の非農業人口（都市民、流動人口、外国人）に変わってきた。また、そこではそうした人々が経済的利益、すなわち個人の生活保障や福利、生活の安全を確保するために、国家に対してどのような反応（適応や妥協、あるいは共謀）をしてきたのかが重視されてきた。しかし、経済的発展は革命の性質や個人の社会空間を変えたわけではない。国家の巨大な力は容易には変化しえないのである。よって、我々がもしプライベート領域のみに焦点を当て、個人主義や抵抗、戦略といった用語で記述するならば、正確に中国の現実を把握することが困難になる。

このように、改革開放がもたらした市民社会形成の可能性を重視する政治学的研究と歩調を合わせ、社会人類学的研究においても、家族生活や婚姻の事例から個人あるいはプライベートな生活領域の拡大が分析されてきた。例えば、父母によって決められる伝統的な結婚のやり方に反対する自由恋愛や婚前の性交渉、婚前の妊娠、個人が決める結婚と離婚などの動向から、個人主義の実践あるいは社会空間の拡大といった現象が考察されてきた。しかし、こうした行為が絶えず増加することにはらむ深い意義や価値にはさらなる研究が求められる。恋愛結婚の増加は新たな婚姻法の実現による国家の公共圏の拡大ともみなしうる。あるいは、それは社会主義精神文明建設による風俗習慣の変更や、道徳を強調する国家に対する一種の抵抗ともみなしうる。ここで重要なのは、こうした変化が一つの方向に向かって進展するわけではないという事実である。個人主義あるいはプライベート領域の拡大、および個別的利害関係は、国家が政策化してこなかった、あるいは予想できなかった結果である。人民は国家の政策と理念を受け入れると同時に、それを利用して自分たちの欲望を実現する手段としてきた。上述の現象はこうした共謀の形式によって形成されたものである。よって、こうした現象を単純に市民社会に向かう変化だと解釈すべきではなく、「計画されていない」国家の理念と社会における伝統との意識的ではない共謀の現象と解釈すべきである。

我々は人民のこうした変化に注意を向ける必要がある。近年、国家はさまざまな文化運動や政策を展開し始めた。そうしたものには、国家がその経済的利益を確保することによって、非経済領域において人民の感情を生み出し、コントロールする運動、すなわち文化の政治が含まれる［Kim 2008］。例えば、「革命」に取って代わって大衆のあいだで流行中の「愛国」という用語がある。二〇〇〇年代以降、「愛国」や「文明論」は、特に「中華」の復興と再生に関する大衆の想像力を喚起し、絶えず愛国の理念的な志と感情を再生産してきた。現在、「愛国」は国家と人民が共謀する最も突出した公共圏である。人民は日常生活において、グローバル化によって実現するかに見える、国家を越えたモダニティを追求すると言いながら、かれらは瑣末なことで容易に国家主義と民族主義が関係する暴力性を伴う集団の心理的反応を形成する。

以上から、次のような国家—社会関係のモデルが見出される、(1)世界観と未来の創造という面で、信頼関係にありながらも国家と社会は競合する、(2)人民の実際の経験、現実に付与される価値や正当性の説明という面で、国家と社会は競合する、(3)歴史的記憶や表象の形式、イニシアティブの面で、国家と社会は競合する、(4)感情（emotion、sentiment）の面で、国家と社会はそれぞれ異なる関心を有し、両者は競合する。国家と社会それぞれの文化は上述のつながりにより政治的パフォーマンスが展開されることで形成される。

国家—社会モデルが適用されるもう一つの研究領域は民族関係である。九〇年代における限られた条件下において、新しい世代の人類学者（アメリカで博士号を取得した第一世代）は中国でのフィールド調査の実施を許可された。かれらはポストモダンの影響を受け、人々に隠された、あるいはかれらを抑圧する近代化の欲望がいかなる形式で現れるのかを中心に研究を行った。

アナグノスト［Anagnost 1997］やロフェル［Rofel 2007］は漢族社会に関する研究を行った。少数民族研究の主な焦点は歴史的記憶［Mueggler 2001］やアイデンティティの構成［Harrell ed. 1995, Litzinger 2000, Gladney 1991］であり、民族誌的事例から民族的アイデンティティの文化表象を示そうとしてきた［塚田編　二〇〇八］。実際上、費孝通が強調した多元一体論と文化自覚は相互に矛盾するテーマであり、多くの議論の資源を提供した［Dikotter 1992］。つまり、多民族からなる「中華人民共和国」という国家において、民族あるいは宗族集団という視点から国家—社会関係を考察することは興味深い人類学的テーマとなっている。言い換えれば、これは現代社会における中華論と天下秩序論の実践であり、さまざまな議題を生み出す研究領域なのである。

三　現代中国における宗族研究の国家―社会モデル

伝統的社会制度の変化（消失や再生を含む）への関心は、宗族や親族研究の領域においてより多く見受けられる。これらの研究は主に新たな環境への適応のメカニズムとしての伝統的文化体系の有用性あるいは意義を論じる。改革開放政策の開始以降、一部の西欧の社会学者と人類学者は親族形態の変化に着目し、親族を社会環境の変化に対する適応のメカニズムとみなした。かれらはそうした視座から親族を考察することによって中国社会の基本構造の変化とその特徴を捉えようとしてきた［Davis & Harrell eds. 1993, Friedman 2006］。

しかし、興味深いのは親族と宗族の研究はすぐに経済組織、労働、都市化、流動人口、消費生活などの研究に取って代わられてしまったことである。日本および韓国の人類学者には一貫して宗族および親族についての研究を行ってきた者もいるが、それも徐々に「過去の研究領域」になりつつある。また、中国の人類学者による宗族研究は主に東南部に集中し、村落研究と平行して行われてきた［銭杭　一九九三、一九九四、銭・謝　一九九五、聶　一九九二、瀬川　一九九六、Gao 1999、麻国慶　一九九九、Han 2001、潘　二〇〇二、周大鳴等　二〇〇三、王銘銘　一九九七、二〇〇四、張小軍　二〇〇四、周大鳴　二〇〇六、韓編　二〇〇九］。また一方で、歴史学者による宗族史と地方史を結びつけた研究も絶えず発表されてきた［陳支平　一九九一、鄭振満　二〇〇九、劉志偉　二〇一〇］。宗族および村落研究における異なる傾向は、おそらく研究者たちのあいだでの中国社会の現実に対する理解の違いを反映している。長期的な観点で中国を観察し、ポスト毛沢東時代の経済発展とそれに伴う社会問題に着目すると、中国人の世界において親族と宗族が占めてきた重要性と深刻性は相対的に弱まってきたかのようにみえる。しかし、近年の経験からは、親族と宗族が中国において依然として、また改めて国家と社会の権力関係を決定づける重要な政治的、社会的な資源をなしていることがわかる。問題は先行研究が主に宗族あるいは村落を一つの単位とみなし、そこに焦点を当て、その歴史的過程と地域社会の構造に関する記述をしてきたことにある。今後は国家の理念や体制と地方社会の伝統や宗族の戦略的選択とのあいだで引き起こされる相互的な社会的プロセスに関する分析と解釈を展開していくべきである、

そのために我々に必要なのはフリードマン〔Freedman 1958, 1966〕の研究を再読することである。彼は卓越した先駆者であり、総合的に中国東南部の宗族とその社会史に関連する資料と先行研究を分析し、国家―社会関係を宗族研究における重要なモデルとして提示した。後の人類学者たちは各々が行った人類学的研究によって彼の仮説の合理性を補足した。歴史学者の中には、フリードマンが理論的基礎とした資料の正確性という点から批判した者もいるが、考証学のレベルからみれば、逆にそうすることで研究を後退させているといえる。また、遷移および辺境の理論や、中原における宗族の形成とそれまでにその地域で形成された宗族の事例を用いて、フリードマンの仮説を批判した者もいる。こうした批判に明らかなように、フリードマンによる国家―社会関係の枠組みに基づく宗族のさまざまな実践状況に関する研究の理論的な重要性は軽視されやすかった。

歴史学者は往々にして、長期的な歴史を通じての一つの社会制度の発展に焦点を当ててきた。それとの比較で言えば、構造―機能主義モデルの人類学者は特定の社会的つながりと環境において、ある社会制度が有する意義と機能について分析する傾向にある。フリードマンは中原から東南部に移った人々の歴史的背景に着目した。彼はそうすることで宗族の発展過程とその構造的特徴に基づき、彼らがいかにその地域に定住し、その経済的、社会的地位を確保したのかという問題を検討した。また、彼は政治においてかれらが近隣および国家体系と結んだ関係を考察し、明らかにしてきたのである。フリードマンによるこうした先駆的な意義を持った研究の重要性は、地方社会において一定の経済的、社会的地位を有し、非対称性を有する多様な存在である宗族を通して、我々に国家と社会のさまざまな関係の形成過程と現実の理論的視点を提示してくれるところにある。つまり、彼の研究では宗族を多様

性によって構成される中国社会の制度装置の一つとして説明する視座が示されている。

筆者は研究の焦点を国家体制において、国家と社会の関係によって決定される行為者の立場あるいは主体性（人の主体性）に当てたいと考えている。例えば、それは社会主義体制の現代中国において、宗族という観点から国家と社会のあいだに形成される関係、および国家と社会のあいだで人びとがどのような立場にあるのかなどを考察することである。宗族組織とそれに関連する伝統文化の再生産に関する観察と分析を通して、我々は一方で国家と人々によって実践される文化のポリテリクスを理解しうる。また同時に、社会を構成するさまざまなカテゴリーと文化的背景を持った人々が、国家により操作あるいは再生産される、社会的条件に対応する過程と手段としての「文化の政治学」を理解することができる。

人々はローカル化した宗族（localized lineage）を地域社会（状況によっては、地域を越えたより大きな地域社会）において権力、文化および社会的名誉を獲得するための基盤とみなす。政府は国家の絶対的な統治権を構築する過程において、宗族組織を部分的に禁止、破壊した。同時に国家は農民をその統治下におくために宗族の土台である道徳性や社会性といった資源を利用した。人々は自覚的にこうした現状を踏まえて、反省的に自分たちの伝統を評価し、国家との間でのさまざまな形態の妥協や共謀を戦略的に採用した。こうした意義から、我々は現代に入って以降、宗族がさまざまな形式によって国家に対応あるいは適応してきた理由を理解しうる［金光億一九九六、一九九八、二〇〇五、二〇〇六］。

改革開放政策の施行に伴い、今日の中国漢族社会において宗族復活の特徴を持った活動が増加している現象に対しては、さまざまな解釈がなされてきた。一つは国家主義的観点から、宗族復活を革命や国家の文化的性質に対する反動とみなし、宗族復活に対して否定的な評価をするものである。もう一つは抵抗論の観点から、宗族の有用性を国家が担いえない個人経済と福利の資源を開発する戦略論として、あるいは市場経済と脱集団化によって引き起こされた新たな競合環境に適応するための社会経済的資源として解釈するものである。

海外の華僑資本や海外華人の祖国訪問の呼び込みは、中国の国際ネットワークなどを拡張することによるグローバル化時代における適応とみなされる。これは国家が意図する、一種の政治、経済活動に呼応した、国家と社会の共謀現象である。そのため、宗族の復興や宗族ネットワークの拡散は、国境の横断や国境と地域からの離脱が形成するグローバル化の一種の企て、すなわち国家を越えたネットワーク社会と流動空間を形成するものと解釈される。都市化、都市空間、流動人口、移住、国を越えた移動などの用語が絶えず概念化され、宗族ネットワークも新たに新しく、重要で有効な文化装置として評価されてきた。

ここからいえるのは、国家が新たな想像上の国家を生み出し、そこから人々の感情と熱情が引き起こされるということである。宗族文化の復興と再創造の現象は、このような感情の政治学と想像の政治学の枠組みによる、中華の再創造であり、天下秩序への郷愁を引き起こす文化の政治であると解釈される［Kim 2008］。世界文化遺産登録、歴史遺産の発掘、保護、復元などの事業、テレビでの連続歴史ドラマにおける基本的観点の変化、映画と音楽における「赤い記憶」の再生産などの文化現象に含まれる意義などのテーマは、上述の解釈にとって人類学の新たな研究領域となりうるし、宗族研究に新たな地平を開きうるものである。

しかし、宗族研究の主な背景はこうしたイデオロギーや体制改革のプロセスに限られたものではない。我々にはこのような体制の問題を越えて、次の二点に注意を向ける必要がある。第一に、中国は長い歴史を有する国家と儒教文明の歴史をもつ複合的な国家社会だということである。第二に、人類の制度と行為が経済的利益のみを追求するものではないということである。いずれにせよ、歴史的記憶は文化伝承のメカニズムによって歴史的経験を共有しない年代の人々にも埋め込まれているため、人々は歴史的な意識と記憶から完全に抜け出すことはできない。経済発展に伴い、すなわち経済合理性の追求により、伝統的制度と文化体系は消滅するという前提を持つ者がいるが、まさにカール・ポランニーが言う「全体論」［Polanyi 1944］が不可分なもののように、経済は政治文化性を有する。

また一方で、国家と社会の関係と、中央と地方の関係は連関している。我々には中央政府と地方政府のあいだでのローカルな伝統、あるいは地方性をめぐって展開される競合と妥協についても考察する必要がある。「地方」と「人民」の伝統の再生産は国家に対する抵抗ではなく、国家と社会の共謀である。こうした共謀は一見すると経済的利益を画策する合理的手段のように見えるが、掘り下げて見れば、それは政治文化の欲望により引き起こされたものだということがわかる。また、こうした欲望は国家と人民がそれぞれに持ちうるものである。この意味において、文化の生産と実践およびその正当性の問題は、国家―社会関係の観点からあらためて検討されるべきである。国家と人民、二つのレベルそれぞれで進む宗族文化の再建、あるいはその現代的な創造は、儒教的な価値観を基準とした地方と人民の文化的アイデンティティおよびその実践を確立する。人類学はこれら二つのレベルがいかに調整、妥協、共謀するのかを分析すべきである［金光億　二〇〇〇］。

宗族組織の形態とその活動はその土地により異なる。しかし、筆者がフィールドワークによって明らかにしたのは、そうした差異がありながらも全体としては、強大で急激に強まる国家権力の前で個々人の力ではなす術のない人々が、自分たちの空間を確保するため、宗族復興を一種の戦略として用いているということである。彼らは、いつも自分たちの文化的枠組みを用いて、経験してきた歴史を定義し、しかも国家に公式なものと認定されない歴史的記憶やプライベートな歴史を、かれらの言説とやり方によってかれら自身の歴史的記憶として記録し、世代を越えて伝えていくことを望んでいる。また、かれらは国家によって規定、管理、監督される現実世界の境界線を越えて、かれら自身の想像の共同体を構築する。さらに宗族に関連する文化の再現と復興のプロジェクトは、国内で広大な地域間のネットワークを、さらに東南アジア、欧米諸国において国家を越えたネットワーク空間を構築している。よって、革命イデオロギーを論じる当局の言説の下、国家と農民は非公式に共謀し、日常生活における宗族の再生産を試みている。国家は宗族を海外の華僑資本を集める一種の有効な制度とみなし、宗族を中華文明の主導権を確保するための文化資本と定める。国家と共有するいわゆる中華文明や文化遺産などの概念によって、農民は宗族を国家からの干渉を越えたものとみなし、かれら自身の文化的世界の空間を構築するのである。

相対的に弱い立場におかれた農民は宗族の可視化を通して、自分たちの力の存在を確認しようとする。こうしたエンパワーメントの過程において、かれらは政府や国外華僑の親族による介入を反動的な過程として受け入れている。これは政府が単純に一方的に人民の力を貶め、抑圧するのではないということを意味する。人民は妥協や協議といった方法をとることにより、最終的には自分たちの声と空間を確保しようとするのである。

現代中国において国家が展開する文化運動は現代化とモダニティを強調する。しかし、注意深く観察すれば、これらが必ずしも伝統の全面的な否定や排除を意味するわけではないことが明らかになる。モダニティの想像において、それにそぐわない過去の概念や定義がかえって含まれるというのは興味深い現象である。よって、宗族概念およびそれに関連する伝統的活動が、さまざまな形式によって経済発展と同時に展開する現象は、上述の文脈において解釈しうるのである。

結論

以上のように、国家—社会関係のパラダイムによる中国の社会制度や文化実践に関する解釈には大きな魅力があり、また重要な試みでもある。しかし、実際に人類学的方法によって研究を実施することには多くの困難が伴う。また、こうした問題は中国社会の特徴によってもたらされているといえる。ある研究者は中国を、広大な領土を一つの統一された国家体制においてつなぎとめられた法人化国家（corporative nation-state）と定義する。多民族集団のあいだでそれぞれが勢力を保持する国家に比べ、その社会はさまざまな異なる要素によって形成された想像の共同体としての側面が顕著である。

中華人民共和国という国家共同体には、さまざまで相互に矛盾をはらむ集団と性質が存在する。よって研究者は誰が社会を定義するのかを分析する必要がある。たとえば、国家がいかに社会と人民を分類し、評価し、定義するのか、人類学者に研究されている社会と人民がどのように位置づけられ、存在するのか、市民社会に関する議論における主体とは誰か、言説を生み出す者は誰か、国家、知識人、外国の知識人（特に中国を研究する研究者）、農民知識人とよばれる人びとがどのような視座から意見を述べ、かれらの意見がいかなる力関係を形成するのかなどに留意する必要がある。

民族は国家によって分類された一つの社会および人民のカテゴリーである。中国を研究する際、我々は往々にして国家を漢族が主体となって形成した民族共同体とみなしてしまう。ここではあえて「漢族」ということばを使用しないことにする。それは、中国を漢族によって形成された単一の民族国家として描くことは、政府の公式レベルの中国—制度上の実際の単位と、漢族社会—理念的、習慣的な概念における単位とのあいだで混乱を招きやすいからである。よって、民族識別、民族間の文化接触と融合、国家の理念、中国を構成する民族文化の特徴とのあいだの関係は、中国研究におけるもう一つの重要なテーマとなる。

最後になるが、国家—社会関係を議論する際には、「企て」を把握することが重要になる。すなわちいかに政府の企てや人々の反応を把握できるかということである。筆者がこうした問題を提示するのは、研究者が往々にして知識人や政府の説明に依拠して民衆の立場を再現し、そのことによって再現された人民の立場が曖昧なものになってしまうからである。人民の本音は長期のフィールドワークによってのみ把握しうる。しかし、今の中国では学術に実用性が求められ、学術的な雰囲気は当面の社会問題に対して即座に診断と解決方を提供する社会政策学によって支配されている。こうした環境の中で、相対的に長い時間をかけて深く掘り下げた総合的なフィールドワークを実施する人類学的研究はおろそかにされがちである。その対策として人類学者たちはいま同時性的（simultaneuos）マルチサイテッド（multi-sited）の参与観察を試みているが、最も重要なのはいかに全体的に掘り下げた人類学的研究を行うことにある。

注

（1）本研究は韓国研究財団（KRFG 2009-342-B00022）からの助成を受けて実施された。
（2）革命の表現が妥当かどうかには議論の余地がある。筆者は中国の社会主義革命がいまだ継続中であり、ただそこに方法上の修正があるに過ぎないと考えている。

参考文献

（韓国語）

金光億
一九九三「現代中国의 民俗復活과 社会主義精神文明運動」『比較文化研究』一：一九九―二三七。

一九九六「現代中国에서国家와社会의関係――家와宗族을中心으로」『地域研究』五（二）：八五―一一六。

一九九八「現代中国農村에서共同体理念의基盤」『農村社会』八：一三〇―一六〇。

二〇〇〇『革命과改革속의中国農民』서울：集文堂。

二〇〇五『宗族과民族――그単一과普遍의神話를넘어서』서울：아카넷。

二〇〇六「現代中国에서의国家와社會의関係――宗族과地域社会의文化와權力構造」『韓国文化人類学会』三九（二）：三―四四。


（日本語）

韓敏編

二〇〇九　『革命の実践と表象――現代中国への人類学的アプローチ』東京：風響社。
聶莉莉
一九九二　『劉堡』東京：東京大出版会。
瀬川昌久
一九九六　『族譜――華南漢族の宗族・風水・移居』東京：風響社。
塚田誠之編
二〇〇八　『民族表象のポリティクス――中国南部における人類学・歴史学的研究』東京：風響社。
潘宏立
二〇〇二　『現代東南中国の漢族社会――閩南農村の宗族組織とその変容』東京：風響社。

（中国語）
陳支平
一九九一　『近五〇〇年来福建的家族社会与文化』北京：三聯書店。
劉志偉
二〇一〇　『在国家与社会之間』北京：中国人民大学出版社。
麻国慶
一九九九　『家与中国社会結構』北京：文物出版社。
銭　杭
一九九三　「現代化与漢人宗族問題」『上海社会科学院学術季刊』第三期、一四八－一五六。
一九九四　「中国当代宗族的重建与重建環境」『中国社会科学季刊』第一巻。
銭杭・謝維揚
一九九五　『伝統与転型――江西泰和農村宗族形態』上海：上海社会科学院出版社。
王銘銘
一九九七　『村落視野中的文化与権力』北京：三聯書店。
張小軍
二〇〇四　『渓村家族』貴陽：貴州人民出版社。

二〇〇四　『藍田』北京：三聯書店。
鄭振満
二〇〇九　『郷族与国家』北京：三聯書店。
周大鳴等
二〇〇三　『当代華南的宗族与社会』哈尔濱：黒竜江人民出版社。
周大鳴
二〇〇六　『鳳凰村的変遷』北京：社会科学文献出版社。

（英語）
Anagnost, A.
1997 *National Past-Times: Narrative, Representation, and Power in Modern China.* Durham: Duke University Press.
Anderson, B.
1991 *Imagined Communities* (revised). London: Verso.
Cho, Mun-young
2011 "We are the State': An Entrepreneurial Mission to Serve the People in Harbin, Northeast China. "*Modern China* 37 (4): 422-55.
2013 *The Specter of "The People": Urban Poverty in Northeast China.* Ithaca: Cornell University Press.
Cohen, A.
1983 *Symbolic Construction of Community.* London: Tavistock.
Davis & Harrell (eds.)
1993 *Chinese Families in the Post-Mao Era.* Berkeley: University of California Press.
Dikötter, F.
1992 *The Discourse of Race in Modern China.* London: Hurst & Company.
Freedman, M.
1958 *Lineage Organization in Southeastern China.* London: Athlone.
1966 *Chinese Lineage and Society: Fukien and Kwangtung.* London: Athlone.
Friedman, S.

2006 *Intimate Politics: Marriage, the Market, and State Power in Southeastern China.* Cambridge, Mass.: Harvard University Press.

Gao, M.

1999 *Gao Village.* London: Hurst & Co.

Gladney, D. C.

1991 *Muslim Chinese.* Cambridge: Harvard University Press.

Han Min.

2001 *Social Change and Community in a Village in Northern Anhui, China.* Osaka: National Museum of Ethnology.（韓敏　二〇〇七『回応革命与改革——皖北李村的社会変遷与延続』江蘇人民出版社）。

Harrell, S. (ed.)

1995 *Cultural Encounters on China's Ethnic Frontiers.* Seattle: University of Washington Press.

Kim, K. O.

2008 "Reflections on China's Power." Keun Lee, Joon-Han Kim, Wing Thye Woo（eds）*Power and Sustainability of the Chinese State.* pp. 11-30. London: Routledge.

Kipnis, A.

1997 *Producing Guanxi.* Durham: Duke University Press.

2007 "Neoliberalism Reified: Suzhi Discourse and Tropes of Neoliberalism in the People's Republic of China."*Journal of the Royal Anthropological Institute* 13: 383-400.

Li, Z.

2001 *Strangers in the City.* Stanford: Stanford University press.

2010 *In Search of Paradise: Middle-Class Living in a Chinese Metropolis.* Ithaca: Cornell University Press.

Litzinger, R. H.

2000 *Other Chinas.* Durham: Duke University Press.

Muggler, E.

2001 *The Age of Wild Ghosts.* Berkeley: University of California Press.

Ortner, S.

1984 "Theory in Anthropology since the Sixties." *Comparative Studies in Society and History* 26（1）: 126-166.

Polanyi, K.

1944 *The Great Transformation.* New York: Farrar & Reinhart.

Potter, J. and S. Potter.

1990 *China's Peasants: the Anthropology of a Revolution.* Cambridge: Cambridge University Press.

Rofel, L.

2007 *Desiring China: Experiences in Neoliberalism, Sexuality, and Public Culture.* Durham: Duke University Press.

Scott, J.

1985 *Weapons of the Weak.* New Haven: Yale University Press

1990 *Domination and the Arts of Resistance: Hidden Transcripts.* New Haven: Yale University Press.

Shue, V.

1988 *The Reach of the State.* Stanford: Stanford University Press.

Siu, H.

1989 *Agent and Victims in South China.* New Haven: Yale University Press.

Solinger, D. J.

1999 *Contesting Citizenship in Urban China: Peasant Migrants, the State, and the Logic of the Market.* Berkeley: University of California Press.

Walder, A.

1986 *Communist Neo-Traditionalism.* Berkeley: University of California Press.

Watson, R. (ed.)

1994 *Memory, History, and Opposition under State Socialism.* Santa Fe: School of American Research Press.

Yan Yunxiang

1997 *The Flow of Gifts: Reciprocity and Social Networks in a Chinese Village.* Stanford: Stanford University Press.

2003 *Private Life Under Socialism.* Stanford: Stanford University Press.

Yang Mayfair Mei-hui

1994 *Gifts, Favors, Banquets: The Art of Social Relationships in China.* Ithaca: Cornell University Press.

第一一章　清代台湾におけるエスニシティと郷紳エリート
――一八〇三年の孔子廟再建を事例として

マイロン・コーエン（Myron L. Cohen）（河合洋尚訳）

はじめに

清朝後期の中国において、紳士階級が社会と行政の中間的な立場にあったことはよく知られている。中央政府や現地行政で働く中国の官僚は、ほとんどが「進士」や「挙人」の位をもつ紳士階級の出身であった。紳士には、さまざまな階層があり、上の位も含んでいる。だが、社会的に最も重要な区別は紳士と平民であり、紳士の間の階層は同じようにみられていた。紳士は、社会的地位があり、平民と区別されてはいたが、村落や都市近郊にある地方コミュニティの成員でもあり、それゆえ地位のない大多数の成員とも社会的に近しかった。田舎の役職かそれ以上の役職に配属される政府の役人は、同じく紳士であることから、常に現地の紳士と容易に交渉することができた。実際に、地方行政の施行においては、こうした交渉や協力があてにされていた。コミュニティの人々と社会的に近しい紳士は、通常の状況にあれば、税の徴収にみるように、コミュニティが帝国の指示に従うことを保証した。同時に、地域に不満があれば、紳士はそれを配属された地方の判事に代理で伝えることもあった。

役人と紳士、紳士とコミュニティの人々の間の相互支援的なつながりは、長い間、帝国のルールを機能させるための基本的な枠組みであると考えられてきた。だが、国家と社会のそうした巧みな配置は、地方コミュニティの領域を超えて広がるアイデンティティ・ベースの居住単位には適用されなかった。これらの居住単位がいかなる関係をもつかは、帝国のルールを効果的に支える重要な要素とはみなされてはこなかったのである。ところが、清朝期中国の別の資料から確認できるように、地方共同体の間の敵対関係は、国家が維持しようとするバランスを崩すこともある。台湾がよい例である。清朝統治下の台湾では、今日ならばエスニック・グループとして区分されるだろう共同体間の敵対と結びついて、械闘が広まっていた。その対立の先鋭であったのは、広東省東北部から移民した客家語を話す人々＝客家と、福建省西南部の言語である閩南語を話す人々＝福佬であった。

一　孔子廟の石碑にみるエスニック・グループ間の葛藤

客家と福佬の主な競合の一つは科挙試験であった。広東省出身の客家は、自ら紳士の肩書きを勝ち取っていた。客家であろうと福佬であろうと台湾の紳士は、今の台南を行政の中心としていた。ここでは、郷・府・省など全ての行政機関につきものである衙門、孔子廟（文廟）、武廟、城隍廟が含まれており、帝国行政構造の秩序が表されていた。「重修府学文廟粤籍題捐碑記」と記された一八〇三年の碑文（以下、この碑文を刻んだ石碑は「広東の石碑」と称される――訳者注）からは清代台湾における帝国の地域社会の関係にまつわる興味深い情報をみてとることができる。そのテクストはインターネット上でみられる。[1] また、同年には「重修府学文廟閩籍題捐碑記」[2] と銘打つ別の碑文（以下、この碑文を刻んだ石碑は「福建の石碑」と称される――訳者注）もつくられた。前者は広東省の出身者、後者は「福建省の出身者」による寄付者の一覧が掲載してある。三つ目の碑文（すなわち「重修府学文廟碑記」――訳者注）は、事業を紹介したもので、寄付者の記載がない。本稿の付録には、三つの碑文の全文を掲載した。ただし、福建側の石碑は、比較の対象とするだけで、ここでは主な分析の対象としない。主な分析対象は広東側とし、広東の石碑の特徴を強調したり、省の区別をする事例を強調したりする時に限り、福建の石碑に言及する。
また、科挙制度と関連づける一方で、広東と福建の区別は、実際には客家と福佬というエスニック・グループの区別であったことを示す。公的な言説では、行政的な区分はエスニックな差異を上回る。一八〇三年、台湾は福建省の府であったが、ここには客家語と福佬語の話者がいた。いずれのエスニック・グループも祖先は中国大陸から移住してきたものである。

二　客家の寄付者リストにみる祖先

広東と福建の石碑には、中国の碑文と全く同じ書式で、修築の寄付者と寄付金が刻まれている。ここでは広東の石碑に記録された寄付を議論することにしよう。寄付者の一覧は、「粤籍題捐姓氏」から始まり、「公費捐共銀一〇三元」と続く。ただし、これらの基金の財源がどこであるのかは実際には明らかではない。その次には、寄付額の順に、寄付者の一覧が並んでいる。

広東の石碑にある寄付者一覧は、清朝期台湾の国家・社会として本質化できそうな相互関係にかかわるいくつかの問題を浮かび上がらせる。碑文に刻まれた一覧には補足情報がないため、特に台湾南部の客家居住区から大量の寄付があったかは定かではない。だが、寄付者として掲載されている実際の名前を見ると、ほとんどが個人名で寄付されている。他方で、寄付者の名前には、当時存在していなかった宗族の祖先名が少なくない。だから、石碑から読み取ることができなくとも、祖先祭祀集団がもつ系譜上のデータや記録から寄付者の情報を知ることができる。

筆者の分析では、掲載されている一〇八人の名前（一〇五人が寄付者で、三人が法務官）のうち、検証中の一九を除くと、五九が当時生きていた寄付者で、三〇が祖先であった。石碑に刻まれた祖先の名前をいくつか挙げていくと、下記の通りである。

・勅封文林郎林敏盛……一三八四年生まれ。広東省鎮平県金沙郷南山下の開祖である。特に現在の台湾屏東県万峦郷の林姓の間では大陸の祖先とされている。[3][4]

・勅贈文林郎黄日新……黄氏の嘉応州開祖である。黄二世祖嘗の会計簿では、「我々宗族の石窟（鎮平＝現在の蕉嶺にある）始祖は庭政公であり、二世（庭政の息子）は日新公と同派の日昇公（日新の兄弟）であった。日昇公の子孫は掲陽と新会（主に広東語を話す地域）に移住したが、我々の祖先（である日新公——訳者注）の子孫は程郷（現在の梅県——訳者注）、平遠、鎮平の各県（すなわち、ほとんどが客家である広東省嘉応州）のみに分布している。黄日新は、順帝統治期（一三三三—一三四一）（廟号であり、元朝の元統、至元、至正年間を統治した——訳者注）に生きた」と彼の系譜的位置の重要性が記されている。

・曽琛……台湾南部屏東県打鉄庄の開祖として崇拝されている。[5]

・張万三……張姓の広東開祖。明朝期に生きた。[6]

・劉宗遠……劉開七の孫。[7]

・劉永通……広東省嶺北一帯にある鳳嶺の開祖。[8]

・曽逸川……曽姓の中国大陸における開祖。

・呉千……呉姓の中国大陸における開祖。

・宋新恩……広東省の宋姓開祖。

・張仲謹……宋代の人物で、おそらく張氏宗親会の中心的な祖先。

・章伍斎……広東省鎮平県の章姓開祖。[9]

・邱耀廷……中国大陸の邱姓開先。
・頼顔祖……中国大陸の頼姓開祖[10]。
・鍾伯義……広東省嘉応州の鐘姓開祖[11]。
・奉直大夫鐘七郎……広東開祖の直系に属する主要人物。
・貢生林標楨……明朝期・中国大陸の林氏祖先。梅県藍芳の開祖。
・贈文林郎鐘秀文……鐘姓の広東鎮平県開祖。
・陳君霖……中国大陸の陳姓祖先[12]。
・邱雅淡……中国大陸の邱姓祖先。
・邱西湖……中国大陸の邱姓祖先。
・黄廷政……明朝期・中国大陸の広東省鎮平県嵩背開祖。上述のように黄日新は彼の息子である[13]。
・傅覿……広東省の地域的な開祖。
・李孜文……李姓祖先。
・傅双渓（傅双七）……傅姓の広東省開祖。
・曽存省……曽姓の祖先。
・曽存静……曽姓の祖先。
・曽徳光……曽姓の祖先[14]。
・鐘廷秀……鐘姓の祖先[15]。
・陳六一……陳姓の祖先。南宋の始祖[16]。
・鐘冰振……鐘姓の広東開祖。

三　祖先祭祀集団からの寄付

祖先の名義で大量の寄付をしたのは、個人ではなく、これらの祖先の子孫を名乗る集団である。これらの集団は、台湾南部の客家の間では「嘗（チャン）」として知られている。「嘗」は土地を所有し、収益は分けられ、祖先祭祀をともに行う。他方で、神を焦点とするもう一つの集団は「会（ホイ）」と呼ばれる。後者の集団は地域的に非常に重要ではあるが、孔子廟への寄付者はなかった。「会」が崇拝する対象は神々であり、人間の英雄の力を示そうとする儒教とはそぐわないからである。「嘗」と「会」は、台湾南部の客家社会においては鍵となる社団である。それらは、寺院の建設と修築、橋の修理その他、多くの事業に貢献した。例えば、一八九四年に修築された忠義亭（現在の屏東県にある客家連合軍の本部）（義民廟でもある――訳者注）の寄付者のうち、二五件が祖先祭祀集団、六件が祖先祭祀集団ではない団体、四件が企業、二三件が個人の寄付者であった。祖先祭祀集団のなかで注目に値するのは、上述の孔子廟の寄付者としても現れていた林敏盛と張万三の氏名が記載されていることである。下記の忠義亭の寄付一覧において、両者は、祖先祭祀集団の中心として明確に認識されている。

・徐敬修と曽在中の二人が再び銀二四員（員は元よりフォーマルな表現である――筆者注）をともに寄付。
・邱隆利の号が銀一〇大員を寄付。
・林長汀の嘗が銀八大員を寄付。
・呉文灝が銀四大員を寄付。
・林敏盛・広公の二つの嘗が共同で銀一二員を寄付。

・鍾徳重・邱均政・張万三・陳伯三・李作尚の五つの甞が共同で銀二〇員を寄付。
・八月十日に忠勇公が銀五員を寄付。
・林通昌、張作材、林任坤の五名が共同で銀二〇員を寄付。
・曽光祖の甞が銀四大員を寄付。
・□□荘義渡が銀六員を寄付。
・聖母会が銀二員を寄付。
・長興荘文聖会と関聖会が銀四員を共同で寄付。
・老潭頭天神会が銀二員を寄付。
・邱元程、智山、栄賓の三つの甞が共同で銀六員を寄付。
・林寛公の新旧甞が銀二員を寄付。
・邱雅飾、黄成恭、林迪亨、徐文礼、馮法遊の五つの甞が共同で銀一〇員を寄付。
・林寛公の新旧甞が銀二員を寄付。
・劉奇川、積善二の甞が共同で銀六員を寄付。
・□仁堂、李徳宏、鐘□添の三名が共同で銀□□員を寄付。
・廖雲鵬が銀□員を寄付。
・黄順記、李才徳、鐘宗宙、邱卓麟、陳桂六、陳桂八の六名が共同で銀□□員を寄付。
・傅殿邦が銀二員を寄付。
・曽□琳の甞が銀二員を寄付。
・頭崙、南勢の忠勇公が銀二員〔を寄付〕。

・黄連興が銀三員を寄付。
・李徳林が員二員を寄付。
・邱国楨が銀四員を寄付。
・麻坑黄篤諠、素雅（二）の嘗が銀四員を寄付。
・鄭煥文が二員。
・李傅春が一員。[17]

「嘗」や「会」といった地域社団が重要な役割を果たしたことを強調する寄付者の事例をさらに挙げることはできるが、孔子廟に限って言うと、寄付をした祖先祭祀集団は、彼らの地域コミュニティをはるかに超えた次元で働いていた。

四　客家の祖先祭祀集団

祖先祭祀集団は、崇拝対象が大陸の祖先であるか台湾の祖先であるかにより、二つのカテゴリーに分けられる。個人はいくつもの組織に参入できるので、成員ごとに組織をカテゴリー化して理解することができない。大陸の祖先にまつわる祭祀集団では、周朝の祖先である陳胡、漢朝の高官である肖何、もしくは新儒教の学者である朱子、宋大の学者・役人である廖光景など、各姓の国家レベルの創始者が祀られる。また、国家レベルまでとはいかない祖先がこの石碑の一覧で見受けられることも、注目に値する。こうした一覧は、祖先のイコンを示すというよりは、むしろ国家の階梯構造を体現したものであると考えられるだろう。

祖先祭祀集団の崇拝対象となっている大陸の人物の多くは、地域的な始祖であり、位牌の文字にもみられる者たちである。祖先祭祀集団は、最大の組織もそうであるが、福建省や広東省にある客家の本拠地で開祖となった地域的な祖先を祀っている。その地域的な主な開祖たちは、台湾と大陸の客家地域でとくに知られる存在であったし、今でもよく知られている。開祖の名前は祠堂の中央に据えられた位牌に刻まれており、世代の近い祖先の位牌とともに置かれているから、人々は、いつもこれらの祖先の名前を見ているのである。また、祠堂には、梅県や鎮平だけでなく、郷や保、大規模な宗族の始祖など、より低位の地域的な祖先も飾られている。

相対的に離れた中国大陸の祖先をもちだすことで、中国の異なる村落から遅れて台湾に移住した多くの人々まで、台湾に早くから居住していた漢族であるとして一括りにすることができる。各々の祖先祭祀集団は土地を所有する団体であり、組織の成員は分け前をもつからである。成員には、紳士や他の地域エリートだけでなく、普通の農民もいる。祖先祭祀集団で分け前をもつ者がより多くの組織に加入したり、組織の分け前を売買したりすることも常であった。祭祀集団は、地域のさまざまな事業に資金を（個人とともに）寄付した。ただし、孔子廟の修築事業への寄付は、この事実より広い意味合いをもっているように思える。孔子廟が国家の施設であったため、いくつかの決定的な違いがあったのである。

まず、孔子廟の碑文は、寄付者が生きているかどうかを問わない。換言すると、祭祀集団は誰が寄付したのかを団体として把握しておらず、馴染みのある系譜的に早い祖先を除くと、寄付者が当時生存する祖先だったのかを確かめる方法がない。上述の事例で見てきたように、このことは客家地域において「嘗」や「会」としばしば認識される法人がおこなう廟や、その他への寄付と比べると対照的ですらある。科挙制度と結びつけて祖先に敬意を払うとすることが、理由の一つといえるだろう。儒教や儒学者への崇拝と結びつけることで、地域社会でそうした重要な役割をもつ祖先に国家的な合法性を与える意味があると考えられる。このことは、祭典を通して国家のパンテオンに位置づけている点で、帝国による地方神の標準化の過程と似ている。ただし、ここでは地域社会の力により、紳士により先導されることで、帝国の制度と結びつこうとする過程が見受けられる。孔子廟の修築に寄付をした祖先祭祀集団は、エリートよりも普通の成員が多くを占めており、紳士の立場は明らかであっても、台湾南部の客家地域では普通の人が帝国の政策や事業の担い手となっていたのである。彼らが帝国への忠誠を表現し強化していたことは、客家軍が反清朝勢力の動乱を鎮圧する政府の助力に何度もなってきたことにも表れている。

五　客家―福佬間の対立

こうして促進された帝国の合法化は、この期間、客家と福佬の間の緊張関係によっても支えられていた。客家と福佬が個別の寄付碑をもつように、彼らの対立は、帝国の制度のなかにも表れていた。ただし、石碑では寄付者が客家ではなく広東省出身者であると書かれており、もう一つの石碑が福建省出身者とあるように、このエスニックな対立は国家レベルでは表面化せずに、ルーツとなる省を基準に区別されていた。実質的には客家と福佬の違いであっても、中国の行政地図上の位置と関連づけ、イデオロギーがかったやり方で承認されてきたのである。換言すると、帝国側からすれば、両者の差異は、言語や習慣などの違いではなく、中国や漢族というより大きな範囲における地域的な特色として表されていた。帝国のルールにおいて、ローカルな特徴は中国の行政地図における一地域とその住民という枠組みに入れられるのであり、それ以外の特別なアイデンティティが付与されることはなかった。

だが、清朝の役人は、台湾においてそうした差異が単に省の出身地域に限られなかった事実を、ほとんど隠していなかった。彼らは、広東省出身者である「粤民」が客庄に住む客家（文献では「客子」と記載されている）であり、客家と福佬が対立していることをよく知っていた。(18) 換言すると、台湾に駐在する清朝の役人は、中国大陸の地域的なアイデンティティを基盤とするエスニシティの対立や社会的連帯を、うまく利用していたのである。清朝の役人は、福建省、広東省という大陸のルーツにもとづき寄付碑を立てることで、台湾社会における差異と緊張を調節し、それを中国の帝国地図に位置づけることで中立化しようと試みた。だが、客家―福佬のエスニックな権力闘争が台湾を揺り動かしていたことも、両者の似通った石碑にはっきりと表されている。客家の石碑〔広東の石碑を指す――訳者注〕には、清朝への忠誠心がエリートにとどまらず六堆客家社会の基本組織にまで浸透していることを強調するため、最近移民してきた外来人口を含むさまざまな祖先が記載されていたのである。客家は、国家への忠誠を示し帝国での市民権を得る形でエスニシティを再構築し、他方で国家は、この忠誠心を望み必要としたがゆえに独自の石碑を客家にもたせ、その存在を表明するよう融通をつけてきたのである。

六　客家の石碑と福佬の石碑の比較

福佬の石碑〔本稿では福建の石碑を指す――訳者注〕はかなり異なる。確認できる限りにおいて、寄付者一覧には祖先が含まれておらず、全てが個人の寄付者で、若干企業が含まれている。福佬の寄付者および彼らが寄付した金額は、広東の石碑のそれをはるかに上回っている。この対比を説明するため、今ここで、双方の最初の一〇名の寄付者リストを見ていくことにしよう。福建の寄付者は以下の通りである。[19]

①欽加按察使銜台湾兵備道兼提督学政遇昌が銀三〇元を寄付……遇昌は満洲人の高官である。台湾府の知府を務めた。

②簡調台湾府世堂慶保が銀一〇〇元を寄付……慶保は満洲人の別の高官である。泉州府の知事で、それから台湾府の知府となった。

③前任台湾府正堂呉逢聖が一〇〇元を寄付……呉逢聖は漢族の高官である。安徽人。台湾府で知府を務めた。

④台防分府延青雲が銀三〇元を寄付……延青雲は山西人で、漢族の役人である。台灣府海防兼南路理番同知〔海上防衛と原住民統治を統括する実質上の副知事——訳者注〕を務めた。

⑤鹿港海防理番分葉宝書が銀三〇元を寄付。葉宝書は浙江省の漢族である。鹿港の会館貿易を担当し、一八〇二年に上述の延青雲から役職を引き継ぐ。

⑥州同知林文濬が銀一〇〇〇元を寄付。林文濬は鹿港の豊かな商人の出身である。ここでは行政長官の補佐である州同の称号が与えられている。台湾の廟で多くの寄付をなしたことで知られる。

⑦中書科中書林朝英が銀五〇〇元を寄付。林朝英は、台湾生まれの漢族で、台南の豊かな商人の出身である。中央政府（北京）の地位である中書科中書の称号が与えられている。画家・書道家としても知られている。

⑧武生何元英が銀四〇〇元を寄付。何元英は、中国福建省から今日の台湾嘉義地域に移住した豊かな土地開発者であった。「武生」の称号を与えられた。

⑨候補訓導呉世同が銀三二〇元を寄付。呉世同は、台湾中部の豊かな土地所有者であり開発者でもあった。地方レベルかそれよりも高い候補訓導の称号が与えられた。

⑩候補通判呉春貴が銀三〇〇元を寄付。呉春貴は、台南で生まれた台湾人である。嘉義と台湾諸地域における清朝の塩租税の管理で裕福になった。候補通判の称号が与えられた。

注目に値するのは、福建の石碑に記載された最初の五名は、台湾に配属されたかなり高位の役人であったということである。そのうち最初の二人は満洲人で、続く三人は漢人であった。最初の三人は異なる時期に知府として勤務しており、台湾府に配属された最も位の高い役人であったといえる。また、これら三名の漢人の役人には、重要な役職が与えられていただけでなく、このレベルの任命で確実に適応される「回避制度」〔高官が自身の本籍地で官職につくことを避けねばならないとする帝国期の制度――訳者注〕が適応されていた。他方で、残りの五名の寄付者は、台湾の裕福な家庭の出身であり、いずれも政府の官位をもつ者として挙げられている。ただし、彼らは、最初の五名に比べればかなり低いランクであり、地方の長官より下のレベルにあった。それゆえ、「回避制度」の影響は受けなかった。孔子廟のような政府の活動に多額の寄付をしたことへの報酬として、称号が与えられた可能性もある。

次に広東の石碑に移るとしよう。上位一〇名の寄付者は、以下の通りである。

①勅封文林郎林敏盛……祖先。上記を参照。
②陳宗器……乾隆五三（一七八八）年の林爽文の乱を鎮圧した武挙人。[20]
③職員林楫芳……台湾南部・六堆客家軍の右堆総理。ここでは「役人」として認識されている。美濃〔瀰濃ともいう〕地域の最初の入植者の子供。
④勅贈文林郎黄日新……祖先。上記を参照。
⑤何滄梅……美濃の初期の入植者で、大陸から来て台湾で豪商となった。
⑥葉孫奎……豊かな平民だったようである。他の寺廟にも寄付をしている。
⑦曽琛……祖先。上記を参照。
⑧林蕙芳[21]……祖先。上記を参照。
⑨張万三……祖先。上記を参照。
⑩劉宗遠……祖先。上記を参照。

広東の石碑で記載されている最初の一〇名の寄付者のうち六名が祖先であることは、福佬の石碑と明確に異なっている。また、この二つの一覧をよく比較すると、他にも多くの違いがあることが分かる。第一に、広東の石碑の寄付者は、福建のそれに比べると、階級の面でかなり見劣りする。後者には、福建省の居住者、中国帝国の他の地域、役人として台湾で働く漢人と満洲人がおり、なかには台湾府のかなり高位の官職についている者もいた。だが、広東の石碑を見ると、最初の一〇名のうち最も位の高い寄付者は武挙である。広東の一覧の下方にはより位の高い文挙もいるが、福建のトップ・ランキングの寄付者とは比較にならない。だから、広東の石碑では、帝国で高位の官職を与えられた祖先の氏名が、その称号とともに記載されているのである。祖先の称号は、過去の王朝で過去の皇帝により与えられたものである。広東側は、祖先の称号を入れることで、福建側の石碑にある印象的な資格証明と少しでも釣り合いを取ろうとしたのである。

結論

台湾南部の客家は、寺廟の建設・修築や多くの他の公共事業で見られたように、孔子廟修築の寄付に関して祖先祭祀組織である「嘗」から資金を捻出していた。福佬による寄付とは、いくつかの違いがあった。まず、非親族組織や「会」の寄付者がみられなかったことは注目に値する。

次に、祖先の名前しか確認できないため、石碑を見ただけでは祖先祭祀集団が寄付したことを読み取れない。このことは、他の多くの寄付者一覧と異なる点である。

最後に、これまで見てきたように、帝国により高位の称号を与えられた祖先の名前を確認することができるが、これも他の寄付一覧ではみられない行為である。寄付者一覧を記した石碑の設置は、通常、地域の利益のために、地域コミュニティの範囲内でおこなわれる。だが、広東の石碑が他と異なっているのは、大陸と台湾の双方の寄付者が書かれるなど、国のレベルでの社会的動員を表しているという事実である。広東の石碑が表していたのは、客家と福佬とのエスニックな競合であった。その競合は金銭的なものではない。福建の石碑にある寄付金は、広東が示すそれをはるかに超えていたからである。広東側の寄付金の総計は八九六元であり、福建側の最も多い個人の寄付金である一〇〇〇元にも及ばない。実際のところ、国家の水準において、客家はあらゆる面で福佬より見劣りしていた。だからこそ、客家は、祖先を含むあらゆる資源を稼働させて、福佬の脅威に対抗しようとしてきたのである。

付記〔原文に従い繁体字表記とする――訳者注〕

① 重修府學文廟碑記

自古學校興而人才出。我國家文德覃敷，聲教廣被，山陬海澨，靡不悦禮樂而敦詩書已。臺陽孤懸海外，自入版圖以來，涵濡聖澤，百有餘年，士習文風，蒸蒸日上。茲郡學宮歳久傾圮，無以肅宮牆萬仞之觀。孝廉郭紹芳等倡率捐修，經始　於嘉慶辛酉孟冬，迄癸亥仲春告竣。宏整美麗，視昔有加，學校氣象，煥然一新。洵足仰副聖天子作人雅化；而益以見諸紳士之敬謹襄事，其來有自也。是為記。

欽加按察使銜臺澎兵備道、兼提督學政、加五級、紀錄十次遇昌，簡調臺灣府正堂、加五級、紀録十次慶保同恭紀。

嘉慶八年歳次癸亥瓜月吉旦泐石[22]

② 重修府學文廟粤籍題捐碑記

粤籍題捐姓氏：

公費題捐共銀一百零三元。

敕封文林郎林敏盛、陳宗器，各捐銀三十元。職員林楫芳捐銀二十元。敕贈文林郎黃日新、何滄梅、葉孫奎、曾琛、林蕙芳、張萬三，各捐銀十六元。劉宗遠捐銀十四元。監生鍾子珍、職員古光純、劉永通、曾逸川、吳千、宋新恩、張仲謹、章伍齋、邱耀廷、賴顏祖、鍾伯義、吳克俊、李西安，各捐銀十二元。奉直大夫鍾七郎、貢生林標楨、贈文林郎鍾秀文、監生李榜華、生員李建猷、張廣學、陳君霖、黃成恭、謝蘭芳，各捐銀十元。

劉順宗、邱雅淡、邱西湖、劉英輝、林廷禮，各捐銀八元。鎮標守備黃清泰、舉人賴熊飛、廩生李培元、監生劉達峯、監生馮家簡、生員黃粵光、職員吳萬光、黃廷政、劉訓運、傅覲、李孜文、李就林、鍾淳篤、傅雙溪、陳百三、曾存省、曾存靜、賴聯峰、章榮喜、戴玉麟、陳時儉，各捐銀六元。生員吳占侯、徐洪、徐學政，各捐銀五元。廩生林筠、監生溫橋、監生李瑞光、鍾璣江、曾德光、鍾廷秀、楊泮材、生員劉應銓、職員黃纘寶、職員李纘芳、李昌元、職員鍾瑞川、曾進文、朱捷新、謝榮周、涂德超、馮玉林、羅朝科、范連昌、葉亨東、林春崇、陳六一、鍾冰振、李友慎、鍾開華、傅維敏、徐再峰、徐經友、彭興鳳、徐毓顯、徐飛龍、徐欽、謝惕創、謝榮一、謝宗瑞、謝尚旺、賴用散、賴永章、賴達經、梁其清、李獻禮、黃壁泰、劉觀熊、黃兆信，各捐銀四元。

勸捐：廩生劉繩武、生員李麟虎、張直。

嘉慶癸亥葭月吉旦[23]

③　重修府學文廟閩籍題捐碑記

欽加按察使銜臺灣兵備道兼提督學政遇昌捐銀三十元。簡調臺灣府正堂慶保捐銀一百元。前任臺灣府正堂吳逢聖捐銀一百元。臺防分府延青雲捐銀三十元。鹿港海防理番分府葉寶書捐銀三十元。

州同知林文濬捐銀一千元。中書科中書林朝英捐銀五百元。武生何元英捐銀四百元。候補訓導吳世同捐銀三百二十元。

候補通判吳春貴捐銀三百元。黃合興捐銀二百五十元。監生陳啟善捐銀二百四十元。廩生黃化鯉捐銀二百二十五元。武舉蔡耀仁捐銀二百二十元。

內閣中書陳作霄捐銀二百元。武舉林廷玉捐銀二百元。監生李義達捐銀二百元。監生方德顯捐銀一百陸十元。閩縣學訓導韓高翔捐銀一百五十元。歲貢生張振東捐銀一百三十元。貢生沈清澤捐銀一百二十元。奉政大夫蘇俊臣、衛千總楊振藩、清流學訓導郭邦獻、廩生張維新、廩生韓高瑞、廩生林維垣、監生陳啟良、生員紀邦傑、生員林瓊、武生張朝瑜，各捐銀一百元。

刑部主事韓高揚、貢生蔡邦光、生員林紹華、武生陳德馨、程文元，各捐銀八十元。廩生徐朝選、生員張正位，各捐銀柒十元。歲貢生楊肇基、監生楊肇第，各捐銀陸十元。候補浙江縣洪禧、生員劉其南、武生吳綿青、賴應熊、張興隆、莊德合，各捐銀陸十元。貢生陳青江、監生郭雲淵、監生杜天奎、生員歐陽晉、武生陳仁和、武生高騰飛、武生吳元仁、郭有德，各捐銀五十元。

舉人林毓奇、生員施邦俊、生員鄭德純、生員謝克明、生員黃廷輝、鄉賓張文資、林會川、楊海瑞，各捐銀四十元。興化府學訓導郭青雲、歲貢生曾王青、監生楊肇捷、監生許向陽、監生劉日純、監生賴宗英、生員郭廷樑、生員曾煥章、生員林奎章、生員郭高楷、生員王仕榮、生員蘇瓊捷、生員陳對揚、生員黃本淵、生員李為邦、生員鄭朝清、武生陳景來、武生曾廷琬、武生蕭兆龍、武生鄭捷輝，各捐銀三十元。武舉曾國材、歲貢生杜朝錦、廩生吳清時、廩生蔡攀桂、監生郭廷國、監生鄭則芳、生員蔡其哲、生員楊有瑛、生員吳聯芳、生員陳允中、生員黃游京、生員張振文、生員陳世桂、生員陳廷桂、生員蔡佳瑞、生員杜登雲、生員杜步蟾、生員施廷鏞、生員簡志仁、生員張如玉、生員陳蘊輝、生員鄭朝修、生員鄭朝吉、武生陳嘉猷、武生周聯標、武生郭榮五、鄉賓葉旁招、陳增輝、王天性、郭景榮、楊合順、陳兆澐、陳廷謨、陳克良、楊經謀、何亞崑、何國宗，各捐銀二十元。廩生楊登梯、生員楊廷輔、生員楊安泰、生員楊丕謨、各捐銀十柒元。監生王紹和、武生楊介謙、武生楊捷陞、各捐銀十陸元。歲貢生張廷欽、貢生黃昌盛、貢生黃昌選、監生陳可寄、生員鄭廷元、生員王瑤、生員王瑞、施嘉瑞，各捐銀十五元。監生周廷開、廩生甘作霖、生員顏清、武生倪大成、許陣，各捐銀十二元。舉人郭紹芳、武舉吳朝宗、貢生游化、貢生章甫、生員郭青峰、生員郭綏猷、生員林秉睿、生員盧時光，生員謝道南、生員郭廷材、武生陳大斌、武生張簡中、武生張簡輝、武生張簡新、林陟光、王琳，各捐銀十元。

拔貢生黃纘、生員郭廷爵，各捐銀八元。生員陳振元、生員黃日桂、職員嚴士杰、陳國英、鄭澄觀、賴文衡，各捐銀陸元。生員林大經、生員陳振曜、蔡應宜，各捐銀四元。

董事：舉人郭紹芳、武舉吳朝宗、歲貢生郭學周、歲貢生章甫、生員郭青峰。監收銀兩、候補詹事府主簿吳世繩。

嘉慶八年癸亥葭月吉旦立石(24)

注

(1) 台湾文献叢刊二一八『台湾南部碑文集成／丙其他（上）／重修府学文廟粤籍題捐碑記』http://hanji.sinica.edu.tw/?tdb=%BBO%C6W%A4%E5%C4m%C2O%A5Z（二〇一三年五月三一日にアクセス）。

(2) 台湾文献叢刊二一八『台湾南部碑文集成／丙、其他（上）／重修府学文廟閩籍題捐碑記』http://hanji.sinica.edu.tw/?tdb=%BBO%C6W%A4%E5%C4m%C2O%A5Z [accessed 2014. 11. 05]

(3) 黄建徳［二〇〇四］を参照した。

(4) 筆者が所有する写真集より引用。

(5) 日本統治期の土地台帳調査にて記載されていた。

(6) 李文良［二〇一一］を参照した。

(7) 劉・江編［一九六二］を参照した。

(8) 劉于銓［二〇一二：一五九］より引用。

(9) http://www.rjpxsdu.com/a/wangshangdubo/20131013/106.html（二〇一六年六月一七日にアクセス）。

(10) 黄建徳［二〇〇四：七〇］より引用。

(11) 黄森松［二〇〇六：六六九］より引用。
(12) 黄森松［二〇〇六：三一九］より引用。
(13) 黄森松［二〇〇六：三九九］より引用。
(14) 『曽氏族譜』系四〇［一九六七］を参照。
(15) 黄森松［二〇〇六：六〇六］より引用。
(16) http://www.nanchens.com/xqxx/xqxx09/xqxx09005.htm（二〇一五年一〇月二日にアクセス）。
(17) 瀚典二一八『台湾南部碑文集成／丙、其他（下）／重修忠義亭碑（乙）、重修忠義亭碑（乙）』光緒二〇年。http://hanji.sinica.edu.tw/?tdb=%BBO%C6W%A4%E5%C4m%C2O%A5Z（二〇一五年一〇月三日にアクセス）。
(18) 例えば、「広東饒平、程郷、大埔、平遠等県之人赴台傭雇佃田者、謂之客子。毎村落聚居千人或数百人、謂之客荘」（http://hanji.sinica.edu.tw/?tdb=%BBO%C6W%A4%E5%C4m%C2O%A5Z）、「其村落、閩曰閩社、粤曰粤荘。閩呼粤人為「客」、分気類積不相能、動輒聚衆持械鬥」（台湾文献叢刊一七『治台必告録／巻二／内自訟斎文集／記台湾張丙之乱』、http://hanji.sinica.edu.tw/?tdb=%BBO%C6W%A4%E5%C4m%C2O%A5Z（二〇一五年一〇月二日アクセス）とある。
(19) 中国版ウィキペディア（zh.wikipedia.org、二〇一五年九月三日にアクセス）を参照。
(20) 『台湾通史林爽文列伝』（http://www.dyps.tc.edu.tw/web_dali/06_extend_04.htm、二〇一四年一一月六日アクセス）を参照。
(21) 『藍坊済南林氏族譜』（1925, Vol.1, p.24）による。林蕙芳は一七二一年に生まれたので、石碑が立てられた時には八二歳になっていたことになる。おそらく彼の名でつくられた「嘗」により寄付されたのだと考えられる。後になされたいくつかの寺廟への寄付より、林蕙芳の「嘗」からの出資であることが明確に確認できる。
(22) 台湾文献叢刊二一八『台湾南部碑文集成／甲、記（中）／重修府学文廟碑記』（http://hanji.sinica.edu.tw/?tdb=%BBO%C6W%A4%E5%C4m%C2O%A5Z、二〇一五年一〇月八日にアクセス）。
(23) 台湾文献叢刊二一八『台湾南部碑文集成／丙、其他（上）／重修府学文廟粤籍題捐碑記』（http://hanji.sinica.edu.tw/?tdb=%BBO%C6W%A4%E5%C4m%C2O%A5Z、二〇一三年五月三一日にアクセス）。
(24) 台湾文献叢刊二一八『台湾南部碑文集成／丙、其他（上）／重修府学文廟閩籍題捐碑記』（http://hanji.sinica.edu.tw/?tdb=%BBO%C6W%A4%E5%C4m%C2O%A5Z/、二〇一五年一〇月八日にアクセス）。

参考文献

黄建徳
　二〇〇四　『万峦郷客家聚落嘗会之研究』国立台南師範学院台湾文化研究所修士論文。
黄森松
　二〇〇六　『美濃鎮百家姓——美濃鎮姓氏源流老夥房和新庁下』新北：今日美濃雑誌社。
李文良
　二〇一一　『清代南台湾「客家」的移墾与社会、一六八〇—一七九〇』台北：国立台湾大学出版中心。
劉阿享・江萬哲編
　一九六二　『劉氏大族譜』台北市：新遠東出版社。
劉于銓
　二〇一二　『六堆嘗会与地域社会——以弥濃旧聚落為例（一七三六—一九〇五）』国立台湾師範大学台湾史研究所修士論文。

第一二章　文字と権威――中国の公共的社会空間における毛沢東題字の可視化

韓　敏

はじめに

毛沢東時代（一九四九～一九七六）の中国において、北京をはじめ、中国の津々浦々の駅、学校、病院、工場、民家、職場、新華書店、郵便局、新聞、観光地などの公共空間に毛沢東の塑像、ポスター、毛字体の題字が遍在していた。[1]ポスト毛の時代になると、かつての毛の塑像やポスターはほとんど見かけなくなり、プロパガンダの光景は廃れた。しかし、よく見ると、毛の字体がまだ多くの公共空間に健在し、独特の文字景観を形成している。たとえば、世界で最大級の都市広場といわれている天安門広場は、国家行事や歴史上の大事件の舞台として知られている一方、故宮博物館、中国革命歴史博物館、人民大会堂、毛主席記念堂、人民英雄記念碑などの建造物が建っているので、いつも観光客で賑わっている。その広場には一九五八年に中国革命の英雄を顕彰するために建てられた記念碑があり、毛沢東による「人民英雄永垂不朽」（人民の英雄は永遠に不滅だ）の揮毫が刻まれている。また、北京駅の正面にある大きな「北京駅」の三文字も、一九五九年九月一四日、毛沢東が建国一〇周年記念にオープンする北京駅を視察した際に工事の総責任者に頼まれて書いた題字である（写真1）。筆者が一九八九年から調査し続けてきた華中地域の

写真1　毛沢東の題字「北京駅」（北京駅2010年、筆者撮影）

安徽省の農村でも、「為人民服務（人民のために奉仕する）」という毛沢東の有名な題字が村民委員会の入り口に横幕として飾られている（写真2）。今日五〇代以上の中国人ならほとんどの人が字の形から毛の字体だとわかると言っても過言ではない。

本論文は、毛の題字が中国の公共的空間に浸透した歴史的経緯を整理し、新聞・雑誌、学校・教育、英雄顕彰と少数民族地域・革命根拠地への慰問という四つの側面から公共空間における毛の題字の可視化のプロセスと持続性を分析し、題字のもつメディア性、政治性、芸術性及び伝統的書道文化との関連性を明らかにする。[2]

一　題字へのアプローチ

題字は五〇〇〇年の文字の歴史をもつ中国において重要な意味を持っている。日本語においては、題字は書物の初め、または石碑の上部などに記す文字のことを指すが、中国語の題字は、上記の日本語の題字のもつ意味のほかに、ある事柄やある場所、建造物、あるいは絵画を記念するために書いた文字のことも意味する。その意味で、中国語の題字は、日本語よりもっと包括的な意味合いをもち、庶民の日常生活から国家の行事まで、さまざまな場面に使用され、題字を応用する範囲がきわめて広い。また、日本語の題字は名詞として使用されるのに対し、中国語の題字は、名詞以外に動詞としても使用される。その場合、揮毫という言葉の意味と相当して、すなわち筆を振るうこと、書をかくことを意味する。

　文字は、言葉を目でみえる形にあらわしたものである。音声言語のような一回性、場面依存性という制約がなく、伝達や保存の機能に優れ、喚起性や識別性も高い。特に漢字は、発音を示す音素ではなく、意味をもつ表意文字であるため、時間と空間を超えて、普遍的な伝達手段の役割を果たしつづけることになる。そのため、文字の形、字の形の良し悪しではなく、それを書く人の方が重要になってくる場合がしばしばあり、文字の持つインパクト、価値は、それを書く人の地位によって決まることがある。

　毛沢東の題字に関する先行研究は、まだ本格的に行われていない状態であるが、しかし、人類学や社会学の分野では文字のもつ権力性［レヴィ＝ストロース　一九七七（二〇〇一）、韓　二〇一五］、政治性とメディア性［亘　一九八五］、あるいは政治性と芸術性［高山　二〇〇八］に注目した研究がある。また中国の中では書道の視点から毛沢東の題字を取り上げた関連研究［中央檔案館　一九八四、楊憲金　二〇〇三、万　二〇一二、馮錫剛　二〇一三、劉曦林　二〇一四］は以下のようなものがある。

写真２　村民委員会の入り口にある毛沢東の題字「為人民服務（人民のために奉仕する）」（安徽省蕭県 2014 年、筆者撮影）

　まず、文字と権力について、レヴィ＝ストロースが、一九三五年から一九三九年まで、ブラジル奥地のインディオの調査をおこなった時に、文字と権力支配との関係性に注目し、後の名作である『悲しき熱帯』の中で次のように述べた。「文字の出現に忠実に付随していると思われる唯一の現象は、都市と帝国の形成、つまり相当数の個人の一つの政治組織への統合と、それら個人のカーストや階級への位付けである。エジプトから中国まで、文字が登場した時代に見られた典型的な進化は、少なくともそのようなものであった。文字は人間に光明をもたらす前に、人間の搾取に便宜を与えたように見える。（中略）、文字というものは知識を強固にするには十分でなかったにせよ、支配を確立するためには不可欠だったのだろう［レヴィ＝ストロース　一九七七（二〇〇一）：二〇三］と指摘した。筆者も『近代社会における指導者崇拝の諸相』の中で、毛沢東が共産党・軍・政権における指導権の確立、マルクス主義の中国化の完成および抗日救国ナショナリズムの高まりにともない、中国共産党、あるいは中国の代名詞として中国および海外に知られるようになり、肖像や題字が共産党政権の象徴、イデオロギーのシンボル、抗日救国ナショナル・シンボルとして共産党政権が発行した紙幣、切手、共産党及び非共産党系の新聞、書物などの刊行物に登場するようになり、著作の印刷、販売と著作の学習が盛んにおこなわれた。毛沢東の肖像、新聞などのマスメディアにおける題字、歌、また外国人記者を通して、毛沢東はナショナル・シンボルとして中国社会へ浸透していったことを指摘した［韓　二〇一五：三五―六〇］。

社会学者の亘明志氏は、レヴィ＝ストロースの文字と権力をめぐる仮説を踏まえたうえで、海洋民族のクレタ文字やフェニキア文字を例として、「文字はコミュニケーションのメディアとしても用いられうるし、対外的な交通、共同体外との交易のような関係は、コミュニケーション・メデイアとしての文字の必要を促す。文字をめぐるメディア性と権力性は、社会関係における交通と権力の複雑な絡み合いをバックにして展開するのである」と述べ、文字のもつコミュニケーションのメディア性を指摘した［亘　一九八五：一〇三］。

これらの先行研究は、いずれも個々人を一つの政治組織にまとめる統合性、国家の権威を示したりする政治性、あるいは民族や集団同士のコミュニケーションとしての文字の役割を取り上げた。一方、高山は、「モニュメント建設は近代国家にとって権威を示す役割を果たしてきたが、とりわけ社会主義国では政治性と芸術性を兼ね備えた重要な存在であった」と指摘し、題字を含む中国の近代モニュメントの政治性と芸術性を考察した［高山二〇〇八：五三]。

また、中国本土では毛沢東題字の意味論や機能というより、書道の芸術性から毛沢東の題字をまとめた資料的文献が出版されている［中央檔案館　一九八四、楊憲金　二〇〇三］。たとえば、中国書道家協会会員である楊憲金が編集した『毛沢東手書真跡——題詞題字巻』の中には、毛沢東が一九一五年から一九六六年までに揮毫した一一五点の題字が収録されている。また、楊氏は伝統的書道文化の見地から、毛沢東の書は晋代・唐代の楷書と魏碑楷書の模写から行書へ、さらに草書へ変わり、最後に狂草へたどり着いたプロセスを取り上げ、書道家としての毛沢東の習字実践とライフステージにおける書体の変化に注目した［楊憲金　二〇〇三］。

万応均も書道愛好者としての毛の習字の実践に注目し、毛沢東が一九一八年北京大学図書館図書管理員として、哲学の本を読みながら唐代晋代の楷書を模写していたことや、長征の後、延安についてから、唐晋楷書のセットをずっと携帯していたことを述べている［万応均　二〇一二：二八］。劉曦林は青年時代の毛沢東は『十七帖』を、中年の延安時代には晋代・唐代の楷書帖及び『三希堂法帖』を常に携帯し、六〇〇種類以上の拓本と石刻拓影を収蔵していることを取り上げた［劉曦林　二〇一四］。また馮錫剛は毛沢東が題字を揮毫した時代的背景、どのような人に依頼されたのか、自ら進んで揮毫したのかにも注目している［馮錫剛　二〇一三：五一、五五］。

本論文は、上記の研究に示された文字の政治性、コミュニケーションのメディア性、芸術性及び伝統文化との関連性の論点を踏まえながら、毛沢東が中華ソビエト時代から文化大革命時代（一九三六〜七六年）までにおこなった題字の種類を整理し、その中で特に中国一般社会に深く浸透し、よく知られている題字に焦点をあて、題字がいかなる文脈において発生し、またいかなるルートを通して公共空間において可視化され、社会に影響を及ぼしたのかを明らかにする。具体的にはマスコミの新聞、学校、英雄模範の表彰などに見られる題字、少数民族地域や革命根拠地への訪問などの文脈における題字の発生など、その影響力及びその後の変化に注目して、題字、権力と中国の公共空間との関連性について考察していきたい。

二　公共的空間における毛沢東題字の出現

国土が広く、民族も多様な中国社会において、文字は統治とコミュニケーションの重要な手段として利用されてきた。特に統治者によって書かれた文字は、権威の具現化として機能し続けてきた。ここで毛沢東題字が公共的空間に出現した歴史及びその題字の種類を整理してみる。

パブリックという英語には、公衆の、一般に開放された、公開の、という意味があるのに対し、日本語と中国語では、「公的」、「官製」ということが連想される。本論文で使用される公共的空間は公的に整備された空間と、一般に開放されている公共性の高い空間の両方を含み、また、広場、公開空地、学校、駅、病院、図書館、劇場、町等にある人が集える空間などを意味するものである。

筆者の知る限り、公的な場における毛の題字の出現は一九三一年に遡ることができる。同年一一月七月に毛沢東は、中華ソビエト第一回全国代表大会のために「蘇維埃是工農労苦群衆自己管理自己生活的機関、是革命戦争的組織者与領導者（ソビエトは貧しい労働者や農民たちが自分たちの生活を管理する機関であり、革命戦争を組織し、導くものである）」を揮毫した［逢先知主編　一九九三：三五八―二］。その後、一九三五年一月に長征途上の貴州で開催された中国共産党首脳会議でそれまでのコミンテルン指導路線が否定され、毛沢東の主導権が確立した。特に日中戦争が始まった翌年の一九三八年毛沢東は、陝甘寧辺区で発行された『辺区教師』の雑誌に「為教育新後代而努力（新しい世代の教育に努力する）」の言葉を揮毫した。また、同じ年に抗日大学の第四期開学式と卒業式、『辺区児童』の創刊号、『解放』という週刊誌、魯迅芸術文学院にも揮毫した［中央檔案館　一九九三：一二］。このように、一九三四年以降毛沢東の題字が様々な刊行物や行事の際に出現するようになった。

毛沢東が中国共産党・政権・軍において支配的地位に登りはじめた延安時代から毛の題字が頻繁に共産党の内外に現れるようになり、また、抗日戦争による救国ナショナリズムの高揚に伴い、共産党政権の設立とその範囲の拡大に伴い、毛沢東の題字も増え、共産党政権の支配力の象徴として広く使用されていた。

三　毛沢東題字の分類

毛沢東は生涯にわたって、数多くの題字をおこなったが、その総数に関する統計のデータはみあたらない。中国の権威的国家アーカイブズ機関である中央檔案館が一九八四年に発行した『毛沢東題詞跡選』の中には、毛沢東が一九三八年春〜一九六五年九月一五日までに揮毫した一六八種類の題字が収録されている〔中央檔案館　一九八四〕。また、同じ中央檔案館が一九九三年発行した『毛澤東手書選集第二巻——題字題詞』には、一九三〇年から一九七〇年までの二七〇種類の題字が収録されている。上記の二冊は筆者の管見の限り、二〇一八年七月現在において、毛沢東の題字に関するもっとも広く、詳しい情報を集めた資料といえる。その題字の内容は、労働模範・英雄、烈士、個人の絵や誕生日・葬儀、幼稚園、児童デー、国際勤労婦人デー、アメリカ・ニューヨーク華僑クリーニング店聯合会、華僑、幹部学校、軍事学校、陸軍、海軍、空軍、医科大、党校、農業生産、中華体育総会の設立、芸能関係者、鉄道部門、衛生医療分野、治水プロジェクト本部、さまざまな会議、記念日、書店、雑誌、新聞、展覧会、人民大会堂のスタッフ、中央ラジオ放送局、などさまざまな分野にわたる。

本論文において、毛沢東が一九三〇年代から一九七〇年代までにもっとも多く揮毫した——新聞メディア、学校と教育、英雄模範の表彰、少数民族の四つの分野を取り上げる。上記の分野はいずれも公的性格が強く、大衆の動員や国民の統合のために使われるものであると言える。

１　新聞紙のヘッダーにおける毛の題字

毛の題字が顕著に現れているのは、新聞のヘッダーにある名前である。毛沢東は、一九四〇年に延安で創刊された『辺区群衆報』、一九四一年五月一六日に延安で創刊された『解放日報』[4]、一九四五年一一月一日に創刊された『東北日報』[5]のためにも自ら新聞ヘッダーの題字を書いた。

新聞の題字の中でもっとも知られているのがおそらく『人民日報』である。この『人民日報』は一九四六年六月一五日に河北省平山県西柏坡で中国共産党華北局によって、晋冀魯豫中央局の機関誌として創刊された。毛沢東はこの新聞に二回も題字を書いた。一回目は、一九四六年、当時晋冀魯豫辺区の中央局が大型機関紙の創刊準備を行い、「晋冀魯豫日報」あるいは『太行報』というタイトルを考えていた。当時党中央主席であった毛沢東はその新聞創刊企画の報告を聞いて、『人民日報』と改名した。一九四九年三月に『人民日報』は北京に移転、同年八月に正式に党中央党機関誌として発行され、今日に至る。一九九二年にユネスコによって世界でもっとも影響力のある十大新聞紙の一つとされ、創刊されて以来、中国の社会と政治情報を知るバロメーターとなっている[6]。中華人民共和国建国後、『人民日報』のほかに、『解放軍報』、『光明日報』、『中国青年報』、『中国少年報』など計六つの国家級新聞社に新聞名の題字をおこなった。

また、上記のような全国発行の新聞以外に、毛沢東は二八の省市自治区の新聞の題字も書いた。その名前は下記の通りである。『北京日報』、『天津日報』、『河北日報』、『山西日報』、『内蒙古日報』、『遼寧日報』、『吉林日報』、『黒竜江日報』、『解放日報（上海）』『新華日報（江蘇）』、『福建日報』、『江西日報』、『大衆日報（山東）』、『河南日報』、『湖南日報』、『南方日報（広東）』、『四川日報』、『貴州日報』、『雲南日報』、『西蔵日報』、『陝西日報』、『甘粛日報』、『青海日報』、『寧夏日報』、『新疆日報』、『長江日報』、『洛陽日報』、『錫林郭勒日報』である。もちろん、浙江出身の中国近代の著名な文化人魯迅の書の寄せ集めによって構成されている『浙江日報』のような新聞もあるが、中国の省級レベルの新聞のヘッダーは基本的に毛沢東の揮毫した題字によるものであると言える。

各省や少数民族自治区は、どのような経緯を経て毛沢東の題字をもらったのか？ここで比較的に詳細な記録が残された『西蔵日報』の事例を取り上げることにする。

毛沢東が『西蔵日報』の揮毫を行った経緯について、一九五〇年代にダライ・ラマ一四世・丹増嘉措の通訳をしたことのある王鑑が次のように回顧している。「一九五五年三月九日国務院で『チベット自治区準備委員会の成立に関する決定』が採用されたあと、中共チベット工作委員会は『西蔵日報』の創刊を企画した。最初は、『青海蔵文報』をまねして、蔵・漢混合（チベット語三版面、漢語一版面）の新聞を考えた。一九五五年一〇月中央人民政府駐チベット代表が毛沢東にその新聞の題字を依頼したところ、毛沢東は、少数民族地域において新聞を作る場合、少数民族文字の新聞を作るべきであると指示した。チベットは青海とは違うので、蔵・漢両文ではなく、チベット文字の新聞紙を作るべきである。その新聞はどのような名前を使い、どのように運営していくかはチベット地方の人々が自分たちで相談して決めるものであり、われわれがとりきめることではない。チベット地方政府、班禅堪布会議、チベット軍区、『内モンゴル日報』の編集長である庄坤、新華社本部の編集長、学者たちが協議して、チベット語版と漢語版の新聞を別々に発行することにして、チベット語版は中上層及び寺院の僧侶と尼たちを対象に、漢語版は、チベットに入ったスタッフや解放軍を対象に別々に発行することにした」［王鑑　一九九四：二五］と述べ、『チベット新聞』が使用する言語と新聞の名前は基本的に地元政府や寺院のエリートたちの相談によって決められた(7)。

そして「このようにダライ・ラマの同意のもとに『西蔵日報』の名前が決まった。ダライ・ラマはチベット語の新聞に題字を書いたが、漢語版のヘッダーは、『魯迅日記』から選んだ魯迅の自体を使用した。一九六五年八月毛沢東は依頼を受けて『西蔵日報』のヘッダーを揮毫した。一九六五年九月一日チベット自治区第一回人民代表大会の開幕当日、チベット語と漢語の『西蔵日報』はいずれも毛沢東題字の新しいヘッダーを使用し始めた」〔王鑑一九九四：二五〕。その後も、『西蔵日報』の漢文版は毛沢東の題字をずっと使っており、今日に至っている。チベット語の『西蔵日報』は、チベット人の政治家であるアポ・アワン・ジクメー（阿沛·阿旺晋美、nga phod ngag dbang 'jigs med、一九一〇〜二〇〇九年）の揮毫に変わっている。

国家級、省・自治区レベル以外に、毛沢東は晩年、『北京晩報』、『山西晩報』、『南寧晩報』、『燕趙都市報』、『蒼梧晩報』、『淄博晩報』、『南寧晩報』、『南湖晩報』、『大江晩報』、『南国早報』、など一〇紙の夕刊にも題字を書いた。

また、毛の題字は海外の華人社会の新聞世界にも及んでいる。一九四〇年七月『美洲華僑日報』創刊記念に揮毫した「起来、為中華民族的独立自由而奮闘到底」の題字〔王進　一九九二：四七六〕、一九四九年一一月にシンガポールの『南僑日報』創刊三周年記念に、揮毫した「為僑民利益而服務（華僑の利益に奉仕する）」〔楊宝華　一九七八：一五、京都大学人文科学研究所　一九八一：三八、王進　一九九二：四七八〕はその例である。

2　学校と教育に関連する題字

一九〇三〇年代後半、共産党政権における毛沢東の支配的地位の確立に伴い、彼の題字も増え、新聞だけではなく、学校、幼稚園などの社会的空間に、共産党政権の支配力の象徴として広く使用されるようになった。

(1)学校教育の題字

政治家になる前に毛沢東は長沙の初等中学校で歴史教師（一九一九年）や長沙師範学校付属小学校長になった（一九二〇年）ことがあり、教師を自分の職業と思っていた。政治家になった毛沢東は、建国前も建国後も多くの幼稚園、小学校、中学校、高校、大学などの学校や子供のために題字を揮毫した。たとえば、一九三八年の延安時代に毛沢東は軍幹部を養成する抗日軍政大学[8]のために「団結、緊張、厳粛、活発（団結して、効率よく、厳密に、創造力を発揮する）」の題字を書いた。これは当時抗日軍政大学の校訓とされていた。建国後、特に六〇年代七〇年代には小、中、高校、大学のキャンパス、教室、軍隊の宿舎などにも広く使用され、全国各地の教育施設で見かけるようになった。現在、国の外交官や国際公務員を育てる北京外国語大学は、依然として「団結、緊張、厳粛、活発」の八文字を校訓としている[9]。

また、延安で行われた整風運動のさなかの一九四三年に中央党校の新しいホールが竣工した。その竣工記念の題字を依頼された毛沢東は、「実事求是」の四文字を揮毫した。実事求是とは事実に基づいて物事の本質を求めるという漢代の言葉である[10]。完成した中央党校大講堂の正面玄関の外壁には、毛沢東自筆の「事実求是」の石刻が掲げられた。その四文字が刻まれた当時の石刻の実物は現在延安革命記念館で保存されている［周随新　一九八七：二、劉煜　一九九二：一二二］。

上記の題字より、教育分野で毛沢東の揮毫した題字の中でもっとも知られているのは、「好好学習」と「天天向上」であろう。好好学習、天天向上とは、よく学び、日々向上せよという意味である。この八文字は対句として書かれたり、語られたりされているが、実際には、建国前に毛沢東が別々の機会において揮毫した題字である。「天天向上」は、一九四〇年四月に児童節[11]のために揮毫されたのに対し、「好好学習」は、一九四九年九月一〇日『中国児童』という雑誌創刊号を記念に書いた題字である［中央檔案館　一九八三：三四］。

建国後、毛沢東は上記の別々に書いた八文字を、一九五一年、スパイの逮捕に貢献した蘇州市八歳の小学生、「小英雄」陳永康を顕彰するために新たに、「好好学習」、「天天向上」を揮毫した［孟亜生　二〇〇一：一六―一七］。この言葉と題字は、一九五〇～九〇年代までに小学校から高校までのキャンパスや教室で必ず掲げられていた。教室の

写真3　北京大学の入り口にある毛沢東題字（2012年、筆者撮影）

みならず学習ノートなどの日常用品にも印刷され、広く使用されている。また、この毛沢東の名言は海外の中国土産にも見られる。

⑵大学の名前の題字

毛沢東は多くの専門学校や大学の名前を揮毫したことがあり、その数はおよそ一六にもおよぶ。そのうちの三つ、「魯迅芸術文学院」（現在の魯迅文学院）、「中国人民抗日軍政大学」と「陝北公学等学校」の学校名の題字は建国前に揮毫したものである。[12]

残り一三校の大学の名前の題字は毛沢東が中華人民共和国建国後に揮毫したものである。これらの大学の名前を揮毫した時期はだいたい一九五〇年代に集中している。たとえば、建国翌年の一九五〇年には、北京大学（写真3）、清華大学、北京師範大学、南開大学、湖南大学、中央戯劇学院、一九五一年に復旦大学、北方交通大学、貴州大学、湖南農学院（今の湖南農業大学）、一九五八年に湘潭大学〔京都大学人文科学研究所　一九八一：一五五〕、安徽大学のために、学校名の題字をおこなった。最後におこなった大学名の題字は、一九七四年に外国人向け中国語教育で中国最高峰の名門大学である北京語言学院（今北京語言大学）である。当時の正門ではこの字で学校名が掲げられていた。

⑶寄せ集められた毛沢東字体の大学の名前

上記の毛沢東が自ら揮毫した一六の大学の名前の題字のほかに、大学側が自ら毛の字体を寄せ集め、大学の名前のロゴとして使用した大学も数多くある。たとえば、南京大学、浙江大学、天津大学、ハルビン工業大学、山東大学、武漢大学、華中科技大学、蘭州大学、上海交通大学、西安交通大学、石家庄鉄道大学、河北連合大学、重慶大学、三峡大学、長江大学、西華大学、長安大学、喀什大学、長江師範学院、広東外語外貿大学など、およそ二〇の大学はいまでも寄せ集めた毛沢東字体をロゴとして使っている。

3　英雄と模範を顕彰するための題字

伝達や保存の機能が優れ、喚起性や識別性も高い文字は、誰がそれを書いたかということが重視され、書かれた文字の持つ内容や価値もそれを書いた人の地位や知名度にしばしば左右される。為政者が自ら題字を書いて時の英雄を顕彰することは、中国の歴史においてよくある現象である。たとえば、一一三三年に江西地方を平定し、手柄を立てた岳飛を顕彰するために、宋の皇帝である高宗は、自ら「精忠岳飛」と書いた軍旗を彼に与えた。その岳飛に対し、清の乾隆帝も、一七五一～八四年の間に浙江を六回巡幸したうちに三回は、自ら杭州岳廟に参拝し、「偉烈純忠」などの題字をおこなった。すなわち、為政者は自分の権威を自覚して、漢人の英雄である岳飛を表彰する題字を通して、諸民族融和という満洲人の清朝の文化支配のメッセージを発信すると同時に漢文化の中にある忠孝の要素も利用使用とするのである。

近代の中国共産党政権もこの統制術を踏襲している。一九四一年から一九四二年の間、共産党革命根拠地の陝西延安地域は日本軍の攻撃と国民党の封鎖を受けて厳しい経済的困難に直面した。これを打ち破るため、毛沢東は一九四三年から軍民大生産運動を展開して、この貧寒な陝北の黄土高原地帯で、食糧、衣料品などの自給自足を実現し、この難局を切りぬけようとした。共産党中央の幹部も自らこの運動に参加し、野菜を作ったり、糸を紡いだりしていた。特に手先の器用な周恩来が紡いだ糸は量も多くかつ良質で、いつしか紡線能手とよばれるようになっていたと、延安革命記念館で長年仕事をしていた劉煜が筆者に語ってくれた。延安には今も鳳凰山、棗園、楊家嶺、王家坪など毛沢東はじめ当時の党幹部の旧居や党・軍の機関のあった建物が多く残っており，延安は革命聖地として重視され、観光化もされている。

大生産運動の中で、王震の率いる八路軍第三五九旅団は陝北の荒地南泥湾を開拓し、農業を基本として手工業、工業、商業も行い、無から有をつくり、みずから必要とするものをみずから生産し、さらに抗戦と軍民の生活を支えることに貢献して、大生産運動の模範となった。一九四三年一月一四日、毛沢東は一日に大生産運動の中で、経済建設のために優れた業績を上げた三つの団体と二二名の受賞した模範的な人々のために、それぞれ題字を書いた。たとえば、第三五九旅団の生産英雄である何維忠のために「切実朴素、大公無私（誠実で倹約な生き方をして、少しも自己を利せずもっぱら他人を利する）」、生産英雄の羅章に「以身作則（身をもって模範を示す）」、生産英雄の羅成徳に「不怕困難（困難に屈折せずに）」、中央印刷場の労働模範全員に「艱苦奮闘（苦しいなかでも力の限り戦うこと）」の題字を揮毫した［王進　一九九二：四七六］。英雄模範を顕彰する毛沢東題字の中で、もっとも知られているのが、「為人民服務」（人民に奉仕する）である。

一九四四年九月八日に張思徳という人物の追悼会が催された時、毛沢東が「為人民服務」ということをテーマとした講話を行った。張思徳とは、中国共産党中央警衛団の兵士であったが、炭焼きをしていて、窯が崩れ死亡した。毛沢東は一人の兵士の死から献身性、無私の精神というものを見出し、広く「人のために尽くす」ということを訴えたかったようである。同じ年の一九四四年上海で病死した鄒韜奮のために、一一月一五日に毛沢東が延安で「熱愛人民、真誠地為人民服務（人民を愛し、真摯に人民に奉仕する）」などの追悼用の題詞を揮毫した(13)［王進　一九九二：四七七］。一九四五年四月に共産党第七回大会において毛沢東がさらに「全身全意地為人民服務（全身全霊で人民に奉仕する）」を共産党の主旨として打ち出した。それ以来、これは中国共産党の行動指針とされてきた。

建国前の毛沢東は共産党内部のみならず国民党政権の地域にも「人民に奉仕する」という中国共産党の主旨を、

題字を通して発信した。一九四五年八月、毛沢東が中共代表団を率いて延安から当時の臨時首都である重慶に行って国民党と談判をおこなった滞在期間中の九月二〇日に、『大公報』の社長、胡政之が個人の名義で大公報館に毛沢東と中共代表団を招待した。宴会が終わった際に、記者の張蓬舟と『大公報』のスタッフに題字を依頼された毛は、その場で「為人民服務」を揮毫した。このように、毛沢東は人民という共通項の題字を通して、共産党政権支配以外の地域にマスメディア業界に共産党政権の趣旨を発信したのである。

「人民」は、学生、労働者、農民、解放軍、知識人などのさまざまな職業、階層と年齢を網羅するカテゴリーであるため、のちに「為人民服務」は、毛沢東の題字の中でもっとも多く、長く使われる題字となった。一九四四年以来、毛沢東は生涯に何度も「為人民服務」を揮毫したことがある。たとえば、一九六四年に人民大会堂の中で働いているスタッフたちに「勤学苦練、為人民服務（一生懸命に練習して人民のためにに奉仕する）」の題字、一九六五年九月一五日に人民放送創設二〇周年を記念するため、「為全中国人民和全世界人民服務（全身全霊で中国と世界人民のために奉仕する）」の題字、一九七〇年六月二七日にも鉄道兵司令部のスタッフに「為人民服務」の題字を揮毫した。

人民に奉仕するということは共産党内にとどまらず、建国後に社会主義国家における人々の理想的な生き方、「革命的イデオロギーにおける世界観や人生観の中核、人々の社会生活実践のもつ意味を表すものとなり、模範的人物を選出する規準ともなった」［聶　二〇〇六：六］。そのため、毛沢東時代において、政府機関、病院、駅、郵便局、書店、店舗、工場、農村、学校など、人びとが出入りする公共的な場所に「人民に奉仕する」の題字がよく掲示されていた。

4　少数民族地域と革命根拠地の題字

一九五〇年春、毛自身の発案により、中央政府から六月に全国各民族地区に中央訪問団を派遣することを決定した。一九五〇年から一九五二年末にかけて、中国共産党中央は、西南、西北、中南、東北及び内モンゴルの各少数

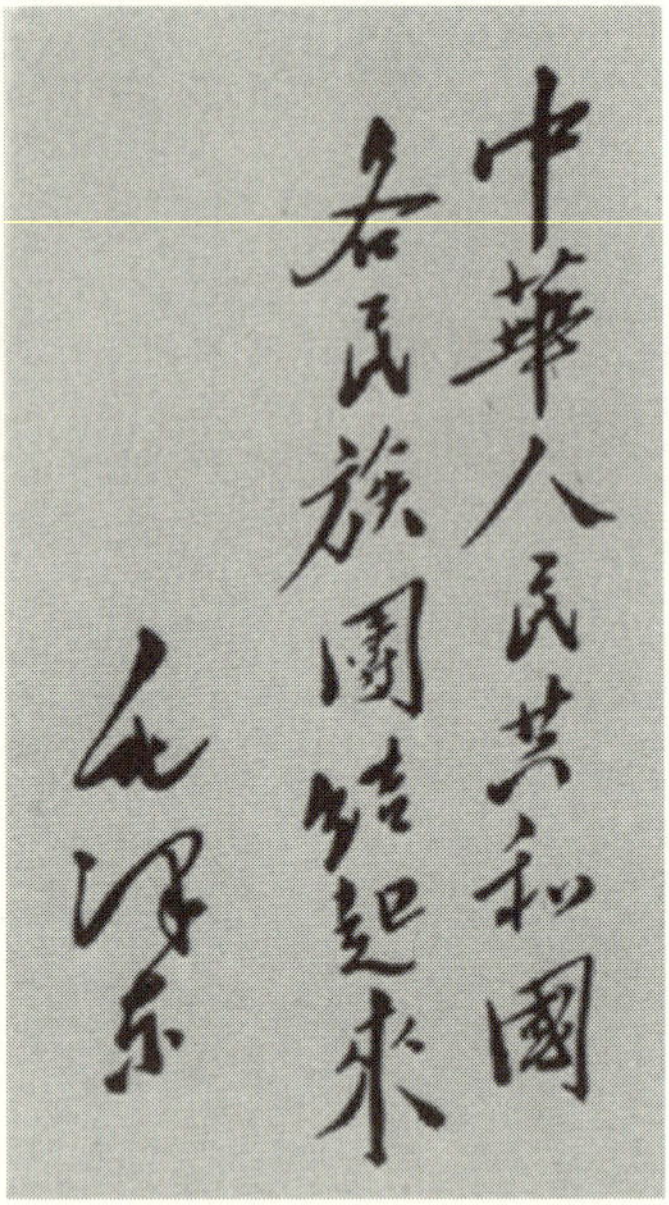

写真4　中央西南少数民族訪問団のための題字「中華人民共和国各民族団結起来」(1950年)［中央檔案館 1993: 128］

民族地域へ四回にわたり訪問団を派遣した。その行程はおよそ八万キロメートルに及んだ。(14) このプロジェクトは、新中国における少数民族工作のいわば前奏として広く認知されている。王柯はこの訪問団は「各民族社会上層部とも会談し、中共の民族政策を宣伝した」と指摘した［王柯　二〇〇一：四二］。また、美麗は「①新政権の宣伝、②慰問と交流、③少数民族の要請聞き取り、④民族事情・社会文化に関する調査であると述べ、中央訪問団のミッションを詳しく分析している［美麗　二〇一六：一八］。

訪問団は共産党幹部、民主党派と呼ばれる共産党以外の八つの政党の代表、少数民族幹部、民族学者、俳優、作家などによって構成されていた。たとえば、社会学者、人類学者の費孝通は西南団副団長として貴州と広西を訪問したことがある。訪問団出発前の一九五〇年五月、毛沢東は北京で訪問団員を接見した。その際に、中央西南各民族訪問団団長、回族出身の劉格平（一九〇四年八月～一九九二年）が毛沢東に「わたしたちから一つのお願いがある。主席に各民族同胞のために題詞を揮毫していただけないか」と頼んだ。その場にいたウイグル族政治家の賽福鼎（セイプディン・エズィズィ、Säypiddin Äzizi、一九一五年三月一二日～二〇〇三年一一月二四日）も、「主席、やはり題詞をしていただきたい。これは西南訪問団のみならず、全国各民族人民の関懐（こころにかける）と鼓励にもなる」と頼んだ。毛沢東は、その場で、「中華人民共和国各民族団結起来」という一四文字の題詞を揮毫した（写真4）。毛の題詞はすぐに北京瑠璃廠に送られ、精緻に表装され、印刷された［降辺嘉措　二〇〇六：二五—三七］。その後、統一戦線部と民族委員会が中央に報告を提出して、朱徳、劉少奇、周恩来総理、宋慶齢などの指導者にも題詞を頼んだ。

費孝通は中央訪問団について次のように回顧している。国家指導部は民族訪問団の創設と仕事を重視し、毛沢東主席、朱徳、劉少奇副主席、周恩来総理がいずれ自ら題字を書いた。その後、題字は錦旗にも刺繍され、訪問団の先頭に飾られた。これらの錦旗は、各地の少数民族同胞の手に届けられ、彼らにもっとも貴重な宝物だとみなされた［費　二〇〇六：四五九］（写真5）。訪問団側からの贈答品は、大別すると宣伝資材と支援物資の二種類である。宣伝資材は、毛沢東をはじめとする共産党中央指導者の肖像写真、毛が訪問団に接見した際に揮毫した題辞の複製、毛沢東バッジなどが大量に準備された。「現地少数民族側からの贈答品としては、花、手紙、各民族や地域の特産品などが用意された。また、各地で民族文字を用いて刺繍などでスローガンを入れこんだ錦旗も用意されており、現地側でも事前に訪問団向けの準備が行われていたことが分かる［美麗　二〇一六］。

写真5　中央訪問団が新疆伊犁市少数民族の人々に送った毛沢東題字の錦旗。http://www.jiaxiangwang.com/prc/h-prc-1951-fangwenlaogenjudi.htm（2018年5月28日閲覧）

上記のように少数民族地域に対し、中央政府の「関懐（配慮）」を伝え、少数民族の政策を宣伝するために、毛沢東自身が中央訪問団を派遣することを提案したように、一九五一年に革命根拠地の人民に対する中央政府の配慮とたびたびの革命戦争中に成された多大な貢献を顕彰するために、周恩来総理は中共中央、中央人民政府を代表する訪問団を全国いくつかの革命根拠地に派遣することを提案した。当時広東省長の叶剣英が周恩来あてに送った手紙は、革命根拠地に中央訪問団を送るきっかけとなった［連建文　二〇一八］。毛沢東が自ら一九五一年、中央老根拠地慰問団のために、「発揚革命伝統、争取更大光栄（革命の伝統を発揚して、更に大なる光栄を勝ち取る）」の題字を書いて、老根拠地の人々に贈った。またこれらの題字は八月五日の『長江日報』と八月一一日『人民日報』でも掲載された〔京都大学人文科学研究所　一九八一：三八〕。

共産党中央委員会は北方と南方の二つの老根拠地に慰問を行った。「一九五一年八月、『中央人民政府南方老根拠地訪問団』が湖南、湖北、四川、福建、広東、江西、海南島などの南方老蘇区を訪れ、烈士の遺族、軍人の家族、負傷した軍人と一般の民衆などの老根拠地の人民に対する党中央、中央人民政府の「関懐」を伝え、彼らのいまの暮らしについて尋ねた」〔連建文　二〇一八〕。例えば、広東の場合、「訪問団は、中央、省級、専区、県によって派遣された八八〇あまりの人から構成され、秘書、宣伝、慰問、資料、総務の五つのグループに分けられた。彼らは広東東部の恵陽、海陸豊などの二四の県、三四の行政村、四六四の自然村を訪問した。訪問を受けた民衆の数は一〇六万人にのぼり、老根拠地の六五％を占めている。各種の集会や座談会を一一九六回開催し、個別訪問も行い、民衆の要請を聞いたと同時に、民衆に映画や文芸を披露し、無料で病気治療も行った。また、生活困難な人や烈士の遺族たちに五億元、耕作用の牛を四〇〇頭配布した。特に盛大な集会を開催し、烈士の遺族たちを表彰することにより、彼らの栄誉感を高めた。その間、毛沢東バッジを五〇〇枚、二級の金製バッジ九〇〇枚、毛沢東題詞一四〇〇枚、三級の磁器のバッジ九七〇枚を配布した〔連建文　二〇一八〕。こうして、中央訪問団の派遣と支援物質と毛沢東グッズを配給することにより、人民政府と革命根拠地の関係性を人・モノの形で再確認するができた。

北方代表団は華北分団を三つに分けて、八月一〇日北京を出発して、「毛主席自筆の『発揚革命伝統、争取更大光栄』の題字を十万部、毛沢東肖像入りの金製バッジ三万枚及び慰問の手紙、一五万通をもって老根拠地の人民、功臣、烈士家族と模範たちに配布した。確かな記録が残っているのは、訪問団が八月二〇日に武郷に到着し、九月三日に陽城町店大寧村に到着した時のものである。大寧村は「九・三慰問記念塔」を建て、毛沢東の題詞を石碑に刻んで、さらに記念塔の真ん中に嵌めた〔申力行　二〇一五：八〕。

このように、建国前の一九三〇年代～一九四九年、毛沢東の揮毫した題字は主に新聞、学校、英雄・模範の表彰の範囲であるのに対し、一九五〇年以降の社会主義的近代国家を統合する過程において、毛の題字は共産党政権の象徴として、新聞、学校のほかに少数民族地域や革命根拠地など、社会主義国家建設の一環として、毛の分身のように国家権威を象徴するものとしてさまざまな関連場面に使用されていたといえる。

四　現代中国における毛題字の存続とその意味の変化

一九七六年毛沢東が亡くなって、改革開放の時代を迎えた中国において、上記に述べた大学の名前や新聞のヘッダーなどの場における毛沢東題字は依然として健在しているが、公共的空間におけるプロパガンダとしての毛沢東題字が一九八〇年代後半から激減した。一方、観光地の土産ショップやホテルを含む商業的空間において、毛沢東の題字や自筆の詩歌などが時代のマーク、あるいは装飾品として現れるようになってきた。

1　マスメディアなど新聞名にみられる国家指導者の題字とその変化

改革開放以降の中国において、規制緩和と経済の活性化が顕著に見られ、従来の新聞のほかに数多くの全国紙と地方新聞が創刊されるようになった。新たに創刊された新聞のヘッダーには、二つの特徴がある。

まず、興味深いのは、毛沢東が亡くなったあと、曹州、撫順、周口、平頂山、湛江、南昌、工人、天津、杭州、岳陽、淄博、山西など十数の新聞社が、新たに創刊した夕刊のヘッダーに毛の字体を使用したことである。すなわち、毛沢東がかつて書いた字の中から選んで新聞のヘッダーとして使用したのである。

改革開放後に新しく創刊された新聞の二番目の特徴は、毛沢東以外に、時の最高指導者である鄧小平、胡耀邦、江沢民などが揮毫した題字を使用した点である。改革開放後に新聞社にもっとも多く揮毫した指導者は、鄧小平であり、その新聞社の数は、三二一社に上る。たとえば、一九八〇年に発行された『農民日報』は、中国初の全国農村向けの新聞であり、鄧小平の題字である。三二一社の新聞の中には、地方新聞紙（『海南日報』『重慶日報』『黄山日報』『済南日報』『自貢日報』『錦西日報』『太行日報』『新疆経済報』『斉魯晩報』など）もあれば、また、中国全体の農村、経済、人口、科学技術、海洋や国際のビジネス情勢を扱う新聞もある（『経済日報』『経済晩報』『経済早報』『経済参考報』『中国専利報（特許新聞）』『農民日報』『中国改革報』『中国海洋報』『科技日報』『人民政協報』『人民武警報』『国際商報』『青年報』『中国教育報』『中国体育報』『中国初中生報（中学生新聞）』『中国人口報』『中国婦女報』『中国老年報』『中国検査報』『検査日報』『今晩報』）。

胡耀邦が揮毫した新聞は、『揚子晩報』と『長沙晩報』の二社夕刊であり、江沢民の自筆の題字を使ったのは、『中国経済時報』、『中国質量報』、『中国鉱業報』、『成都晩報』である。

毛沢東死後、指導者の字体を使う新聞社の数から見れば、鄧小平の題字がもっとも多く、つづいて、毛沢東、江沢民と胡耀邦の順である。これはポスト毛時代における最高実力者である鄧小平の地位の高さと権威の大きさを示している。毛沢東時代にせよポスト毛時代にせよ、国家の指導者によって揮毫された題字を使用していることは現代中国の新聞のヘッダーに共通してみえる特徴である。このように題字を通して時の最高実力者と中国のマスメディアの関わり方は、研究に値する興味深い現象である。一方、鄧小平以降の政治指導者による新聞題字の数はかなり減っていることも事実である。特に江沢民以降の政権指導者による新聞題字の現象は、ほぼ見当たらない。

2　教育の空間における題字の持続と変化

毛沢東生前と死後、教育の空間における毛沢東題字の持続と変化が見られている。

まず、毛沢東がかつて揮毫した大学の名前のロゴは、基本的にいまでも使われている。また、かつて「好好学習、天天向上」という毛沢東の題字が標語のように学校の空間に充満していたが、現在、その題字はかなり減ってはいるが、まだ一部の地域に残っている。

一方、改革開放以降の中国において、教育の分野では改革が行われ、それに応じて大学の名前が変更されたり、新たな大学が創設されたりした。その場合、毛沢東時代に大学の名前のロゴが毛沢東に依頼されたように、時の最高実力者に依頼するケースがよく見られる。たとえば、名前が変更された四川大学と華中師範大学の名前は、鄧小平が揮毫した題字であり、新たに創設された中国海洋大学の名前は鄧小平の字体を集めたものである。また、中国農業大学、国防科学技術大学、大連理工大学と中央民族大学の名前は江沢民による題字である。大学の名前は常に時の最高実力者によって揮毫された点は、新聞の名前に見られる指導者による題字の特徴に類似している。

写真6　安徽省宿州市人民政府庁舎の前にある題字「為人民服務」（2011年、筆者撮影）

写真7　北京　観光土産グッズ、毛の題字「為人民服務」が施されているバッグ（2012年、筆者撮影）

3　党や政府機関のシンボルとしての「為人民服務」

毛沢東が揮毫した題字の中で中国社会の公共空間においてもっとも広く、長く使用されたのは、「人民に奉仕する」であろう。農村の村民委員会の建物から、各市、省及び中国共産党中央委員会と国務院の所在地の建物まで、「人民に奉仕する」題字は遍在している（写真6）。最高行政権力の象徴である中国共産党本部及び国

写真8　八達嶺長城の入り口にある毛沢東の揮毫「不到長城非好漢」（2012年、筆者撮影）

務院のある中南海の正門である新華門⑮外からも毛沢東の題字が大書された影壁（仕切り壁）がみえる。

「為人民服務」の表現は一九四五年四月、共産党第七回大会において中国共産党章に記入された。建国後の一九五四年につくった「憲法」、総綱の第一八条では、「すべての国家機関勤務員は、人民民主主義制に忠誠を尽くし、憲法と法律に服従し、人民への奉仕につとめなければならない」と記載されている［土屋　二〇〇五：二九］。一九八二年修正された「憲法」の中にも記入されている⑯。

このように、「為人民服務」の五文字の言葉は、共産党政権の趣旨として党規約や憲法の中にも記入され、政府機関の建造物、政府主催の儀式やメディアにおいても頻繁に用いられている。

4　商業空間における毛沢東の題字

二〇〇〇年以降、観光化が盛んになるにつれて、観光地、レストラン、ホテルなどの商業空間に、毛沢東の題字、あるいは題字入りのグッズが出現するようになった（写真7）。

例えば、八達嶺長城（万里の長城）には、筆者が一九八一年訪れた時に毛沢東の題字の石碑がなかったが、いま万里の長城の入り口には、「不到長城非好漢（万里の長城に行かなければ男じゃない）」という毛沢東が揮毫した詩歌「清平楽・六盤山」（一九三五年）の一文が刻まれた石碑がある（写真8）。題詞のあるところはすでに一つの観光スポットとなり、観光客で賑わっている。

毛沢東の詩歌と揮毫の中で、書法としてもっとも評価されているのは、『沁園春・雪』（一九三六年）の詩歌である。これは毛沢東四四歳の時に書いた詩であり、彼の文学的センスと革命家としての気概がよく現れているものとされている。一九三四〜三六年国民党軍に包囲された共産軍が脱出をかけて行った一万二五〇〇キロにわたる「長征」の苦難を乗り越え、延安の根拠地に到達して間もない時期の作品である。毛沢東が一九三六年二月に詠んだこの詩歌は、一九四五年八月、毛沢東が中共代表団を率いて延安から重慶に向かい国民党政府と交渉をおこなった際に再度この歌を揮毫して柳亜子に送った。のちにこの詩歌の全文が重慶の新聞『新民報』と『大公報』で発表され、全重慶を震撼させた［王樹人 二〇〇八：七］。始皇帝もチンギス＝ハーンも大したことは無いと言い切る大胆さと気迫は、個性豊かな狂草の書体とともに、時代をこえて評価され、ホテルや空港などの公共的空間に装飾として飾られている。

結論

上記のように、毛沢東が一九三六年〜一九七六年までにおこなった題字の種類を整理し、その中で特に中国一般社会に深く浸透し、公共空間においてよく可視化されているものを取り上げ、題字、権力と公共空間との関連性について考察した。

本論文は、毛題字を主として教育・学校、新聞などのメディア、英雄と模範の表彰と少数民族地域と革命根拠地への寄贈の四つに分類したが、実際に毛沢東がおこなった題字の内容とその使用範囲は遙かにこれらの範囲を超えている。

たとえば、毛沢東が一九三九年に中国共産党の活動を支援するために、死ぬまで医療活動を続けたカナダ人の外科医、ベチューン（Norman Bethune、白求恩、一八九〇～一九三九年）に「救死扶傷、実行革命的人道主義（けが人を助け、瀕死の人を救い、革命的な人道主義を実践する）」の題字を揮毫した。この題字は、のちに中国の医療分野で行動指針として広く使用されている。また、一九五二年六月一〇日、中華全国体育総会成立大会の直前に揮毫した「発展体育運動、増強人民体質（体育運動を発展させ人民の体質を増強する）」の題字は『人民日報』で発表され、その後スポーツ分野全般のみならず、学校をふくむさまざまな運動会においてスローガンとして使用され続けている。一九五一年に京劇女形の梅蘭芳が院長となった中国戯曲研究院が北京で成立したときに、毛沢東が揮毫した「百花斉放、推陳出新（いろいろな花を一斉に咲き開かせ、古いものを取り入れながら、新しいものをつくりだす）」の題字は、のちに新中国の文芸、文化の分野の方針、スローガンとされた。この方針のもとに伝統演劇に対する全面的改革、すなわち伝統的遺産を収集・整理し、演出や楽曲改革を進め、創作活動を発展させてきた。

このように毛沢東の揮毫した題字、特に中華人民共和国建国後に書いた題字は、工業、農業、軍事・国防、科学技術、郵便［張忠恕　二〇〇七］、教育、マスメディア、医療、体育、文芸、社会のさまざまな分野に及んでいる。

中国の王朝歴史の中では、為政者による題字の事例が少なくない。異民族の清朝は比較的皇帝による揮毫が多い王朝と言える。康熙、雍正、乾隆などの皇帝及び后たちが、人物表彰、景勝聖地のために、多くの題字を揮毫した。その題字はいまでも中国の各地に残っている。しかし、毛沢東のように、一人の為政者が中国社会のさまざまな分野に関連する題字を揮毫したことは、中国の歴史の中では類を見ない。おそらく世界史の中でも無二の現象だろう。

同じ漢字文化圏にある日本では、有名人による揮毫は、比較的近代の現象としてよく見られる。テレビ文化が開花するにともなって、テレビ番組における題字をはじめ、雑誌、週刊誌、新聞などの小説や読み物等の題字をよく目にするが、公に見られる題字は、だいたいマスコミに限り、しかも揮毫した人が書道家か、文人がほとんどである［青山　一九七八］。政治家はあまり題字にかかわっていないようである。

したがって、中国、特に近代中国において、社会主義の国作りの過程において、為政者の題字は、記号、道具として遠隔の地域の統治に徹底的に利用されていると言える。毛沢東の題字は、共産党内及びその政権における彼の権力の確立とともに公共的空間に現れるようになり、しかもその権力の影響力の増大にともない、揮毫した題字の量も増え、題字の内容及びそのかかわる分野と範囲も広がっていった。

毛沢東が題字を揮毫した背景を見てみると、本論文で取り上げた教育・学校、新聞などのメディアと少数民族地域・革命根拠地への題字は、主に個人や団体に依頼されて書いたのに対して、英雄と模範を顕彰するための題字は、毛沢東が自ら揮毫したと言える。全体的に見ると、依頼されて揮毫した題字の方が多いと言える。注目すべきことは、みずから揮毫したものにしろ、依頼されて揮毫したものにしろ、毛沢東によって揮毫された題字は、一つの重要なメッセージとして、社会を動員し、統合する手段として利用された点である。これについては今後、もっと研究すべき分野であろう。

また、公共的空間における毛の題字使用の広範さと時間の長さは顕著な特徴としてあげられる。党、軍、政府の建造物やメディアや学校、観光地などの公的空間において毛の題字が少なくなっているが、依然として遍在している。その典型的な事例は「為人民服務」である。一九四〇年代に現れた毛沢東の題字が、今日も公的空間に依然として使用されている。いうまでもなく、公共的空間における毛沢東題字使用の広さと時間的長さは、文字と政治性の融合による部分が大きい。おそらく天安門広場に毛沢東肖像があるかぎり、公的空間や商業的空間における毛沢東題字はなくならないだろう。

一方、題字のもつ政治性のほかに、伝達や保存の機能が優れ、喚起性や識別性も高い文字は、形の良し悪しではなく、誰がそれを書いたかということが重視され、書かれた文字の持つ内容や価値もそれを書いた人の地位や知名度にしばしば左右される。文字のポリティックスや芸術性のほかに、文字を書いた人の権威性と有名性の視点から

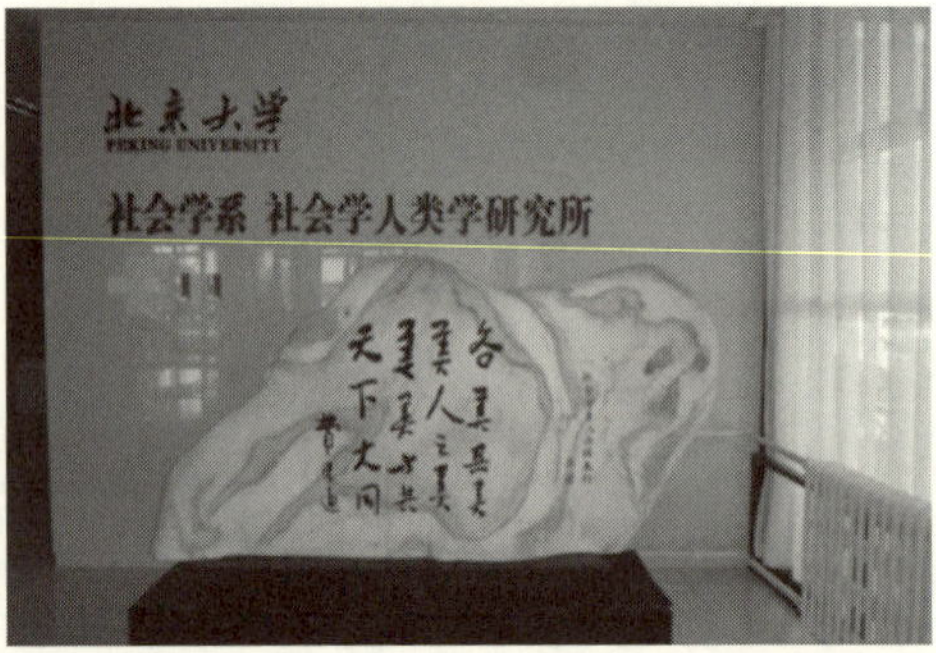

写真9　費孝通の自筆、北京大学社会学・人類学研究所の入り口（2012年、筆者撮影）

の検討が必要である。この権威性と有名性は、政治的分野とは限らず、さまざまな分野や業界におけるすぐれた者、最高の人だと一般に認められている大家、あるいは他人を威圧して自分に従わせる権威を意味するものである。

このような権威性と有名性の視点から題字を見直すと、中国の各業界においてはその分野の権威とされる人物による題字を使用する現象を簡単に見つけることができる。例えば、新聞の場合、毛沢東による題字のほかに、『参考消息』、『瀋陽晩報』『盛京晩報』『遼瀋晩報』『大連晩報』『貴州晩報』『蘭州晩報』『銭江晩報』『新郷晩報』『鶴城晩報』『潁州晩報』『紹興晩報』などの地方新聞の夕刊は、いずれ近代中国の中でもっとも評価されている文人である魯迅の自筆の字体から撰んで集めたものである。

同じ原理で、宗教関係の施設やあるいは書籍には、国家的宗教体制における権威である中国仏教協会会長である趙撲初の題字、人類学や社会学の施設あるいはその書籍の場合は、権威的な存在である人類学者・社会学者の費孝通の題字をよく目にする。費孝通が一九九〇年に言い出した「各美其美、美人之美、美美与共、天下大同（人びとはそれぞれの美しさ（文化）を有しており、お互いの美しさを認め合い、共有できれば、天下は一つになる）」という社会的調和の概念は現在、中央民族大学の新しい校訓となっている。また、北京大学社会学・人類学研究所の入り口には、費孝通が揮毫した上記の一六文字の題字モニュメントもつくられている（写真9）。

一方、題字のもつ政治性、権威性と喚起性のほかに、芸術性、伝統的書道の関連性、書道の鑑賞性などの視点から見る必要もある。中国の大学の名前や新聞紙のヘッダーはよく東晋時代の王羲之の字体を使うのがそのためである。たとえば、東南大学や中南大学の名前のロゴは、王羲之の揮毫した『聖教序』の中から撰んだものであり、また『杭州日報』『重慶晩報』『石家庄晩報』『桂林晩報』『遵義晩報』『鹿城晩報』『燕趙晩報』などの夕刊も王羲之の字体によるものである。いま、万里長城のような観光地、ホテル、あるいは観光みやげ品に見られる毛沢東の題字は、いずれも繁体字で書かれたものであり、鑑賞に堪えうる書の芸術性を備えていると言える。

漢字の題字は、異なる空間と時間の人、もの、できごとをつなぐ媒体であり、またさまざまな記憶や思いを保存する装置でもある。このような異なる時空間を超え、メディア性、喚起性と芸術性をもつ題字は、新たな可能性を生み出す象徴の資本である。

注

(1) 中国の国営書店。多くの分店をもち、主に国内出版の書籍の取次・販売を行う。一九三七年、延安で設立された。「新華書店」の四文字は毛沢東の揮毫したものである。

(2) 本論文の一部は二〇一六年五月一三日に「毛沢東の題字と社会への浸透」というタイトルで京都大学の石川禎浩教授の主催した「毛沢東に関する人文学的研究」において口頭発表したことがある。その際に、有益なコメントをしてくださった摂南大学の瀬戸宏教授、石川禎浩教授やその他の参加者に対し感謝の意を申し上げるものである。

(3) 長征とは国民党軍に敗れた中国共産党の紅軍が、中華ソビエト共和国の中心地であった江西省瑞金を放棄し、一九三四年から一九三六年にかけて国民党軍と交戦しながら、一万二五〇〇キロメートルを徒歩で続けた移動をいう。

(4) 『解放日報』は、延安時期の中国共産党中央の政治理論を扱う機関紙である。

(5) 『東北日報』は、中国共産党が東北解放区の中で作った初めての新聞紙であり、中国共産党東北局政権の機関紙である。国民党との激しい内戦の中で、新聞社が瀋陽から本渓、海龍各地へ移動し、その間に一時中止したこともあったが、一九四六年四月二八日「東北日報」は長春で復刊され、それ以来毛沢東の題字を使い始めた。その後、新聞社がハルビンに移動し、一九四六年一二月一八日再び新聞の題字を変えたが、毛沢東が自らその題字を書いた。その題字は、一九五四年八月三一日まで使われた。

(6) 現在、『人民日報』は中国政府の代弁者の唯一の拠点として、中国及び世界の人々に中国中央政府と中国共産党の政治法規、政治動向や経済情報などを発表している。現在、中国語版に加えて、英語版、日本語版、フランス語版、スペイン語版、ロシア語版、アラビア語版の七言語で配信され、中国ではもっとも影響力と権威性のある新聞であり、新華社、中央テレビ局と並んで中国共産党と中国政府の三大メディアとみなされている。

(7) 新聞の名前について、彼らは、十数個の中から四、五個（『西蔵日報』『太陽報』『雪城報』『鏡報』『西蔵鏡報』）に絞った。一九五六年春、『内モンゴル日報』の編集長である庄坤がダライ・ラマ・丹増嘉措に新聞の運営方針や検討の内容を報告した。新聞の名前について、ダライ・ラマは国内他の省・市・自治区の新聞の名称について詳しく聞いて、しばらく考えて大多数の省級新聞の名前が、省市自治区の名前と一致しているなら、われわれは『西蔵日報』にしようと答えた［王鑑　一九九四：二五］。

(8) 中国人民抗日軍治政治大学のこと。抗大とも略称する。中国共産党が軍幹部養成のため設置した紅軍大学を前身とし，一九三七年、延安に設立された。当初は軍の中堅幹部、のちには各地から参集する知識青年を対象に短期の思想・政治教育を施して前線に送り出したもので、理論と実際の結合をとくに重視した。一九三九年、本校を太行山区に移し、各抗日根拠地にも分校を設け、抗日戦八年間に十数万人の幹部を養成し、中共の発展に大きな貢献をした。

(9) この大学は、一九四一年に中国人民抗日軍政大学第三分校ロシア語大隊が延安で創立、同年、抗大第三分校は延安軍事学院に改組した。

(10) 中国、清代における考証学の標語。もともと漢の時代の言葉で、学問のための学問ではなく、現実を良く見ようという考え方である。後の宋、明の時代の考え方が大変主観的だったので、客観的に本質を追求する考え方が清の時代に流行した時もこの言葉が使われた。

(11) 一九三四年当時、国民政府は、四月四日を児童節に定め、各地で児童節を祝う祝賀行事を華やかに行った。

(12) 現在、「中国人民抗日軍政大学」と「陝北公学等学校」はもう存在しない。

(13) 一九四四年一一月二二日、延安各界二〇〇〇余人が鄒韜奮の追悼会に参加した。中国共産党中央委員会は彼を中共正式党員として追認した。

(14) 一九五〇年七月二日から一九五一年三月五日、劉格平の率いた中央西南各民族訪問団が雲南、四川、貴州などの等民族地区、一九五〇年八月二九から一二月一日までに、濬均儒が団長をした中央西北各民族訪問団が新疆、甘粛、寧夏、青海などの民族地区、一九五一年六月二〇日から一〇月七日まで、李徳全が団長をした中央中南各民族訪問団が広西、広東、湖南などの民族地区、一九五二年七月九日から九月二三日までに、彭沢民が団長をした中央各民族訪問団が内蒙古と東北などの民族地区を訪問した。

(15) 一九八一年六月、共産党第一一回六次委員会が「中共中央関于建国以来党的若干歴史問題的決定」を採用した。その後、全国各地が文化大革命時代の痕跡、公共的場所における毛沢東の題字、語録、塑像などを処理し始めた。現在、新華門にある題字と標語は、検討された結果である。

(16) 一九八二年に修正された「憲法」総綱の第二二条において、「国家は、人民に奉仕し社会主義に奉仕する文学・芸術事業・ラジオ・

テレビ事業、出版・発行事業、図書館・博物館・文化館及びその他の文化事業を発展させ、大衆的な文化活動を展開する」と記載されている［土屋　二〇〇五：一一三］。

参考文献

（日本語）
青山和男
　一九七八　『題字さまざま』東京：丸ノ内出版。
韓　敏
　二〇一五　「近代中国における毛沢東崇拝の成り立ち」韓敏編『近代社会における指導者崇拝の諸相』（国立民族学博物館調査報告一二七）三五―六〇頁、大阪：国立民族学博物館。
京都大学人文科学研究所
　一九八一　『毛沢東著作年表・上巻』京都：京都大学人文科学研究所。
高山陽子
　二〇〇八　「題字の意義――中国におけるモニュメントの分析から」『国際関係紀要』（亜細亜大学）一七、五一―九二頁。
聶莉莉
　二〇〇六　「人民に奉仕する英雄――全体主義下の個人と『人民』」『民博通信』（一一四）六―七頁、大阪：国立民族学博物館。
美麗和子
　二〇一六　「建国初期の『中央民族訪問団』と中国共産党の少数民族政策」『中国研究月報』（Monthly journal of Chinese affairs）七〇（九）：一―二四頁。
レヴィ＝ストロース、川田順造訳
　一九七七（二〇〇一）『悲しき熱帯〈二〉』中央公論新社。
亘明志
　一九八五　「文字と権力――レヴィ＝ストロースの仮説をめぐって」『広島修大論集　人文編』二六（二）七九―一〇九頁。
（中国語）

費孝通
　二〇〇六「中央訪問団追記」（一九九四年二月）『費孝通民族研究文集新編』下巻（一九八五～二〇〇三）四五九―四六二頁、北京：中央民族大学出版社。
馮錫剛
　二〇一三「於細微処見精神」『領導文萃』五一―五五頁、一〇月（下）。
降辺嘉措
　二〇〇六「民族大団結从此开始――記毛主席書写〝中華人民共和国各民族団結起来〟題詞的経過」『民族団結』二〇〇〇年（六）二五―三七頁。
劉曦林
　二〇一四「巨人的書法」『劉曦林専欄一七』http://malicous.com/1376/s/blog_635c707f0102vfvt.html（二〇一八年六月三日閲覧）。
連建文
　二〇一八「一九五一年：中央人民政府南方老革命根拠地訪問団在粤東」http://www.gdlqw.com/hxwh/nwsy/201803/t20180330_933322.htm（最終閲覧　二〇一八年一二月二八日）。
劉　煜
　一九九二『聖地風雲録――延安革命記念館陳列内容紹介』西安：陝西旅遊出版社。
毛沢東
　一九七七『毛主席詩詞墨跡』続編、北京：文物出版社。
孟亜生
　二〇〇一「好好学習　天天向上――追踪毛主席給小英雄陳永康題詞始末」『中華魂』（一一）：一六―一七。
逄先知主編、中共中央文献研究室編
　一九九三『毛沢東年譜――一八九三―一九四九』北京：人民出版社。
申力行
　二〇一五「毛沢東的山西『遺墨』」『文史月刊』第三期、四―九。
万応均
　二〇一二「毛沢東書法探求」『毛沢東思想研究』二八―三〇。
王　柯

二〇〇一「『少数民族』から『国民』への道程――現代中国における国民統合の視点から」『アジア研究』第四七巻（四）三九―六二。

王　鑑
一九九四「毛沢東為『西蔵日報』題字」『中国西蔵』一九九四（一）：二五。

王　進
一九九二『毛沢東大辞典』南寧、桂林：広西人民出版社、漓江出版社。

王樹人
二〇〇八「毛沢東『沁園春・雪』公開発表始末」『党史縦横』二〇〇八（七）：七。

楊宝華
一九七八「毛主席給報紙的題詞、題字」『国家図書館学刊』（二）：一五―一六。

楊憲金
二〇〇三『毛沢東手書真跡――題詞題字巻』北京：西苑出版社。

張忠恕
二〇〇七「毛主席題写『人民郵電』始末」『集郵博覧』（八）：九。

中央檔案館
一九八四『毛沢東題詞跡選』北京：人民美術出版社、檔案出版社。
一九九三『毛沢東手書選集第二巻――題字題詞』北京：北京出版社。

周随新
一九八七「『実事求是』題字永放光輝」『理論導刊』一九八七（四）：二一。

1949	『新華日報』 『工人日報』 『好好学習』 『南方日報』 「為僑民利益而服務」	 9月10日『中国児童』雑誌創刊 10月13日、中央華南分局の機関新聞紙の創刊号 10月23日	3月中国共産党中央委員が北京に到着 9月「中国人民政治協商会議共同綱領」採択、第6章で民族区域自治を明文化 10月1日、中華人民共和国設立宣言。 10月22日中央人民政府民族事務委員会（現・国家民族事務委員会の前身）設立
1950	「北京大学」 「中華人民共和国各民族団結起来」 「清華大学」 「湖南大学」 「北京師範大学」「南開大学」「中央戯劇学院」	北京大学の徽章のため3月17日 6月全国政治協商会議第1回2次委員会。「西南少数民族訪問団」決定。7月2日出発（西康、四川、云南、貴州） 6月 8月	
1951	『広州日報』 「復旦大学」、「北方交通大学」、「貴州大学、湖南農学院（今湖南農業大学）」の題字	広州市委機関新聞の創刊	
1958	『解放軍報』『思想戦線』 『北京日報』『北京晩報』 『天津日報』『済南日報』 「遵義会議会址」 『鄭州晩報』 「湘潭大学」「安徽大学」	8月1日 10月1日 11月、貴州遵義会議会址記念館の依頼 12月	
1959	「北京站」	9月15日毛沢東が北京駅を視察した時。	
1964	『中国青年報』『中国少年報』『工人日報』（2回目の題字）『河北日報』『吉林日報』『太原日報』『洛陽日報』 『福建日報』『遼寧日報』 「勤学苦練、為人民服務」	1月1日 8月 12月 人民大会堂の中で働いているスタッフたちに	
1965	『山西青年報』 『西蔵日報』	7月 8月	
1974	「北京語言学院」		

本表は『毛沢東年譜』（逄先知主編、中共中央文献研究室編　1993）などの史料に基づいて筆者が作製したものである。

毛沢東題字の関連年表

年代	題字の内容	背景	国内外の情勢
1931	「蘇維埃是工農労苦群衆自己管理自己生活的機関、是革命戦争的組織者与領導者」	中華ソビエト第一次全国代表大会	11月、瑞金を首都とする「中華ソビエト共和国臨時中央政府」の樹立。毛沢東はその主席となった。
1934		中華ソビエト共和国第二回工農代表大会	
1935		毛は中央書記処書記に選出されて新指導部の一員となった。8月19日毛は軍事上の最高指導者の地位につく。	貴州遵義会議。コミンテルン派遣の軍事顧問の李徳(オットー・ブラウン（ドイツ人）やソ連留学組中心の党指導部は軍事指導の失敗を批判されて失脚。 紅軍は10月18日にソ連に近い陝西省呉起県についた。長征終焉
1937		東北民主聯軍が毛沢東肖像入りの勲章発行。	1月13日中共中央が延安に移住。日中戦争
1939	「新華書店」	9月1日、延安鳳凰山、平房里にある書店のために	
1940	『辺区群衆報』 「天天向上」	3月 4月に児童節のため	
1941	『解放日報』	5月16日に延安で創刊された新聞	
1942			延安整風運動開始
1943	「実事求是」	中央党校大講堂	中国共産党員の数は80万、軍隊および訓練された民兵50万、解放区人口1億を超す。 コミンテルン廃止
1944	「為人民服務」 「熱愛人民、真誠地為人民服務」	9月8日張思德追悼会の講演 上海で病死した鄒韜奮のために、11月15日に揮毫	
1945	「為人民服務」	臨時首都である重慶で国民党と談判をおこなった滞在期間中の9月20日に、『大公報』のスタッフに。 大会で毛沢東思想が党規約に指導理念として加えられ、6月19日の第7期1中全会において、毛沢東は党の最高職である中央委員会主席に就任した。 15名の主席団員には、凌子風作製の毛バッジが贈られた。出席者に毛の肖像画が印刷された記念ノートと記念マッチも配布。 大会終了後、華東解放区の華中銀行が毛の肖像写真入りの紙幣を発行。	4月共産党第7回全国大会。党員120万、軍95万と発表。 5月ドイツ敗戦 8月6日トールマンは広島原爆投下。 第2次世界大戦終わる。 8月29日～10月10日アメリカ大使ハーレは毛沢東を飛行機で重慶に招き、蒋介石と会談させる。
1946	『人民日報』	共産党華北局の機関誌として創刊	3月23日毛と中央部が陝西省北部を去る。

第一三章　「蜂の巣型社会」——中国の経済と社会の構造転換を観察する新概念

張継焦（林茉莉訳）

はじめに

本論で提唱する「蜂の巣型社会」は、筆者が二〇一四年に提起した「傘型社会」に対応したもう一つの新しい概念である。本論は、就労と経営の二つの視点から「蜂の巣」の基本構造と機能について分析するものである。従業員はチェーン型（鎖型）とネット型の二種類の「蜂の巣」を有するのに対し、経営者はそれぞれ家族、利益、民族をもとにした三種類の「蜂の巣」を有す。「蜂の巣型社会」は民間の性質を有し、あまり権力と資源を持たず、自らの努力によって市場の空間と発展の機会を獲得しなければならない。その経済性と社会性は強いが、政治性が弱い。これらのさまざまな「蜂の巣」がもつ共通の特徴は互恵的であり、ウィン・ウィン関係に結ばれているところにある。「蜂の巣」が一旦集団や民族のネットワークを形成してしまうと、経済的、社会的、政治的機能も持つようになり、しかも資源配分の機能をもつだけではなく、市場化システムへの変遷を推進する力さえ持ち合わせることになる。

中国は一九八〇年代からの改革開放政策により、三〇年の発展を経て、二〇一〇年に世界第二の経済国となった。

中国の経済成長は世界から注目されるようになり、多くの国内外の学者が中国経済成長の謎を解こうと試みた。その中で多く注目されたのは、中国はいかに計画経済から市場経済への転換、すなわち市場の構造転換を果たしたのかである。

二〇一四年筆者は「傘型社会」という新しい概念〔張継焦　二〇一四〕を打ち出し、中国の経済と社会の構造転換（とりわけ市場の構造転型）について論じた。論文発表後は同じ分野の若手研究者に受け入れられたので、本論文において、引き続き中国の経済社会の構造転換を検討するために、「傘型社会」の姉妹編として、「蜂の巣型社会」の概念を打ち出すことにした。

本論は、中国という巨大市場の構造の中で、一般庶民はどのような役割を果たしたのか、また、庶民は利益を得たのか、損失を蒙ったのかを研究の目的とする。

一　研究の仮説、理論的根拠および実証材料の出処

１　研究の仮説および分析の枠組み

中国のような複雑な経済・社会構造の構造転換を説明するのに、「傘型社会」の概念だけでは明らかに不十分である。対立物の統一・闘争という弁証法的な法則と学術概念の考えにもとづき、筆者は、中国の経済社会の構造転換を説明するには、少なくとも一対（二つ）の新しい概念が必要であると考える。「傘型社会」という概念は「政府」主導の資源配分と経済社会の発展を考察する際に使うのに対し、「蜂の巣型社会」の概念は一般庶民による資源配分と経済社会の発展を分析する際に用いるものである。

政府主導の経済社会は一種の「傘型社会」である。中国各地の「政府主導」の資源配分と経済社会の発展の中で、

大小多くの傘のような庇護の構造が形成され、はっきりとした「傘型社会」の特徴が現れた。「傘型社会」には国家、省、地州、県、郷鎮の五つのレベルが含まれている。その主要な「傘型」の機能は、傘下のグループ企業に対しての「父愛型庇護」、合資企業に対しての「親戚型庇護」、私営企業に対しての「友人型庇護」の三つがある。「傘型社会」のもつ、上記の五つのレベルと三つの機能のことを、略して「五×三・傘型」構造と機能と称す。

それに対して、一般庶民の経済社会生活は「蜂の巣型社会」である。これは政府による再分配経済から市場経済への移行が権力と特権の移行につながることを意味する。すなわち、再分配をコントロールする階級から直接の生産者（すなわち庶民）に移行することである。一般庶民が直面する労働の機会、労働に対する積極性、および余剰製品に対する支配権が増すことで、庶民たちは、働き蜂のように、個人あるいは家庭の努力によって、自身のネットワークにもとづき、自らの蜂の巣を編み出している。そこで、ブルーカラー、ホワイトカラー、自由業、自営業、私営企業のオーナーが増えてきたのである。

簡単に言うと、筆者は「傘型社会」と「蜂の巣型社会」という二つ（一対）の新しい概念を用いて、中国の経済・社会の構造転換における政府と民間の二つの異なる側面を観察し分析することを試みようと考える。本論では、主に庶民が自ら展開した資源の配置および経済社会発展活動への参加について検討する。

二　理論的根拠と基本的な考え方

1　理論的根拠

筆者が打ち出した「傘型社会」と「蜂の巣型社会」という二つの新しい概念の理論的根拠として、七つの人類学社会学理論が挙げられる。主には一九八九年から興った新制度主義社会学理論および関連の基礎理論[1]である。例として、ポランニー（Polanyi, Karl）の「三種経済類型」理論(2)［Polanyi 1944］、費孝通の「差序格局」(3)理論［費孝通　一九四八］、中根千枝の「タテ社会」の理論［中根　一九九四（一九六七）］、グラノヴェターの「ネット分析」理論(4)［Granovetter 1973, 1974］、ニー（倪志偉、Victor Nee）の「市場転換」理論［Nee 1989］、李培林の「社会構造転換」理論［李　一九九二、一九九四、一九九五ａ、一九九五ｂ］、コールマン（Coleman）の社会資本の理論［科尔曼　一九九二：三三〇—三五四］などである。紙面の関係で、これらの理論に対する詳細な説明を省いておく。

２　基本的な考え方

一般的には資源配分と経済社会の発展に影響を及ぼすものは二つあると考えられる。その一つは見える「手」——政府である。これは政治学の視点から政府の権力が資源配分の機能及び経済社会の発展に及ぼす影響を分析することができる。もう一つは見えない「手」——市場である。これは経済学の視点から市場が資源、要素の配置および経済社会の発展に及ぼす影響を分析することができる。李培林が打ち出した。「もう一つの見えない手」理論では、社会学の視点から社会構造転換の役割、とりわけ社会構造転換における社会関係および資源配分と経済社会の発展に対する影響を分析することができると指摘した。

上記の複数の理論から、経済社会構造の転換（特に市場転換）は資源配分と経済社会の発展によって実現されるものであり、影響力を持つ主な要因は、権力、資源、市場空間、発展のチャンスといった四点があることが分かる。

３　本文の実証調査および調査材料

本論で使用した実証材料およびフィールド調査の出処には、筆者の直近の十数年来の現地調査が含まれる。一九九五年の天津での調査研究、一九九六年の海南省瓊海市と貴州省凱里市での調査、二〇〇一年の北京市と深圳市の少数民族の移動人口に対する調査、二〇〇七〜〇八年の青島市、呼和浩特市、昆明市、深圳市での調査、二〇一一〜一二年の海南省での調査、二〇一三年の貴州省凱里市と広州市での調査などである。

三 「蜂の巣型社会」の構造と機能

上述した関連の理論によると、権力、資源、市場空間、発展のチャンスという四つの要素が資源の配置と経済社会の発展に影響を及ぼすという。では、それらの四つの要素は政府主導の社会(「傘型社会」)と民間社会(「蜂の巣型社会」)においてそれぞれどのように位置づけられ、どのような働きをするのだろう? 筆者は次のように考える。すなわち、政府を代表する「傘型社会」はより多くの権力と資源を把握している。それに対し、一般庶民を代表する「蜂の巣型社会」は権力と資源をそれほど有していないにもかかわらず、自らの努力によって市場の空間と発展のチャンスを獲得しようとしている。

中国は一九八〇年代の改革開放以来、市場転換の過程において都市では二つの大きな出来事が起きた。その一つは農村から大量の流動人口が都市部に入ってきた。もう一つは都市部に大量の個人経営者と私営企業が現れた。本論は、主として就職の角度から、流動人口の「蜂の巣型」構造と機能を分析すると同時に、また経営の角度から、個人経営者と私営企業の「蜂の巣型」構造と機能を検討する。この二つの角度から中国社会における二つの典型的な現象を細かく分析することによって、中国の「蜂の巣型社会」の構造や機能を明らかにする。

(1) 就職にかかわる「蜂の巣」の構造と機能

筆者の十数年来の都市の人口移動に対する調査と研究によると、出稼ぎ労働者が「蜂の巣」を作る時の主な原則

表１　現在の仕事を獲得した手段（筆者作成）

	有効人数	占める割合
親戚の紹介	73	35.27%
友人の紹介	52	25.12%
自分で見つけた（応募）	52	25.12%
政府の組織	13	6.28%
自分で投資	9	4.35%
職業紹介所	2	0.97%
その他の方法	6	2.90%
合計	207	100.00%

は助け合いであり、主に「チェーン式」と「ネット式」の「蜂の巣」の形態を示す［Zhang 2007: 427-466, 2009: 127-139, 2012: 47-59］。

１　出稼ぎ労働者はなぜ「蜂の巣」（社会資本）が必要か？

故郷を離れ、見慣れない都市に来る人が如何に仕事を見つけ、安定した生活を手に入れるか？　経済学では、人間がある程度の経済資本（体力、労働技能か知識、資金など）を保有すれば、初めて都市で安心して暮らせると考えられている。社会学と人類学の角度からは、経済資本以外に、社会資本[5]（人間関係）も出稼ぎ労働者にとって重要な資本であると考える。

二〇〇一年に北京で行った二〇七人の出稼ぎ労働者に対するアンケート調査では、かれらが現在の仕事を得た経路のうち最も多くを占めるのは親戚の紹介（三五％）、二番目は友達の紹介（二五％）であった。これによって、親戚関係と友人関係（あるいは強い関係[6]）は仕事を得るための最も主要な手段（両者合計六〇％）であることが分かる。詳しくは表１に示す［張継焦　二〇〇六］。

二〇〇一年に深圳[7]にある台湾資本の木具工場での調査では、一人の警備員（男、トン族）がこう話した。

「私は貴州省天柱の出身で、高一の時に軍隊に入り、四川に配属された。一九八八年、ラサ戒厳令の時、四川から一師団が派遣され、私も一九八九年からラサに行った。一九九一年に退役して故郷に戻り、結婚した。結婚後出稼ぎに出たくて、一九九四年八月に一回深圳に来た。一五〇〇元持参で来たが、当時は仕事を紹介してくれる同郷の人がおらず、一ヶ月仕事を探し続けたが、見つからずにお金もなくなったので故郷に帰った。一九九五年からこの工場で働いているが、その時は同郷の人が多くいたので、その紹介で入った。最初は作業場で一年ぐらい働いて、その後社長が私の経歴を買って警備員にしてくれた。そこで、一九九七年一二月から警備員として働いている」。(二〇〇一年、広東省深圳市でのインタビュー)

この例から、西部のへんぴな農村地域から東部の繁華な都市部に仕事を求めるには、体力と困難を恐れない勇気だけではなく、人脈関係も必要であるとわかる。上述のこのトン族の青年は長年の軍隊生活で故郷を離れたのが原因で、同郷の人との繋がりがうすく、一回目の出稼ぎの時は同郷の人の助けが得られなかった。そこで、「仕事を得るには人の紹介がないと難しい」と感じた。故郷を離れ、慣れない都市で生計を立てる時、特に親戚や友人の助けが必要なのである。彼が二回目に深圳に行った時は、仕事が一つも見つからなかった一回目の時とは違って、同郷の人びとと友人に助けられ、仕事も紹介してもらえた。彼の長年の兵隊生活と警備員の経歴が、今後の就職には重要な資本となるだろうと推測できる。

多数の社会関係を有することは一種の社会資本である。この関係の資本は就職においていくつかの役割を果たす。この関係は人々のあいだのつながりだけでなく、彼らのあいだの明らかな責任でもある。この明らかな責任は双方それぞれが必要な時に利用できる資源となる。銀行に預けた貯金と同じように、必要な時に引き出すことができる。(8)

２　出稼ぎ労働者が「蜂の巣」を作り上げるまでの三つの段階

筆者らによる一九九六年から二〇一三年までの数年にわたる海南省、貴州省、北京、深圳、広州などでの観察と調査から、出稼ぎ労働者の「蜂の巣」の構造および機能はおよそ三つの発展の段階を示すことが分かった。

①第一段階：「先駆的」個人の出稼ぎ

これは出稼ぎ就労の模索時期もしくは初級段階である。筆者が一九九六年に行った貴州省東南部辺りの調査から次のことが分かった。一九八〇年代初期、現状に満足しない若い人たちが、改革開放に奮い立ち、恐れも知れずに自分一人、特区の深圳にやってきた。これらの勇気ある先駆者たちは最初全く利用できる人間関係がなく、「最初に蟹を食べる人」の勇気と若さ溢れるエネルギーだけが頼りだった。かれらは下働きなどから始め、一人で生存と発展の機会を求めた。ほとんど社会資本のない環境の中で見知らぬ都会で職を探し、自身の度胸と力だけをたよりに身代を築き上げることが如何に困難とリスクを伴うかはたやすく想像できる。したがって、個人の先駆的出稼ぎの結果としては、成功者はきわめて稀で、賞賛できる経験も少ない。得たもののほとんどは失敗と教訓である。

②第二段階：「チェーン型リーダー式」の集団出稼ぎ

ここにおいては、先駆的模索の段階が既に終了し、前者の模索と蓄積によってある程度の社会関係が築かれた。先駆者の家族や親戚（ときどき友人、同村人、同郷人も含まれる）はいち早く出稼ぎ先の情報を獲得できるだけでなく、この強い関係によって、先駆者の後に次いで同じ都市に移動し、「チェーン型」の集団出稼ぎの形態を形成する。筆者が一九九六年に海口市で調査した際、バス停で貴州省台江県方召郷から来た農民たちのグループと出会った。かれらは合計一二人で、全て男性。リーダーのL・X・Lは、ミャオ族、二八歳。彼は既に海南省昌江県のある農場で三、四年間働いており、一九九五年には兄弟二人と親戚二人を連れてきていた。今回はさらに多くの親戚、友人を連れてきて四人から一一人となった。彼らはみんな中卒で、年齢は一八~三〇歳である。かれらの貴州省から海南省までのルートは（出発地）台江県方召郷—台江県の町—貴州省東南州府凱里市—都匀市—広東省江市—海南省海口市—海南省昌江市（目的地）。千キロ以上の道程で、雷州半島から海南島に来たときに、瓊州海峡の海を渡らなければならない［Zhang 2003: 148］。先駆者個人の強い関係の導きで、これら後から来た人たちは自ら出稼ぎのチェーンを形成した。これはリーダー式集団出稼ぎとも言える。第一段階の先駆的個人の出稼ぎに比べ、第二段階の「チェーン型」もしくは「リーダー式」集団出稼ぎでは、先駆者が蓄積した社会資本と就業経験により、開拓者の関係のチェーンに従って出てきた後続者が既成の社会関係と就労の情報を利用でき、また、先駆者の経験と教訓を参考にできるため、リスクもコストも大幅に減らすことができた。

③第三段階：「ネット型」の集団出稼ぎ

第三段階は第二段階の「チェーン型」若しくは「リーダー式」の集団出稼ぎの上でさらに発展したものである。ここまで来ると、社会関係が一層拡大し、集団のネットワークが形成される。二〇〇一年三月の深圳にある台湾資本の木具工場での調査と統計によると、この工場では一二二人のトン族の従業員がいて、その中で女性は五三人。また苗族は三人で、そのうち女性は一人。かれらの多くは貴州省天柱県の出身で、一部が新晃県出身である［張継焦 二〇〇六］。このように同じ出身地の人たちが同じ所で働いているのは、一人による「リーダー式」若しくは「チェーン型」の繋がりではなく、多くの人による「ネット型」の助け合いによって、次々と出稼ぎに来たのである。出稼ぎ就業者の背後には、家族、親族など、血のつながりだけでなく、血縁親族関係の下で広がった非血縁、非親族関係がある。例えば、隣近所、同級生、同郷人、同僚、同業者、社長など、人と人のネットワーク。これらの縦と横のつながりに基づいたネットワークは、後続者、先駆者と共に更なる社会資本を提供し、生存と発展の拠り所［張継焦　二〇〇四ａ］となった。

3　出稼ぎ就労者の「蜂の巣」の構造と機能

市場化という経済社会の構造転換の中で、権力、資源、市場空間、そして発展の機会が、資源の配分と経済社会の発展に影響を及ぼす四つの重要な要素である。政府および行政の役人が多くの権力と経済資源を所有しているが、一般庶民は経済権力や経済資源を有していない。そこで、如何にして市場の空間を得て、発展のチャンスを獲得するかについてであるが、何も所有していない出稼ぎ労働者にとって最も有効な方法は従来の社会資源（例えば、血縁関係、姻戚関係）および伝統的な行動規則（助け合いの家族倫理道徳）を利用することである。これらのような従来の社会資本と伝統的な行動規則は、都市の外来移民にとってチェーン型「蜂の巣」とネット型「蜂の巣」を構築する基盤である。

民間の「蜂の巣型社会」が如何に政府の「傘型社会」の下で自らの位置づけを見つけ、その役割を果たしてきたのかを、社会全体から見てみよう。政府主導の市場転換の中で、権力も勢力もない出稼ぎ労働者が自らの「蜂の巣」を築き上げるのは一日でできるものではない。模索の過程が必要になる。最初の個人の「先駆的」出稼ぎの時期には自分の最も親しい人にも頼れず、利用できる社会資本が少ないため、リスクも高い。簡単に言うと、出稼ぎ労働者が「蜂の巣」を作り上げる条件と可能性はほとんどないと言えよう。第二段階になると、先駆者は女王蜂のように、働き蜂のような親戚や友人を出稼ぎに連れて来る。この時には「蜂の巣」を作り上げる条件を有することになる。このリーダー式集団出稼ぎは、一人のリーダーを始めとする「チェーン型」の関係で人びとをつなげ、共同で「蜂の巣」を構築する過程である。「蜂の巣」を構築するにあたっては、ある範囲内の人間関係が基になる。即ち、リーダーの家族、親戚など血縁、姻戚縁関係の人たちである。第三段階に入ると、出稼ぎ就労団体のネットワークが大きくなるにつれて、そのネットワークは血縁、姻戚縁関係を超え、ネット型の「蜂の巣」を構築する条件をそろえることができる。集団性の「ネット型」を特徴とする第三段階は第一段階の「個人先駆的」で孤独な局面を終結させるだけでなく、血縁関係に限る第二段階の「チェーン型」の局面も超えていた。集団的「ネット型」社会資本は先天的血縁姻縁関係以外に、非血縁、非親縁（近隣所、同級生、友人、同村人、同郷人、同僚、同業者など）のような後天的にできた社会関係にまで発展した。ネット型「蜂の巣」はチェーン型「蜂の巣」より幅広い社会関係を集結させることができ、その社会資本も一層強くなる。出稼ぎ労働者が小さいものから大きいものへと築き上げた「蜂の巣」は、このように徐々に「差序格局（格差構造）」の原理に基づいて次第に形成されたのである。そして、この「蜂の巣」の内部が次第に多くの資源を集結し分かち合うようになる。つまり、出稼ぎ労働者が「蜂の巣」を作る主な原則は助け合いであり、「チェーン型」「ネット型」二つの形で現れている。民間の「蜂の巣」型社会は政府の「傘型」社会の補充として存在し、両者はそれぞれの働きをしながら、補完し合う関係にある。

なぜ出稼ぎ労働者はこのような分かち合い、助け合いの「蜂の巣」が必要なのか？　カール・ポランニーは『大転換』の中で人類の経済的生産方式について市場経済、再分配経済、互恵経済の三つのパターンがあると指摘した［Polanyi 1944］。この三つのパターンの経済生産方式は、中国の出稼ぎ労働者の「蜂の巣」の三つの発展段階（「パイオニア的」個人の出稼ぎ、「チェーン型」集団出稼ぎ、「ネット型」集団出稼ぎ）とどのような関係があるのか？

経済方式や経済制度から見ると、田舎を離れて都会に来る出稼ぎ労働者にとって出稼ぎは農村の互恵型自然経済を離脱し、未知の都会における等価交換の市場経済や政治的再分配の経済システムに加入することを意味する。この都会の強い経済方式や経済制度の中で安定した生活空間を獲得をするために、出稼ぎ労働者が先ず利用できるのは故郷から持ってきた互恵的経済方式である。それから集団性チェーン型とネット型の「蜂の巣」を通して、次第に再分配経済から市場経済への転換する中で出来た隙間に生存の場所を獲得していく。若しくは制度化した再分配経済と市場経済の周辺に自分自身を嵌め込んでいく。

市場転換の中で古い制度を突き破るには個々人の突破から始まり、続いては、集団性の「蜂の巣」型のたゆまない努力によると言えよう。この二つは非制度性の行為であるが、これによって最終的に制度化した市場経済の体系を形成する。すなわち、新制度の成り立ちは、個人もしくは集団の非制度性の努力と試み、即ち、新制度は非正式から正式への制度化の過程を辿り、制度の移り変わりの過程も個人から集団ないし社会全体の段階を踏むものであると言える。

(2)　経営者の「蜂の巣」の構造および機能

筆者の長年の調査研究から、次のことが分かった。つまり、経営者の「蜂の巣」には三種類ある。家庭を中心とする互恵的ネットワーク、バリューチェーンを中心とする協力的ウィン・ウィンネットワーク、および民族を中心とする互恵的ネットワークである。

１　家庭的「蜂の巣」——家庭を中心とする互恵的ネットワーク

一般的な考えでは、家庭は子を産み育て、代々血統を継ぐ生活の場である。しかし、中国の経済市場化転換に対する経済学者たちのよくある誤解の一つは、市場経済活動は家庭に依拠する必要のない、高度な組織化商業行為であるという見解である。中国の経済学界にこのような家庭の経済的機能を軽視する人が多いことは憂慮すべきことである。それに対し、家庭の仕組みと機能に関する社会学者、人類学者、民族学者の研究によれば、家庭は社会的機能を備えているだけでなく、経済的機能も最も基礎的で重要である。アメリカの社会学者グッド（William J.

Goode）は「現代の家庭が経済の単位でもあるということが度々忘れられている。たとえ農業の単位でなくなった後でも」と述べた［古徳　一九八六（一九六四）：一四］。社会経済学者のゲーリー・ベッカー（Gary Becker）も「すべての社会において、現代の市場経済社会も含め、家庭は依然として相当部分の経済活動――半分以上の経済活動に対し責任を持っている」と指摘した［貝克爾　一九八七：二二七］。

①家庭ビジネスは都市の市場化のパイオニア

一九九六年の筆者の海南省瓊海市での調査から次のことが分かった。一九八〇年代初期、多様な経済システム併存の政策が実施されてから、都市の市場化の中で、初期の市場主体である個人の商工業者が現れた。これらの家庭経営の個人商工業者は一九八三年の時点では二八三六世帯、三四四九人であったが、一九九〇年には、五七四六世帯、七七〇七人まで増えた。

では、なぜ家庭ビジネスが都市の市場化におけるパイオニアとなったのか、筆者はその政治、経済、社会の原因は、以下のようにあると考える。

第一に、都市部の個人経営者は時運に応じて現れたものである。元々家庭は計画経済の下で市場メカニズムが排除される指令性計画を徹底的に実行するのが難しい経済単位であり、計画経済の体制の中で最も弱い領域である。これが自然に都市と町の市場化の突破口となったのである。一方、家庭経済は改革の前に最も抑圧された経済単位であり、農村の自営業から町の家庭経営までが絶滅に瀕した[9]。家庭の私営商業は抑圧されればされるほど、生きる道を求める欲求も強く、一旦政府からの禁令が解除されると、その伸びる勢いも速かった。

第二に、改革開放の初期には現存の計画経済体制が依然として強かったため、最初の市場化変革は、既成の経済利益と制度に衝突しない業種でしか起こすことができない。そこで、個人か家庭の自発的努力によって、個人の商工業と私営のサービス業が都市と町の中で早い時期に速い発展を遂げた。

第三に、家庭商業が勢いよく現れた重要な原因として、国営商業と集団商業が経営不振により経済利益が下がったことが挙げられる。国営商業は公定価格と市場価格の競争に適応できない一方で、国営企業は従業員が多く、コストも高い。それが原因で競争力が次第に下がった[10]。

第四に、家庭商業の社会的基礎は「家庭」的経営である。筆者が一九九六年に瓊海市で多くのだけで経営する店を見た。加積鎮中心市場[11]とその周辺の町での多くの家庭的店舗の構造は、一階が商店で二階以上が家族の住居空間となる。商店の経済社会と家庭の経済社会は一体化したものである。家庭の中で、夫婦それぞれの作業分担と暗黙の協力があって、現地の風習にも符合する。例えば、男性が午前と午後のお茶の時間には女性が店番をする。御飯の時間になると、女性がお店を離れ家に帰って家事をする。その時男性が店番をする。李培林が次のように述べた。個人の商工業と私営の商店業種にとって、家庭はかれらの経済活動の組織形式であり、それは会社や工場のような企業の経済活動の組織形式と同じである。そして、家庭の倫理道徳は家庭商業の組織規範でもあり、それは会社や工場の各課の管理規則が企業の組織管理規範［李培林　一九九五ｂ：八五］となることと同じである。二〇〇一年の筆者の北京の家庭型小企業に対する調査では、次のことが明らかになった。通常夫が経営者で、妻が経理、子供と若い親族が下働き、その人数は二～三人から七～八人で、一〇人を超える所もある。これらの家庭型小企業の中で、夫或いは妻が絶対的な権威を持つ。夫婦の家庭関係はその中で主導的な地位に立ち、親族関係と仕事関係は家庭関係に比べると従属的な地位に立つ。家族および親族の生活、日常生活、収入と分配全てが世帯主兼経営者によって決められる［張継焦　二〇〇四ｂ：九一―九二］。

②家庭商業と利他的家庭倫理

経済学者は、一貫して人間は最大の利潤を追求するエゴイズムの経済人としているが、筆者はこのようなエコイズムが家庭商業の中では通用しないと考える。経済学者はしばしば経済行為と社会行為をはっきりと分けて考える。しかし、現実の経済の中で、とりわけ家庭経済の中では、これは大変難しいことである。家庭商業は利潤を追求する経済行為だけでなく、人情、家庭の安定、家業の継続などなどを追求する社会行為もしなければならない。私営業主の長としては、この二つのコストと収益について計算しなければならない。

なぜ家庭商業は、はっきりした「利他主義」の傾向を示すのか？　筆者の海南省瓊海市の調査研究から次のことが明らかとなった。つまり、私営業主たちが労苦を厭わず、骨身を惜しまずに働くのは、家庭全員がもっと良い生活をするため、子供にもっと良い未来を作るためである。これはかれらの精神的な支えと経営の原動力でもある。

自営業の親たちが勤勉に働く目的は、自身の利益、社会地位、家庭の共同生活のためであり、子供たちを高いスタートラインに立たせ、自分たちの創業時より優れた生活と学習環境を子供に与えるためである。筆者が訪問した数軒の家庭業主たちは似たような経歴と考え方を持っていた。卸売商のY・K・Y夫婦、干物小売商のCh・X・H夫婦は、共に故郷を離れ農村から町に出てきており、苦労に満ちた創業史の持ち主である。洋服店の経営者H・Zh・Aが言った。「商売の大部分の収入は子供の進学に費やした」。雑貨の小売と卸売商L・Y・zhは若干年配の人で、「子供たちのことは目処がついた」と一息ついたかのように語った〔張継焦　一九九八〕。アメリカの社会経済学者ベッカー（Becker）が名作『*A Treatise on the Family*（Harvard University Press, 1981）の中でこう述べた。家庭商業の主は経営収入を元に家庭のメンバーの教育、健康、および人力の資本に投資する〔貝克爾　一九八七：二二七〕。家族は個人の短い生涯を超え、代々受け継がれていく。家庭の中での一人一人の人生のスタートは親の世代の長年の努力による結果である。親の世代が次の世代の成長に良い基礎を築けなければ、家庭の責任を果たしていないと思われがちであり、次世代の尊重を得ることが難しい。これによって、社会学的意味での「親の心子知らず」の利他性の家庭倫理も解釈できるのであろう。

この意味から、家庭商業における「互恵」という資源配分の機能が、「利益追求」という市場における配分の機能と同等に重要であるといえよう〔李培林　一九九五ｂ：九〇〕。家庭企業のオーナーたちが利益の主体として自らの利潤を追求する。対外的には競争を展開し、家庭内のメンバーには互恵互利の利他主義的原則を取り入れ、共同の利益を追求する。利他主義が家庭生活、さらに集団生活における「自然の法則」の一つといえよう。

③家庭商業の交易コストと「蜂の巣」型の親縁ネットワーク[12]

筆者の二〇年来の各地（一九九六年瓊海市、二〇〇一年北京市、二〇一三年貴州凱里市）での調査から、裸一貫から身を起こした人に手を差し伸べたのは親縁の親戚や長年の友人であるという事実が確認できた。

では、創業者がまだ成功していない段階、財産も名声もない時に、なぜ親戚や友人が損得や危険性を考慮しないで、私心のない援助（創業資金の提供など）ができるのか？　中国系アメリカ人の人類学者許烺光（Francis L. K. Hsu）が次のように述べている。中国での、人びとの行動様式は「互いに頼り合うこと」である。即ち、親族関係のネットワークの中で、頼られると同時に自分も頼るのである。その中にいる人たちは自分の義務と責任をはっきりと認識し、与えられた物に対して報いなければならないことも分かっている（たとえ報いの時期が遅くても）〔許烺光　一九九〇（一九六三）：二七七〕。家庭の資源配分においては、供給の関係、行政指令や法律制度に拠るのではなく、血縁関係、婚姻関係、倫理規範などの非経済要素の働きが大きい。その中でも、家庭の倫理道徳規範、人情と世故、親族関係など非制度的規範が決定的な働きをする。家庭や家族の商業活動は親縁ネットワークの中では、ある家長や人格の高潔者かつ名声が高い人を中心として、人びとが家庭や親族関係のネットワークの中に固定され、特定の役割を果たす。これはいわゆる「蜂の巣」の形をし、「みんなで儲ける」という原則の下で、「家族」と「身内」のあいだで利益を分かち合うことである。

このような共生共栄の「蜂の巣」の中で、人びとは「家族」や「身内」といった形の見えない関係のネットワークによって、資金や人力の支援を随時得ることができる。親戚や友人の間でも意識的か無意識的に同じ業種や関連の業種に携わることで、互いに助け合う。筆者は一九九六年に瓊海市で洋服店経営者H・Zh・A[13]をインタビューした。彼は別の業種に詳しくないので、業種の転換や経営を拡大することも考えないと言った。そこで、筆者はこう考えた。H・Zh・Aは今の安定した局面を損ないたくないのである。もし、彼が別の業種に方向転換したら、現在の親縁互助ネットワークを失うばかりか、新しい業種で有効な支援を得ることもできないのであろう。このような親縁ネットワークの中での互助互恵は、一種の交換とも言えるが、等価の交換、短期の経済交易とは限らない。一回限りの交易でもなく、長期的な人情が絡む社会経済の付き合いと交換と言える。

市場化がまだ、未熟で、市場制度が整っていない時期は往々にして家庭商業が盛んである。この「蜂の巣」に基づく親縁ネットワークの資源配分の方式にはその存在の合理性がある。家庭商業には、家庭を中心とする親族のネットワークがあり、親縁ネットワークに基づく「蜂の巣」と類似する。一種の倫理道徳の規範で行動するので、家庭内、親族間は駆け引きをすることもなく、契約を結ぶ必要もない。この代々伝わる習慣的行為の規則は組織のコストを下げることになり、取引のコストを下げることにもなる。

2　バリューチェーン型「蜂の巣」――バリューチェーン中心のウィン・ウィンネットワーク

ここでは筆者は瓊海市の家庭工業[14]に対する調査資料を元に、バリューチェーンを中心とするウィン・ウィンネットワーク（バリューチェーン型「蜂の巣」）について検討したい。

清朝末期に、瓊海市の家庭工業の工場、店舗は既に都市と農村の至る所に及んだ。鉄器、陶器、製紙、革、砂糖生産、造船など三〇の業種にわたる。新中国の成立後、一九五二年には家庭工場が三七軒までに増え、生産額は一〇〇万元を突破し、約一〇四万元に達した。しかし、一九五四～五六年の共同化や公私共同経営によって、四二〇人の雇員が農業への従事に戻された。一九六二年には政府の「社会主義経済が率いる個人手工業は、社会主義経済の必要な補充と助手である」との指示により、各市鎮が集団工場の中から二二軒を選出し、家庭手工業として単独経営させ、損益については自分で責任を負わせた。一九六六～一九七六年の「文革」の一〇年間は、家庭工業は「資本主義の尻尾」として切り落とされた。しかし、一九八〇年の開放政策によって家庭工業は迅速に回復し、発展した。一九八四年には瓊海市に家庭工場が四四四〇軒、従業員七一四一人、生産額は二五四七万元に達した〔瓊海市地方誌編纂委員会　一九九五：二四二〕。多くの国営企業は利益が下がり、大幅な欠損を出して、操業停止に追い込まれる際、家庭工場は昼夜を通して機械を回し、市場からひと切れの自分の「ケーキ」を得ようとして懸命に働いた。この個人や家庭が自発的に推進した家庭工業は、敵意のない「反抗」[15]によって物音一つなく現存の計画経済の束縛を突き破り、小さいながら競争力に富む市場の新しい主体の一つ[16]となって、市場制度の変化を促進した。

家庭工場の特徴と機能の一つは、親縁付き合いの倫理道徳規範を家庭工場からサプライヤー、卸売業者、小売業者に拡大したことである。一方、サプライヤー、卸売業者、小売業者も同じ行動原則と規則をとる。家庭工場、サプライヤー、卸売業者、小売業者の四者のあいだにバリューチェーン[17]が形成される。そして、家庭工場の経営者を主とし、バリューチェーンを主な手がかりとするウィン・ウィンネットワークを形成する。即ち、家庭工場、サプライヤー、卸売業者、小売業者の四つの利益関連体が共同で「蜂の巣」を作り上げた。私たちはこれをバリューチェーン型「蜂の巣」という。家庭工場の経営者それぞれがこのバリューチェーン型「蜂の巣」の中の女王蜂である。

インタビューした家庭工場の経営者が筆者にこう話した。「私たちの製品は島各地に売られている。主に各市、県の卸売部門を経由する。他のルートで販売することもあるが、工場と販売側のあいだに契約を結ぶことはなく、全て信用によって取引をする。君子の交わりは口が証拠である。世の中は文書で通用するが、私たちは書面のものでなく、信用をみる。双方に信用がなければ、たとえ国務院の判を押してあっても意味がない。人びとは自分、社会、企業に対して責任を持たなければならない。他人の為は自分の為でもある。利他は自分のための気楽な環境を作ることでもある」[18]。

家庭工業は、上述の家庭商業よりも親縁ネットの行為を更なる大きな範囲まで拡大させる。家庭工場の主は、女王蜂のようにバリューチェーンを手がかりに、サプライヤー、卸売業者、小売業者のあいだに相互信頼関係のネットワークを形成する。この次第に形成したチェーン型「蜂の巣」は、安定した供給、生産、販売のネットワークとして、家庭工場が調達、生産、経営、販売において信頼すべきネットワークとするだけでなく、家庭工場、サプライヤー、卸売業者、小売業者四者の効率的なウィン・ウィンの組み合わせ方式となった。

3 民族型「蜂の巣」——同じ民族の人から構成された互恵的ウィン・ウィンのネットワーク

辺境の少数民族居住区から異なる民族が多く居住する都市に移り住む少数民族の人びとが「ばらばら」の集団になるのか。楊健吾の調査によると、農村から四川省の各都市に来たイ族はいまでも父子連名制に基づく系譜をもち、外婚単位となる父系クランである「家支」と地域の意識を持っており、内部で、同じ家支の人が経済活動の中で互いに支援し、助け合う、互恵互利の関係にある。二つの家支に対立や揉め事が起きた場合は、各自の家支を守る。他民族（漢族など）とのあいだに揉め事が起きた場合、理非曲直に関わらず、一致団結して対処する[19]。

①個別企業の経営方式や従業員募集からみた民族の特色

二〇〇一年に北京の少数民族の私営企業に対する調査から次のことが分かった。かれらはほとんど同民族の人を雇用する。同じ民族なら、風習が分かる上、言葉も通じる。タイ族、ウイグル族、モンゴル族、チベット族のレストランでは、料理について同じ民族の人によって説明された方がお客さんも信用するのであろう。何年か前、北京市西部に「騰格里塔拉」という料理店があって、料理店所属の「北京騰格里塔拉芸術団」から数十名のモンゴル族の役者が雇用された[20]。ここ二年、海淀区魏公村一帯に「オボー祭」というオルドスの結婚式を演出する店ができて、そこも数十名のモンゴル族の役者を雇用した[21]。この二つのモンゴル族レストランは、北京で組織的に、大規模に同じ民族の同胞を雇用した事例といえよう。朝鮮族が経営する店（韓国焼肉、韓国美容院、韓国食品）でも、韓国や朝鮮族のお客さんに、店員が韓国語で接客することで、親近感と満足度が上がる例もある。北京で調査した八七名の朝鮮族の人が、ほとんど朝鮮族特色の私営企業で働いている。八二人が自分の民族の言語である朝鮮語が話すことができ、全体の九三・一〇％を占める。

二〇〇一年に筆者が北京で行った調査でも、外来の少数民族は漢族よりも親戚や友人に頼ることが多いことが分かった。辺境の農業、牧畜業、林業や漁業地区に生まれ育った少数民族にとって、町で非農業の仕事に従事することは容易なことではない。都市で住宅、飲食、仕事を提供できる親戚や友人がいなければ、かれらは簡単に故郷を離れ都会に来ることはない。行く都市の中に親戚や友人がいて、しかもある程度の助けが得られるからこそ、住み慣れた故郷を離れ、未知の都会にやってくるのである[22]。

②同じ民族の全体像から見た経営上の民族的特色

辺境地区から都市に来た少数民族の創業の特徴の一つは民族的特色の私営企業を設立することである。これら少数民族の同胞たちは、自身独特の民族文化と関係のネットワークを利用して、自ら若しくは共同で創業する。これは自身が生き延びる機会を得られると同時に、その都市に独特の民族文化をもたらす。創業型の企業が市場に進出できる条件は「民族的特徴」であり、これによって市場競争の中で優勢を保つことができる。市場の販売と企業経営の中で、「民族的特徴」という「差異化」が顧客の目を引く重要な要素となる。創業型企業の「民族的特徴」は、正に市場の多元化需要の「空白点」と「隙間」を埋めたのである。

筆者は二〇〇七~二〇〇八年に中国のいくつかの都市での調査資料に基づいて、民族の「経済文化類型[23]」変化の要素について分析し、次のことが分かった。青島市の朝鮮族、フフホト市のモンゴル族、昆明市会沢の回族などの都市の少数民族移民の経済文化類型は、「元生態型」から「市場型」への変化を示した。その中で、青島市の朝鮮族は「依存—移植型」を示し、フフホト市のモンゴル族は「革新—移植型」を示す。昆明市会沢の回族は「半革新—半融和型」の類型を示す。例として、内モンゴルでは、大量のモンゴル族が草原の放牧区からフフホト市内に移住する。放牧区は市区とは違うが、両方ともモンゴル族の草原民族文化の地であり、都市化と工業化の程度の違いしかない。このように、共通のモンゴル族文化の背景の下に、モンゴル族が放牧区を離れ都市に移住し、飲食や民族工芸品の経済活動を展開して、「草原製品の都市化と市場化」を推進した。かれらはフフホト市のある地区に集中して店を経営する。一方、かれらは自然と放牧区を市区と繋ぎ、遊牧民の出身地と移住地を結びつける。要するに、モンゴル族の企業家が都市経済において新しいスタイルを作り出した。片方が草原と牧場、もう片方はフフホト市、ないし中国や世界市場である。これらのモンゴル族の企業は社会文化生活において、民族の閉鎖性と独立性を持ちながら、ある程度の民族包容性を示す。これは、都市と農村のあいだ、現代と伝統のあいだ、さらに都市と都市のあいだの「連結体」となり、かれらは経営方式、社会身分、文化認知において明らかな民族性［張 二〇一〇a］を示す。

③民族型「蜂の巣」の社会的基盤

二〇〇一年に筆者は北京の朝鮮族、チベット族、モンゴル族、タイ族が経営するレストラン、理髪店、美容院な

表2　都市における外来少数民族の社会関係ネットワークの比較＊

コード番号	関係の類型	ネットワークの強弱
類型1	家庭関係	最も強い
類型2	家族親縁関係	強い
類型3	地縁、業縁関係	強い時と弱い時がある
類型4	新しい業縁、友人関係	弱い

＊この関係ネットワーク分類表は費孝通の「差異構成」理論に基づいて作ったものである。血縁関係の家庭を核とし、本家族の親縁関係（婚姻による親戚、遠い親戚）に拡大し、さらに、居住の地縁（同じ村、同じ寨、同郷など）にも、同級生、友人、戦友、同郷、同僚にも拡大する。その基本原則は「人と人のあいだの助け合い、相互信頼、互いに借りを作る」ということである（費孝通著：『郷土中国』1941年、三聯書店1985年再版、第21-28頁）。

ど家庭型小企業について調査し、次のことが分かった。これら他所から来た少数民族企業の経営者は、主に同じ民族の人を雇用しており、多くは妻、子供という家族や親族の中の若い人である。その中でも朝鮮族の企業が突出しており、海淀区にある中央民族大学を中心とする魏公村辺りの二九のサンプル、海淀区北京語言大学を中心とする五道口辺りの一九のサンプル、朝陽区新源里と麦子店辺りの三九のサンプルなどがその特徴を示す。これらの例は、朝鮮族が如何に家族関係と親縁関係を頼りに就職するかを示したと同時に、創業者と経営者は如何に家族関係と親縁関係を社会資本として人員を雇用するかも示している［張継焦　二〇〇四b：九一］。

ここから、社会関係を社会資本として利用するのは、就業者でなく、創業者や経営者であることが分かった。彼らは個々の民族型「蜂の巣」の中の女王蜂である。表2は、この種の民族型「蜂の巣」の社会構造を支えているのは、同じ民族の基本的な社会関係であることを示している。類型1の家庭関係は家庭型の企業の創業と経営における最も基本的な関係ネットワークと社会資本である。類型2の家族、親縁関係は家庭企業が人員募集時に利用する主な関係ネットワークと社会資本である。家庭企業の中で、類型1であれ、類型2であれ、その社会資本が機能を果たす基本原則は家庭の倫理道徳である。類型3の地縁業縁関係ネットワークは強い時もあれば弱い時もある。類型4の新しい業縁、友人関係のネットワークは弱い。類型3と類型4は強い社会関係のネットワークではなく、開拓して使用することになる。

表面的に見て、民族型「蜂の巣」の社会的基盤は一般の「蜂の巣」と同じく、社会関係のネットワークに依存するものであるが、両者の社会的基盤は異なるものである。民族型「蜂の巣」の社会関係ネットワークは民族性を示すものである。そのネットワークは同じ民族に限り、基本的に同じ民族のメンバーの中で互恵的であり、ウィン・ウィン関係のあるつながりを形成する。

4 経営者の「蜂の巣」の構造と機能

以上の分析から、次のことが分かった。商売をする人の「蜂の巣」には家庭型「蜂の巣」、バリューチェーン型「蜂の巣」、民族型「蜂の巣」の三つのタイプがある。彼らの共通した基本原則は、互恵互利であり、協力的ウィン・ウィンである。

これら大小の私営民族企業や民族企業家たちは何の資源もない環境で成長したのではない。民族の資源、即ち、明らかな民族の文化特徴、民族の価値観、家庭親縁関係、社会ネットワーク、コミュニティが存在するのである［Aldrich & Waldinger, 1990: 111-135］。これらの特徴と長所によって、かれらは故郷を離れた後も、都市で大小の「蜂の巣」を形成させ、創業の資本、安値の労働力、商業の情報を得ることができ、商業活動や企業経営を展開することができた［張継焦 二〇一〇b］。

実力をつけた民族企業と民族企業家が増えるのにつれ、同民族各種大小の家庭型「蜂の巣」とバリューチェーン型「蜂の巣」の人脈の下で、民族の商業集団が形成される。

本来なら、「蜂の巣」型のネットワークは経済性と社会性の機能は強いが、政治性が弱い。しかし、民族の企業や企業家の「蜂の巣」ネットワークから民族の商業集団を形成した場合、この民族の「蜂の巣」ネットワークは社会性と経済性の上に、新しい機能――政治性を添える。この民族の商業集団のリーダーが、この民族を代表して人びとの希望を政府の機関とつなぐことができる。そこで、民族商業団体のリーダーと政府の関連部門の組織的なつながり、もしくは、民族企業家と政府役人の個人的な繋がりができた。とにかく、「蜂の巣」型社会が民族性を備えると、その政治性は軽視することができない。民族型「蜂の巣」は資源の配置機能を備えるばかりでなく、市場化制度の変遷を推進する力ともなると言えよう。

四　結論

本文で示した「蜂の巣型社会」の新しい概念は、筆者が二〇一四年に示した「傘型社会」に対応するものである。なぜ一般庶民を「蜂」と喩え、かれらの生活を「蜂の巣」の共同構築と喩えるのか？　第一に、一般庶民は疲れを知らずに花粉を採取する「蜂」のように勤勉である。故郷で農業に従事する時も、新しい生活を求めて都市にやってくる時も、汗を流して自力で生計をはかろうとしている。第二に、一般庶民は「政府の役人」のように、豊富な政治資本を持つこともなければ、「豊かな商人」のように、豊富な経済資源を持つこともなかったが、改革開放が招いた市場経済への転換によって、市場に多くの空間と発展の機会が生まれ、庶民は就労や商売をすることで金を稼ぎ、自身の発展を成し遂げることができた。つまり、「働けば、働く分得られる」。かれらは勤勉な蜂のように昼夜に花粉を採取し、自ら甘い蜂蜜を得ることができたのである。市場化がなければ、一般庶民はこのような多くの機会が得られない。第三に、巨大な社会構造の中で、一般庶民は個々の単独の個体でもなく、孤島に暮らしているわけでもない。かれらには互いの繋がりがあり、一人一人の庶民のあいだに、蜂のように共同の蜂の巣を築き上げた(関係ネットワークと交際グループ)。多くの場合、これらの「蜂の巣」は家庭か一族を中心とするネットワークや交際グループの形を示す。俗に言う「金の巣も銀の巣も自分の犬小屋に及ばない」のように、同じ関係ネットワークと交際グループの人たちが連携して共同の互恵的ウィン・ウィンのネットワークを作り上げ、互いに助け合い、市場転形による利益を分かち合う。第四に、目に見えない一つ一つの関係ネットワークや交際グループはそれぞれ違いもあるが、共通の特徴としては、すべての「蜂の巣」に必ず「女王蜂」がいることである。女王蜂がその多かれ少なかれ「働き蜂」を引率し、巣の外で苦労して採取した花粉を自分の巣に持ち帰り、仲間と一緒に自分たちの「蜂の巣」を作り上げる。第五に、一般庶民によって自発的に作り上げられたこれら大小の「草の根」関係ネットワークや交際グループ（蜂の巣）は、政治的な権力がなく、社会的にも多くの資源はないが、家庭の倫理にもとづき伝統的な道徳と風習を行動の規範として、勇敢に市場の空間と発展の機会を獲得し、市場転形の中で市場の資源配分や経済社会の発展に影響を及ぼす民間の機関を形成した。第六に、これらさまざまな一般庶民による関係ネットワークや交際グループ（「蜂の巣」）は目に見えない、形のないものであるが、非官側の経済社会構造の一部となった。「蜂の巣型社会」は経済社会構造の主な特徴の一つである。

本論の主な結論は以下のとおりである。

筆者は就労と経営の二つの視点から五つの種類の「蜂の巣」の基本構造と機能を分析した。就労者の「蜂の巣」にはチェーン型とネット型の二つの形態があり、経営者の「蜂の巣」にはそれぞれ家庭、バリューチェーン、自民族を中心とする三つの類型がある。「蜂の巣」の関係は初級集団と二次集団の社会関係に関連するばかりでなく、都市社会と商業社会の中の見知らぬ人との関係にも関連する。関係ネットワークの社会性交換に関係するし、人びとの経済性にも関係する。これらの目に見えない交際グループと関係ネットワークは、形はさまざまであるが、共通点は主がいないものでなく、全ての蜂の巣には「女王蜂」のようなリーダーがいることである。これらの引率者は関係ネットワークと交際グループに対して引率か指導の役割を果たすが、多くは無冠の王である。かれらは家庭の世帯主であったり、人望の厚い年寄りであったり、時には成功した商人である。

十数年来、筆者は資源配分と制度の変遷について考え続けた［張継焦　一九九九a、一九九九b］。もし、中国の経済社会の構造を「二元構造」、つまり、「大伝統」と言われる政府主導の「傘型社会」と、「小伝統」と言われる民間の「蜂の巣型社会」と呼ぶのならば、この二者は分離した状態に置かれていたのか、つながりを持ったのか。民間の「蜂の巣型社会」は、権力と資源を持っていないが、自らの努力により市場の空間と発展の機会を得る。経済性と社会性は強いが、政治性が弱い。社会の中のさまざまな「蜂の巣」が大きくなるにつれ、集団的ネットワーク、地域性ネットワーク、[24]或いは民族性ネットワークを形成する。これらの集団性か民族性の「蜂の巣」は、元来の社会性、経済性の上に、政治性という新しい機能を加えることがある。即ち、関係ネットワークに基づく「蜂の巣」が一旦集団性や民族性を備えれば、同時に経済性、社会性と政治性を備えることにもなる。それは資源の配置機能を持つばかりでなく、市場の制度の変化を促す力ともなる。これによって、ある程度の規模の「蜂の巣」集団、もしくは民族は、その団体が政府の関連部門と組織的に関係を打ち立てることができ、市場化制度の変化を推進させることができる。簡単に言うと、「傘型社会」の上から下への資源配分などと違って、「蜂の巣型社会」は民間社会による下から上への行為である。資源の配分と制度の変化を推進することに参与するなら、集団性か民族性をもつ「蜂の巣」型の社会構造を形成しなければならない。それによって初めて影響力を発揮することができるのである。

注

（1）ニー（Nee）が一九八九年に『アメリカ社会学評論』（一〇月号）で発表した「市場転形理論――国家社会主義が再分配から市場への移行」の論文で、その中で有名な「市場転形理論」を提起し、新制度主義社会学理論の出現の目印となった［Nee 1989］。

（2）カール・ポランニー（Polanyi, Karl）の名作『大転換』の中で、彼は人類の経済生産方式について三つの形とまとめた。即ち、市場経済、再分配経済と互恵経済である［Polanyi 1944］。

（3）「差序格局」理論の主要な見解は、人びとはそれぞれ自分を中心とし、石を水に投げ入れるようであるというもので、「他の人と繋がる社会関係は、石を水に投げてできた波紋のようで、波紋の遠近は社会関係の親疎のようなものである。波紋が遠くにいくほど薄くなる」という［費孝通　一九四八］。

（4）ポランニー（Polanyi, Karl）が提唱した「挿入性」（embeddedness、経済関係を社会関係の中に嵌め込む）の後、グラノヴェターが一九七〇年代に「社会ネット分析」という有効な方法を提起した［Granovetter 1973: 1360-1380, 1974］。

（5）社会資本（social capital）の概念を最初に提起したのはフランスの人類学者ブルデュー（Pierre Bourdieu）である。彼が一九七九年に発表した *Distinction: A Social Critique of The Judgement of Taste* の中で、三つの資本形式、すなわち経済資本、社会資本、文化資本を提起したが、社会資本についての分析はなかった［Bourdieu 1994］。

（6）グラノヴェターが人と人とのあいだの連携の頻度、感情の強度、親密の程度、互恵互換の四つの尺度によって、人間関係を強い関係と弱い関係に分類した。たとえば、友人関係を強い関係と見なし、知り合いを弱い関係と見なす。強い関係は本集団の内部に存在するが、弱い関係は集団と集団のあいだに存在する［Granovetter 1973, 1974］。

（7）深圳は香港と隣接する町で、中国大陸改革開放によって一九八〇年に特区になった一つ（一九八〇年）である。一九九〇年代には、製造業が発達し、いたるところに工場があって、外来の出稼ぎ労働者を惹きつけた。一九九一年に「出稼ぎ娘」という広州テレビ局が制作した一〇話の連続ドラマが一九九一年に中央テレビによって放映され、全国で反響を呼んだ。このテレビドラマは貧しい農村から広東に出稼ぎに出てきた六人の若い娘の運命を描いたものであった。

（8）コールマン（James S. Coleman）は社会資本に対して理論分析を行う第一人者である。一九九〇年にハーバード大学出版社により出版された『社会理論の基礎』の中で、彼は社会理論をある目的達成のための生産性要素と定義し、社会資本は社会構造の中に隠されており、信頼関係に基づくと述べた（科爾曼著、鄧方訳『社会理論の基礎（*Foundations of Social Theory*）』社会科学文献出版社、一九九二年）。

（9）一九五三年に、私営の商業に対し、政府は「利用、制限、改造」の方針を立てた。一九五六年には改造された私営商店は六一一軒、従業員七七七人、資本金一七万九〇三七元。一九五八年には公私合営の商店がすべて国営か共同組合に合併され、個人商業は強制停業させられた。一九六一年の経済調整時に、いくらかの個人商店の営業が許された。一九六三～六四年、無許可の商店を取締り、臨時営業証を発行した。「文革」期、個人経営（商業）が絶滅に瀕した［瓊海市地方誌編纂委員会編　一九九五：三〇五］。

（10）一九九〇年瓊海市の五二の国営企業の中、三二の企業が損失を出し、その損失総額は二四八・八万元まで達した。全市の供給販売の損失は五一二・四万元、未処理の損失五九〇万元、前払い費用一七七万元に上った［瓊海市地方誌編纂委員会編　一九九五：三〇二―三〇四］。

（11）加積中心市場は加積鎮の中心地にあり、合同出資で建てられた。四五〇〇～五〇〇〇元を出資すれば、一つの売り場スペースが得られる。この集めた資金の利息を一九八九～九七年八年間の賃貸収入とする。一九九七年一二月満期を迎える時に、賃貸料を新たに決める。出資金の内、自営業者からの出資が、百数万元、瓊海市工商局からの出資が二百数万元、合計三百数万元で、三階建ての建物が建てられた。一階は干物、水産、日常雑貨、豚肉、野菜の売り場で、二階は洋服売り場、三階は行政事務所である。

(12) 親縁ネットワークは、親縁関係のことを意味し、家庭、血縁関係、姻戚関係を含む。ある意味では、友人関係、近所関係も親縁関係の延長と見られる。これは複線的で、持久性の特徴を持つ社会関係である。

(13) H・Zh・Aは一九八〇年から、小規模の商売を始め、加積鎮早期の個人経営者の一人である。自分の貯金と親戚からの借金、合計七、八百元で商売をスタートした。最初は文房具や雑貨の商売をしたが、一年後に洋服店を始めた。その時の資本金は二千元、累積資金と親戚からの借金で賄った。「借りたお金は必ず返す」など、文書などの証拠のない口約束だけで、信用してもらえる。資金回収後、自発的に借金の返済をする。

(14) 「家庭工業」には二つの意味がある。一つは家庭が工場を所有すること。即ち、工場の全資産が一つの家庭によって所有される。もう一つは、主要労働力がある家庭のメンバーである。即ち、技術、管理、財務などがある家族によって掌握されていること［張　一九九九b：九四］。

(15) マッテーラ（Philip Mattera）が地下経済について議論したときに次のように述べた。人びとは自分の能力の範囲内で現行の経済制度に反抗する。これは複雑な非組織化の反抗であり、経済制度の全てに敵対するわけではない［Mattera 1985, *Off the Books: The Rise or the Underground Economy*, New York: Sr. Martin's Press. p.129. 参照］。

(16) ある意味では、家庭商業、飲食サービス業、家庭工業などは庶民が硬化した計画経済に対する自発的な「反抗」であると筆者は考える。

(17) ポーターバリューチェーン分析を参照した上、筆者は次のように考える。市場競争は企業と企業のあいだの競争だけではない。企業各自のバリューチェーンの間にも起こる。チェーンの特徴を企業の業務のプロセスに反映し、各部門に繋がりを持たせながら、各自に物流や資金、情報の流れに対する組織力と適応力も持たせ、企業の供給、生産、販売を一本の真珠のネックレスのような「バリューチェーン」を形成させる。これはバリューチェーン管理が解決しなければならないことである［張継焦二〇〇一：四］。

(18) 筆者が一九九六年に海南省瓊海市のラーメン工場経営者W・Jに対するインタビュー。W・Jのラーメン工場は一九九二年に設立された。製品は全て「得楽」というブランドで、高級卵麺と高級太卵麺の二種類がある。一九九五年、その工場は「一九九四年瓊海先進郷鎮企業」「一九九四年海南省先進郷鎮企業」と表彰された。一九九六年に導入された生産ラインは海南島において第一八番目の生産ラインとなった。激しい市場競争の中で、品質を守りながら、必要な時に価格も下げる。このようなやり方で変動性のある市場において、発展を続けた。

(19) 楊健吾『成都市少数民族流動人口状況及其主要問題』（内部資料）二〇〇〇年。

(20) 筆者が二〇〇一～〇二年に「騰格里塔拉」というレストランに数回通った。その時マネジャーや役者にインタビューし、「北京騰格里塔拉芸術団」の多彩な民族歌舞を観察した。

(21) 筆者が二〇一二～二〇一三年に「オボー祭」に数回通って、盛大で華麗な民族歌舞を観察した。(22) 筆者が北京である副社長と話す時、彼女は次のように話した。「出稼ぎ労働者はなぜ多少給料が安くても食事と住居付きの会社（飲食店、ホテルなど）で働くか、それは食と住という基本的なことが保証されたら安心して働けるからである」。筆者の家の近くにもよく地下室から仕事に向かう若い男女を見かける。かれらは厨房やレストランの従業員で、食事に行く度にその元気に働く姿を見る。かれらの勤勉さと仕事に対する熱意に筆者も励まされた。

(23) 経済文化類型の理論は一九五〇年代にソ連の民族学者――レビン（Lewin）とイェボカサロフ（Yebokcapob）が世界の民族に対し言語の系譜以外の分類を行う時に提出した概念である。中国での研究成果として、一九五八年八月に林耀華とイェボカサロフが共同で完成させた「中国的経済文化類型」が挙げられる。この三万字の論文は一九六一年にロシア語によってソ連で発表されたが、日本語にも訳され、一九六五～六七年の日本『東アジア民族学論文集』で連載された。一九八五年にやっと中国で中国語によって発表された（林耀華著『民族学研究』中国社会科学出版社、一九八五年、第一〇四―一四二頁参照）。

(24) 浙江省の商人は略して「浙商」と呼ばれ、現在の中国において経済力と政治影響力を持つ商人の集団である［張継焦二〇一三：一二三―一三二］。

参考文献

（中国語）

貝克爾・加里（Gary S Becker）
　一九八七『家庭経済分析』（A Treatise on the Family, Harvard University Press, 1981）彭松建訳、北京：華夏出版社。

科爾曼（James S. Coleman）、鄧方訳
　一九九二『社会理論的基礎（Foundations of Social Theory）』北京：社会科学文献出版社。

費孝通
　一九四八『郷土中国』上海：上海観察社。

古徳・威廉（William J. Goode）
　一九八六　『家庭』（一九六四）魏章玲訳、北京：社会科学文献出版社。
李培林
　一九九二　「另一只看不見的手――社会結構転型」『中国社会科学』一九九二年第五期、北京：中国社会科学院。
　一九九四　「再論另一只看不見的手」『社会学研究』一九九四年第一期、北京：中国社会科学院。
　一九九五a　「中国社会結構転型対資源配置方式的影響」『中国社会科学』一九九五年第一期、北京：中国社会科学院。
　一九九五b　『中国社会結構転型――経済体制改革的社会学分析』哈尔濱：黒竜江人民出版社。
林耀華
　一九八五　『民族学研究』北京：中国社会科学出版社。
瓊海市地方誌編纂委員会編
　一九九五　『瓊海県誌』広州：広東科技出版社。
許烺光
　一九九〇（一九六三）『宗族、種姓、倶楽部』薛剛訳、北京：華夏出版社。
張継焦
　一九九八　「市場化過程中家庭和親縁網絡的資源配置機能――以海南瓊海市漢族的家庭商業為例」『思想戦線』一九九八年第五期、昆明：雲南大学。
　一九九九a　「非正式制度、資源配置与制度変遷」『社会科学戦線』一九九九年第一期、吉林：『社会科学戦線』雑誌社。
　一九九九b　『市場化中的非正式制度』北京：文物出版社。
　二〇〇一　『価値鏈管理――優化業務流程、提昇企業総合競争能力』北京：中国物価出版社。
　二〇〇四a　「差序格局：従農村版到城市版――以遷移者的城市就業為例」『民族研究』二〇〇四年第六期、北京：社会科学文献出版社。
　二〇〇四b　『城市的適応――遷移者的就業和創業』北京：商務印書館。
　二〇〇六　「関係網絡――少数民族遷移者城市就職中的社会資本」『雲南社会科学』二〇〇六年第一期、昆明：雲南人民出版社。
　二〇一〇a　「経済文化類型：従原生態型到市場型――対中国少数民族城市移民的新探討」『思想戦線』二〇一〇年第一期、雲南：雲南大学。
　二〇一〇b　「中国城市民族経済文化類型的形成――民族企業和民族企業家的作用」『広西民族大学学報』（哲社版）二〇一〇年

第五期、広西壮族自治区：広西民族大学。
二〇一三 「新世代商人群落研究之一――従企業人類学視点角度分析浙商的生産和群体特徴」『企業和城市的発展――並非全是経済的問題』張継焦主編、北京：知識産権出版社。
二〇一四 『「傘型社会」――観察中国経済社会結構転型的新概念』『思想戦線』二〇一四年第四期、雲南：雲南大学。
中根千枝、陳成訳
一九九四 『縦社会的人間関係』（『タテ社会の人間関係』一九六七年、東京：講談社現代新書）北京：商務印書館。

（英語）
Aldrich, Howard & Waldinger Roger
1990 Ethnicity and Entrepreneurship, in *Annual Review of Sociology,* Vol. 16. pp.111-135, Palo Alto: California.
Becker, Gary
1981 *A Treatise on the Family. Mas.* Harvard University Press.
Bourdieu, Pierre
1994 *Distinction: A Social Critique of the Judgement of Taste.* Translated by Richard Nice, Routledge Press.
Granovetter, Mark
1973 The Strength of Weak Ties, in *American Journal of Sociology,* 78: 1360-1380, Palo Alto: California.
1974 *Getting a Jab: A Study of Contacts and Careers,* University of Chicago Press.
Mattera, Philip
1985 *Off the Books: The Rise of the Underground Economy.* New York: Sr. Martin's Press.
Nee, Victor
1989 A theory of Market Transition: From Redistribution to Market, *American Sociological Review.* 54(5):663-681 , Menasha: Wisconsin.
Polanyi, Karl
1944 *The Great Transformation.* New York: Farrar & Rinehart.
Zhang, Jijiao
2003 Ethnic Minority Labor Out-migrants from Guizhou Province and Its Impacts on Sending Areas, in *China's Minorities on the Move: Selected Cases Studies,* edited by Robyn Iredale, Naran Bilik and Fei Guo, New York: M.E. Sharpe pp.141-154.

2007　Migrants' Social Network Used in Seeking Employment in Urban Areas. in *Iuaes Inter Congress On Mega Urbanization Multi-ethnic Society Human Rights And Development.* by Buddhadeb Chaudhuri & Sumita Chaudhuri. India: INTER-INDIA PUBLICATIONS, pp.427-466.

2009　The Orientation of Urban Migrants' Social Network: A Comparative Survey on Six Minorities in the Cities of China, in Damm, J. und M. Leitner (eds.): *China Networks* (Berliner China-Hefte - Chinese History and Society). 35: 127-139. Leitner (eds.) Berlin: Lit Verlag.

2012　Migrant Social Networks: Ethnic Minorities in the Cities of China, in *Wind over Water: Migration in an East Asian Context* (Foundations in Asia Pacific Studies). Edited by David Haines, Keiko Yamanaka, and Shinji Yamashita. New York: Berghahn Books, pp.47-59.

第一四章　費孝通「差序格局」（『郷土中国』）精読の記録

佐々木　衛

一　はじめに

中国社会の構造的特徴を論じる場合、しばしば費孝通の「差序格局」の概念が引用される。「差序格局」の概念によって、中国の社会関係は「己」と他者との二者間の上に結ばれ、近代西洋社会の組織原理とは異なる文化社会構造をもつことを論じた。中国社会の独特の構造を理解するのに大きなインスピレーションを与えてきたといえる。しかし、費孝通が「差序格局」の概念を提起した背景には、軍閥割拠と国共内戦の激化によって国家統一への政局が見通せないという当時の差し迫った問題があった。他方では、中国の農村と農民の自立的な変革エネルギーを如何に賦活するかという現実的な課題があった。一九四〇年代の費孝通はこれらの課題に真正面に向き合って、現実的で具体的な論述を展開したことを特筆すべきであろう。

「国民国家」形成という問題は、「近代化」プロセスの中で避けて通ることができない課題であり、さらに今日のグローバル化の時代ではなお一層複雑化した現実問題となっている。費孝通のパースペクティブがどのようなものであったか、『郷土中国』の「差序格局」と「系維着私人的道徳」を精読して、もう一度確認したいと考える。本稿はまさしく「精読の記録」としてまとめることによって、費孝通の社会学的中国社会論の思考の跡をたどるための一助となればと思う。

なお、本稿の後に「精読の試み」として、「差序格局」と「系維着私人的道徳」の邦訳を追補した。(1)

二　『郷土中国』の社会学的パースペクティブと本稿の目的

『郷土中国』を執筆した情況は、「后記」および「旧著『郷土中国』重刊序言」〔費孝通　一九八五a〕に記している。これによると、西南聯合大学（一九三八—四六年、昆明市に設置された北京大学・清華大学・南開大学の戦時連合大学）と雲南大学の「郷村社会学」科目で講じた内容を、『世紀評論』誌上に一四編の連載記事としてまとめたと説明している。当時の一九四〇年代後半は、いうまでもなく国民党と共産党の内戦が一層激しくなった時期であった。農村地域では、水害と干害による飢饉に加えて、近代的な行政機構、軍隊、教育、社会的インフラを建設するための諸税の負担に喘いでいた。とりわけ華北地域は村の廟地などの共有財産は消滅し、リーダーと目されていた有力者は村を離れたために、社会秩序は「光棍（ならず者）」に牛耳られた所も多かった〔Elvin 1973, Huang 1985〕。社会的に溶解した地方社会の再建、国民国家の建設は、当時の知識人に共有された喫緊の課題だったのである。

孫文は『三民主義』（一九二四年の講演）で、中国の近代国民国家の建設に関する全体的な見通しを「三民主義」テーゼとして提起した〔孫　一九五七〕。このテーゼを孫文は、「中国の国際的地位の平等・政治的地位の平等・経済的地位の平等を促進し、中国を永久に世界に伍して生存できるようにする」救国主義のことだと説明している。それはすなわち、「民族主義」「民権主義」「民生主義」による国家建設の理念であるが、その第一テーゼは「民族主義」にある。なぜなら「三民主義」の実現は、まず統一国家の建設があってはじめて可能となるからであった。しかし孫文の革命は挫折を重ね、一九二〇年代は国家の統一さえまだ燭光が見えない情況にあった。国家の統一が如何に困難な道であるか、孫文は「民族主義」の冒頭に次のように記している。「民族主義とは国族主義だということができる。中国人がもっとも尊重するのは家族主義と宗族主義である。だから中国には家族主義と宗族主義があるのみで、国族主義がない。外国の傍観者は、中国人は一握りのバラバラな砂だという。（中略）ところが、国家のこととなると、絶大な精神をもってその犠牲となった、などということは、ついぞあったためしがない。すなわち、中国人の団結力は宗族までにとどまって、まだ国族にまで拡大してないのである」［孫　一九五七：一三］。

「一握りのバラバラな砂（散沙）」という孫文の認識は、費孝通の「差序格局」の冒頭部分で記した蘇州のクリークの汚染、後半部分で述べている「私」のために「公」を犠牲にする公私の転換と相通じている。費孝通は中国社会の再建と近代国家建設に向けて、近代西洋とは異質の中国社会の構造的特色とそれから生じる中国社会の独自の艱難な課題を、社会関係が成り立つ論理から析出した(2)。この社会分析の方法の中核概念として、「差序格局」がある。

『郷土中国』は中国社会研究の基本文献として多くの研究者に読まれている。とくに、「差序格局」は中国社会構造の理念型モデルとしてたびたび引用される。しかし、『郷土中国』および「差序格局」の体系的な研究はごく限られている。費孝通の伝記と学術研究の紹介は、アークシュ *"Fei Xiaotong and Sociology in Revolutionary China*（費孝通傳）*"*［Arkush 1981］、張冠生『費孝通伝』（二〇〇〇）、および佐々木衞『費孝通　民族自省の社会学』（二〇〇三）などがある。これらは費孝通の波乱に満ちた生活と研究状況、民族調査から農村調査、小城鎮研究へと広がる研究関心の展開、そして中国社会学の再建への貢献という事項を丁寧に説明している。だが費孝通の主要概念の理論的な検討という面では、小城鎮研究(3)を除いて、基層文化と社会変動のダイナミックな連関をテーマにした研究領域では十分な展開があったとはいえない(4)。

『郷土中国』の英文翻訳は、ハミルトンとワン・ジョンが *"From the Soil—the Foundations of Chinese Society"*［Hamilton and Wang 1992〕として出版している。この翻訳本は漢字が強制する字義から離れて、簡潔で要領をえた英文に翻訳されており、『郷土中国』を理解するのに大きな貢献を果した。「差序格局」をはじめ費孝通の独特の造語が翻訳を困難にしているばかりでなく、人びとに通用していた俗諺や『四書五経』の語句が頻繁に引用されており、中国文化への深い理解がないと読み込めないことも理由の一つであろう。また日本語と中国語は漢字を共有しているがために生じる難しさも大きい。原文の漢文としての表現力と漢字の字義を尊重すればするほど、日本語として翻訳することにためらいが大きくなる。たとえば「格局」は、「格」と「局」の字義から「枠組み」、「布陣」、「構図」などの含意をイメージとして推測できるが、日本語として表現すると相応しい言葉が見つからない。日常語として使われている「圏子《チュアンズ》」もこうした言葉の一つである。仲間、ミウチをあてはめることができるが、「圏子」には他者を寄せ付けないような内密さをつよく感じ、言葉のニュアンスを表現するのがむずかしい。さらに社会学用語に関していうと、費孝通は西洋社会の類型概念を「団体格局」として説明している。「団体」の概念が社会学理論のどの系譜から引き出されているのか、費孝通の肉声を知らないものにはその思考の源流にたどっていくのがむずかしい。また費孝通は社会構造を表現するのに「結構」と「構造」を使っており、二つの概念をどのように使い分けているのか、『郷土中国』だけでは判断がむずかしい。

三　翻訳上の問題

1　「差序格局」の日本語訳について

費孝通自身は「差序格局」の概念を『社会調査自白』〔一九八五b〕で次のように説明した。

「伝統的中国社会（郷土中国）の構造の特色は、一個の己が中心にあり、社会関係の広がりを外に向かって推し進める構造である。これを「差序格局」とよんだ。「差序」の構造は小石を水中に投げ入れたときにできる波紋に似ている。一輪一輪と広がっていき、外に広がるほど遠く、そして薄くなる。私には、父、母、兄弟、兄弟の妻たち、兄嫁の実家の兄弟、そして息子の母(私の妻)の兄弟などの関係があり、生育と婚姻をとおして結ばれた関係の網目を構成している。この関係の網目はずっと果てしなく推し広げられ、まさに「一表三千里〔誰もが三千里の中に従兄弟、従姉妹をもつ〕」の俗諺のいうところになる。この関係は個人の間で契約によって結ばれる団体とは異なる。団体には限定された範囲があり、この境界の中では参加者は平等で、権利と義務の違いは団体が規定するところのものである。団体の構造は一箱のマッチ棒を束に括るのと似ている。一人の個人は独立した「法人」の資格で団体をつくり、また団体は「法人」資格でもってさらに大きな組織を構成する。こうした社会の構成は「差序格局」と異なっており、私が「団体格局」と呼ぶところのものである」〔費孝通　一九八五b〕。

この引用文から、差序格局は団体格局との対比で概念化されているのがわかる。団体格局の構成単位は、権利と義務の主体たるべき一人の個人を想定している。西洋の近代社会の基本は、自由意思によって選択・決定される関係、すなわち「契約」関係にあると、『美国人的性格』(一九四七年)で記している。ここには社会学の基本概念であるゲゼルシャフト関係、すなわち相互間の同意による合理的な協定にもとづく関係を想定していることはいうまでもない。また、デュルケームの概念を使って、前者を「有機的連帯」、後者を「機械的連帯」と理解している。この上で、伝統中国社会の語法を以てすれば、前者は「礼俗社会」、後者は「法理社会」となると説明する。(『郷土中国』「郷土本色」)しかしこれらの言い換えには、ゲマインシャフトとゲゼルシャフトの概念を歴史的発展概念として考えるのか、それとも社会的結合の類型概念として考えるのか、限定しないで用いることによる多義性を生じさせる可能性が大きい。

費孝通は西洋社会の構造を説明する概念としてこれらの用語を使わないで、「団体格局」という自身の造語で表現した。この背景には、費孝通のアメリカでの生活経験（『初訪美国』一九四五年、『美国人的性格』一九四七年）、文化人類学者ルース・ベネディクトやマーガレット・ミードによる社会的性格の研究から受けた影響、そしてアメリカ社会を対象にしたリンド夫妻やウォーナーなどのモノグラフ研究の咀嚼がある。費孝通はこれらを踏まえて、上昇志向と社会的移動の大きい、そして多様な自発結社に富んだ「団体」的な社会構成に注目して、西洋社会の類型概念を構成したのだと推測できる。

これに対応する中国の伝統社会の社会構造の類型概念を、人びとの生活慣習と俚諺に表現された価値観と、中国文化の大伝統としての『論語』『孟子』『大学・中庸』[5]の章句から構成したと推測するのは容易である。三聯書店版の「旧書『郷土中国』重刊序言」〔費孝通　一九八五ａ〕では次のように説明している。「本書で述べる郷土中国は、中国社会の具体的な素描と異なり、中国の基層である伝統社会の中に備わっている一種の概念の体系で、社会生活の各方面を規定しているものである」。

さて、個人として結ばれる関係の網目の構造を、費孝通はどのようなパースペクティブのもとに「差序格局」と命名したのであろうか。伝統中国における社会関係を表す普通名詞として「関係[6]（guanxi）」、「圏子[7]（quanzi）」、また関係の善し悪しを評価する言葉として「人情（renqing）」の厚薄[8]、「感情（ganqing）」の好悪[9]などがある。あるいは「家族主義」も一般に用いられる。しかし、費孝通はこれらの用語を概念として用いていない。結論から言うと、費孝通があえて「差序」という概念を造語したのは、上記にも引用したように具体的な事象の記述から離れて、社会関係を構成する主体的な行為の構造と倫理の概念モデルに注目したからといえる。

費孝通は、個人の主体的な行為と社会制度の規範との関係を『美国人的性格』の「后記」で次のように記している。「価値標準は文化が生み出し、個人の行為を導いており、社会制度が規定するところの規範に合致する。その機能は個人と社会とを整合させ、社会制度を維持するところにある」〔費孝通　一九四七〕。このうえで、当時のアメリカの人類学者による代表的なモノグラフ研究、リンド夫妻の“*Middletown*”（一九二九）、ウォーナーの“*Yankee City*”（一九四一―四七）、ウエストの“*Plainville*”（一九四五）は社会形態の記述に偏向しており、社会に生きる人々の生活の記述がおろそかにされていると批判している。すなわち、「社会の価値標準と個人の社会的性格は表裏一体のものである。社会と個人の各々の角度から見れば二つの側面が表出してくるにすぎない。社会の文化全体を実際のものとして描こうとするならば、社会と個人の両面をともに見なければならない」。ここに費孝通がミードの著作、とくに“*The American Character*”（一九四二）を高く評価する理由がある。費孝通は文化の機能を個人の主体的行為と社会の統御との整合的メカニズムのなかにみており、師のマリノフスキーの総合的で機能的な文化概念［Malinowski 1944］を引き継ぎ、ベネディクトやミードの個人の行為基準を社会的性格としてとらえた「文化の型」概念と親和性をもつのがわかる。

中国の社会関係は、関係を構成する中心に「己」が位置し、「己」が他者と結ぶ二者間の関係の広がりとして構成され、二者間の関係には条理、類別、秩序という規範性が含意されていると説明している。『礼記』「祭統」や「大伝」を引用して、二者間の関係は、鬼神、君臣、父子、貴賤、親疎、爵賞、夫婦、政事、長幼、上下などの分別によって成り立ち、ここに伝統中国を貫いて持続する社会構造の枠組みが存在するという。このように、「差序」の概念は二者間を社会的に分別する関係と規範を表している。

また「差序格局」のモチーフには、伝統中国における「私」と「公」との位相関係というもう一つの観念が組み込まれている。「差序格局」の冒頭に紹介されている蘇州のクリークの汚染、数世帯が共同で住む家屋の汚れた廊下と不潔な便所の事例は、伝統中国の集団と個人の関係を例示したものである。費孝通の説明では、公共とは権利はあるが義務はない領域をしめす。では何故このような説明が当を得ているのか、これを説明するのが「差序格局」の概念を提示した本来の目的であった。

中国においては「己」の広がりとして構成される社会の範囲は、「己」の立ち位置によって自在に伸縮するという。「中国の伝統的な社会において、各人は自分自身の利益のために家族を犠牲にし、家の利益のために党を犠牲にし、党の利益のために国家を犠牲にする。そして国家の利益ために天下を犠牲にする」。この傾向は『大学』の次の一節、「古えの明徳を天下に明らかにせんと欲する者は先ずその国を治む。その国を治めんと欲する者は先ずその家を斉う。その家を斉えんと欲する者は先ずその身を脩（修）む」という命題と表裏なのだと説明する。一族を犠牲にしているときは家のためであり、彼にとっては家が公となる、国家を犠牲にしているときは所属する団体の立場に立っているからで、このときの公は団体にある。「公」と「私」は相対的な概念となり、どの社会的立場に立とうと「私」は「公」の立場に転換することができる。費孝通はここにも境界の区分が曖昧な「差序格局」が貫かれていると理解している。この場合、「差序」は私、家、一族、党〔団体〕、国家と、社会を構成する階層性にある。これもまた、「己」から見ると、小石を水中に投げ入れた水紋に似て、内から外に推し出す構造、すなわち「差序格局」が貫いていると見ている。

では、「差序格局」をいかに翻訳するか。

「差序」を「差」と「序」とに切り離して考えると、中国語の「差」（chā）は①数の差、②物事の差、③やや、④誤りの意味を持つ。「序」（xù）は①順序、②配列の順序、③序文の意がある。本文で使われている「差序」の含意は、「人と人との間の社会的分別によって成り立つ関係と秩序」、あるいは簡便に「社会的分別による秩序」と解釈できる。これを踏まえて、「差序」を日本語として訳すと「社会的分別による関係と秩序」と、多少、散漫な表現となる。

ハミルトンとワン・ジョンによる英文訳ではどのように翻訳されているであろうか。

「差序格局」の英訳は文脈によって異なった訳出をしている。

初頭のタイトル「差序格局」は、“The Differential Mode of Association”となっている。

同様の訳出は、

「這是很好的一個差序格局的譬喩。」：This is, in fact, a very apt simile for describing the Chinese system of organization, that of a pattern of discrete circle, the differential mode of association (chaxugeju).（pp. 67-8）

「在這種差序格局中，是不発生這問題的。」：In fact, the Chinese notion of a differential mode of association (chaxugeju) does not allow for individual rights to be an issue at all.（p. 70）

の二個所のみである。

さらに「差序格局」を特定の概念で翻訳しないで、文脈に沿って訳す個所もある。

「在差序格局裏，公和私是相対而言的，站在任何一圏裏，向内看也可以説是公的。」：In this pattern of oscillating but differential social circles (chaxugeju）, public and private are relative concepts.（p. 69）

「孔子的道徳系統裏絶不肯離開差序格局中心，」：Confucian ethics cannot be divorced from the idea of discrete centers fanning out into a weblike network.（p. 68）

あるいは下記のように、中国の伝統社会における特徴的な集団類型としてしまう個所もある。

「中国伝統結構中的差序格局具有這種伸縮能力。」：This pattern of organization in Chinese traditional society has the special quality of elasticity.（p.64）

「在差序格局中，我們的社会関係是逐漸従一個一個人推出去的，」：In the pattern of Chinese organization, our social relationships spread out gradually,（p. 70）

また、差序が訳出されている事例を取り上げると、下記のようになる。

「倫是什麼呢？我的解釈就是従自己推出去的和自己発生社会関係的那一群人裏所発生的一輪輪波紋的差序。」：The term itself signifies the ripplelike effect created from circles of relationships that spread out from the self, an effect that produces a pattern of discrete circles. (p. 65)

「其実在我們伝統的社会結構裏最基本的概念，這個人和個人往来所構成的網絡中的網紀，就是一個差序，也就是倫。」：Therefore, the key to understanding networks of human relationships is to recognize that such distinctions create the very patterns of Chinese social organization. (p. 66)

文脈に沿って、'discrete circles' 'distinctions' と英訳しており、定まった概念を用いていない。「漢字」から解放された自在さが表現されているといえる。

また「格局」という用語も費孝通による独特の意味を内包している。西澤治彦は費孝通『中華民族多元一体格局』を『中華民族の多元一体構造』と翻訳したが、訳注で次のように説明している。「原文は『中華民族一体格局』で、中国語の『格局』に相当するぴったりの訳語がないため、やむを得ずもっとも近い『構造』と訳した。日本語の『構造』を意味する中国語は『結構』で、これは『格局』とは多少ニュアンスが異なる。『格局』とは『格』と『布局』とが合わさったもので、格とは縦横の線を意味し、三次元の立体的な枠組みを指す。そうした枠組みの中の随所に、あるものが配置された情況を、『格局』という。『結構』が物質的で静的な枠組みであるのに対して、『格局』は枠組みだけでなく、それが時間や人為的な要素で変化するという、よりダイナミックなニュアンスが加わる」〔西澤 二〇〇八：五九〕。本論も西澤の意見に全く一致する。ただ、文章の文脈の中では文化人類学の pattern の概念に近い意味も含まれており、文脈によっては「様式」と訳すことも可能である。また、「社会構造の格局」と記述されている個所は、「構造」が重なるので「様式」と翻訳できる。

本論では以上を踏まえて、「差序格局」の説明が必要な個所は、「社会的分別による関係構造（差序格局）」と表記し、前後の文脈から説明が必要でない個所は「差序的構造（差序格局）」と中国語の「差序」を用いて記した。この語法は中裕史による「差異秩序の社会構造」という説明的な訳語に通じているのではないかと考える。

2「団体格局」の日本語訳について

「団体格局」に関する説明は「私的な個人関係を結ぶ道徳（系維着私人的道徳）」の章で多少詳しく論じている。近代西洋社会を特徴づける類型概念としており、その内容は以下のようにまとめることができる。

①契約によって結ばれる。成員資格と参加者の範囲は限定されており、団体に参加する者は平等で、成員間の権利と義務の違いは団体の規定によって定められる。

②個人を超越する実在としての団体は共同意思を本源としており、いかなる個人にも先行し、個人はこれから離脱することはできない。

③公務の概念があり私的生活から区別し、義務の遂行は犯すことのできない明確な行為規範である。

④団体を代表する、業務を執行する代理人（Minister）をもつ。

⑤宗教形態からすると、キリスト教には万物を統べ治める神の概念がある。神は賞罰をあたえる審判者であり、公正の維持者で、そして全能の保護者である。これから、一つは個々人は神の前では平等という観念、もう一つは個々人に対して神は公正という観念が生じている。この上で、個々人は人格上で平等を確立することができ、団体成員としての個人と団体は対等になることができる。

では、「団体」概念を日本語としてどのように翻訳できるか。まず、「団体」という日本語が社会学用語として使われているか否かを確認すると、『現代社会学事典』（弘文堂）はドイツ語の‘Verband’にもとづく言葉として説明している。「M・ヴェーバーによれば、外部に対して規則によって制限または封鎖された集団で、その秩序の維持が、一定の指導者あるいは代表権を持つ管理スタッフによる秩序維持活動によって保障されている集団を、団体とよぶ」。

この説明は、費孝通の「団体格局」の概念が含意している内容にほぼ合致しており、費孝通がマックス・ヴェーバーの「団体」概念を念頭に置いていると推定することは可能である。また、費孝通が含意する一つ、「公務の概念があり私的生活から区別し、義務の遂行は犯すことのできない明確な行為規範である」は、マックス・ヴェーバーの近代官僚制の概念と重なるところでもある。

一般に日本語では、「団体」は農業団体、政治団体、団体競技など個別的、具体的な対象を想定する具象性を含意する。これに対して、『郷土中国』で費孝通がもちいる「団体」は、人間関係の形態、組織の様式、規範の構造が一体となった理念的モデルとしての意味を担っている。したがって、直訳すれば「団体」は抽象度を高めた「組織体」と訳すことも可能であるが、「団体」という用語が日本の社会学で一般に概念として通用していることから、「差序的構造（差序格局）」に対応する概念として、「団体的構造（団体格局）」とこのまま日本語訳として用いることが可能である。

ちなみに、ハミルトンとワン・ジョンは「団体格局」を基本的には'the organizational mode of association'と英訳しているが、近代西洋の集団類型概念として'the modern Western organizational mode of association'、あるいは単に'the Western pattern'とも英訳している。

3 「自我主義」の日本語訳について

時と場の情況によって人間関係を構成する「己」を「自我主義」と呼んで、「個人主義」の概念と区別している。本書の中では、「個人主義」のもとでの社会関係は、いうまでもなく自立した個が対等を前提として関係を結ぶもので、平等主義と憲法の観念を基盤として「団体」が構成される、と説明している。「差序的構造」は個人を根幹としながらも「個人主義」のもとでの社会関係ではない。また、「差序的構造」は、春秋戦国時代の楊朱が説いた自己に絶対的な根源を置き他者との関係を拒否した思想、すなわち「為我説〔自愛説〕」、あるいは、隔たりのない博愛主義を説いた墨翟の「兼愛」の思想とも異なるという。これらの思想には社会関係を構成する論理と秩序とがなく、伝統中国の社会関係の実際から遊離しているとみている。

『郷土中国』の英文翻訳者のハミルトンとワン・ジョンは「個人主義」を'individualism'、「自我主義」を'egocentrism'と訳した。費孝通の個人主義を'individualism'と英訳するのは社会学の概念として正当であろう。費孝通の「個人主義」には、憲法で保障された平等、自己決定する自立性と自由を含意して、近代社会の理念を内包している。

では、「自我主義」の邦訳はいかがであろうか。費孝通の「自我主義」の自我は、社会関係を組み立てる中心に位置し、時と場との情況に応じて伸縮に富んだ社会関係を構成する主体として考えられている。これは、社会学の概念の'ego'に相当する。すなわち、社会学では'ego'を、自己を意味する'self'と使い分けている。'self'がミードの論をもとに、他者とのコミュニケーションのなかで成り立つ自分自身の姿として理解されるのに対して、'ego'は精神分析学を中心に、「諸々の断片的な自己イメージを取捨選択し、構造化していく過程やその所産に用いられる用語である」と定義されている（弘文堂『現代社会学事典』）。費孝通の「自我主義」は社会学の概念の'ego'を踏まえたものと理解することができ、日本語の「自我」にとしてそのまま翻訳するのは問題がないと考える。

四　結論

佐々木は『現代中国社会の基層構造』（二〇一二年）で、青島市の三つの社区を事例に現代中国社会の変動メカニズムを論じた。元漁村のS社区は、人民公社時代の資産を引継ぎ村民の権利を外に漏らすまいとしている。都心に取り込まれたX社区は新住民に数の上で圧倒されながらも、元村民は資産管理会社を設立して共有事業を拡大している。新しく開発されたアパート群のH社区J小区は、一種の‘Gated Community’として住民の動態を厳密に管理して不動産価値を高騰させている。これらの事例は、集団の成員と部外者との分限を明確にするところに構造的な特色がある。こうした成員の分限を明確にすることによる格差的発展は、現代中国の社会発展の一つの側面を形成している。

費孝通の「差序格局」の概念は、個人を核とした「自家人〔ミウチ〕」の範囲は状況的に伸縮し、ミウチ内とミウチ外との二元的な構造が波状的に出現すると説明している。費孝通が指摘した状況的よって分断される「内／外」という構造は、フリードマン〔Freedman 1958, 1966〕などの社会人類学者が提起した命題に近似している。フリードマンの命題は、リニージの豊かな男系成員は自分たち自身の祠堂を建設し、新しい分節を形成する。新しい分節はリニージの統合力を更新し、リニージ全体の社会的展開を可能とするという。「分節化が統合力を更新する」と言い換えられるが、構造的には分節の「内／外」の分限が階層的に構造化されているところにその実態がある。

費孝通の「差序格局」と社会人類学者のリニージ・モデルの「内／外」の分限が、佐々木のいう「共有する者の間の均分、部外者に対する格差」の論理に直接に繋がるか否か、厳密な検討が必要なことはいうまでもない。しかし、中国における家産の兄弟間の均分主義などを念頭に実態的にみると、「内／外」の分限の構造が「共有する者の間の均分、部外者に対する格差」の論理と結び合っているのではないかと推測するのは可能である。グローバル化の中で著しい変容を見せている中国社会を考察するとき、費孝通やフリードマンの提起した概念と命題が人々のエネルギーをどのように賦活させているのかという問題は、現代中国社会の諸問題を考察するためにも、そして東アジアのグローバル化の多様性を検証するためにも大切な課題ではないかと考える。

注

（1）『郷土中国』の邦訳には、鶴間和之・上田信他訳注版（学習院大学東洋文化研究所『調査研究報告』四九号、二〇〇一年三月）、および、蕭紅燕訳版（『土佐地域文化』三―五号、二〇〇一―〇二年、『高知論叢』第七六号、二〇〇三年）がある。また部分訳として、中裕史による「文字下郷」と「差異秩序の社会構造（差序格局）」（『新編　原典中国近代思想史　七巻』所収、岩波書店、二〇一一）がある。なお、二〇一九年三月末に西澤治彦による邦訳の出版が予定されている。

（2）費孝通は『郷土中国』（一九四八年）と同時期に『郷土重建』（一九四七年）、『皇権与紳（一九四八年）を出版した。これらの中で、当時の農村の基層社会が直面する社会的な溶解と権力構造の解体を診断し、郷土復興の提案を試みている。『郷土重建』は佐々木衞による邦訳版が二〇一九年に出版される予定である。

（3）日本では小城鎮研究は「内発的発展」の一つのパターンとして解釈された。また「地域的伝統の再創造」という観点から柳田國男論との関連でも検討された。川田侃・鶴見和子編著『内発的発展論』（東京大学出版会、一九八九年）、宇野重昭・鶴見和子編著『内発的発展と外向型発展――現代中国における交錯』（東京大学出版会、一九九四年）が代表的な研究書となっている。

（4）費孝通のその後の研究は、『郷土中国』の主要テーマである中国文化の基層と社会変動のダイナミックな関連に関する研究から離れた。その事情を聶莉莉は次のように説明している。中国の知識分子は建国初期の政治運動を経て、「現実に対する冷徹な目、社会の実態から自ら紡ぎだした新しい概念でステレオタイプの社会観に挑む姿勢、政治権力と距離を保ちつつ民衆にも媚びない中立の態度と独立精神などの特徴は、自制され影を潜めざるを得なくなった」（聶莉莉「費孝通」、趙景達ほか編『講座　東アジアの知識人　第五巻』有志舎、二〇一四年、所収）。当時の中国国内のこのような研究事情が、「差序格局」などの概念の体系的な検証を放置させた要因の一つとなったといえるだろう。

（5）『論語』の書き下し文と口語文は、金谷治訳注『論語』（岩波文庫、一九六三年版）から引用した。なお、引用文内の角括弧は訳注者の補足である。『孟子』は、小林勝人訳注『孟子（上・下）』（岩波文庫、一九六八年版）から引用した。『大学・中庸』は、金谷治訳注『大学・中庸』（岩波文庫、一九九八年版）から引用した。

（6）「関係」は一般に交際関係をいうが、日本語にもあるメンツ、体面、面目の感情を強調する。Yan Yunxiang, "*The Flow of Gift; Reciprocity and social Networks in a Chinese Village*" に詳しい。

（7）ミウチの範囲を意識する関係を指している。ソトとミウチを注意深く分ける感情を、聶莉莉『劉堡』（一九九二年）のモノグラフが触れている。

（8）人情、情理、私情などの意をもつ。

（9）Morton H. Fried, "*Fabric of Chinese Society; A Study of the Social Life of a Chinese County Seat*" の主要テーマで、血縁を越えた個人的関

係が結ばれる条件を、地主と小作、家畜や農具の借用、市場の売買、商家の主人と雇用人などの事例から論じている。

参考文献

（日本語）
宇野重昭・鶴見和子編著
　一九九四　『内発的発展と外向型発展――現代中国における交錯』東京：東京大学出版会。
川田侃・鶴見和子編著
　一九八九　『内発的発展論』東京：東京大学出版会。
佐々木衞
　二〇〇三　『費孝通――民族自省の社会学』東京：東信堂。
　二〇一二　『現代中国社会の基層構造』東方書店（中国語版：李升訳『全球化中的社会変遷』科学出版社、二〇一二年）。
孫文（安藤彦太郎訳）
　一九五七　『三民主義（上・下）』東京：岩波書店。
聶莉莉
　一九九二　『劉堡』東京：東京大学出版会。
費孝通編著、西澤治彦・塚田誠之・曾士才・菊地秀明・吉開将人共訳
　二〇〇八　『中華民族の多元一体構造』東京：風響社。

（中国語）
費孝通
　一九四七　『美国人的性格』『観察』上海：生活書店。
　一九八五ａ　再版『郷土中国』上海：生活・読書・新知三聯書店（初版は一九四六年、上海観察社から出版）。
　一九八五ｂ　『社会調査自白』（『学術自述与反思』三聯書店、一九九六年、所収）。
張冠生
　二〇〇一　『費孝通伝』北京：群言出版社。

（英語）

Arkush, R. David

1981　*Fei Xiaotong and Sociology in Revolutionary China*（費孝通伝）, Harvard East Asian Monographs 98. Cambridge (Massachusetts): Harvard University Press.

Elvin, Mark

1973　*The Pattern of the Chinese Past: A Social and Economic Interpretation,* Stanford: Stanford University Press.

Freedman, Maurice

1958　*Lineage Organization in Southeastern China,* London: The Athlone Press of the University of London.（末成道男・西沢治彦・小熊誠訳『東南中国の宗族組織』弘文堂、一九九一年）

1966　*Chinese Lineage and Society: Fukien and Kwung-tung,* London: The Athlone Press of the University of London.（村田克己・瀬川昌久訳『中国の宗族と社会』弘文堂、一九八七年）

Hamilton, Gary G. and Wang Zheng

1992　*From the Soil—the Foundations of Chinese Society.* Berkeley: University of California Press.

Huang, Philip C. C.

1985　*The Peasant Economy and Social Change in North China,* Stanford: Stanford University Press.

Malinowski, Bronisław

1944　*The Scientific Theory of Culture.*（姫岡勤・上子武次訳『文化の科学理論』岩波書店、一九五八年）

Morton, H. Fried

1974　*Fabric of Chinese Society: A Study of the Social Life of a Chinese County Seat,* New York: Octagon Books.

Yan Yunxiang.

1996　*The Flow of Gift; Reciprocity and social Networks in a Chinese Village,* Stanford: Stanford University Press.

追補――精読の試み（末尾注記参照）

差序的構造（差序格局）

農村工作の活動を行っている者の目には、田舎者の最大の欠点は「私」にあると思える。「私」についていうと、「自家の門前の雪は掃くが、他人の屋根の霜は関知しない」という俗諺をすぐさま思いつく。この俗諺が中国人の信条を多少とも表現していることを否定する者はいないであろう。その実、この態度は決して田舎者ばかりでなく、いわゆる都会人にもあてはまる。しかし、自家の門前の雪掻きをする人は立派な公共道徳をもつ人だと見ることもできるだろう。なぜなら、市井の人からすると、ゴミは門前の公道に捨ててしまえば問題は片づいてしまうからである。蘇州では人家の勝手口は運河に通じており、伝聞される美麗な姿はすでにない。蘇州は文人筆墨の中では中国のベニスとして描かれているが、しかし残念なことに、蘇州の城内の水路ほど汚れたところは他にないと思える。元来流れが緩慢なこの小さなクリークに何でもかんでも放り込んでしまう。自家に便所さえ全く必要としない人も多い。人びとはこのクリークで衣服を洗濯し野菜を洗うことを知っていながら、何かの規制が必要だということを少しも感じないのである。何故なのか？――それはこのクリークが公共のものだからだ。

公共という概念は、皆が少しばかりの便宜をもつという意味とほぼ等しい。権利はあるが、義務はない。数戸の家族が一つの家屋に住んでいる小さな例をとれば、共同の廊下には埃が積もって、庭には雑草が茂っていても、誰も片付けてきれいにしようとは思わない。さらに足を踏み入れがたいのは便所である。余計なことをしようとは誰も考えない。慣れないことには首を突っ込まないで、手を汚さずして人を待つのであり、わずかな謝意では自分から動こうとはしない。一般に悪貨が良貨を駆逐するグレシャムの法則のごとく、公徳心はここでは利己心によって追い払われる。

こうした事例からみると、利己心の悪癖は中国では愚かさや病気よりももっと深く浸透しており、上から下までこの悪癖に侵されていない者はないといえる。現在は外国メディアがわれわれの弱点を一斉に攻撃するところとなった。いわゆる賄賂にまみれた無能振りは各個人の絶対的な能力の問題ではなく、相対的なもので、個人の公共に対する献身と責任に関する問題である。中国人は経営が下手だというのではない。東南アジアにおける華僑が商業で成功しているのをみて、西欧人で耳目を驚かされない者があろうか。中国人は無能なのではない。いったん自家のこととなれば、利益をつかみ取ることも、おべっかを使ったりもするわけで、どの国の人よりも経営能力は高い。いわゆる「私」ということは集団と個人の関係の問題であり、他人と自分との間の境界をどのように引くかという問題である。中国の伝統における自他の分別法は明らかに西洋の分別法とは異なる。従って、私という問題を検討しようとするならば、全体の社会構造の様式から考察せざるをえないのである。

西洋社会の構造は、田畑でたきぎを束ねるのに似たところがある。いくつかの稲わらを束ねて一つかみ(把)にし、数つかみを束ねて一たば(扎)にし、数たばで一くくり(捆)に、数くくりで一かかえ(挑)とする。一かかえとして担がれた稲わらは、一くくり、一たば、一つかみの中に束ねられている。一本一本の稲わらはすべて、一つかみ、一たば、一くくりのたきぎとして括られており、束はきちっとまとめられて乱れるところがない。西洋社会では、この単位がすなわち団体なのである。西洋社会の組織はたきぎの束に似ているという私の説明は、西洋では個人が団体を組織するという事実を明示している。団体は一定の境界がある。誰が団体内の者か、誰が団体外の者か、こうした分限は明確で曖昧さはない。団体内にいる成員は仲間であり、成員の団体に対する関係は同等である。もし、団体の中に特定のグループや等級の区分があるとすれば、これらの事項は団体規約で前もって規定されている。しかし、たきぎの束というアナロジーを使った私の説明には多少とも不適切なところがある。すなわち、一人の個人はいくつもの団体に参加することができるが、たきぎは同時にいくつもの束に入ることはできないからで、個々の人とたきぎとの異なるところである。私がこの比喩を用いる目的は、社会生活の中における人と人との関係にある一つの構造〔格局〕を具体的に考察するためにある。従って、私が「団体的構造〔団体格局〕」の概念を作ることを妨げるものではない。

家庭は西洋にあっては境界が明瞭な団体である。友人が「家族と一緒に」訪問したいと手紙をよこすと、あなたは彼が誰を連れてくるか前もってわかるだろう。ところが中国では、この語句は曖昧模糊としたところが大きい。イギリスやアメリカにおいては、家庭は彼と妻そして未成年の子どもからなる。もし、彼が妻とだけやってくるのであれば、「家庭」という言葉を用いる必要はない。我が中国では「貴家の皆さまのご来訪をお待ちします〔闔第光臨〕」という言葉をよく目にするが、「貴家〔第〕」がどの範囲までの人を含むかをはっきり説明できる人はほとんどいないのである。

日常的な言葉に言い換えてみると、この「家」という字は伸縮自在に使うことができる。「家里的〔家内〕」は自分の妻一人を指すことも、「家門〔一族〕」は伯叔父や侄甥たちの大家族集団を示すこともできる。また「自家人〔ミウチ〕」は自分の「圏子〔仲間内〕」を何人でも包み込むことができ、彼との親密な関係を表現する言葉なのである。このように自家人〔ミウチ〕の範囲は時と場によって伸縮し、その数がどこまで広がるのかははっきりせず、まさに天下は「一家」となるのである。

なぜわれわれのこの最も基本的な社会単位の用語は、このように曖昧なのであろうか。すでに論じたように、中国の社会構造は西洋の構造と全く異なっている。われわれの構造は一束一束がはっきりと分割されて括られたたきぎの形ではなく、一塊の石を投げ入れたときに水面に発生する波紋が一輪ずつ重なって外に広がっていく形状に似ている。人は皆、社会的影響を外に広げて構成する仲間内の中心にいるのである。それぞれの仲間内の波紋が推し広げられて相互に重なるように関係が発生する。おのおの人は、時間によって、場所によって、かかわる圏子〔仲間内〕の構成は異なっており同一ではない。

中国社会の中で最も重要な社会関係は親族である。この親族関係は石を水面に投げ入れてできる同心円状の波紋に似ている。親族関係は子どもを産み育てる生育〔family of orientation〕と婚姻〔family of procreation〕の事実から形成される社会関係である。生育と婚姻によって結ばれる関係の網目は際限なくひろい人びと、すなわち、過去、現在、そして未来の人びとを含む。俗語に「一表三千里〔誰もが三千里の中に姓の異なる従兄弟・従姉妹をもつ〕」という言葉がある。この意味は、その実三千里のの宏大な中には関係が果てしなく広がっているということを示している。人と人との関係は蜘蛛の巣を想起させる形をしており、この網目の中心がすなわち自己である。各自それぞれ親族関係の分布が広がる網目をもつが、しかし関係の網目が全く同じ構成員を覆うことはない。一つの社会内では人は同じ一つの体系をもって親族を認知するのであるが、同じというのはこの体系だけである。体系というのは抽象的な構造〔格局〕、もしくはカテゴリーとしての概念である。この体系を用いて具体的に親戚関係を認知するとき、各自は異なったものを認知している。親族体系の中にはすべて父母があるが、私の父母はあなたの父母ではない。さらにいうと、二人が全く同じ人を親族として認知することはないのである。兄弟はもちろん父母を同じくするが、各自それぞれの妻と子どもをもつ。このように、親族関係から形成する社会関係の網目は個々別々に異なっている。どの網目にも「己」という中心があり、各々の網目の中心は異なっている。

中国の郷村社会では、親族関係のみならず、地縁関係においてもこのような構造をもっている。現代の保甲制度は団体的構造としての形態をもつが、これは伝統的な構造と相容れない。伝統的な構造では、各家は自家の地位の中心となって社会関係の範囲を区画し、この社会関係の範囲が「近隣〔街坊〕」となるのである。婚礼があると酒宴に招待し、子どもが誕生すると紅く染めた卵を贈り、葬式では入棺の手伝いや棺を担ぐ。これは生活の互助機構なのである。とはいえこの近隣は固定した団体として組織されているのではなく、一つの範囲として認知されているのみである。範囲の広狭は中心に位置する人物の勢力の大小によって決まる。勢力がある人物の近隣関係は全村の範囲に広がるであろう。これに対して、貧しい人物の近隣は両隣三軒を出ず、地縁関係は親族の付き合いと重なった姿となる。『紅楼夢』の舞台となった大観園の賈一族のように、権勢が強大な時には父方の従妹である林黛玉、母方の従姉である薛宝釵も一家となる。小説の後半では更に多くの人たち、宝琴（薛宝釵の従妹）、岫雲などの遠い親戚もやってきて親戚の中に取り込まれている。だが賈氏が権勢を失い没落すると、一家はたちまち散り散りばらばらになり（「樹倒猢猻散」）、小さな集団に縮小してしまう。極端な事例を故事にもとめると、「蘇秦が落ちぶれて帰郷したとき、「妻は彼を夫と認めず、兄嫁は弟と認めない」ばかりか、嘲笑さえしたのである（『史記』蘇秦列伝）。中国の伝統社会の差序的構造（差序格局）はこうした伸縮する能力を有する。郷村の家庭は小さいが、裕福な地主や官僚の階層になるとその規模は小国を思わせるほど大きくなる。富によって伸縮する社会的な付き合いは、中心に位置する勢力の変化に対応して大にも小にもなるので、中国人は世情の移り変わりに深い感慨を抱くのである。

西洋では子どもは成長したら親元から自立する。父母と共に住んでいたとしても、食事の費用を父母に出す。各自は家族の団体としての境界を認知しているからだ。団体には一定の資格があり、資格を取り消されると団体から出て行かざるをえない。これは人情の冷たさ温かさの問題ではなく、権利の問題である。西洋社会にあっては権利を争うが、中国では関係を取り持ち、義理をたてることに熱心になる。

「己」というものが中心に位置して、石が水中に投げ入れられて波紋が広がるように、他者との関係の広がりが社会関係を構成する。西洋の団体における自律した個人が平面に対等に並んでいる構造とは異なる。水の波紋が一輪ずつ同心円的に外に推し出されて広がって、外に広がるほど水紋の痕跡は薄くなっていく。ここに中国社会の構造の基本的特性に行き当たるのである。わが国の儒家が最も考察を深めたのは人倫についてであったが、倫とは一体何であろうか。私の解釈では、私という自己から構成する他者との社会関係であり、この社会関係のなかに生動している人と人との間の分別によって成り立つ関係と秩序（差序）をさしている。訓詁の書である『釈名』は、倫という字を次のように定義している。「倫は、水のさざ波のなかに存在する倫理である」。潘光旦先生もかつて次のように説明された。「侖」を公分母として持つ字はほぼ同じ字義をもつ。すなわち、「それらはともに、条理、類別、秩序の意味を表示する。」（潘光旦「説倫字」『社会研究』第一九期所収）

倫は関係の間にある分別を重視する。『礼記』祭統は、「鬼神に事《つか》ふるの道を見《しめ》し、君臣の義《ぎ》を見し、父子の倫《りん》を見し、貴賤の等《とう》を見し、親疎の殺《さい》を見し、爵賞の施《し》を見し、夫婦の別《べつ》を見し、政事の均《ひと》しきを見し、長幼の序《じょ》を見し、上《しょう》下《か》の際《さい》を見す。此を之れ十倫と謂う」。これらは人と人との関係の間にある分別のあり方を示している。「其の倫を失わざる」という規範は、父と子、遠いものと近いもの、親密なものと疎遠なもの、という区分にもとづく。つまり、倫とは間柄にある社会的分別による秩序をいっている。このように論じると、鬼神、君臣、父子、夫婦などの具体的社会関係を、貴賤、親疎、遠近、上下といった抽象的で相対的な位相を示した関係と一緒に論ずることができるのかという問題が生じてこよう。しかし、中国の伝統的な社会構造において最も基本的な概念は、人と人とが結び会って構成する関係のなかにある規律、すなわち社会的分別にもとづく行為規範（差序）であり、これが倫なのである。『礼記』大傳では、「親を親とし、尊を尊とし、長を長とし、男女別あるは、此れ其の民と変革することを得べからざるものなり」と記し、この社会構造の枠組みは改変できないものであり、変化はこの枠組みのなかで実現されることをいっている。

孔子が最も重視したのは、水面の波紋が外にむかって推し広がっていく意味を含意する「推」という字である。孔子はまず一つの「己」の存在を認める。この己を他者の己に関与させて推し広げる。このときの己に対して、礼をもって克服できれば自らを抑えることができ、これがすなわち修身である。同心円的に広がる人倫の道に沿うことで、自己を他の己との関係に広げていくことができる。「本を立て、而るに道は生じる」。「其の人と為りや、孝弟にして上を犯すことを好む者は鮮なし、上を犯すことを好まずして乱を作すことを好む者は、未だこれ有らざるなり」（『論語』学而）。己から家に至り、家をとおして国に至り、国をとおして天下に至る、これが一条の道である。このように、『中庸』では五倫（君臣の義、父子の親、夫婦の別、長幼の序、朋友の信）をもって天下に通じる道としている。したがって、この社会構造のなかにあっては、己から天下にいたる道は人倫関係の輪を一つ一つ広げていくところにある。孟子は、「善くその為す所を推《おしおよ》ぼせるのみ」（『孟子』梁恵王章句上）と記している。

この種の伸縮自在に富んだ人間関係が中国社会を構成するが、時と場の情況によってつくられる関係はいつも「己」が中心となっている。これは西洋の個人主義とも異なっており、自我主義とよぶことができる。個人主義における団体と個人の関係は、全体に対する分子にたとえることができる。個人主義のもとでは、一方では平等主義の観念があって、同一の団体の中の各分子の地位は相等しいことを意味し、個人は他者の権利を侵すことはできない。また他方では憲法の観念があり、団体は個人の権利を抹殺することはできず、個人が同意した権利に対する制限のなかでのみ個人を制御できる。このような平等主義と憲法の観念なしには、個人主義のもとでの団体は存在しえない。ところが中国の伝統的な思想の中にはこうした思考方法はなく、よって中国社会にある集団形成を自我主義と呼ぶところである。一切の価値は、「己」を中心とするイデオロギーにある。

ここでいう自我主義は、「一毛を抜いて天下を利するも為さざるなり」と説いた楊朱の個人主義的な思想「為我説（我が為になす）」にとどまるのではない。自我主義の概念は儒家全体を包括している。楊朱の説と孔子とが異なるのは、楊朱が自我主義の相対性と伸縮性をなおざりにしたところにある。彼は思想の絶対的な根源を万事自分本位に置き、これから離れることはなかった。これに対して、孔子は己を他者との関係に推しだし、広い天下にまで解き放つ。しかしなお、中心は自己にある。子曰わく、「政《せい》を為《な》すに徳を以てすれば、譬《たと》えば北辰《ほくしん》の其の所に居て衆星《しゅうせい》のこれに共《むか》うがごとし。」（『論語』為政）これは差序的構造に関する格好の比喩となっている。四季の移り変わりがない北極星と同じように自己は常に中心に位置し、他のすべての人はこの中心を巡って回転するのである。存在の中心性という点では、しかし孔子はイエス・キリストとも異なっている。イエス・キリストは人間を超越した団体を創り、イエス・キリストには彼の天国が存在した。したがって、イエス・キリストは天国のために自己を犠牲にし、人間社会を越えたものとなったのである。孔子はいかがであろうか。

子貢が〔仁のことをおたずねして〕「もし人民にひろく施しができて多くの人が救えるというのなら、いかがでしょう、仁といえましょうか」といった。先生はいわれた、「どうして仁どころのことだろう、強いていえば聖だね。尭や舜でさえ、なおそれを悩みとされた。そもそも仁の人は、自分が立ちたいと思えば人を立たせてやり、自分が行きつきたいと思えば人を行きつかせてやって、〔他人のことでも自分の〕身近にひきくらべることができる。〔そういうのが〕仁のてだてといえるだろう。」（『論語』雍也）

孔子の道徳体系は差序的構造の中心からけっして離れることはない。「君子は諸《こ》れを己れに求む。小人は諸《こ》れを人に求む」（『論語』霊公）。この故に、孔子の倫理はイエス・キリストの愛と同じではない。イエス・キリストの愛は神のもとでの普遍的な愛であり、彼の仇敵に対しても愛は貫かれ、彼を殺した者のためにさえ神に恩恵を求めたのである。この行為は、自我中心から発想され得るものではない。では、孔子は仇怨にどのように対応したのであろうか。或ひとの曰わく「徳を以て怨みに報いば、如何。子の曰わく、何を以てか徳に報いん。」（『論語』憲問）孔子は人と人との間には分別の違いが有ることを示しており、これをけっして曖昧にすることはなかった。だが、孔子はまた楊朱とも異なる。楊朱は自然な欲望を持つ人間を己として出発し、「我が為になす（為我説）」を根幹にしてすべての情況に対処した。これに対して、孔子は道徳の範囲を必要に応じて推し広げたし、また収縮させもした。また、イエス・キリスト、あるいは中国の墨翟が説いた公平で隔たりの無い遠大な博愛主義とも異なっている。

中国においては社会の範囲が自在に伸縮するのを理解するならば、伝統的な社会における自己本位の問題も理解することができる。私は常々次のように考えている。「中国の伝統的な社会において、各人は自分自身の利益のために家族を犠牲にし、家の利益のために党を犠牲にし、党の利益のために国家を犠牲にする。そして国家の利益ために天下を犠牲にする」。この事態は『大学』の次の一節と物事の筋道が通じ合っている。

「古えの明徳を天下に明らかにせんと欲する者は先ずその国を治む。その国を治めんと欲する者は先ずその家を斉う。その家を斉えんと欲する者は先ずその身を脩（修）む。（中略）身脩まりて后家斉う。家斉いて后国治まる。国治まりて后天下平らかなり」（『大学』第一章）。

二つの言説が異なるのは、一方は内から外へ、他方は外から内へという道筋の方向、一方は正面から、他方は裏面から述べたという違いである。これらの言説は、社会的分別による秩序（差序）が構成される広がり方の形式を示している。また、両者とも社会の「公」と個人の「私」との間の境界を相対的なものとしており、二つの言説が曖昧にさせるところである。

自分の個人的な利益のために家を犠牲にし、家のために一族を犠牲にする。これは一つの事実上のテーゼとなっている。このテーゼでは、彼が私的な立場から活動していることを証明するのは不可能であろう。彼は私的立場から活動しているという非難を承服することができない。彼が一族を犠牲にしているときは、家のためにしているというであろう。このときの彼にとっては、家が公となる。国家を犠牲にして、彼が所属する団体の利益を謀って利権を争っているときも、やはり彼は公の立場を代表して活動している。なぜなら、この団体が彼にとって公となるからである。差序的構造のもとでは、公と私とは相対的な概念となる。どこの位置に立とうと、内に向かってみれば彼は公の立場となる。事実、西洋の外交官が国際会議で自己の国家のために利益を争っているとき、世界平和や他国の合法的権益の犠牲も惜しまない。この行為もわれわれと同じではないか。しかし異なるのは、西洋では国家を一切の小組織から超越した団体と見なしている。そして、国家という団体のためには、国際的なあるいは地方的な諸事を犠牲にしてもかまわないが、国家は他の諸団体の犠牲になることはできないというところにある。これが近代国家の観念であるが、中国の伝統的な社会には存在しない。

西洋社会では、国家は公と私との境界を鮮明に区分している。一束に括られているたきぎのごとく、国民は国家の枠組みの外に逃れる事はできない。国民は、国家をそれぞれの自分の利益を謀る機構として構成するのである。それゆえ、国民は革命、憲法、法律、国会などの制度を有する。ところが伝統のなかの中国では、社会の究極概念は曖昧模糊とした「天下」であり、国家は皇帝の家産の意である。したがって、国家の境界観念はそもそも不明瞭で、自己の中心から推しだして構成する社会勢力の一つの範域にすぎない。社会的な活動に入るには、具体的には己が先ずあるのみなので、「我が身を慎む(克己)」が社会生活の最も重要な道徳心となる。故に自己が社会と向き合って、社会に個人の権利を侵害させないということができない。中国社会の差序的構造のなかにあっては、こうした社会と向き合うという問題はまず発生の余地がないのである。

差序的構造では、われわれの社会関係は個々人が関係を外に推し広げていくなかに構成される。そして私的な個人関係が増大すると、一つ一つの私人関係が輻輳するネットワークとして社会的範囲が形成される。これ故に、中国の伝統社会のなかに形成された社会道徳は、私的な個人関係のなかにおいてのみ意味をもつのである。この点について、次章で再度検討しようと思う。

私的な個人関係を結ぶ道徳（系維着私人的道徳）

中国の郷土社会の基層構造は、私がいうところの「人と人との間の社会的分別によって成り立つ関係と秩序（差序格局）」であり、「一つ一つの私的な個人関係が輻輳する網目」の構造である。この構造は近代西洋における「団体的構造（団体格局）」とは異質である。団体的構造における個人間の関係は、一つの共有された枠組みに拠っている。まず枠組みがあり、個々人はこの枠組みの上に関係を結び、相互の関係を形成するのである。「公民」の観念は「国家」に先立つことはできない。この構造はおそらく原初的な部族社会の形態から展開してきたものと思われる。原初的な遊牧経済においては、部族社会は明らかに「団体的構造」の形態をとる。日常生活は一群の集団に依存しており、山林の中で散居して単独で生きていくことはできない。彼らにあっては、集合的な「団体」が生活の前提となっている。しかし定住する農業社会では、人びとは土地の上で自らの力でもって自活するのが常で、仲間を必要とするのは偶然の、そして臨時の非常事態のときだけである。この人びとにとって他者と関係が生じるのは二次的で、彼らが互いに結び合う必要は情況によって異なっており、恒常的な団体に統合される必要はない。したがって、彼らの社会は「差序的構造（差序格局）」をとることになる。

二つの社会構造の差異はそれぞれ異なった道徳観念を作り上げている。道徳観念とは、社会生活の中で人が遵守すべきとみなす行為規範である。道徳観念は、行為規範、行為者の信念、そして社会的制裁を含んでいる。その内容は人と人との関係の行為規範であり、社会の構造によって決定される。社会の側から見ると、道徳は個人行為に対する社会の制裁力である。道徳でもって人びとを規定された社会的ルールに合致させ、当該社会を維持し存続させる。

「団体的構造」では、道徳の基本観念は団体と個人の関係の上に築かれている。団体は個人を超越する「実在」であるが、何ものか有形の事物ではない。したがって我々は、一つの形あるものを具体的にとりだして、これが団体だとすることができない。それは一束の人と人との関係で、個々の人の行為を制御する力として存在し、個別の生活を組み立てている。実在としての団体を成り立たせているものは共同意思であり、いかなる個人にも先行し、個人はこれから離脱することはできない。この「実在」を有形のものとしてとらえようとすると、それはシンボルとしてのみ可能である。それゆえ「団体的構造」のもとにある社会においてはじめて、キリスト教の万物を統べ治める神の概念が生まれるのである。個人に対する団体の関係は、信徒に対する神の関係の中に象徴されている。神は賞罰をあたえる審判者であり、公正の維持者で、そして全能の保護者である。

西洋の「団体的構造」社会における道徳体系を理解するためには、その宗教観念を離れることはできない。宗教的敬虔と宗教への信頼は彼らの道徳観念の来源であるばかりか、行為規範を支えている力でもある。それがすなわち、教団のシンボルなのだ。万人に及ぶ団体のシンボルとしての神の観念から、次の二つの重要な観念が派生する。一つは個々人は神の前では平等という観念、もう一つは個々人に対して神は公正という観念である。

イエス・キリストは神を父と呼ぶ。神は全てのものにとって共同の父であり、人びとの面前では産みの実父母を否認さえした。この「平等」を貫くために、聖書ではイエス・キリストは聖霊によって処女マリアが産んだとしている。処女受胎説話は、親子という個別的、私的な関係を否定することを物語っている。この説話は「荒唐無稽」なのではなく、強力なシンボルとしての現実的な意味をもつ。神は「万人が共有」する団体を象徴しており、団体を代表するもので、個別的人間としての側面を否定しなければならない。このようにして、「人の子」はイエス・キリストが象徴するところの「団体を構成する一員」となり、人びとは産みの父の外にもっと重要なものとして「天の父」をともに戴く。これがすなわちイエス・キリストの団体なのである。この観念をもとに、個々人は人格の上で平等を確立することができ、団体成員としての個人は互いに対等になることができる。また、この団体はいかなる個人のためにも私的に所有されることはできない。この観念的基礎の上に、アメリカ『独立宣言』の冒頭の記述が生まれている。「われわれは、以下の事実を自明のことと信じる。すなわち、すべての人間は生まれながらにして平等であり、その創造主によって、生命、自由、および幸福の追求を含む不可侵の権利を与えられているということ」（邦訳は米国国務省出版物から）。

しかし神はこの世の具象ではなく、まさしく形としてあらわれない団体の実在を象徴する。だが団体としての意思を執行するとき、人をもってその代理とせざるを得ない。代理人としてのMinisterの存在は、団体的構造をとる社会の基本概念の一つである。神の意志を執行するのが聖職者（Minister）であるが、国家の権力を執行する官吏もまたMinisterと呼ばれている。いずれも「代理人」としての役割であって、神あるいは団体そのものではない。神と聖職者、国家と政府との分別を混同することはない。キリスト教史のなかで、神との直接の交流を要求する運動が再三にわたって起きた。「代理人」は神の召命を正確に伝えることはできないとして、聖職者に反抗したのである。同様なロジックは人びとに一貫して受け継がれ、アメリカ独立宣言には以下のように表現されている。「こうした権利を確保するために、人々の間に政府が樹立され、政府は統治される者の合意に基づいて正当な権力を得る。そして、いかなる形態の政府であれ、政府がこれらの目的に反するようになったときには、人民には政府を改造または廃止する権利がある」。

神は個々人に対して公正で、すべてのものに平等で、そして愛を与える。もし代理人がこの「自明の真理」に違反するならば、代理人としての資格を失う。このようにして、団体的構造の道徳体系の中に権利の観念が生まれる。人と人とは相互に尊重される権利があり、団体は個人に対してこの権利を保障しなければならない。団体の代理人の権力乱用を防止するために、憲法が制定される。このロジックでもって、憲法の観念は市民の義務の観念と互いに対応している。つまり国家は市民に対して公的義務を課すが、しかし国家は市民の権利への不可侵を保障してもおり、国家はその権力を公正と市民的権利の保障の範囲において行使できるにすぎない。

「団体的構造」がもつ道徳体系について少なからず説明したが、この目的は「差序的構造」の道徳体系の特徴を対照的に明らかにすることにある。二つの体系の相異という面からすると、多くの点で全く相反している。自己を中心とする社会関係の網目の中でもっとも主要な点は、「我が身をつつしんで礼〔の規範〕にたちもどる」（『論語』顔淵）、「天子から庶民に至るまで、〔どの様な身分にある人でも、〕同じようにみなわが身をよく修めることを根本とする」（『大学』第一章）にある。これが「差序的構造」における道徳体系の出発点となる。

己から外に向けて関係を推し出すことで構成される社会範囲は、一つ一つの私人としての関係の累積であり、各々の関係は一種の倫理によって支えられている。社会範囲は「己」から外に推し出されており、関係が構成される過程にはそれぞれの道筋がある。その中でもっとも基本となるのが親族の関係である。親子と兄弟は、孝と悌というそれぞれに相応する倫理がある。「孝と悌ということこそ、仁徳の根本であろう」（『論語』学而）。もう一つの道筋には友人関係がある。これに相応する倫理が忠信である。孔子は次のように語っている。「人のために考えてあげてまごころからできなかったのではないか。友だちと交際して誠実でなかったのではないか」（『論語』学而）。「忠と信とを第一にして、自分より劣ったものを友だちにはするな」（『論語』子罕）。そして、孔子は日常生活であるべき行為倫理を次のように締めくくった。「若ものよ。家庭では孝行、外では悌順、慎しんで誠実にしたうえで、だれでもひろく愛して仁の人に親しめ」（『論語』学而）。

ここにおいて、もっと複雑な観念であるところの「仁」について触れることができる。すでに説明したように、差序的構造における道徳体系では、個人的関係を超越した道徳観念は存在しない。先に論じたように、己を越える観念は団体的構造の中においてはじめて生じるのである。孝、悌、忠、信の規範はすべて私的な個人関係における倫理である。ところが、孔子はしばしば「仁」の字について論及している。『論語』中では仁に関する解釈が他のものに比べ最も多いのだが、その意味を推し量るのがもっとも困難でもある。一方で、孔子は仁の観念を何度も繰り返して説明しようとするが、他方では、「先生は利益と運命と仁とのことは殆ど語られなかった」（『論語』子罕）。孔子は仁について、しばしば「心に思うことを説こうと欲するが、止まって説くことができない」と語っている。

司馬牛が仁のことをおたずねした。先生はいわれた、「仁の人はそのことばがひかえめだ」。「そのことばがひかえめなら、それで仁といって宜しいのでしょうか」。先生はいわれた、「実践がむつかしいと〔思えば〕、ものいうこともひかえないでおられようか。〔そこが大切なところだ〕」（『論語』顔淵）。

先生がいわれた、「わたくしは、まだ仁を好む人も不仁を憎む人も見たことがない。（中略）あるいは〔そうした人も〕いるかも知れないが、わたくしはまだ見たことがないのだ」（『論語』里仁）。

孟武伯《もうぶはく》がたずねた、「子路《しろ》は仁ですか」。先生は、「わかりません」といわれた。さらにたずねたので、先生はいわれた。「由《ゆう》は、大諸侯の国でその軍用の収入をきりもりすることはできますが、仁であるかどうかはわかりません」。「求《きゅう》はどうでしょうか」。先生はいわれた、「求は、千戸の町や大家老の家でその長官にならせることはできますが、仁であるかどうかはわかりません」。「赤《せき》はどうでしょうか。」先生はいわれた、「赤は、礼服をつけ朝廷に立って客人がたと応対させることはできますが、仁であるかどうかはわかりません」（『論語』公冶長）。

孔子はいくども「仁を語るにはいくら語っても十分ではない」といった。しかし、孔子が「仁」の字義を積極的に説明するときは、「己を克《せ》めて礼に復《かえ》るを仁と為《な》す」（『論語』顔淵）、「恭《うやうや》しいことと寛《おおらか》なことと信《まこと》のあることと機敏なことと恵み深いこと」（『論語』陽貨）と、一連の私的な個人関係の倫理に立ち戻ってしまう。孔子の曰わく、「五つのことを世界じゅうで行うことができたら、仁といえるね」（中略）。「恭《うやうや》しければ侮られず、寛《おおらか》であれば人望が得られ、信《まこと》であれば人から頼りにされ、機敏であれば仕事ができ、恵み深ければうまく人が使えるものだ」（『論語』陽貨）。

孔子がかかえた難題は、「団体」としての組織が軟弱な伝統中国社会においては、全体を包み込む普遍的道徳観念を具体的に示すことが容易でないところにある。仁はロジックのうえでのみ総合的で、私的な個人関係を規定するすべての倫理に通じる観念である。しかし、私的な個人関係を統合する「団体」概念が社会実体のなかで具体性を欠いているために、「天下仁に帰す」（『論語』顔淵）の語句にあるように、すべては「天下」の仁のもとにあるというのみとなる。「天下」に対応する「仁」は、「天下」の観念に比べても明瞭だとはいえない。仁の観念を具体的に説明しようとすると、「孝悌忠信」という倫理に回帰してしまう。これはまさしく、「天下」の観念を説明しようとして、いつも「父子、昆弟、朋友」の具体的な人倫の道に回帰せざるを得ないのと同じである。

中国の伝統道徳体系には、キリスト教の「愛」の観念、つまり一切の社会的差別を否定した無差別平等の愛がない。また中国では、団体に対する個人の倫理を見つけ出すことも容易でない。団体的構造をもつ近代西洋社会にあっては、公務の活動と義務の遂行は、犯すことのできない明確な行為規範である。だが、中国の伝統社会にはこうした観念はなかった。現在、中国の社会学者のなかには、「忠」という概念でもってこの観念に対応させようとすることもある。しかし、『論語』で論じられている「忠」の意味は全く異なっている。先に引用した「人のために考えてあげてまごころからできなかったのではないか」（『論語』学而）と論じた「忠」は、「まごころと思いやり（忠恕）」の解釈で、「まごころをつくすことと人を思いやること」をいっている。また、「忠信を主とし」（『論語』子罕）の忠は、衷に通じる字義で、衷〔まこと（誠）、まごころ（忠）〕という内心の情動をとらえた概念である。

子張がおたずねした、「令尹《れいいん》の子文《しぶん》は、三度仕えて令尹となったが嬉しそうな顔もせず、三度それをやめさせられても怨みがましい顔もせず、前の令尹の政治を必ず新しい令尹に報告しました。いかがでしょうか」。先生はいわれた、「誠実（忠）だね」（『論語』公冶長）。この忠の字義は「職務に忠」の「忠」の意に近いが、団体に対する「忠誠を誓う」の意味を含んでいない。事実、『論語』では忠の字義は君臣関係の倫理ではない。君臣関係は「義」によって結びつくことをいう。「君子が仕えるというのは、その大義を行うのである」（『論語』微子）と論じており、「忠義な家臣」の観念は後世になって生まれたのだといえる。しかも「君主に忠義を尽くす」は個人と団体との間の倫理ではなく、むしろ君主に対する個人的な関係を示している。

伝統中国における団体としての道徳の欠如は、「公」と「私」の衝突のなかに鮮明に見ることができる。政治の責任を負う君主は、まず私的な個人関係の道徳倫理を完成することが求められる。『孟子』には次のように論じられている。

孟子の門人の桃応《とうおう》がたずねた。「先生、舜《しゅん》が天子で、皋陶《こうよう》が裁判官であるときに、舜の父の瞽瞍《ごそう》がもし人殺しをしたら、〔その処分は〕どうするのでしょうか」。孟子はこたえられた。「もちろん、皋陶は法によってすぐさま瞽瞍《ごそう》を罪人として捕らえるだけのことだ」。〔桃応がまたたずねた〕「それでは、舜はそれをさし止《と》めないのでしょうか」。孟子はこたえられた。「いくら舜が天下だからといって、どうしてそれをさし止めることができよう。彼には代々受けついできた天下の大法というものがあって、天子といえども私《わたくし》することはできないのだ」。〔桃応がいった〕「では、この際、舜はどうしたらよいのでしょうか」〔父が死刑にあうのを黙《だま》って見ているのですか。〕。孟子はいわれた。「舜は天下を捨《す》てることは破れ草履《ぞうり》を捨てるぐらいにしか思っていないから、天子の位をなげうってひそかに父を背負《せお》って逃げ、人知れぬ海辺《べ》にそうて遠い辺地《へんち》に行ってかくれ住み、一生涯にこにことして父につかえて楽しみ、天下の事などは全く忘れてしまうことだろう」（『孟子』尽心章句上）。

この一節は、皇帝の座についた舜は、父親への対応は他の国民と同じ態度をとることができなかったことを語っている。矛盾した問題に孟子が桃応に答えた解決法は、両者をともに肯定する方法であった。つまり、法律の追求が及ばない遠くの海浜に逃避するという方途であった。孟子のこの解決策が可能だったのは、桃応の提起した問題が現実の問題ではなかったからであった。また他の点からすると、孟子が当面した問題は、道徳標準が普遍性を欠いていることを一層明瞭にしている。万章がたずねた。「舜《しゅん》の弟の象《しょう》はいつも舜を殺すことを日日《ひび》の仕事のようにしていたのに、舜は天子の位につくと、この弟を死刑にもせずにただ追放しただけなのは、どういうわけでしょうか。」孟子はこたえられた。「いや、追放するどころか、有庳《ゆうひ》という地方の君主にしたのだ。もっとも、一説には追放したのだともいっているが。」万章曰く、「象はこの上もなく不仁なのに、有庳の君に封ずとは。いったい有庳の人は何の罪があって、象のような者を君主と仰がねばならないのでしょうか。それとも、仁者というものはがんらいこのように不公平なものでしょうか。他人が悪事をすればきびしく誅罰するが、弟に対しては（赦《ゆる》すばかりか）逆《あべこべ》に諸侯に封ずるなど、ということをしてもよいものなのでしょうか。」孟子はこたえられた。「自分の身は天子でありながら、弟を一介《いっかい》の平民のままで放っておいては、どうしてこれを親愛するといわれようか。」（『孟子』万章章句上）

社会的分別によって関係が構成されている社会は、無数の私的な個人関係が組み合わさっている網目として構成されて、この網目の一つ一つの結節にそれぞれの倫理が付着している。このため、伝統社会の道徳は全体を包括する道徳観念を引き出すことがなく、どの様な価値基準も社会的分別にもとづく人倫を超越することができなかった。

中国の道徳と法律の対応基準は、どれも対象と「自己」との関係如何によって伸縮するところがあった。汚職行為に憤りをもつ友人は少なくないが、彼の父親の汚職に直面したとき、汚職を憤らないばかりか、これを隠蔽しようとさえする。さらに甚だしいのは、父が汚職をして得た金銭を無心したうえで、同時に、他人の汚職をののしるのである。自分の汚職に対しては、「仕事ができる（能干）」という言葉でもって自己弁明する。これが差序的構造の社会では自覚することができない矛盾なのである。この社会では、一切の普遍的標準は生まれようがなく、問題の処理をしようとすると、相手は誰か、自分との関係は如何を問うた後、どの様な基準で対処するか決定する。

団体的構造の社会においては、「兼善（広く天下の人々をも同じくいっしょに善に導く）」、つまり、「相同（価値基準を一つにする〕」となる。しかし、孟子がもっとも反対したのはこうした一連の無差別な平等に対してであった。「市場の値段が同じなら掛け値もなく、ごまかしもなくなり、だまして売るものもなくなるだろう」という意見に対して、孟子は述べる。「いや、それはいけない。いったい品物はどんなものでもみな品質に相違のあるのが、物の持前なのだ。だから、同じようなものでも、その値段は二倍・五倍、あるいは十倍・百倍、あるいは千倍・万倍とちがうの〔が常〕である。君らはそれをおしなべて同じ値段にしようとするが、それでは天下を混乱させるもとだ。」（『孟子』滕文公章句上）これに対して、墨家は「愛には差別はない〔みんな平等である〕」という。墨家の思想は儒家の社会的差異にもとづく関係秩序とまさしく逆になっている。この点において、墨家の思想は父親も君主もない社会的な無秩序を招来する、と孟子は非難したのである。

〈注記〉

・翻訳は『郷土中国』上海観察社（一九四八年版）にもとづいた。
・『論語』『孟子』『大学・中庸』の文章の翻訳は岩波文庫版から引用した。
・丸括弧内は原文の表記を表す。角括弧内は訳者による補足を表す。

編者あとがき

本書は二〇一二年四月―二〇一五年三月まで開催された国立民族学博物館機関研究「中国における家族・民族・国家のディスコース」（代表：韓敏、二〇一二年四月―二〇一五年三月）の研究成果の一部である。

機関研究の目的は、日本、中国、台湾、香港、韓国、アメリカの人類学者による国際共同研究を通して、中国社会における家族のディスコースとその実態、「民族」構築の理論的系譜、および国家・社会関係のパラダイムを明らかにすることである。国際共同研究を推進するという当時の方針の下に、民博は大学共同利用機関と世界的人類学研究拠点の一つとして中国社会科学院民族学・人類学研究所と連携して、国際共同研究を進め、東アジア研究者の連携を強化するとともにアジアからの発信に努めてきた。

本プロジェクトは、代表の韓敏以下、塚田誠之、佐佐木史郎、横山廣子、小長谷有紀、河合洋尚、奈良雅史、伊藤悟、宮脇千絵、今中崇文の館内十名と、末成道男、渡邊欣雄、佐々木衛、瀬川昌久、聶莉莉、周星、潘宏立、秦兆雄、田村和彦、清水享、川口幸大、澤井充生、李海燕、美麗和子などの日本国内メンバー、および中国社会科学院民族学・人類学研究所の翁乃群、王延中、色音、劉世哲、張継焦、劉正愛、彭雪芳、舒瑜、呉鳳玲、コロンビア大学のマイロン・L・コーエン（Myron L. Cohen）、台湾清華大学人類所の黄樹民、台湾中央研究院民族学研究所の荘英章、香港中文大学のデビッド・フォール（David FAURE）、賀喜、香港大学の王向華、ソウル国立大学の金光億、韓国 Ajou University の Yang Han-sun などの研究者によって構成され、研究会のメンバーは人類学、社会学、歴史学、宗教学、民俗学の最前線で活躍している東アジアの研究者である。上記の班員による研究報告のほかに、カリフォルニア大学ロサンゼルス校の閻雲翔（Yan Yunxiang）、厦門大学の鄧暁華などを特別講師として迎え、中国社会の個人化と文化遺産のポリティクスに関する発表を行った。このようにわれわれは三年間にわたる国際共同研究を通して東アジアの視点から家族、民族と国家に関する新たな可能性を探った。

諸般の事情により、残念ながら研究会に参加した方々すべてに本書の作成にかかわっていただくことはできなかったが、参加した班員、特別講師およびオブザーバーすべての方々に感謝を申し上げたい。

機関研究開催の段階から刊行に至るまでのさまざまな作業は、吉村美恵子さんに手伝っていただいた。また、河合洋尚、奈良雅史、伊藤悟、宮脇千絵、李海燕、林茉莉、湯紹玲、横田浩一、白福音、星野麗子、舒亦庭などの方に英語、中国語、ハングル語論文の翻訳に協力をいただいた。

本プロジェクトは、国立民族学博物館から実施運営などのさまざまな支援を得て、さらに本書の刊行にあたって、本館から助成を受けた。本機関研究の開催と本書の出版にさまざまな形でご支援いただいた方々に、この場を借りて謝辞を述べたい。

最後に、出版を引き受けていただき、刊行に至るまで、暖かいご支援と適切なアドバイスをしていただいた風響社石井雅社主に深く謝意を表したい。

二〇一九年二月二五日

国立民族学博物館にて　　韓　敏

第12章

第13章

写真図表一覧

序文

第1章

第3章

第7章

第9章

ヤ・ラ

マ

ナ

ハ

サ

索　引

ア

カ

マイロン・L・コーエン（Myron L. COHEN）
1937年生まれ。
1967年コロンビア大学人類学部にて博士号取得。
専攻は文化人類学。台湾南部、中国本土（河北・上海・四川）の漢族研究。
現在、コロンビア大学人類学部教授／ウェザーヘッド東アジア研究所教授
主著書として、*Kinship, Contract, Community, and State: Anthropological Perspectives on China*（Stanfoed University Press, 2005）、*House United, House Divided: Myths and Realities, Then and Now*（Columbia University Press, 1976）、*House, Home, Family: Living and Being Chinese*（Univ of Hawaii Press, 2005）など。

張継焦（ZHANG Jijiao　ちょう　けいしょう）

1966年海南省海口市うまれ。

1997年中国社会科学院研究生院社会学系応用社会学博士。

現在、中国社会科学院民族学与人類学研究所民族社会研究室主任、二級研究員。中国民族研究連合会副主席、国際人類学・民族学連合会（IUAES）専門委員会理事会副理事長、国際企業人類学委員会主席。

専攻は都市人類学、企業人類学。

主著書として、『城市的適応――遷移者的就業和創業』（商務印書館、2004年）、『亜洲的城市移民――中国、韓国和馬来西亜三国的比較』（知識産権出版社、2009年）、『中国四个城市的移民調査――深圳、青島、呼和浩特、昆明』（知識産権出版社、2009年、共著）、『当今国際人類学』（知識産権出版社, 2009年、共編）、*Enterprise Anthropology: Applied Research and Case Study*（Intellectual Property Publishing House、2011年、共編）、『企業人類学――従社会結構視角分析経済行為』（中国社会科学出版社、2017年）など。


佐々木衞（SASAKI Mamoru　ささき　まもる）

1948年生まれ。

1978年九州大学大学院文学研究科博士課程単位取得退学。博士（文学）（東北大学）。

専攻は社会人類学、東アジア地域研究。

現在、神戸大学名誉博士。

主著書として、『現代中国社会の基層構造』（東方書店、2012年）、『越境する移動とコミュニティの再構築』（東方書店、2007年、編著）、『費孝通――民族自省の社会学』（東信堂、2003年）、『中国農村社会の構造とダイナミズム』（東方書店、2003年、共編著）、『中国民衆の社会と秩序』（東方書店、1993年）、『近代中国の社会と民衆文化――日中共同研究・華北農村社会調査資料集』（東方書店、1992年、共編）など。

1996年)、『東北アジアのシャーマニズム』(中国社会科学出版社、1998年)、『中国のシャーマニズム文化』(民族出版社、2011年)。論文として、「祖先崇拝とモンゴル族のアイデンティティ(『社会科学家』9号、2017年)、「経済社会発展とモンゴル族無形文化財の伝承」『内モンゴル民族大学学報』2号、2018年) など。


黄樹民 (HUANG Shu-min　こう　じゅみん)

1945年生まれ。

1977年 Michigan State University 博士 (人類学)。

専攻は文化人類学、生態人類学、永続農業の研究。

現在、台湾清華大学人類所講座教授兼人文社会学院院長。

主著書として、*Agricultural Degradation: Changing Community Systems in Taiwan* (University Press of America Inc. 1981)、*The Spiral Road: Change in a Chinese Village Through the Eyes of a Local Party Leader* (Westview Press, 1989)、*Reproducing Chinese Culture in Diaspora: Sustainable Agriculture and Petrified Culture in Northern Thailand* (Lexington Books, 2010) など。


彭雪芳 (PENG Xuefang　ほう　せきほう)

1963年生まれ。

1985年中国中山大学人類学部学士学位取得。

専攻：文化人類学、中国少数民族教育、カナダ原住民、非物質文化遺産保護と伝承の研究。

現在、中国社会科学院民族学与人類学研究所民族文化研究室研究員。

主著作として、『南昆鉄路沿線少数民族社会文化変遷・貴州巻』(北京民族出版社、2002年、共著)、*Indigenous Education And International Academic Exchange* (Aboriginal Issues Press、2014年、共著)。主論文として、「美国苗族移民的社会適応与文化伝承」(『世界民族』2017年第2期)、「民族地区留守児童状况分析与対策――以貴州省台江県為例」(『貴州社会科学』2016年第10期)、「苗族"非遺"保護与伝承現状調査――以貴州省台江県為例」(『青海民族研究』2015年第4期)、「北美印第安人非物質文化遺産――帕瓦儀式」(『世界民族』2013年第6期)、「従社会文化的視覚分析泰国苗族的社会性別関係」(『世界民族』2007年第5期)、Education for Hmong Women in Thailand (*Australian Journal of Indigenous Education,* Volume 36 S1, 2007) など。

河合洋尚 (KAWAI Hironao　かわい　ひろなお)
1977年、神奈川県生まれ。
2009年、東京都立大学大学院社会科学研究科博士課程修了 (社会人類学博士)。
専攻は社会人類学、景観人類学、漢族研究
現在、国立民族学博物館グローバル現象研究部・総合研究大学院大学文化科学研究科准教授。
主著書として、『景観人類学の課題――中国広州における都市景観の表象と再生』(風響社、2013年)、『日本客家研究的視角与方法――百年的軌跡』(社会科学文献出版社、2013年、編著)、『全球化背景下客家文化景観的創造――環南中国海的個案』(暨南大学出版社、2015年、共編著)、『景観人類学――身体・政治・マテリアリティ』(時潮社、2016年、編著)、*Family, Ethnicity and State in Chinese Culture under the Impact of Globalization* (Bridge21 Publications、2017年、共編著)、『フィールドワーク――中国という現場、人類学という実践』(風響社、2017年、共編著) など。

呉雲霞 (WU Yunxia　ご　うんか)
1976年生まれ。
2011年中山大学社会学与人類学系博士課程修了 (法学博士)
専攻は文化人類学、ベトナム地域研究
現在、イギリス・ランカスター大学大学院博士課程。
主著書として、『文化伝承的隠形力量――越南的婦女生活与女神信仰』(広州：暨南大学出版社、2012年)、論文として、「越南艾人的田野考察分析：海寧客的跨境流動与族群意識」(『八桂僑刊』第4期、2018年、共著)、「越南北部郷村民俗対漢文化記憶的本土化建構」,(『開放時代』第6期,2014年)、「ベトナム客家の移住とアイデンティティ――ンガイ族に関する覚え書」(『客家與多元文化』第9期、2014年、共著)、「越南婚嫁習俗与中国文化的淵源関係」(『中国文化研究』第4期, 2010年) など。

金光億 (KIM Kwang Ok　きん　こうおく)

1947年生まれ。

1980年オックスフォード大学博士 (社会人類学) 学位取得。

専攻：社会・文化人類学、台湾を含む中国社会、韓国。

現在、ソウル国立大学名誉教授、中国山東大学人類学部一級教授。

主著書として、『中国人の日常世界』(ハングル語、世昌出版社、2017年)、『文化政治と地域社会の権力構造』(ハングル語、ソウル大学出版院、2012年)、『革命と改革中の中国農民』(ハングル語、集文堂、2012年)、編著として *Re-orienting Cuisine: East Asian Foodways in the Twenty-First Century.* (Berghahn, 2015) など。

執筆者紹介（掲載順）

末成道男（SUENARI Michio　すえなり　みちお）

1938 年生まれ。
1971 年東京大学文化人類学博士課程修了、社会学博士。
専攻は、社会人類学、東アジア社会の比較研究
主著作として、『台湾アミ族の社会組織と変化』（東京大学出版会、1984 年）、『中国文化人類学文献解題』（東京大学出版会 1995 年）、『ベトナムの祖先祭祀』（風響社、1998 年）、『中原と周辺——人類学的フィールドからの視点』（風響社、1999 年）、『中国社会的家族・民族・国家的話語及其動態——東亜人類学者的理論探索』（国立民族学博物館、2014 年、共編）など。

賀 喜（HE Xi　がき）

2007 年香港中文大学博士学位（人類学）取得。
専攻：中国社会の歴史人類学、江西省や海南省地域の宗族研究。
現在、香港中文大学助理教授。
主論文として、A Millennium in the History of Lineage（Zongzu and Jiazu）in China:
As Seen in Jiangxi and Guangdong、*Family, Ethnicity and State in Chinese Culture Under the Impact of Globalization*（Bridge21 Publications、2017、共著）、「従黎人到黎族——海南五指山民族志的再認識」『北京大学学報（哲学社会科学版）2018, 55（5）: 150-160 など。

デビッド・フォール（David FAURE）

1947 年生まれ。

1976 年プリンストン大学社会学博士学位取得。

専攻は、中国南部の宗族研究、中国のビジネスの歴史と地方史。

現在、香港中文大学教授。

主著書として、*Emperor and Ancestor: State and Lineage in South China.*（Stanford University Press、2007）、*China and Capitalism: A History of Business Enterprise in Modern China.*（Hong Kong University Press、2006）、主論文として、La solution lignagère La révolution rituelle du xvie siècle et l'État impérial chinois, *Annales, Histoire, Sciences, Sociales*（2006, 61:6: pp. 1291-1316）。The Yao Wars in the mid-Ming and their impact on Yao ethnicity, *Empire at the Margins: Culture, Ethnicity and Frontier in Early Modern China,* ed. Pamela Kyle Crossley, Helen Siu and Donald Sutton（University of California Press、2006:171-189）など。


莊英章（CHUANG Ying-Chang　そう　えいしょう）

1943 年生まれ。
1971 年台湾大学考古人類学研究所 修士。
1974 年、1978 年アメリカのハーバード大学で研究。
1988 年アメリカのスタンフォード大学で研究。
専攻：文化人類学、歴史人口学。
現在、台湾中央研究院民族学研究所兼任研究員、高雄中山大学社会学系名誉講座教授。
主著書として、『客家移民与在地発展』（中央研究院民族学研究所、2018 年、共編）、『歴史人口視界下的臺灣民俗研究——紀念武雅士教授專輯　民俗曲藝專輯 197』、施合鄭民俗文化基金会、2017 年）、『客家社会的行程与変遷』（交通大学出版社、2010 年）、『田野与書斎之間——史学与人類学滙流的台湾研究』（允晨文化公司、2004 年）など、論文約 70 本。

麻国慶（MA Guoqing　ま　こっけい）

1963 年生まれ。

1997 年北京大学大学院社会学部博士課程修了、博士（社会人類学）。

専攻は社会人類学、中国地域研究。

現在、中央民族大学民族学と社会学学院院長、教授。

主要書として、『家与中国社会構造』（文物出版社、1999 年）、『永遠的家——文化慣性与社会結合』（北京大学出版社、2009 年）、『人類学的全球意識与学術自覚』（社会文献出版社、2016 年）、『文化人類学与非物質文化遺産』（三聯書店、2018 年、共著）など。

周 星（ZHOU Xing　しゅう　せい）

1957 年生まれ。

1989 年中国社会科学院大学院民族系博士課程修了、博士（民族学）。

専攻は文化人類学・民俗学。

現在、愛知大学大学院中国研究科教授。

主著書として、『郷土生活的邏輯』（北京大学出版社、2011 年）、『本土文化的意味』（北京大学出版社、2016 年）など。

色 音（SE Yin　さいいん）

1963 年生まれ。

1992 年北京師範大学大学院中国文学研究科博士課程終了、博士（民俗学）。

専攻は民俗学、文化人類学、北方地域民俗宗教研究。

現在、中国社会科学院民族学人類学研究所民族文化研究室主任、研究員。

主著書として、『モンゴルの民俗学』（民族出版社、

編者紹介

韓 敏（HAN Min　かん　びん）
1960 年生まれ。
1993 年東京大学大学院総合文化研究科博士課程単位取得退学。博士（人類学）。
専攻は文化人類学、中国及び東アジア地域研究。
現在、国立民族学博物館超域フィールド科学研究部長、教授、総合研究大学院大学文化科学研究科教授。
単著として、『大地の民に学ぶ——激動する故郷、中国』（臨川書店、2015 年）、『回応革命与改革——皖北李村的社会変遷与延続』（江蘇人民出版社、2007 年）。主編著として『人類学視野下的歴史、文化与博物館——当代日本和中国人類学者的理論実践』（国立民族学博物館、2018 年、共編）、*Family, Ethnicity and State in Chinese Culture Under the Impact of Globalization.*（Bridge21 Publications、2017、共編）、『中国社会における文化変容の諸相——グローカル化の視点から』（風響社、2015 年）、『政治人類学——亜洲田野与書写』（浙江大学出版社、2011 年、共編）、*Tourism and Glocalization—Perspectives on East Asian Societies*（National Museum of Ethnology、2010 年）、『近代社会における指導者崇拝の諸相』（国立民族学博物館、2015 年）、『革命の実践と表象——現代中国への人類学的アプローチ』（風響社、2009 年）など。

家族・民族・国家　東アジアの人類学的アプローチ

2019 年 3 月 10 日　印刷
2019 年 3 月 20 日　発行

編　者　韓　　敏
発行者　石　井　雅
発行所　株式会社　風響社

東京都北区田端 4-14-9（〒 114-0014）
Tel 03(3828)9249　振替 00110-0-553554
印刷　モリモト印刷
編集サポート：稲垣諭・三上晃

ISBN978- 4-89489-263-7 C3039